JN418950

해외 한국본 고문헌 자료의 탐색과 검토

해외 한국본 고문헌 자료의 탐색과 검토

서울대학교
규장각한국학연구원 편

삼경문화사

일러두기

이 보고서는 해외 소재의 한국본 고문헌들에 대하여 조명한 것으로서, 서울대학교 규장각한국학연구원과 경남대학교 인문과학연구소가 공동으로 개최한 두 번의 학술대회에서 발표된 논문들 중 일부를 수정, 보완하여 엮은 것이다. 공동 개최된 두 차례의 학술대회는 아래와 같다.

- 2010 규장각한국학연구원 고문헌 국제 워크숍: 해외 한국본 고문헌 자료의 탐색과 검토

  일시: 2010.12.22　　　장소: 경남대학교

- 해외소재 한국 고문헌과 경남대 데라우치문고

  일시: 2011.05.20

  장소: 경남대학교

차례

제1부 해외 한국본의 현황과 과제 /9

제2부
해외 한국본의 반환과 과제 /265

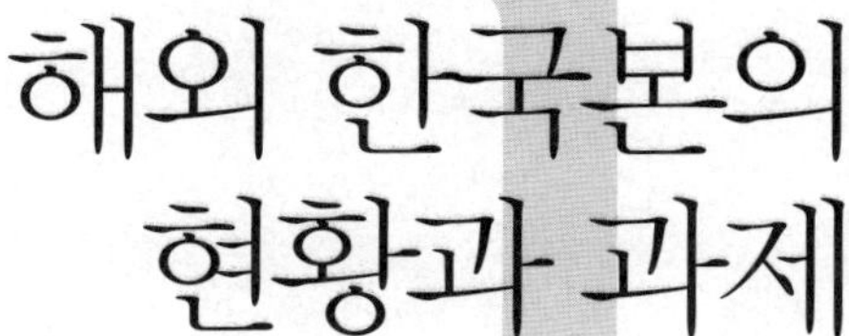

해외 한국본의
현황과 과제

제 1 부

해외 소장 한국본의 정리 현황과 과제

옥영정(한국학중앙연구원)

차 례

1. 서언

古典籍, 書冊, 古書籍 등으로도 불리는 古書는 선조가 남긴 지적자산의 결정체이며, 수많은 세월 동안 기록의 전통을 이어주는 역할을 수행해 왔다. 지식과 학문을 가장 높은 가치로 여겼던 선현들의 삶의 방식은 현재 우리가 볼 수 있는 수많은 고서를 통해서 실체화 된 것이다.

한반도는 역사적으로 많은 외침과 내적 격변을 겪어왔다. 그러나 이제 전쟁의 포화가 멈춘 지 60여 년이 지났고, 우리 역사의 전반을 돌이켜 재조명해 볼 여력과 시간을 가질 수 있는 시점에 이르렀다. 이는 유형, 무형의 전통 문화유산에 대한 가치의 재확인으로 구체화되고 있다. 필자의 전공분야인 서지학에서도 우리 고서에 대한 실증적 연구가 활발히 진행되어 왔으며, 그 결과 그 독자적 가치가 세계적으로 인정을 받고 있는 추세이다. 대표적인 사례가 유네스코세계기록유산에 등재된 훈민정음, 조선왕조실록, 승정원일기, 해인사대장경판, 직지, 의궤, 동의보감 등이다.

고서에 대한 연구는 국내뿐만 아니라 해외의 소장본에 대해서도 관심이 높아지고 있다. 초기에 일부 사람들에게만 알음으로 전해지던 한국고서의 소장 유무가 과학적이고 본격적인 조사를 통해 실체화된 것은 비교적 최근의 일이다. 막연하게 일본이나 중국, 유럽 등지에 소장되어 있을 것으로 여겨졌던 일련의 한국고서들은 조사와 목록집을 통해서 정확한 수치와 규모가 조금씩 드러나기 시작하였다. 그 중에는 한국에서의 유출 경위가 의심되어 지속적인 연구가 필요한 전적이 있는가 하면, 문화 교류의 산물이거나 혼란기에 외국 수집가들이 수집해 간 것도 상당수이다. 해외 소장처에 직접 방문하여 연구하는 인력이 점차 증대되면서 한국에는 없는 유일본이거나, 학술적 가치가 매우 높은 희귀본이 다수 있다는 사실도 밝혀지게 되었다. 가까운 일본의 경우를 비롯하여 하버드대학 옌칭도서관이나 버클리대학 아사미문고 등에서 발견된 희귀서는 바로 그러한 사례이다. 그러나 이러한 한국고서의 소장 정보 역시 해당국의 목록에 의지해야 한다는 것은 안타까운 일이다. 현재까지 연구자들의 노력으로 어느 정도 추산은 되고 있으나, 여전히 소장처와 그 규모를 정확히 파악하기 힘든 경우가 많이 있으며, 또한 전혀 예상치 못한 국가에서 한국의 고서가 발견되기도 한다. 우리 문화를 세계에 널리 알릴 수 있는 대표적인 유산 중의 하나가 기록문화이고 그것을 담은 고서인 점에서 해외에 있는 고서를 우리가 세밀하게 파악하지 못하고 있다는 것은 부끄러운 일이 아닐 수 없다.

이러한 상황에서 20여 년 전부터 국립문화재연구소, 국립중앙도서관 등 몇몇 기관을 중심으로 1차적인 정리와 목록작업이 이루어지고 있다는 사실은 그나마 다행스러운 일이라 하겠다. 그러나 이러한 연구성과에도 불구하고 그동안 조사되었던 여러 목록 및 해제들이 각기 다른 기준에서 작성된 경우가 많아 노력이 배가되는 경우가 많았던 것 역시 사실이다. 이 글에서는 해외에 소장되어 있는 한국고전적의 소장처와 연구물을 발간된 자료를 중심으로 살펴보고, 목록과 해제에 중점을 두어야 할 사항과 개선점에 대해서 간략히 서술하였다. 전체적인 로드맵을 그려본다는 의미에서 현황을 중심으로 살펴보았으며 각 분야의 연구자들이 세부적인 연구와 조사를 진행해 나간다면 해외 한국고서의 연구에 더욱 긍정적인 발전이 있을 것이라고 기대한다.

2. 한국본 고서의 정리 현황

이 장에서는 해외에 소장되어 있는 한국고서를 정리하여 제작된 목록 및 해제를 살펴보고자 한다. 이를 통해서 나타난 자료들은 이후 3장에서 제시될 향후 개선방향과 과제에 대한 근거가 될 수 있을 것이다.

해외에 소장된 한국고서에 대한 연구는 그리 오래된 일이 아니다. 한국에서 해외전적 조사를 시작한 것은 1966년 이후의 일로 처음에 천혜봉 선생에 의해서 조사되었다. 일본을 비롯한 해외 소장 한국고서를 직접 조사하여 국내에 보고하여, 이에 대한 사회의 관심을 확대시킨 것이다. 일본에 소장된 初雕大藏經을 실사하고 국내의 소장된 판본을 소개한 바 있으며, 이러한 관심은 일본을 비롯하여 프랑스 및 세계 각국의 전적조사에까지 이어졌다.[1] 이후 기관에 의한 초기의 종합조사는 국립문화재연구소의 조사보고서가 매우 의미있는 성과로 주목된다. 이 기관에서는 1984년부터 2009년까지 국외소재한국문화재조사를 통해『해외소재 한국문화재 목록』을 비롯한 19건의 목록을 작성하였다.[2] 이 가운데 특히『海外所在韓國文化財目錄』(1984, 1986, 1993)은 일본, 미국, 독일, 덴마크, 영국, 오스트리아, 프랑스, 스웨덴에 소장되어 있는 한국고서에 대한 기초적인 소개와 자료들의 목록을 수록하고 있으며,『日本所在韓國典籍目錄』(1991)은 가장 많은 한국 전적문화재를 보유하고 있는 일본을 대상으로 작성된 종합목록이다. 이들은 비록 해당 국가에 소장되어 있는 한국고서 전체에 대한 목록은 아니지만 기존에 단편적으로 알려져 있거나 일부 연구자들에게만 알려져 있던 해외 소장 한국고서를 확인할 수 있는 기회가 되었고, 이후 지속적으로 시행된 국립중앙도서관을 비롯한 여러 기관들의 상세한 목록과 해제가 출간되는 데에 많은 영향을 주었다.[3] 본고에서도 이 4책에서 조사된 소장처를 참고하여 현재까지 작성된 해외 소장 고전적의 목록을 살펴보았다. 이와 함께 국립중앙도서관에서 발간한『국외소재 한국 고문헌 수집 성과와 과제』(2009)에 자료로 소개된 '국립중앙도서관 국외소재 고문헌 수집 자료 목록'도 적극 활용하였다. 이 목록은 1982년부터 2008년까지 수집한 국외소재 고문헌을 각 소장기관별로 정리한 것으로, 일본(22개처). 중국(1), 대만(1), 프랑스(2), 독일(1), 미국(1) 등지의 소장기관의 자료이다. 이들 자료는 국립중앙도서관에서 해당 기관으로부터 마이크로필름을 입수하여 현재 국립중앙도서관(www.nl.go.kr)과 한국고전적종합목록시스템(www.nl.go.kr/korcis)에서 상세서지와 일부 이미지를 확인할 수 있다. 비록 이 목록이 해당 기관의 전체 전적을 포괄하고 있지는 못하지만 활용의 효율성이 매우 높다는 점에 의미가 크다고 볼 수 있다.

2.1. 지역별 목록과 해제

먼저 해외에 소장된 한국고서를 지역별로 살펴보도록 하겠다. 표의 작성은 이미 발간된 자료를 참고하였다. 그러나 조사는 이루어졌으나 자료가 발간

1\. 천혜봉(2009),「일본 소재 한국고문헌의 현황과 과제」,「국외소재 한국 고문헌 수집 성과와 과제」.

2\. 전체 목록은 다음과 같다.『海外所在韓國文化財目錄』(1984),『海外所在韓國文化財目錄』(1986),『日本所在韓國典籍目錄』(1991),『海外所在韓國文化財目錄』(1993),『小川敬吉調査文化財資料』(1994),『日本所在文化財圖錄』(1995),『日本所在韓國佛畵圖錄-京都·奈良』(1996),『프랑스 국립기메동양박물관 소장 한국문화재』(1999),『모스크바 국립동양박물관 소장 한국문화재』(2002),『러시아 표트르대제 인류학민족박물관 소장 한국문화재』(2004),『미국 보스턴 미술관 소장 한국문화재』(2004),『일본 도쿄국립박물관 소장 오구라컬렉션 한국문화재』(2005),『일본 네이라쿠 미술관 소장 한국문화재』(2006),『프랑스 세브르국립도자박물관 소장 한국문화재』(2006),『미국 브루클린미술관 소장 한국문화재』(2006),『독일 쾰른 동아시아박물관 소장 한국문화재』(2007),『일본 와세다대학 쓰보우치박사 기념 연극박물관 소장 한국문화재』(2008),『미국 필라델피아미술관 소장 한국문화재』(2008),『미국 코넬대학교 허버트미술관 소장 한국문화재』(2009). 이상의 목록은 전적뿐만 아니라 다양한 형태의 문화재를 대상으로 하고 있다.

3\. 기존의 해외 소장 한국고서에 대한 연구와 그 현황에 대한 것은 다음의 논문에서 비교적 상세히 다루고 있다. 한국국학진흥원 편(2003),「국외소재 한국학자료의 정리 현황과 연구실태」,『국학연구』, 제2집, 대동한문학회 편(2003. 6), 기획발표 논문「한국고문헌정리의 현황과 과제」,『대동한문학』 18집, 국립중앙도서관 편(2009),「국외소재 한국 고문헌 수집 성과와 과제」.

되지 않은 지역은 제외하였다. 또한 본 연구는 조사의 범위가 매우 광범위하기 때문에 일부 목록집이 누락되었을 가능성이 있음을 미리 밝혀 둔다. 나열의 순서는 국가별로 하는 것도 가능하나 지역성을 드러내기 위해서 ① 북미, ② 유럽, ③ 아시아, ④ 일본의 4개 지역으로 구분하여 살펴보았다. 일본을 별도의 항목으로 설정한 것은 타 국가에 비해서 상대적으로 다량의 한국고서가 존재하기 때문이다.

[표 1] 해외 소장 한국본 고서의 지역별 자료발간 현황

순서	지역	국가명	목록서	해제서	연구서	총계
1	북미	미국	8	1	1	10
		덴마크	1	·	·	1
		독일	2	·	·	2
		러시아	2	(2:목록겸)	·	2
2	유럽	스웨덴	1	·	·	1
		영국	2	·	1	3
		오스트리아	1	·	·	1
		프랑스	6	·	·	6
		대만	1	·	3	4
3	아시아	중국	6	1	5	12
		카자흐스탄	1	·	·	1
4	일본	일본	108	2, (3:목록겸)	5, (1:해제겸)	115
			139	4	14	158

※ 2종류 이상의 성격을 가지는 경우 괄호로 표시하여 총계에 포함시키지 않음.

위의 표에서 나타나는 것처럼 해외에 소장된 한국본 고서에 대한 정리는 다수가 일본에 소장된 자료를 대상으로 한 것임을 알 수 있다. 또한 현재까지 확인된 소장처도 46개처[4]에 이르고 있다. 근래에 지속적으로 이어진 해외 소장처의 발굴작업은 기존에 알려져 있지 않았던 새로운 자료의 확인을 가능하게 하였다. 이러한 국내 기관과 학회를 중심으로 한 해외 소장 자료의 목록제작 작업은 향후 이어질 상세한 해제와 후속연구의 기초가 될 것으로 보인다.

4. 현재까지 알려진 일본의 한국고서의 소장처는 46개처보다 더 많으나 이 글에서는 목록집이 간행된 소장처만으로 한정하였다. 일본의 한국고서 소장처는 심경호(2003), 「일본 소재 한국 고문헌 정리의 현황과 과제」『대동한문학』18 참조.

2.1.1. 북미

[표 2] 북미지역 소장 한국본 고서의 자료발간 현황

소장처	관련서적	연도	종류	출판주체	제작자
	해외소재 한국문화재 목록	1993	목록	기관	문화재관리국
하버드대학교 엔칭도서관	A classified catalogue of Korean books in the Harvard-Yenching Institute	1980	목록	기관	Harvard-Yenching Library
	하버드 연경도서관 한국귀중본 해제(Annotated catalogue of Korean rare books at the Harvard-Yenching Library, Harvard University)	2005	해제	기관	Harvard-Yenching Library
미국의회 도서관	국립중앙도서관 국외소재 고문헌 수집자료 목록: Library of congress(미국의회도서관)	2009	목록	기관	국립중앙도서관
컬럼비아대학교 도서관	韓國書誌學會海外典籍文化財調査目錄 -미국 Columbia대학	1994	목록	기관	한국서지학회
버클리대학교	The Asami library: a descriptive catalogue	1969	목록, 해제	기관	Berkeley
	海外典籍文化財調査目錄-미국 Berkerey대학	1996	목록	기관	한국서지학회
	버클리대학 동아시아도서관 수집 한국고전적목록	2009	목록	기관	고려대 민족문화연구원
	돌려받지 못한 책들	2008	해제, 연구	개인	오용섭
	국립중앙도서관 국외소재 고문헌 수집자료 목록: University of Califonia, Berkeley(캘리포니아 대학교 버클리)	2009	목록	기관	국립중앙도서관

미국에 현재 소장되어 있는 한국고서의 양은 수치로 비교하였을 때 일본에 이어 두 번째로 많은 규모이다. 현재 확인된 대표적인 소장처는 하버드대학교 옌칭도서관, 미국의회도서관, 컬럼비아대학교, 버클리대학교 등이다. 이 중에서도 가장 많은 고서를 소장하고 있는 옌칭도서관은 한국관을 별도로 설치하여 12만여 권의 단행본과 900여 종의 정기간행물을 소장하고 있다. 이들 도서 가운데 귀중본으로 분류된 도서는 4천여 종이며, 대부분 1910년 이전에 간행된 것으로 한국에 없거나 희귀한 고서들이 상당수 포함되어 있다. 또 여기에는 인문 · 사회과학 분야가 주를 이루는 3,500여 종의 북한자료가 포함되어 있다. 옌칭도서관 한국관의 고서에 대한 해제작업은 2000년과 2001년에 주제별 분류 작업을 거쳐 1,500여 종의 고서해제작업을 마쳤다. 이를 통해 주목할 만한 많은 자료가 발굴된 것은 큰 성과라 할 수 있다.[5]『하버드 연경도서관 한국귀중본 해제』는 한국관에 소장된 귀중본 3,850종에 대한 서지학적 분석과 해제가 수록되어 있다. 이 책은 목록뿐만 아니라 개별 서적에 대한 해제

5. 이때 발굴된 자료 가운데 몇 가지를 살펴보면, 이항복(1673),『魯史零言』, 休靜(1618),『禪家龜鑑』, 金長生『儀禮問解』, 李滉(1568),『聖學十圖』·『退溪集』, 李滉(1585),『退溪先生自省錄』등이다.

까지 별도로 작성되어 발간된 것으로 한국에서 출판되었다. 또한 버클리대학교의 아사미문고 역시 해당 대학에서 목록을 작성하였는데, 여기서는 중요 도서에 대한 해제가 함께 수록되어 있다.[6] 아사미문고에서는 현재 다양한 희귀서들이 발견되어 학계의 주목을 끌고 있다.

6. 하버드 옌칭도서관 소장 한국서적 현황에 대해서는 다음 글에 상세하게 서술되어 있다. 이순구(2003), 「미국 소재 한국 고문헌정리의 현황과 과제-하버드대학 옌칭도서관을 중심으로」『대동한문학』18.

2.1.2. 유럽

[표 3] 유럽지역 소장 한국본 고서의 자료발간 현황: 덴마크

소장처	관련서적	연도	종류	출판주체	제작자
	해외소재 한국문화재 목록	1993	목록	기관	문화재관리국

덴마크에 있는 한국고서는 덴마크 국립박물관 등지에 소장되어 있는 것으로 알려져 있다. 덴마크 현지에서는 아직 한국고서만을 위한 독립된 목록이나 해제가 나온 바 없으며, 한국에서는 문화재관리국에서 1993년에 작성한 목록이 유일하다.

[표 4] 유럽지역 소장 한국본 고서의 자료발간 현황: 독일

소장처	관련서적	연도	종류	출판주체	제작자
	해외소재 한국문화재 목록	1993	목록	기관	문화재관리국
괴팅겐 대학교 도서관	국립중앙도서관 국외소재 고문헌 수집 자료 목록: Georg-August Universitat Gaotttingen(괴팅겐대학교도서관)	2009	목록	기관	국립중앙도서관

독일에 소장된 한국고서는 괴팅겐대학교 도서관과 함부르크민속박물관 등지에 소장되어 있는 것으로 확인되고 있다. 이에 대해서는 1993년 문화재관리국에서 별도의 목록을 제작한 바 있으며, 2009년에는 국립중앙도서관의 주관 하에 괴팅겐대학교 도서관에 소장된 일부 한국고서에 대한 목록이 제작되었다.

[표 5] 유럽지역 소장 한국본 고서의 자료발간 현황: 러시아

소장처	관련서적	연도	종류	출판주체	제작자
상트페테르부르크 대학교 도서관	Описание письменных памятников корейской традиционной культуры 1 한국 전통 문화의 기록유산의 서술1 (소개, 해제)	2008	목록, 해제	기관	A.F. 트로쩨비치, A.A. 구리예바

상트페테르부르크 동방학 연구소	Описание письменных памятников корейской традиционной культуры 2 한국 전통 문화의 기록유산의 서술2 (소개, 해제)	2009	목록, 해제	기관	A.F. 트로제비치, A.A. 구리예바

러시아에 소장된 한국고서는 현재 상트페테르부르크 대학교 도서관과 동 대학의 동방학연구소 등지에 소장되어 있는 것으로 확인되고 있다. 이미 100여 년 전부터 조선의 서적과 문화에 대한 연구를 해왔던 전통이 있는 국가이기에 현재 파악된 것보다 더 많은 수의 고서가 산재해 있을 가능성이 있다. 러시아에 소장된 한국고서는 국내에서는 현재까지 조사되어 목록화된 바가 없으며, 러시아에서는 각 소장처별로 별도의 목록과 해제가 제작되었다. 이 해제서와 소장처에 대한 소개는 러시아의 한국학연구자에 의해 학계에 소개된 바 있다.

[표 6] 유럽지역 소장 한국본 고서의 자료발간 현황: 스웨덴

소장처	관련서적	연도	종류	출판주체	제작자
	해외소재 한국문화재 목록	1993	목록	기관	문화재관리국

스웨덴의 한국고서는 동아시아박물관 등지에 소량이 소장되어 있는 것으로 확인되고 있으며, 이는 문화재관리국에 의해 1993년 목록화된 바 있다. 스웨덴이나 앞서의 덴마크의 경우 한국과 지리적 거리가 상당하고 교류가 적었기 때문에 어떠한 경로로 어떠한 서적이 유입되었는지에 대한 연구도 병행되어야 할 것으로 보인다.

[표 7] 유럽지역 소장 한국본 고서의 자료발간 현황: 영국

소장처	관련서적	연도	종류	출판주체	제작자
	해외소재 한국문화재 목록	1993	목록	기관	문화재관리국
런던도서관	영국 런던도서관 소장 한국본 목록	2002	목록	기관	
대영도서관	大英圖書館所蔵朝鮮本及び日本古書の文獻學的・語學的研究	2007	연구	개인	藤本 幸夫

영국에 소장된 한국고서는 현재 런던도서관과 대영도서관, 대영박물관 등지에 소장되어 있는 것으로 확인되고 있으며, 그 수량 또한 적지 않은 것으로 확인되고 있다. 영국 내에서 진행된 한국고서에 대한 목록이나 해제는 현재 없는 것으로 확인되고 있으며, 한국에서는 1993년, 2002년에 각각 목록이 발

간되었다. 또한 일본인 서지학자인 후지모토 유키오 교수에 의해 대영도서관에 소장된 일본서와 한국서가 연구되어 소개된 바 있다.[7]

7. 박상국(2003), 「유럽소재 한국 고문헌 정리의 현황과 과제」, 『대동한문학』 18에서는 영국 런던도서관 소장 한국본 목록을 통해 229종 594책의 목록과 간략서지 사항을 제시하였다.

[표 8] 유럽지역 소장 한국본 고서의 자료발간 현황: 오스트리아

소장처	관련서적	연도	종류	출판주체	제작자
	해외소재 한국문화재 목록	1993	목록	기관	문화재관리국

오스트리아의 한국고서는 현재 비엔나민속박물관 등지에 소장되어 있는 것으로 알려져 있으며, 1993년에 문화재관리국에 의하여 조사를 거쳐 목록이 제작된 바 있다.

[표 9] 유럽지역 소장 한국본 고서의 자료발간 현황: 프랑스

소장처	관련서적	연도	종류	출판주체	제작자
	해외소재 한국문화재 목록	1993	목록	기관	문화재관리국
동양어학교	프랑스 파리 동양어학교 소장 한국 고문헌 목록 및 서지	1998	목록	개인	정병욱
	프랑스 파리 동양어학교도서관 소장 한국본조사 목록	2001	목록	기관	
	국립중앙도서관 국외소재 고문헌 수집자료 목록: Institut National des Langues et Civilsations Orientales(프랑스 동양언어문화학교)	2009	목록	기관	국립 중앙도서관
프랑스 국립도서관	국립중앙도서관 국외소재 고문헌 수집자료 목록: Bibliotheque Nationale de France(프랑스 국립도서관)	2009	목록	기관	국립 중앙도서관
기메박물관	프랑스 파리 기메박물관 소장 한국본조사 목록	2001	목록	기관	

프랑스는 유럽에 있는 국가 중에서 가장 많은 한국고서를 소장하고 있는 나라이다. 일반적으로 프랑스에 소장된 한국고서는 3가지 경로를 통해서 유입된 것으로 알려져 있다. 첫 번째는 1866년 프랑스 선교사와 교인을 탄압한다는 명분하에 강화진을 포격해 국지전을 벌였던 병인양요 당시에 퇴각하는 프랑스 군대가 외규장각을 불태우고 소장된 서적을 본국으로 이송한 자료들이다. 이 자료들은 대부분이 왕실의 귀중서 및 유일본들이며 그 소장 경위가 합법적이라 볼 수 없기 때문에 많은 논란이 있어 왔던 서적들이다. 두 번째 자료는 프랑스의 박물학자인 기메에 의해 수집된 한국의 고서들로서 현재 파리

에 있는 기메박물관에 소장된 한국고서들이 그것이다. 세 번째로는 초대 프랑스 대사였던 콜랭 드 플랑시에 의해 수집된 한국고서들로서 그의 수행원이자 학자였던 모리스 쿠랑에 의해『한국서지』라는 이름으로 목록 및 해제가 이루어진 바 있다. 이 수집 한국고서에는 가장 오래된 금속활자본인 백운화상초록불조직지심체요절, 일반적으로 '직지'라고 불리는 서적 역시 포함되어 있다. 프랑스에 있는 자료는 현황 파악이 거의 정확하게 이루어졌으며 목록으로 작성되어 있다. 또한 마이크로필름이나 복사본으로 국내에서도 일부 확인이 가능하다.[8]

위에서 언급된 각각의 도서들에 대해서는 일찍이 많은 학자들에 의해 조사되어 목록이 제작된 바 있으며 일본이나 미국을 제외한 여타 국가에 비해, 특히 유일본과 귀중본이 많으므로 지속적인 연구가 병행되어야 할 것이다.

2.1.3. 아시아

[표 10] 아시아지역 소장 한국본 고서의 자료발간 현황: 대만

소장처	관련서적	연도	종류	출판주체	제작자
대만 국립중앙도서관	중국연구	1989	연구	개인	박현규
중화민국 국립고궁박물관	서지학보	1990	연구	개인	박현규
대만 국립중앙연구원 역사언어연구소 부사년도서관		1991	연구	개인	박현규
대만 국립중앙도서관	국립중앙도서관 국외소재 고문헌 수집자료 목록: 국가도서관	2009	목록	기관	국립중앙도서관

대만에 소장된 한국고서는 대표적으로 대만 국립중앙도서관, 국립고궁박물관 등에 소장되어 있는 것으로 확인되었다. 이에 대해서는 박현규(1989, 1990, 1991)[9]에 의해 일찍이 소개된 바가 있으며, 2009년 한국의 국립중앙도서관에서 조사를 거쳐 목록이 제작된 바 있다.

8. 프랑스 소재 한국전적에 대해서는 이진명(2003),「프랑스 국립도서관 및 동양어대학 도서관 소장 한국학 자료의 현황과 연구 동향」『국학연구』2에서 상세하게 서술되어 있다. 또 박상국(위 논문)에서는 프랑스의 기메박물관 100종 224책과 동양어학교 도서관 93종 341책의 한국전적 목록과 간략한 서지사항을 소개하였다.

9. 박현규(1990),「중화민국 국립고궁박물관에 소장된 한국고서적에 대한 분석」『중국어문학』18-1.

[표 11] 아시아지역 소장 한국본 고서의 자료발간 현황: 중국

소장처	관련서적	연도	종류	출판주체	제작자
北京大學校	中國朝鮮民族古籍目錄	1994	목록	개인	崔文植 主編
	中國所藏高麗古籍綜錄	1998	목록	개인	黃建國
	北京大學文科硏究所所藏朝鮮金石文拓本目錄	1951	목록	기관	
	북경대학의 한국본 고서에 대하여	1992	연구	개인	임기중
	北京大學圖書館館藏古代朝鮮文獻解題	1997	해제	기관	
中國國家圖書館	중국 국가도서관 소장 한국본 고적에 관한 연구	2002	연구	개인	류부현
南京圖書館	中國 南京圖書館 館藏 韓國書目		목록	기관	南京圖書館
	南京圖書館藏朝鮮籍人著作考	1997	연구	개인	
	拂去塵埃 珍籍生輝──南京圖書館館藏韓國文獻述略	2004	연구	기관	南京圖書館
中國第2歷史檔案館	中國 南京 中國第2歷史檔案館 所藏 韓國關聯 資料目錄		목록	기관	
杭州大學校	중국 항주대학도서관 소장본 한국본 고서적	2002	연구	개인	박현규
浙江圖書館	浙江圖書館 古籍部 所藏 韓國關聯 古籍目錄		목록		

중국에 소장된 한국고서는 중국의 일부 도서관과 한국의 일부 학자, 조선족 학자들을 중심으로 본격적으로 발굴되어 소개되었다. 대표적인 소장처로는 북경대학교 도서관, 중국 국가도서관, 남경도서관, 중국 제2역사당안관, 항주대학교, 절강도서관 등이 있다. 또한 동북 3성의 대학교에도 다수의 한국고서가 소장되어 있는 것으로 알려져 있으며, 한국과의 지리적 위치와 역사적인 관계 등을 고려해 볼 때 향후 더 많은 소장처와 전적이 추가로 발견될 것으로 판단된다.[10]

[표 12] 아시아지역 소장 한국본 고서의 자료발간 현황: 카자흐스탄

소장처	관련서적	연도	종류	출판주체	제작자
카자흐스탄 국립도서관	카자흐스탄 국립도서관 소장 한국본	2007	목록	기관	국립문화재연구소 예능민속연구실

카자흐스탄의 한국고서는 현재 카자흐스탄 국립도서관에 소장되어 있는 것이 2007년 국립문화재연구소의 조사에 의하여 확인되었다. 이 조사작업은 별도의 목록으로 출간되었으며 학계에 보고되었다. 지리적으로 상당한 거리인데다가 문화적 교류가 적었던 여타의 요소를 고려할 때, 카자흐스탄에 한국고서가 소장되어 있다는 사실은 많은 점을 시사해 준다. 즉 기존에 일반적으로 논의되어 왔던 해외국가 이외에도 한국의 고서가 소장된 국가 및 소장처가 또한 존재할 수 있다는 사실이다. 따라서 각 기관 및 국가에 대한 개개의

10. 황위주(2003), 「중국소재 한국 고문헌 정리의 현황과 과제」, 『대동한문학』 18에서는 중국소재 한국서적 목록으로, 4종의 목록을 소개하였는데 다음과 같다. ① 박현규 교수가 대만에 있는 한국 고문헌을 종합적으로 정리한 박현규(1991), 『臺灣所藏韓國古書籍聯合書目』, 문사철출판사, ② 항주대학 한국연구소에서 중국전역에 소재 한국서적 종합목록인 『中國所藏高麗古籍綜錄』(한어대사전출판사, 1998), ③ 이선죽이 북경대학 도서관 소장 한국서적을 정리한 『北京大學圖書館藏 古代朝鮮文獻解題』(북경대학출판사, 1997), ④ 山西大學 李豫 교수가 청나라 董文渙의 손자 董壽平의 청탁으로 그 집안 소장 한국관련 고문헌자료를 정리한 『韓客詩存』(서목문헌출판사, 1996).

학술조사도 중요하지만, 각 국가의 주요 도서관간 정보공유와 한국학 및 한국어학과와의 연계 네트워크를 구성한다면 더 다양한 제3국에서의 한국고서가 발굴될 수 있을 것으로 보인다.

2.1.4. 일본

[표 13] 일본지역 소장 한국본 고서의 자료발간 현황

소장처	관련서적	연도	종류	출판주체	제작자
종합목록	今西博士蒐集朝鮮関係文獻目録	1961	목록	개인	산시치 하라
	일본방서지	1988	연구	개인	심우준, 한국정신문화연구원
	일본소재 한국고전문헌목록	1990	목록	기관	문화재관리국
	해외소재 한국문화재 목록	1993	목록	기관	문화재관리국 문화재연구소
	日本現存朝鮮本研究: 集部	2006	목록, 해제	개인	후지모토 유키오
お茶の水女子大學 (오차노미즈여자대학)	お茶の水圖書館新修成簣堂文庫善本目錄(도쿠토미[德富]장서)	1992	목록	기관	
京都大學校 (교토대학교)	京都大學文學部漢籍分類目錄	1959	목록	기관	
	京都大學附屬圖書館藏書目錄(가와이, 다니무라[河合, 穀村]문고)	1963	목록	기관	
	京都大學人文科學研究所漢籍分類目錄(마쓰모토[松本]문고)	1965	목록	기관	
	京都附立綜合資料館貴重圖書目錄	1971	목록	기관	
	교토대학부속도서관 가와이(河合)문고 소장 한국본	1993	목록	기관	한국서지학회
	국립중앙도서관 국외소재 고문헌 수집자료 목록: 경도대학도서관하합문고	2009	목록	기관	국립중앙도서관
慶應義塾圖書館 (게이오대학도서관)	慶應義塾圖書館藏和漢書善本解題	1958	해제	기관	慶應義塾圖書館
	慶應義塾圖書館藏和漢書善本目錄	1981	목록	기관	慶應義塾圖書館
広島市立圖書館 (히로시마시립도서관)	広島市立圖書館藏古書目錄(아사노[淺野]문고)	1960	목록	기관	
九州帝國大學	九州帝國大學朝鮮刊本目錄	1993	목록	기관	
駒澤大學校圖書館 (코마자와대학교도서관)	駒澤大學校圖書館漢籍目錄(다쿠소쿠[濯足]文庫)	1987	목록	기관	
	국립중앙도서관 국외소재 고문헌 수집자료 목록: 구택대학도서관	2009	목록	기관	국립중앙도서관
國立公文書館	일본국립공문서관 내각문고한국본목록	1998	목록	기관	한국서지학회
	국립중앙도서관 국외소재 고문헌 수집자료 목록: 국립공문서관 내각문고	2009	목록	기관	국립중앙도서관

소장처	관련서적	연도	종류	출판주체	제작자
國立國會図書館	國立國會図書館所蔵朝鮮関係資料目録	1984	목록	기관	
	國立國會図書館漢籍目録	1987	목록	기관	國立國會図書館
	국립중앙도서관 국외소재 고문헌 수집자료 목록: 국립국회도서관	2009	목록	기관	국립중앙도서관
宮内廳書陵部	図書寮典籍解題	1948	해제	기관	宮内府図書寮
	宮内廳書陵部和漢圖書分類目錄	1951	목록	기관	宮内廳書陵部
	日本宮内廳書陵部韓國本目錄	2001	목록	기관	한국해외전적조사연구회
	국립중앙도서관 국외소재 고문헌 수집자료 목록: 궁내청서릉부	2009	목록	기관	국립중앙도서관
宮城縣立圖書館 (미야기현립도서관)	宮城縣立圖書館漢籍分類目錄	1931	목록	기관	
	宮城縣立圖書館漢籍分類目錄	1985	목록	기관	宮城縣立圖書館
기내학교	기내학교원광사 장서목록		목록	기관	
南禪寺	南禪寺藏一切經目錄	1929	목록	기관	
内閣文庫	내각문고의 한국고활자본에 대하여	1970	연구	개인	천혜봉
	改訂内閣文庫漢籍分類目錄	1971	목록	기관	内閣文庫
닛코산지간도서	닛코산지간도서고 현존한적분류목록	1961	목록	기관	
大谷大學校 (오오타니대학교)	日本 大谷大學 所藏 高麗大藏經	2008	목록	기관	국립문화재연구소 예능민속연구실
	국립중앙도서관 국외소재 고문헌 수집자료 목록: 大谷大學圖書館	2009	목록	기관	국립중앙도서관
大穀大學校 (오타니대학교)	大穀大學圖書館貴重書善本圖錄	1961, 1998	도록	기관	
大東急記念文庫	大東急記念文庫書目	1955, 1978	목록	기관	
對馬縣	宋家文庫史料目錄		목록		
	쓰시마(對馬)번 현존한적분류목록	1980	목록	기관	
	쓰시마(對馬)도주종가문고 현존한적분류목록	1991	목록	개인	천혜봉
大阪府立図書館 (오사카부립도서관)	大阪府立図書館増加和漢図書目録　第４－１５册	1926	목록	기관	大阪府立図書館 編
	大阪府立圖書館漢本目錄(사토[佐藤]문고)	1968	목록	기관	
	大阪府立図書館藏韓本目録	1990	목록	기관	
	塚本文庫目録： 大阪府立中央図書館所蔵塚本勳氏寄贈朝鮮語関係等資料コレクション	2002	목록	기관	大阪府立中央図書館 編
	국립중앙도서관 국외소재 고문헌 수집자료 목록: 대판부립중지도도서관	2009	목록	기관	국립중앙도서관
東京都立中央図書館	東京都立中央図書館韓國 · 朝鮮語図書目録	2003	목록	기관	東京都立中央図書館 編

소장처	관련서적	연도	종류	출판주체	제작자
東京經濟大學	東京經濟大學圖書館藏書目錄(사쿠라이[櫻井]문고)	1992	목록	기관	
	四方博朝鮮文庫目録	2010	목록	기관	東京経済大學図書館
	南葵文庫朝鮮本目錄		목록	기관	
東京大學校 (도쿄대학교)	帝國大學図書館和漢書分類目録	1893	목록	기관	帝國大學図書館 編
	東京帝國大學附屬図書館和漢書目録 法律, 政治, 経済ノ部	1899	목록	기관	東京帝國大學附屬図書館
	東京大學圖書館朝鮮本目錄(아가와[阿川]문고)	1988	목록	기관	
	東京大學綜合圖書館漢籍目錄	1992	목록	기관	
	東京大學文學部藏書目錄(오구라[小倉]문고)	1992	목록	기관	조선학회
	오구라[小倉]문고				
	국립중앙도서관 국외소재 고문헌 수집자료 목록: 동경대학 아천문고	2009	목록	기관	국립중앙도서관
	국립중앙도서관 국외소재 고문헌 수집자료 목록: 동경대학종합도서관	2009	목록	기관	국립중앙도서관
東北大學校 (도후쿠대학교)	東北大學所藏和漢書古典分類目錄	1974	목록	기관	東北大學図書館
	東北大學所藏和漢書古典分類目錄(가리노[狩野]문고 포함)	1980	목록	기관	
	국립중앙도서관 국외소재 고문헌 수집자료 목록: 동북대학도서관	2009	목록	기관	국립중앙도서관
東洋文庫	東洋文庫朝鮮本分類目錄	1979	목록	기관	
	東洋文庫漢籍分類目錄(이와자키, 재산루[岩崎, 在山樓]문고)	1956-93	목록	기관	
	국립중앙도서관 국외소재 고문헌 수집자료 목록: 동양문고	2009	목록	기관	국립중앙도서관
龍穀大學校圖書館 (류코쿠대학교도서관)	龍穀大學校圖書館善本目錄	1936	목록	기관	
	국립중앙도서관 국외소재 고문헌 수집자료 목록: 용곡대학도서관	2009	목록	기관	국립중앙도서관
米澤市立圖書館 (요네자와시립도서관)	市立米澤圖書館善本解題付興讓館舊藏和漢圖書目錄	1958	목록, 해제	기관	市立米澤圖書館
	米沢善本の研究と解題	1988	연구, 해제	개인	内田智雄 編
福岡県立図書館 (후쿠오카현립도서관)	福岡県立図書館和漢図書分類目録 文學語學歴史地誌之部, 法制経済統計社會理學醫學工學兵事之部, 美術諸芸産業之部, 総記哲學宗教教育之部	1923	목록	기관	福岡県立図書館

소장처	관련서적	연도	종류	출판주체	제작자
蓬左文庫	국립중앙도서관 국외소재 고문헌 수집자료 목록: 봉좌문고	2009	목록	기관	국립중앙도서관
蓬左文庫	蓬左文庫漢籍目錄	1955	목록	기관	
蓬左文庫	蓬左文庫朝鮮本展觀目錄	1957	목록	기관	조선학회
蓬左文庫	蓬左文庫駿河禦讓本目錄	1962	목록	개인	나고야시쓰루마이
蓬左文庫	名古屋市蓬左文庫漢籍分類目錄	1975	목록	기관	나고야시교육위원회
蓬左文庫	蓬左文庫典籍總錄 駿河禦讓本	1975	목록	개인	스기우라 저
蓬左文庫	일본봉좌문고한국전적(연세국학총서 29)	2003	목록	기관	천혜봉, 연세대국학연구원
山口大學 (야마구치대학교)	山口女子大學朝鮮本目錄(데라우치[寺内]문고)	1976	목록	기관	
西尾市立圖書館 (니시오시립도서관)	니시오시립도서관 소장 한국전적목록(이와세[岩瀨]문고)	1991	목록	기관	문화재관리국
西尾市立圖書館 (니시오시립도서관)	국립중앙도서관 국외소재 고문헌 수집자료 목록: 서미시립도서관 암뢰문고	2009	목록	기관	국립중앙도서관
神宮文庫	神宮文庫図書目録	1922	목록	기관	神宮司庁 編
愛知大學附屬圖書館 (아이치대학부속도서관)	愛知大學附屬圖書館藏韓國典籍目錄(간사이[簡齋]문고)	1991	목록	기관	문화재관리국
陽明文庫	陽明文庫漢籍分類目錄	1986	목록	기관	
에산문고	에산문고한국본		목록	기관	
靜嘉堂文庫	靜嘉堂文庫漢籍分類目錄	1930	목록	기관	
靜嘉堂文庫	靜嘉堂文庫漢籍分類目錄續	1951	목록	기관	
靜嘉堂文庫	국립중앙도서관 국외소재 고문헌 수집자료 목록: 정가당문고	2009	목록	기관	국립중앙도서관
早稻田大學圖書館 (와세다대학도서관)	早稻田大學圖書館所藏漢籍分類目錄	1991	목록	기관	早稻田大學圖書館
早稻田大學圖書館 (와세다대학도서관)	국립중앙도서관 국외소재 고문헌 수집자료 목록: 조도전대학도서관	2009	목록	기관	국립중앙도서관
足利學校 (아시카가학교)	足利學校貴重書目録	1925	목록	기관	足利學校遺蹟図書館 編
足利學校 (아시카가학교)	足利學校遺蹟圖書館古書分類目錄	1965	목록	기관	足利學校遺蹟図書館 編
足利學校 (아시카가학교)	아시카가학교의 한국고전에 대하여	1969	목록	개인	천혜봉
足利學校 (아시카가학교)	足利學校善本目錄	1973	목록	기관	足利學校遺蹟図書館 編
足利學校 (아시카가학교)	足利學校善本圖錄解題	1974	목록, 해제	기관	足利學校遺蹟図書館 編
足利學校 (아시카가학교)	補正足利學校 遺蹟圖書館古書分類目錄	1988	목록	개인	나가자와
尊經閣文庫	尊經閣文庫漢籍分類目錄	2006	목록	기관	국립문화재연구소
尊經閣文庫	국립중앙도서관 국외소재 고문헌 수집자료 목록: 존경각문고	2009	목록	기관	국립중앙도서관
宗家文庫	宗家文庫(소케문고)史料目錄	1990	목록	기관	

소장처	관련서적	연도	종류	출판주체	제작자
창고관	창고관 미도 도쿠가와케 명품전	1973	도록	기관	창고관
千葉県立東部図書館 (치바현립동부도서관)	千葉県立東部図書館所蔵韓國 · 朝鮮語図書目録	2003	목록	기관	千葉県立東部図書館 編
天理大學校 (텐리대학교)	天理圖書館稀書目錄(和漢書之部)	1940	목록	기관	
	今西(이마니시)博士收集朝鮮關係文獻目錄	1961	목록	기관	서적문물유통회
	텐리도서관 소장 한국본(이마니시[今西]수집문헌)	2005	목록	기관	국립문화재연구소
	日本天理大學天理圖書館所藏韓國本	2005	목록	기관	
	국립중앙도서관 국외소재 고문헌 수집자료 목록: 천리대학 금서룡문고	2009	목록	기관	국립중앙도서관
	국립중앙도서관 국외소재 고문헌 수집자료 목록: 천리대학부속천리도서관	2009	목록	기관	국립중앙도서관
秋田県立秋田図書館 (아키타현립추전도서관)	秋田県立秋田図書館和漢図書分類目録	1912	목록	기관	秋田図書館(秋田県立)
筑波大學校 (츠쿠바대학교)	筑波大學和漢貴重圖書目錄(양안원[養安院]구장 수록)	1999	목록	기관	
	국립중앙도서관 국외소재 고문헌 수집자료 목록: 축대학부속도서관	2009	목록	기관	국립중앙도서관
學習院大學校	學習院東洋文化研究所朝鮮史關係所藏圖書目錄	1975	목록	기관	
	국립중앙도서관 국외소재 고문헌 수집자료 목록: 학습원대학도서관	2009	목록	기관	국립중앙도서관
杏雨書屋	국립중앙도서관 국외소재 고문헌 수집자료 목록: 행우서옥(삼목영문고)	2009	목록	기관	국립중앙도서관
興養館	興養館舊藏和漢書目	1958	목록	기관	요네자와시립도서관

일본은 해외국가 중에서 가장 많은 수의 한국고서를 소장하고 있는 곳이다. 그 소장의 경위 또한 근세의 일제강점기의 유출된 전적을 비롯하여 멀리는 조선시대의 임진왜란까지 소급될 정도로 그 소장 고서의 형성 원인과 수집된 종류의 스펙트럼이 다양하다. 일본은 일제강점기 초기부터 한국에 소장된 고서에 대한 목록과 해제를 집중적으로 진행한 바 있다. 이렇게 정리된 다수의 도서들이 해방 이후 일본에 소장된 것으로 여겨지고 있다.

본 연구에서는 소장처 중에서 46개처의 목록 및 해제 현황을 확인하였다. 각 기관에 있는 한국고서들은 많은 경우 목록이나 연구를 통해 그 존재가 알려져 있는 상태이다. 하지만 조선본을 특별히 분류하지 않고 중국서나 기타 한적으로 취급하여 목록에 기재한 경우에는 개개 항목을 대조하여야만 확인이 가능하기 때문에 이러한 목록상의 난점으로 인해 발견되지 않은 다수의 소장처가 있으리라고 생각된다. 일본에 소장된 조선본에 대해서는 후지모토 유키오 교수에 의해 集部에 한해서는 전체적인 정리 및 해제가 완성된 상태에 있다[11]. 한국고서를 다수 소장하고 있는 것으로 알려진 대표기관으로는 봉좌문고, 궁내청 서릉부, 일본국회도서관, 도쿄대학교 도서관, 텐리대학교 도서관, 아시카가학교, 존경각문고, 동양문고, 교토대학교 등을 들 수 있다. 일본 소재 한국전적에 대한 목록은 그 작성 주체가 대부분 해당 소장기관이다. 한국에서 작성된 목록은 문화재관리국에서 작성한『해외소재 한국문화재 목록』과『일본소재한국고전문헌목록』, 국립중앙도서관에서 작성한『국립중앙도서관 국외소재 고문헌 수집자료 목록』이 다양한 소장처의 목록을 수록한 종합목록의 성격을 띠고 있다. 이 외에는 개별 소장처에 대한 목록이 주를 이루고 있으며, 그 주체는 한국서지학회, 국립중앙도서관, 한국해외전적조사연구회, 조선학회, 서적문물유통회 등의 기관이나 단체, 그리고 개인으로 천혜봉 교수의 해제집도 확인된다.

11. 후지모토 유키오 교수는 후지모토(2003)「일본 소장 한국학 자료의 현황과 연구 동향」『국학연구』 제2집. 에서 한국본의 일본 수용과 중요 한국본의 소장처에 대하여 상세히 서술하였다. 또 심경호 교수는 한국 고문헌을 소장하고 있는 일본의 주요 도서관 및 문고로 東京 建仁寺 등 56개처와 대조 조사가 필요한 근세의 목록으로 조선고서목록, 조선도서해제 등 7개 목록을 소개하고 있다(심경호, 앞의 논문).

2.2. 정리의 유형과 특징

[표 14] 국가 및 소장처별 한국고서의 정리 현황

국가명	소장처	구분	목록	해제	연구논저
대만	대만 국립중앙도서관	해당국가	×	×	×
		국내	○(1)	×	○(3)
덴마크	덴마크 국립박물관 등	해당국가	×	×	×
		국내	○(1)	×	×
독일	괴팅겐대학교도서관, 함부르크 민속박물관 등	해당국가	×	×	×
		국내	○(1)	×	×
러시아	상트페테르부르크대학교 도서관	해당국가	○(1)	○(1)	×
		국내	×	×	×
	상트페테르부르크 동방학연구소	해당국가	○(3)	○(3)	×
		국내	×	×	×

국가명	소장처	구분	목록	해제	연구논저
미국		해당국가	○(1)	×	×
		국내	×	×	×
	하버드대학교 옌칭도서관	해당국가	○(1)	×	×
		국내	○(1)		×
	미국 의회도서관	해당국가	○(1)	×	×
		국내	○(1)	×	×
	컬럼비아대학교	해당국가	×	×	×
		국내	○(1)	×	×
	버클리대학교 아사미	해당국가	○(1)	×	×
		국내	×	×	×
스웨덴	동아시아박물관 등	해당국가	○(2)	×	×
		국내	×	×	×
영국		해당국가	○(1)	×	×
		국내	×	×	○(1)
	런던도서관	해당국가	×	×	×
		국내	×	×	○(1)
	대영도서관	해당국가	○(1)	×	○(2)
		국내	×	×	×
오스트리아	비엔나 민속박물관 등	해당국가	○(1)	×	×
		국내	×	×	×
일본		해당국가	×	○(1)	×
		국내	×	×	○(1)
	お茶の水女子大學 (오차노미즈여자대학)	해당국가	○(1)	×	×
		국내	×	×	×
	京都大學校(교토대학교)	해당국가	○(1)	×	×
		국내	×	×	×
	慶應義塾圖書館(게이오대학도서관)	해당국가	×	○(1)	×
		국내	○(1)	×	×
	広島市立圖書館 (히로시마시립도서관)	해당국가	×	×	×
		국내	○(3)	×	×
	駒澤大學校圖書館 (코마자와대학교도서관)	해당국가	×	×	×
		국내	○(1)	×	×
	國立公文書館	해당국가	×	×	×
		국내	○(1)	×	×

국가명	소장처	구분	목록	해제	연구논저
일본	國立國會図書館	해당국가	○(2)	×	×
		국내	○(1)	×	×
	宮内廳書陵部	해당국가	○(1)	○(1)	×
		국내	○(2)	×	×
	宮城縣立圖書館 (미야기현립도서관)	해당국가	○(2)	×	×
		국내	×	×	×
	기내학교	해당국가	○(1)	×	×
		국내	×	×	×
	南禪寺	해당국가	○(1)	×	×
		국내	×	×	×
	內閣文庫	해당국가	○(1)	×	×
		국내	×	×	○(1)
	닛코산지간도서	해당국가	○(1)	×	×
		국내	×	×	×
	大谷大學校 (오오타니대학교)	해당국가	×	×	×
		국내	○(2)	×	×
	大穀大學校 (오타니대학교)	해당국가	×	○(1, 도록)	×
		국내	×	×	×
	大東急記念文庫	해당국가	○(1)	×	×
		국내	×	×	×
	對馬縣	해당국가	○(2)	×	×
		국내	○(1)	×	×
	大阪府立図書館 (오사카부립도서관)	해당국가	○(4)	×	×
		국내	○(1)	×	×
	東京都立中央図書館	해당국가	○(1)	×	×
		국내	×	×	×
	東京經濟大學	해당국가	○(2)	×	×
		국내	×	×	×
	東京大學校 (도쿄대학교)	해당국가	○(8)	×	×
		국내	○(3)	×	×
	東洋文庫	해당국가	○(2)	×	×
		국내	○(1)	×	×
	龍穀大學校圖書館 (류코쿠대학교도서관)	해당국가	○(1)	×	×
		국내	○(1)	×	×

국가명	소장처	구분	목록	해제	연구논저
일본	米澤市立圖書館 (요네자와시립도서관)	해당국가	○(1)	○(2)	○(1)
		국내	×	×	×
	福岡県立図書館 (후쿠오카현립도서관)	해당국가	○(1)	×	×
		국내	×	×	×
	蓬左文庫	해당국가	○(5)	×	×
		국내	○(2)	×	×
	山口大學 (야마구치대학교)	해당국가	○(1)	×	×
		국내	×	×	×
	西尾市立圖書館 (니시오시립도서관)	해당국가	×	×	×
		국내	○(2)	×	×
	神宮文庫	해당국가	○(1)	×	×
		국내	×	×	×
	愛知大學附屬圖書館 (아이치대학부속도서관)	해당국가	○(1)	×	×
		국내	×	×	×
	陽明文庫	해당국가	○(1)	×	×
		국내	×	×	×
	에산문고	해당국가	○(1)	×	×
		국내	×	×	×
	靜嘉堂文庫	해당국가	○2)	×	×
		국내	○(1)	×	×
	早稻田大學圖書館 (와세다대학도서관)	해당국가	○(1)	×	×
		국내	○(1)	×	×
	足利學校 (아시카가학교)	해당국가	○(5)	○(1)	×
		국내	○(2)	×	×
	尊經閣文庫	해당국가	×	×	×
		국내	○(2)	×	×
	宗家文庫	해당국가	○(1)	×	×
		국내	×	×	×
	창고관	해당국가	×	○(1, 도록)	×
		국내	×	×	×
	千葉県立東部図書館 (치바현립동부도서관)	해당국가	○(1)	×	×
		국내	×	×	×
	天理大學校 (텐리대학교)	해당국가	○(3)	×	×
		국내	○(3)	×	×

국가명	소장처	구분	목록	해제	연구논저
일본	秋田県立秋田図書館(아키타현립추전도서관)	해당국가	○(1)	×	×
		국내	×	×	×
	築波大學校(츠쿠바대학교)	해당국가	○(1)	×	×
		국내	○(1)	×	×
	學習院大學校	해당국가	○(1)	×	×
		국내	○(1)	×	×
	杏雨書屋	해당국가	×	×	×
		국내	○(1)	×	×
	興養館	해당국가	○(1)	×	×
		국내	×	×	×
중국		해당국가	○(2)	×	×
		국내	×	×	×
	北京大學校	해당국가	○(1)	○(1)	×
		국내	×	×	○(1)
	中國國家圖書館	해당국가	×	×	×
		국내	×	×	○(1)
	南京圖書館	해당국가	○(1)	×	○(2)
		국내	×	×	×
	中國第2歷史檔案館	해당국가	○(1)	×	×
		국내	×	×	×
	杭州大學校	해당국가	×	×	×
		국내	×	×	○(1)
	浙江圖書館	해당국가	○(1)	×	×
		국내	×	×	×
카자흐스탄	카자흐스탄 국립도서관	해당국가	○(1)	×	×
		국내	×	×	×
프랑스		해당국가	×	×	×
		국내	○(1)	×	×
	동양어학교	해당국가	×	×	×
		국내	○(3)	×	×
	프랑스 국립도서관	해당국가	×	×	×
		국내	○(1)	×	×
	기메박물관	해당국가	×	×	×
		국내	○(1)	×	×

♣ 괄호( ) 안의 숫자는 개수를 의미함.

위의 표에서 확인할 수 있듯이, 해외에 소장되어 있는 한국고서는 목록마저 제작되지 않은 경우가 많이 발견되고 있다. 절대적인 수치라고는 할 수 없으나 가시적으로 이해를 용이하게 하기 위하여 위의 표를 분석해 보도록 하겠다. 산술적으로만 추산한다면 총 73개의 해외 소장처에서 목록의 경우에는 해외국가에서 47종, 국내에서 37종이 제작되었으며, 해제는 해외국가에서 10종, 국내에서는 거의 간행되지 않은 것으로 나타났다. 연구서의 경우 해외에서의 연구가 2건이라고 할 때 국내는 7건으로 나타났다. 전술한 것처럼 이 결과는 단순한 수치상의 비교이기 때문에 누락된 자료를 추가적으로 추산한다면 수치는 변동될 수 있다. 그러나 경향을 놓고 생각해 보았을 때, 해외 소장 한국고서의 목록에 대해서는 어느 정도 작업이 진행된 상태이며, 미비한 소장처에 대해서도 소장 여부를 확인하고 있기 때문에 차후 조사를 통해 목록 제작이 가능하리라고 생각된다. 하지만 해제의 경우는 거의 대부분의 소장처에서 이루어지지 않았음을 확인할 수 있다. 해제가 작성된 곳은 하버드 옌칭도서관, 蓬佐文庫, 慶應義塾圖書館, 宮内廳書陵部, 米澤市立圖書館, 足利學校, 北京大學校 등에 그치고 있으며, 이 경우에도 하버드 옌칭도서관을 제외하면 각 소장처에 있는 한국고서 모두에 대한 해제가 수록된 것은 아니다.

간략한 서지사항을 부기하는 목록과는 달리 해제는 해당 서적의 가치에 대한 평가와 자료의 발굴이라는 고도의 감식안이 요구되기 때문에 많은 비용과 시간, 전문성이 요구된다. 해제서의 편찬은 목록의 제작이 선행되어야 하며, 이러한 목록과 해제의 과정을 거쳐 비로소 지역 또는 기관별 소장본에 대한 연구가 가능하다. 기존에 발간된 연구서들은 개인이나 학술단체에 의한 자료의 발굴, 특히 새로운 소장처에서 새로운 자료의 발굴에 대한 것이 주를 이루었다. 이는 아직까지 소장처에 대한 조사, 나아가 중요 서적에 대한 발굴과 연구가 미흡하다는 사실을 직접적으로 보여준다. 그러나 개인 학자들이나 학술단체에 의한 연구는 시간과 경비 등 여러 면에서 분명한 한계가 있다. 따라서 일차적으로 목록과 해제서의 편찬은 국가 기관 및 협회에서 원시안으로 공동 진행하되, 효율성과 전문성을 최대한 모색하도록 하여야 할 것이다. 아울러 목록과 해제서의 편찬에 더하여 해당 도록이나 이미지를 웹상에 서비스할 수 있게 된다면 비록 그 자료가 먼 타국에 있더라고 국내의 학자 및 해외에서 한국학을 연구하는 학자들에게 큰 기여를 할 수 있으리라 생각한다.

3. 해외 고서 정리의 과제

3.1. 목록 · 해제의 강화

고서를 대상으로 한 연구에서 목록의 중요성은 아무리 강조해도 지나치지 않다. 연구의 시작이 목록을 찾는 데서부터 출발하고, 목록의 내용을 바르게 작성함으로써 자료의 공개성과 보편성 확보로 연구가 활성화될 뿐만 아니라, 여러 분야의 연구자들이 시 · 공간적인 제약에서 벗어나 해당 서적에 대한 기초적 사실을 확인할 수 있기 때문이다.

고서의 기초 연구는 분류, 목록, 해제, 원문을 중심으로 진행되는데 해외 소장 고서의 목록 작성과 개정에도 이 4가지 요소는 필수적으로 개선 발전시켜야 할 것이다. 이는 해외 소장 고서 및 한국의 고서 전반에 대한 연구 성과나 해제 등의 활용을 통하여 체계적으로 진행할 필요가 있다. 각 고서에 대한 연구가 이루어졌다면 이를 적극적으로 반영한 목록이 작성되어야 하는 것이다. 다시 말해서 목록의 수준은 그 해당 분야의 연구 수준을 반영할 수 있어야 한다. 잘 만들어진 고서 목록은 고서 이용의 편의를 제공해줄 뿐 아니라, 그 목록을 읽는 것만으로도 많은 도움을 줄 수 있다.

해외 소장 고서의 목록 작성은 문헌자료가 연구에 제대로 활용될 수 있도록 엄밀하고 체계적이며 최대한 상세한 정보를 제공할 수 있도록 하고, 해제는 체제 · 형태의 소개에 머무는 단순한 해제의 차원을 넘어 해당 문헌의 의의에 대한 고찰까지 나아가도록 하는 것을 목표로 삼을 필요가 있다. 특히, 목록의 작성에서는 기존의 목록에 잘못된 것들이나 보완해야 할 내용들을 정리하는 것이 필요하다.

목록의 기술 요소는 고서의 1차적 성격을 파악하는 데 필수적인 항목으로 일정한 체제의 틀에서 기술하는 것이며, 크게 구분하여 볼 때 서명, 저자사항, 판사항, 간행사항, 형태사항, 주기사항 등으로 구분된다. 해외 소장 고서 중에 해제를 갖추었거나 문화재관리국에서 작성된 일부 목록을 제외하면, 해외 소장의 고서가 수록되어 있는 고서 목록들은 연구자가 만족할 만한 수준으로 작성되었다고 보기는 어렵다. 즉 해외 소장 고서의 성격을 파악하는 데는 이러한 서지 기술 요소의 올바른 기입이 매우 중요하며 각 기술 요소의 주요 내용을 분석하여 작성 시기, 역사적 가치까지 1차적으로 추정할 수 있어야 할 것이다.

현재 발간된 해외 고서의 목록에 드러나는 몇 가지 문제점을 요약해서 짚어 보면 다음과 같다. 첫째로 목록 작성수준의 편차가 매우 크다는 것이다. 이는 분류 체계, 서지적 구성, 목록 기술의 방식 등이 일관되지 못하여 제대로 된 서지 정보의 전달을 어렵게 만든다. 문화재관리국, 한국서지학회 등에서 작성한 몇 군데의 소장 목록을 제외하고 많은 고서 목록이 서명과 저자명, 간행시기, 분류(등록)번호, 크기 등을 기록한 간략 목록을 작성하고 있다. A기관은 서명과 저자 등 기본적인 내용만을 기술하고, B기관은 판식주기나 내용주기까지 기술하는 것이다. 이는 동일한 서책을 전혀 다른 판본으로 여기는 오류를 범하게 할 수도 있을 뿐만 아니라 해당 서책에 대한 더 많은 궁금함을 만들게 된다. 이를 해결하기 위한 1차적인 방안은 국립중앙도서관에서 사용하고 있는『한국문헌자동화목록형식 통합서지용–고서와 고문서–』를 기본 방식으로 채택한 정리 방식의 표준화를 이루는 것이다. 표준화된 목록을 기반으로 삼고, 보다 상세한 수준의 목록 작성이 이루어진다면 목록 작성의 수준을 고려한 2차적인 상세 목록도 작성할 수 있게 된다.

목록 작성에 필수적으로 포함시켜야 할 주요 항목으로는 ① 卷首의 내용으로 표제면, 권수 삽도, 진전문, 서문, 목차, 범례, 인용서목 등과, ② 本文의 내용으로는 권수제, 권차 표시, 종합 서명, 저작자 표시, 장서인기, 삽도 등이고 ③ 卷末의 내용으로 補遺, 附錄, 저작자 · 간행자 관련기록, 발문, 지문, 간행관련 기록 등이 있다. 이는 서명, 저작자명, 주제명, 분류 기호, 언어, 문자(이두 문자포함), 발행지, 발행자, 저작 일자, 발행 일자, 판본 및 활자, 장정, 귀중도(문화재급, 소장처 자체 귀중서급 등), 종이의 빛깔과 질, 글자의 색, 표지와 배접지, 능화문, 면지의 기록(내사기, 장서기) 등의 내용으로 목록에 기입된다.

둘째, 판본 감정과 시기 추정에 오류가 나타나는 것이다. 판본 식별이 제대로 되지 않아 판종이 섞여서 정리된 것이 있는가 하면 간행 시기의 추정이 틀리거나 간행 시점을 정확하게 표시하지 않는 경우가 있다.

셋째, 각 주제별 자료의 특성을 목록상에 제대로 나타내지 못한 것이 있다. 예를 들어 족보, 고지도 및 지지, 불경, 왕실자료, 필첩 등 주기사항에 포함하여야 할 내용이 많은 주제분야의 서책에 대하여 일반적인 經書나 文集에 적용되는 목록의 방식을 적용하여 정작 연구자에게 필요한 특징적 내용이 누락된 경우가 있기 때문이다. 이는 족보의 권수내용 보완, 필사본 자료에 대한 보다 상세한 주기, 고지도 연구자를 위한 고지도 자료의 목록 보완, 불경에 나타나는 특징적 주기사항의 표시 등으로 보완해 나가야 한다.

넷째, 편목기술 형식에 비평점, 성점, 구두, 구결, 주석, 언해 등 연구가 이루어져야 할 주기사항에 대한 언급이 결여된 점이다.

다섯째, 간행이나 필사년대가 미상으로 처리된 자료에 대한 연대비정, 미해독 장서인의 해독, 서명이 잘못 기재된 것의 수정 등 시급히 보완하여야 할 사항이 많이 남은 것이다. 간행년대의 파악을 위한 주요 항목으로는 刊記, 序文, 跋文, 판식, 장서인과 內賜記, 종이, 책지의 지질과 장정의 종류 등이다. 전적의 판식은 시대에 따라 유행양식이 있었으며 장서인과 內賜記, 종이, 책지의 지질과 종류는 시대성과 지역성을 띠고 있기 때문에 이의 식별은 해당 전적이 어느 지역에서 언제 만들어졌는가를 추정하는 데에 중요한 근거가 된다. 특히 중간본이나 번각본과 같이 그 책의 내용과 형태의 분석만으로는 간행년대의 추정이 어려운 경우 책지의 식별은 매우 큰 도움이 된다. 그 외에 고전적의 간행 시기를 추정할 수 있는 또 다른 항목으로 각수, 표지문양, 배접지, 장서기, 구결 등이 있다.

앞으로의 연구 과제로서 위와 같은 문제점을 지니고 있는 기존의 목록을 재정비하는 것은 해외 소장 고서의 연구에서 우선 시행되어야 할 사항으로 여겨진다. 그리고 목록으로 정리되지 않은 소장 자료에 대한 조사 정리도 필요하며 기존에 발간된 고서 목록과의 관련성을 검토할 필요가 있다.

목록의 재정비와 아울러 해외 고서의 분류 및 주제에 대한 보다 심화된 검토도 필요하다. 고서의 주제는 經, 史, 子, 集의 전통적 사부 분류법으로 구분하였을 때 그 하위 개념인 각 類門별로 특징지어진다. 각 유문은 다시 세분할 수 있으며 특정 주제의 고전적은 현대의 학문 분야와 연계하여 대부분 적용될 수 있다. 또한 각 학문 분야의 역사를 다루고자 할 때는 반드시 해당 학문 분야의 고서에 대한 점검이 필수적이다. 해당 주제 분야의 관련 연구자들의 1차적인 연구로 가장 많은 비중을 차지하는 것이 바로 주제적 접근인 것이다.

고서의 분류는 대부분 사부 분류법을 채택하고 있지만 이는 각 고서의 주제별 성격을 분명하게 드러내는 데 한계가 있다. 자료의 성격이나 주제에 따른 객관적인 구분과 함께 한 종의 책에 대한 여러 주제의 분류를 채택할 필요가 있는 것이다. 이와 관련하여 고서의 현대적 주제 구분을 적용해보는 방법이 있을 수 있는데, 기존의 분류 외에 해당 서책에 포함될 수 있는 중심 주제어와 함께 여러 가지의 주제어를 제시하고 기존 분류 이외에 각 주제어를 해당 서책에 부여해 보는 것이다. 이를 통하여 해당 서책이 가지는 다양한 연구 분야를 파악하는데 도움을 받을 수 있으며 연구목적에 부합하는 자료의 재구성을 가능하게 할 수도 있을 것이다.

한편, 해제집의 작성과 관련하여 문제점은 소장자료 전체에 대한 기초 · 일괄해제의 필요성이 있다는 점이다. 분야별 해제집이 소장 자료의 전모를 체계적으로 이해하는데 어려움이 있으며 해제의 방식이나 기준이 책마다 달라서 일관성을 찾기가 어렵기 때문이다.

따라서 기존 해제의 재정비를 통한 표준화된 해제 방식을 정하는 것이 필요할 것으로 판단된다. 표준화는 해제의 단계를 간략, 기본, 상세, 심화의 4단계로 정하고 각 단계별로 표준화된 항목을 정하는 것이며, 이를 통해 자료의 성격에 따라 필요한 항목의 출입을 정함으로써 성격이 다른 자료의 차별성이 드러남과 동시에 일관성을 유지할 수 있을 것으로 여겨진다. 또한 기존의 해제 내용을 바탕으로 한 목록 작성의 재정비가 이루어질 수 있을 것이다. 특히 전체적으로 디지털화가 진행된다면 해제는 목록과 함께 중심적 위치에서 역할을 수행할 수 있을 것으로 보인다.

3.2. 귀중본에 대한 평가 및 문화재급 고서 발굴

일반 고서 중에 귀중본으로 구분하여 별치한 고서에 대한 깊이 있는 검토도 필요하다. 목록이 작성된 각 소장처 중에 하버드 옌칭도서관, 일본의 봉좌문고 등 몇몇 기관을 제외하고는 귀중본을 별도로 구분하고 목록이나 해제를 작성한 곳은 거의 없다. 그리고 귀중본에 대한 평가도 우선 확인된 고서 이외에 연구자마다 귀중도를 달리하는 경우가 있으므로 이를 충분히 고려하여 수용하는 적극적인 선정방식이 필요하다. 이를 바탕으로 선정된 귀중본에 대한 평가와 함께 문화재급 고서에 대한 심화 연구에 보다 적극적일 필요가 있다. 해제의 방식도 이러한 귀중본을 선정하는 과정에서 자연스럽게 추진될 수 있을 것이다.

귀중본 해제 작업의 중점 내용으로는 우선 자료적 가치를 고려하여 일반해제, 상세해제, 심화해제로 구분하여 작성하는 것이 필요하다. 일반해제는 기초 서지사항과 개요 및 주요 내용, 연구 동향 등을 기술하고 상세해제는 일반해제의 해당 사항과 내용 분석을 통해 학술적 · 역사적 의의 등을 규명해 주는 것이다. 심화해제는 발굴된 귀중본의 학술적 평가에 따라 연구물로서 작성하는 것이다.

일반해제와 상세해제에 대한 표준 지침이 마련된다면 앞서 살펴본 목록에 연계하여 보다 체계적인 관리가 가능할 것이다. 해제 내용은 서지사항(분량, 책의 크기, 내용, 판본 유형 등), 정의, 내용, 자료의 가치 등의 순서로 기술하는 것이다. 해외 소장 귀중 고서의 해제 작성에 필요한 주요 내용을 제시해보면 ① 간략서지, ② 전체적인 내용에 대한 간단한 설명, ③ 대상 서책의 형태서지적 · 물리적 특징 기술, ④ 서책의 편 · 저자와 관련된 사항 기술, ⑤ 대상 서책의 주요 내용 개관, ⑥ 해제 대상 서책이 지니는 학문적 의의와 기존 연구 동향 언급, ⑦ 대상 서책의 가치를 기술하고 평가, ⑧ 同種異本이나 同一本의 현황과 소장처 및 소장 경위, ⑨ 대상자료의 영인 및 대표적인 참고문헌 소개 등으로 요약해 볼 수 있다.

또한 기 지정된 귀중본에 대한 검토와 아울러 일반 고서 중에 귀중본 가치가 있는 자료에 대한 추가 지정 사업도 이루어져야 할 것이다. 이에 대해서는 별도로 각 귀중서책을 지정하고 국가적인 차원에서 연구를 진행할 필요가 있다.

3.3. 알려지지 않은 국가의 자료 발굴

비교적 많이 알려진 일본, 북미, 중국의 주요 소장처 외에 잘 알려지지 않은 소장처를 조사하는 방안도 필요하다. 예를 들어 러시아의 경우 한국에서 조사목록도 작성되지 않았음에도 불구하고 상트페테르부르크대학교 도서관과 동방학연구소에서 한국본 고서에 대한 해제서까지 발간하기도 하였다. 모두 러시아어로 작성된 것으로 도판도 수록하고 있다.[12] 즉 그 나라 언어로 작성된 해제, 목록서의 발굴과 이를 번역하는 적극적인 노력이 필요하다.

12. 코뱌코바 울리아나(2010), 「『한국기록문화유산의 서술』 소개」, 『문헌과 해석』 50.

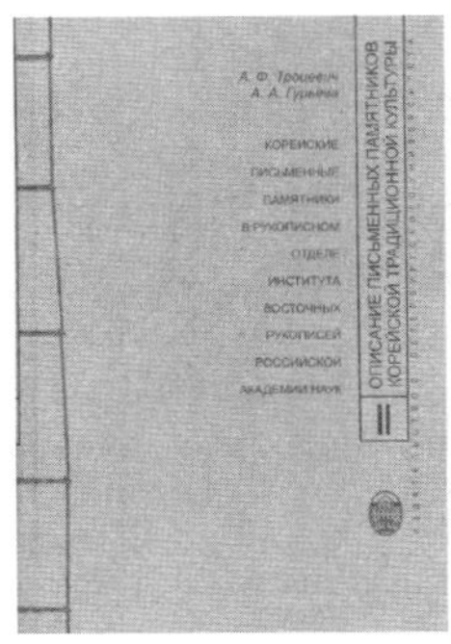
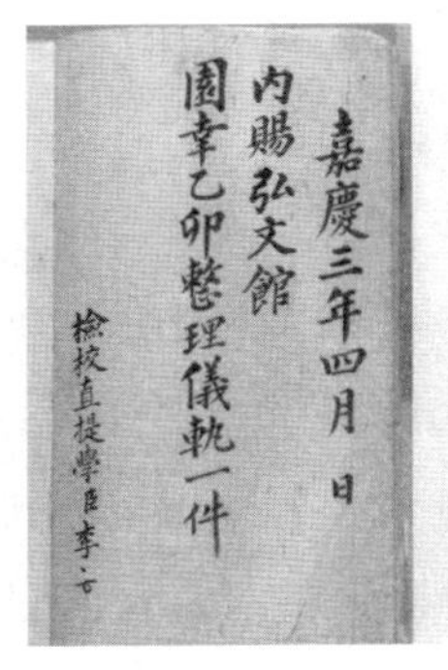

[그림 1] 상트페테르부르크대학교 동방학연구소에서 발간한 한국본 고서에 대한 해제서 Описание письменных памятников корейской традиционной культуры II(한국 전통 문화의 기록유산의 서술 II)의 표지와 본문

3.4. 이미지 자료 공개 방식의 일원화

고서의 기초 연구 기반은 원문 자료를 구축하는 것으로 1차적인 마무리가 된다. 물론 원문이미지를 바탕으로 탈초, 정서, 표점, 번역 등 2차적인 기반 연구가 필요하지만 해외 소장 고서의 경우 1차 단계만 이루어져도 연구자에게 매우 유용하다. 웹사이트를 통해서 원문이미지가 제공되고 있는 해외 자료들은 대부분 그 이미지 자료의 해상도, 밝기, 색상 등에 대한 표준이 마련되어 있지 않다. 한국본 이미지까지 제공되고 있는 소장처가 많지 않지만 일부 소장처에는 다양한 형태의 이미지 제공이 이루어지기도 하는데, 제공하는 이미지의 방식이나 해상도 등이 다르므로 연구 진행을 위한 "원문이미지 작성 가이드라인"이 필요하다. 원문이미지가 제공되는 것은 대부분 각 소장처의 웹사이트를 통해서 이미지만 제공되고 있으며, 이미지의 전체분량이나 해당자료가 전체자료 중에 차지하는 비중이나 중요도, 규모 등을 알려주는 곳은 거의 없는 실정이다. 이에 관해서는 별도의 연구가 필요할 것으로 여겨진다. 아울러 전시도록 형태로 발간되는 자료에 대하여 이를 수집하고 관리할 필요가 있다.

3.5. 종합적 시스템의 개발

고문헌의 목록과 해제, 이를 기반으로 삼아 디지털화를 진행하는 큰 목적은 영속적으로 자료를 보존하는 것과 함께, 자료의 공개성과 보편성 확보로 연구가 활성화되고 여러 분야의 연구자들이 시 · 공간적인 제약에서 벗어나 지식을 공유하도록 하는 것이다. 고서를 소장하고 있는 여러 대학과 각급 기관에서는 이와 같은 목적에 부합하여 고서의 DB를 구축하고 있다. 서지 DB의 구축을 기본으로 하고 있고 일부 기관이나 도서관은 참조서지 링크나 MARC정보, 색인, 원문을 열람할 수 있는 체제를 갖추고 있다. 특히 원문 DB는 컴퓨터 저장 용량, 전송 속도 등의 발달로 최근 들어 서비스가 확대되고 있는 추세이다. 이미 국내 소장 고문헌은 일부 대학도서관이나 기관에서 해당서책의 원문, 텍스트, 해제 등을 링크시켜 제공하는 서비스를 시행하고 있지만 용어사전이나 저자색인, 타소장기관, 서명색인, 관련연구논저까지도 포함하는 종합형 서지 목록은 아직까지 구축되어 있지 않다. 디지털화된 해외 소장 고서의 목록 작성은 이상과 같은 목록 기술 요소를 기반으로 하는 종합형 목록으로 구축되어야 할 것이다. 현재 제공되고 있는 해외 소장 고문헌의 DB 시스템에는 국립중앙도서관의 한국고전적종합목록시스템, 국립문화재연구소의 해외 소장 한국전적문화재시스템,[13] 국사편찬위원회의 한국사데이터베이스시스템 및 NF목록, 원문서비스시스템 등을 들 수 있지만 아직까지 종합형 서지 목록으로 제공하고 있지 않다.

해외 소장 고서에 대하여 보다 발전적인 방안으로 제안해 본다면 궁극적으로 서지 목록을 중심으로 한 "해외 고서 종합 DB"를 구축하는 방식을 마련해야 할 것으로 보인다. 이는 서지목록을 중심으로 용어사전, 편저자색인, 소장기관, 서명색인, 관련연구논저, 해제, 원문 등의 DB를 상호간 링크시켜 종합적으로 살펴볼 수 있는 체계를 구현해보는 것이다. 이를 그림으로 표현하면 [그림 2]와 같다.

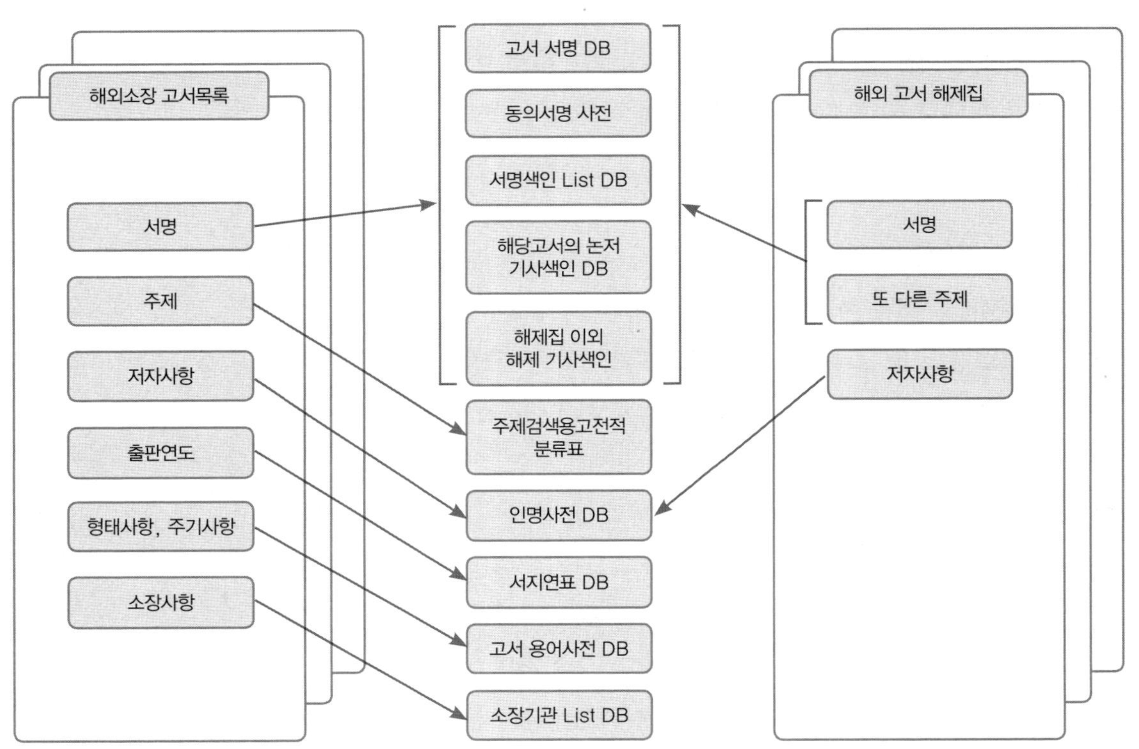

[그림 2] 해외 소장 고서의 종합적 목록 체계 구상

13. 최근에 웹페이지를 확인하기 어렵다.

서명의 DB는 각 고서 목록에 나타난 서명색인과 주제검색용 고서분류표 DB를 활용하고 용어 통제를 위해서 異書名事典을 활용할 수가 있다.

디스플레이된 고서 자료의 목록 기술 내용 가운데 서명, 저자사항, 형태사항, 판차사항, 주기사항, 소장사항 등에서 단어나 구를 선택하면, 책자형태로 발간된 고서해제집 DB, 해당 고서의 저자에 관한 사항 DB, 국역된 고서에 대한 DB, 해당 고서의 원문 DB, 고서의 서지연표 DB, 고서의 소장기관 DB, 고서용어사전 DB, 고전용어 시소러스 등에서 해당하는 설명이 디스플레이 되도록 설계한다. 이전에 구축되었거나 구축 중인 DB를 활용할 수도 있을 것이다.

디스플레이된 각 설명 DB에서 다시 설명이 필요한 내용이 있을 경우 해당 고서를 대상으로 한 논저들의 기사색인 및 그 내용 DB, 비책자형태로 된 고서해제의 기사색인 및 그 내용 DB에서 설명이 가능하도록 하며 이들 DB 내에 나타난 각 서명 또한 서명색인에 링크하여 확인할 수 있도록 한다. 또한 원문 DB와는 별도로 권수제가 있는 제1면의 서명을 목록 화면에서 확인하는 방법도 필요하다. 고서의 소장기관 DB 또한 기존 고서 목록의 목록 기술 내용의 발행기관과 링크되며, 고서해제집에서의 저자사항 또한 인명사전 DB와 링크되게 된다. 이처럼 구축할 수 있는 각각의 DB는 개개가 별도의 사업이 될 수 있다.

3.6. 통신원의 확보와 적극적인 관리 – 사서, 현지인, 커뮤니티 조성

해외에 소장된 자료를 가장 가까이 접할 수 있는 현지 인력을 중심으로 커뮤니티를 조성하고 정기적인 모임을 갖는 것은 매우 중요한 관리 방법이다. 이들의 노력 여하에 따라 보다 적극적인 관리가 이루어지기도 하고 새로운 자료의 발굴도 가능해지기 때문이다.[14] 종합적인 시스템의 설계의 완성을 위해서라도 정책적으로 통신원을 확보하고 지속적인 관심을 가지는 것이 필요하다.

4. 결언

이상으로 해외 소장 고서를 조사하고 정리하는 방법에 대한 기초적 연구로 해외 소장 고서에 대한 목록 및 해제에 대한 검토와 함께 그 현황을 알아보고 정리의 방향과 과제를 중심으로 살펴보았다.

14. 국외박물관 한국실의 지원과 국외 한국문화재 정보를 공유하고 조사 관련업무를 효율적 진행을 위하여 2009년 7월에 '국외 한국문화재 지원 유관기관 협의회'가 구성되었다. 이혜은(2009), 「국립중앙도서관 국외소재 고문헌 수집사업의 성과와 과제」 『국외소재 한국 고문헌 수집 성과와 과제』

해외 소장 고서를 제대로 활용하기 위해서는 먼저 정확하고 구체적인 고서 목록이 필요하다. 연구는 書誌目錄을 찾아보는 데서부터 시작되기 때문이다. 제한적이기는 하지만 지금까지 조사하여 작성된 해외 소장 고서 목록들이 그 역할을 감당해 왔다. 하지만 국내에서 발간된 해외 소장 고서의 목록과 해제는 전체 수량에 비해 극히 적은 편이다. 지속적으로 조사와 목록 작성이 이루어져야 할 것이다.

고서의 조사에는 서지 기술 요소의 올바른 기입이 매우 중요하며 각 기술 요소의 주요 내용을 분석하여 간행시기를 추정하게 된다. 서지기술의 원칙을 파악하고 형태적 특징과 함께 고서의 이해를 위한 전제적 요소를 찾아내는 노력을 지속적으로 기울일 필요가 있다. 이와 같은 노력을 계속한다면 보다 상세하고 정확한 내용의 해제를 작성하는 데 바탕이 될 수 있을 것이며 관련되는 많은 연구자에게 도움이 될 것이다. 이 글의 의의는 지속적으로 발간되고 있는 목록과 해제에 대하여 하나씩 점검하는데 도움이 되도록 하는 데 있다.

해외 소장 고서의 정리 현황을 살펴보았지만 제한된 정보와 자료의 미비로 인하여 현재 소장 현황과 모습을 제대로 그려보기에는 부족한 면이 많다. 앞으로 정리사업이 확대 지속된다면 해외 소장 고서에 대한 정보도 점차적으로 증대되고 이용이 수월해질 것으로 보인다. 고서 정리와 관련하여 고려하여야 할 몇 가지 사항을 살펴보면

첫째, 고서 목록 작성의 작성 수준을 충분히 고려하여야 할 것으로 보인다. 이는 표준화된 입력 방식의 적용과도 관련이 있다.

둘째, 동종 이본에 대한 감정은 필수적이어야 하며 귀중본의 선정에도 유념해야 한다. 이는 선정된 자료를 바탕으로 한 다양한 사업의 바탕이 될 수 있다.

셋째, 정보의 유통과 공개가 이루어져야 한다. 이는 책자형 목록의 발간 및 종합적 시스템의 구축과 관련이 있다.

넷째, 전문인력 양성과 전담기구의 설치이다. 해외에 소장된 전체 자료의 수량은 아직 파악할 수 없지만 전문가그룹에 의한 교육시스템을 구성하여 오랜시간 소요될 수도 있는 사업에 대비하여야 한다. 보다 효율적이고 중심이 잡힌 사업을 위해서는 전담기구에 의한 업무추진이 필수적이다.

참고문헌 

국립중앙도서관 편(2009), 『국외소재 한국 고문헌 수집 성과와 과제』.

박상국(2003), 「유럽소재 한국 고문헌 정리의 현황과 과제」, 『대동한문학』 18.

박현규(1990), 『중화민국 국립고궁박물관에 소장된 한국고서적에 대한 분석』, 『중국어문학』 18-1.

愼鏞廈(1982), 奎章閣圖書의 變遷過程에 대한 一硏究, 『奎章閣』 6.

심경호(2003), 「일본 소재 한국 고문헌 정리의 현황과 과제」, 『대동한문학』 18.

연갑수(1993), 「『內閣藏書彙編』 解題」, 『奎章閣』 16.

윤충남(2003), 「하버드 연경 도서관 한국학자료의 현황과 전망」, 『국학연구』 2.

이순구(2003), 「미국 소재 한국 고문헌정리의 현황과 과제-하버드 대학 옌칭 도서관을 중심으로」, 『대동한문학』 18.

이진명(2003). 「프랑스 국립도서관 및 동양어대학 도서관 소장 한국학 자료의 현황과 연구 동향」, 『국학연구』 2.

이태진(1994), 『왕조의 유산 -외규장각도서를 찾아서』, 지식산업사.

이태진(1996), 「奎章閣 中國本 圖書와 集玉齋圖書」, 『민족문화논총』 16-1, 영남대학교 민족문화연구소.

이혜은(2009), 「국립중앙도서관 국외소재 고문헌 수집사업의 성과와 과제」, 국립중앙도서관 편, 『국외소재 한국 고문헌 수집 성과와 과제』.

이호권(1999), 「규장각 소장 국어사자료의 정리와 관련된 몇 문제」, 『奎章閣』 22.

이희재(2009), 「재불 한국고서의 현황과 발전방향」, 국립중앙도서관 편, 『국외소재 한국 고문헌 수집 성과와 과제』.

천혜봉(1991), 『韓國書誌學』, 民音社.

천혜봉(2009), 「일본 소재 한국고문헌의 현황과 과제」, 국립중앙도서관 편, 『국외소재 한국 고문헌 수집 성과와 과제』.

코뱌코바 울리아나(2010), 「『한국기록문화유산의 서술』소개」, 『문헌과 해석』 50.

황위주(2003), 「중국소재 한국 고문헌 정리의 현황과 과제」, 『대동한문학』 18.

후지모토 유키오(2003), 「일본 소장 한국학 자료의 현황과 연구 동향」, 『국학연구』 2.

南禪寺 所藏의 한국본 고문헌 자료에 대하여

정재영(한국기술교육대)

차 례

1. 서론

南禪寺에 소장된 大藏經의 현황에 대해서는 일본과 국내 학자들에 의해 이미 수 차례에 걸쳐 조사된 바 있다. 실제로 『南禪寺經藏一切經目錄』에는 고려본뿐만 아니라 宋板과 元板 등을 비롯하여, 일본에서 14세기 말에서 15세기 초에 일체경의 부족분을 보충하기 위하여 필사한 사경들 등 남선사 소장 일체경 전체의 목록이 수록되어 있다. 지금까지 소장된 자료의 판본과 총수에 대하여 末松保和와 稻葉岩吉이 조사한 바에[1] 의하면 南禪寺一切經은 총 5,685冊으로 그 중 元板本이 가장 많은 양을 차지하고 初雕大藏經 1,715冊, 再雕大藏經 25冊으로 밝히고 있다. 이것을 표로 정리하면 [표 1]과 같다.

[표 1]

刊本(4,634)	元板本	2,253
	高麗初雕大藏經	**1,715**
	日本板本	311
	北宋板本	216
	南宋板本	114
	高麗再雕大藏經	**25**
寫本(1,051)	年代不明	876
	筆寫記本	175
總計		5,685

1. 末松保和, 稻葉岩吉(1966), 「南禪寺大藏經の瞥見」『青丘史草』 2, pp.73-91.

大正新修大藏經의 第 98卷~100卷에 수록된 『昭和法寶總目錄』의 1卷에 수록된 『南禪寺經藏一切經目錄』의 구성을 보면 函次는 高麗函次가 아닌 일본에서 만든 함차를 사용하였고, 각 경전의 소장 卷次와 판본에 대하여 麗本, 元本, 宋本 등으로 구분하여 기술하고 있다. 또한 刊本이 아닌 경우 寫本으로 나누어 분류하고 있다. 高麗本의 경우 初雕本과 再雕本의 구별이 어렵게 되어 있다.

한국의 학자들도 남선사 소장 자료 중 고려본에 대한 조사 연구를 여러 차례 진행한 바 있다. 金斗種(1981)은 남선사 소장자료에 대해 언급하고 있고,[2] 千惠鳳(1991)은 『南禪寺經藏一切經目錄』에 의거하여 高麗本의 總種數는 516種이며 그 중 高宗때의 刊行年이 명시된 것이 11種, 刊行年 표시가 없는 것이 505種이라 언급하였으나[3] 南禪寺 所藏 藏書 全部를 조사해보지 않는 한 정확하게 알 수 없음을 지적하고 있다. 또한 國立文化財硏究所에서 실시한 國外所在文化財 중 南禪寺 자료로 제시되고 있는 目錄에서는 韓國本은 總 616種으로 밝히고 있다.

2. 金斗種(1981), 『韓國古印刷技術史』, 探究堂, p.67.

3. 千惠鳳(1991), 『韓國書誌學硏究』, 古山千惠鳳教授定年記念選集刊行委員會, p.424.

2. 南禪寺 所藏 初雕大藏經

1장에서 살펴본 것처럼 日本 南禪寺 소장본 중 고려 초조대장경에 대해서는 여러 학자들과 國立文化財硏究所에서 조사하여 그 현황을 제시한 바 있지만 일부 미흡한 부분이 있었고 또 그 전체의 실상을 볼 수가 없었기 때문에, 고려대장경연구소가 주관하여 2005년부터 2010년 2월까지 조사를 통하여 이를 수정 · 보완한 바 있다. 고려대장경연구소에서 주관한 조사에서 초조대장경 조사연구팀은 남선사 소장 일체경 중 고려본과 고려 사경 등에 대한 한국본 전체의 목록을 다시 조사하고 그 중 초조대장경에 대해서는 그 전체를 디지털 카메라로 촬영하여 연구한 바 있다. 이 글도 고려대장경연구소 초조대장경 연구팀의 일원으로 참석한 필자가 공동연구팀의 전체 조사보고서를 바탕으로 다시 정리하여 발표하는 것이다. 이 작업 결과, 현재 고려대장경연구소에서는 **고려대장경 지식베이스(http://kb.sutra.re.kr)** 통해 초조대장경 전체 원문서비스를 제공하고 있다.

고려대장경연구소 초조대장경 연구팀의 조사를 통하여 南禪寺에 소장된 高麗本은 總 548種 1,879卷 1,762冊으로 확인된 바 있다. 이 중 初雕大藏經은 1,712冊으로 전체 고려본 책수의 대부분인 97%를 차지하고 있다. 初雕大藏經의 卷冊

數에 있어 기존 연구 조사와 약간의 差異가 있는데 이것은 初雕本과 再雕本, 其他 中國本과의 區別이나 초조대장경의 경우 한 책 안에 合本된 經도 있는데 이것들에 대한 정확한 파악에 있어서 다소 誤差가 있었기 때문이다. 이번 조사에서 우리가 파악한 初雕大藏經은 521種 1,826卷 1,712冊이다. 이것을 남선사에 소장된 다른 고려본들과 함께 표로 제시해 보면 다음 [표 2]와 같다.

[표 2] 南禪寺 所藏 高麗本 現況

高麗本	種數(548)		卷數(1,879)		冊數(1,762)	
初雕本	521	95.1%	1,826	97.1%	1,712	97.1%
再雕本	18	3.3%	29	1.5%	26	1.5%
寺刹刊本	3	0.5%	17	1.0%	17	1.0%
寫經	6	1.1%	7	0.4%	7	0.4%

初雕本을 제외한 高麗本은 再雕本, 寺刹刊本, 高麗寫經 등이 있다. 이들은 모두 53卷 50冊으로 전체 고려본 중 3% 정도를 차지하고 있다. 이 중 再雕本은 18종 29卷 26冊이고, 사찰에서 간행된 판본은 8卷 8冊 全帙의 『金光明經』과 『慈悲道場懺法』, 『佛說七佛經』 등 3종 17冊이 소장되어 있다. 이 외에도 고려시대 墨書 寫經 6종 7冊도 같이 소장되어 있다. 이들은 初雕本에 비해서는 양적으로 극소수에 불과하지만 우리의 귀중한 자료로서 중요한 가치를 가지고 있는 문화유산들이다.

初雕大藏經의 經典 중 대부분은 1卷 1冊의 형태로 되어 있으나, 經의 성격과 양에 따라서 일부는 두 가지 다른 경전이 한 책으로 합본된 것에서부터 八經까지도 한 책의 合本 형태로 나타나는 것이 있기 때문에 각 조사에서 초조대장경 전체 卷數와 冊數에 있어서 차이가 많이 나타난다. 실제로 남선사 소장 초조대장경 중에는 二經同卷 36卷 23冊, 三經同卷 36卷 12冊, 四經同卷 32卷 8冊, 五經同卷 35卷 7冊 , 六經同卷과 八經同卷이 각각 1冊으로 나타났다. 남선사에 소장되어 있는 초조대장경 전체 목록과 그 특징에 대해서는 이 논문의 뒤에 수록하고 있는 남선사 소장 초조대장경 전체 목록을 참조할 수 있다.

3. 南禪寺 所藏 再雕大藏經

南禪寺 所藏의 再雕大藏經은 18種 29卷 26册으로 다음 [표 3]과 같다. 辛丑歲(高宗 28年, 1241년)의 간기가 있는 경전이 1卷, 癸卯歲(高宗 30年, 1243년) 7卷, 甲辰歲(高宗 31年, 1244년) 11卷, 乙巳歲(高宗 32年, 1245년) 7卷, 丙午歲(高宗 33年, 1246년) 3卷 등이 있다. 이 再雕本들은 주로 初雕本의 부족분을 채우기 위해 보충된 경전들로 일본으로 初雕本이 전래될 때 함께 전해졌을 가능성이 높다.

[표 3] 南禪寺 所藏 再雕大藏經

<table>
<tr><th rowspan="2">번호</th><th rowspan="2">書名</th><th rowspan="2">卷次</th><th colspan="2">函次</th><th rowspan="2">刊記</th><th rowspan="2">初雕本所藏</th></tr>
<tr><th>高麗</th><th>南禪寺</th></tr>
<tr><td>1</td><td>深密解脫經</td><td>卷1</td><td>盖</td><td>此一</td><td>癸卯歲(高宗30年,1243)
高麗國大藏都監奉勅雕造</td><td>卷2, 3</td></tr>
<tr><td>2</td><td>大乘起信論</td><td>卷下</td><td>盡</td><td>命</td><td>癸卯歲(高宗30年,1243)
高麗國大藏都監奉勅雕造</td><td>卷上</td></tr>
<tr><td>3</td><td>三無性論</td><td>卷上</td><td>盡</td><td>命</td><td>癸卯歲(高宗30年,1243)
高麗國大藏都監奉勅雕造</td><td></td></tr>
<tr><td>4</td><td rowspan="3">①佛說伏婬經
②弊魔試目連經
③佛說魔嬈亂經</td><td rowspan="3">合綴</td><td rowspan="3">容</td><td rowspan="3">止</td><td rowspan="3">① 癸卯歲(高宗30年,1243)
高麗國大藏都監奉勅雕造
② 甲辰歲(高宗 31年,1244)
高麗國大藏都監奉勅雕造
③ 癸卯歲(高宗30年,1243)
高麗國大藏都監奉勅雕造</td><td rowspan="3"></td></tr>
<tr><td>5</td></tr>
<tr><td>6</td></tr>
<tr><td>7</td><td>正法念處經</td><td>卷2</td><td>定</td><td>篤二</td><td>癸卯歲(高宗30年,1243)
高麗國大藏都監奉勅雕造</td><td>卷1, 3, 7~9, 11~14, 16~36, 38, 39, 41~43, 45~50, 61, 64, 66, 69</td></tr>
<tr><td>8</td><td>四分律</td><td>卷33, 36</td><td>夫</td><td>唱</td><td>癸卯歲(高宗30年,1243)
高麗國大藏都監奉勅雕造</td><td>卷2, 3, 6, 8~10, 15, 17, 20~25, 27~29, 31, 39, 40, 50~60</td></tr>
<tr><td>9</td><td>阿毗達磨俱舍釋論</td><td>卷14</td><td>動</td><td>守</td><td>甲辰歲(高宗 31年,1244)
高麗國大藏都監奉勅雕造</td><td>卷11~13, 15~22</td></tr>
<tr><td rowspan="5">10</td><td>舍利弗阿毗曇論</td><td>卷23</td><td>邙</td><td>面</td><td>甲辰歲(高宗 31年,1244)
高麗國大藏都監奉勅雕造</td><td rowspan="5">卷1~6, 8~10, 12~22</td></tr>
<tr><td>舍利弗阿毗曇論</td><td>卷24</td><td>面</td><td>面</td><td>甲辰歲(高宗 31年,1244)
高麗國大藏都監奉勅雕造</td></tr>
<tr><td>舍利弗阿毗曇論</td><td>卷25</td><td>面</td><td>面</td><td>乙巳歲(高宗 32年,1245)
高麗國大藏都監奉勅雕造</td></tr>
<tr><td>舍利弗阿毗曇論</td><td>卷26</td><td>面</td><td>面</td><td>丙午歲(高宗 33年,1246)
高麗國大藏都監奉勅雕造</td></tr>
<tr><td>舍利弗阿毗曇論</td><td>卷27</td><td>面</td><td>面</td><td>乙巳歲(高宗 32年,1245)
高麗國大藏都監奉勅雕造</td></tr>
</table>

11	大唐内典錄	卷2	席	鼓	乙巳歲(高宗 32年,1245) 高麗國大藏都監奉勅雕造	卷3~5, 7~10 卷3~5, 7~10
	大唐内典錄	卷6	鼓	鼓六	丙午歲(高宗 33年,1246) 高麗國大藏都監奉勅雕造	
12	菩提行經	卷1, 2	書	槐	乙巳歲(高宗 32年,1245) 高麗國大藏都監奉勅雕造	卷3, 4
13	讚揚聖德多羅菩薩一百八名經	合綴	書	槐	乙巳歲(高宗 32年,1245) 高麗國大藏都監奉勅雕造	
14	聖觀自在菩薩一百八名經		書	槐		
15	佛說大方廣善巧方便經	卷1-4	刑	微	甲辰歲(高宗 31年,1244) 高麗國大藏都監奉勅雕造	
16	佛說大集法門經	卷上,下	起	旦	甲辰歲(高宗 31年,1244) 高麗國大藏都監奉勅雕造	
17	佛說佛名經	卷1	寧	寧	丙午歲(高宗 33年,1246) 高麗國大藏都監奉勅雕造	卷1~2, 4~12
18	大般涅槃經	卷6	勿	勿	辛丑歲(高宗 28年, 1241) 高麗國大藏都監奉勅雕造	卷上, 中, 下

南禪寺 所藏의 再雕大藏經은 18種 29卷 26冊으로 甲午, 乙巳, 丙午, 丙辰, 辛丑年의 간기가 기록된 경전이 있으며 이들은 주로 缺帙의 상태이다.『深密解脫經』은 再雕本 卷1, 初雕本 卷2, 3『大乘起信論』은 再雕本 卷下, 初雕本 卷上 등과 같이 질을 이루어 소장되어 있다. 이러한 경전들이 우리나라에서 가져갈 때부터 이러한 형태였는지 아니면 일본에서 缺本의 상태인 것을 우리나라에 재차 청구하는 과정에서 이루어졌는지에 대해서는 알 수 없으나 질의 맞지 않은 초조본을 재조본으로 추가시킨 것으로 추정된다.

4. 高麗 寺刊本

남선사에 현재 소정되어 있는 高麗 寺刹 刊行本은『金光明經』,『慈悲道場懺法』,『佛說七佛經』등 3種 17冊이다. 지금까지 알려진『金光明經』은 3種類가 있다. ① 唐 義淨 飜譯의 金光明最勝王經(1~10卷), ② 曇無讖 飜譯의『金光明經』(1~4卷), ③ 寶貴가 엮은『合部金光明經』(1~8卷)이다. 南禪寺에는 그 중『合部金光明經』8冊이 高麗 寺刹 刊行本이다.『慈悲導場懺法』은 '用'函에 10冊(1~10卷) 中 卷2, 4는 日本寫經이고 나머지는 高麗 寺刹 刊行本이다.『佛說七佛經』은 單卷으로 '千'函에 포함되어 있다.

[표 4] 남선사 소장 고려 사간본

番號	經名	卷次	張數	行字數	備考
1	金光明經	卷1	18張	25行 17字	
2	金光明經	卷2	23張	25行 17字	
3	金光明經	卷3	19張	25行 17字	
4	金光明經	卷4	14張	25行 17字	
5	金光明經	卷5	18張	25行 17字	
6	金光明經	卷6	21張	25行 17字	
7	金光明經	卷7	21張	25行 17字	
8	金光明經	卷8	20張	25行 17字	
9	慈悲道場懺法	卷1	29張	20行 12字	1,2 張 變相圖
10	慈悲道場懺法	卷3	16張	·	
11	慈悲道場懺法	卷5	22張	20行 13~15字	
12	慈悲道場懺法	卷6	22張	·	
13	慈悲道場懺法	卷7	20張	20行 14~15字	
14	慈悲道場懺法	卷8	20張	·	
15	慈悲道場懺法	卷9	14張	·	
16	慈悲道場懺法	卷10	26張	20行 14字	李德孫 發願文
17	佛說七佛經	單卷	17張	20行 15字	刻手 : 金大明

『金光明經』 중 卷1, 2, 5의 形態的 特徵은 1張 25行에 17字가 排列된 木板本이다. 紙質은 白色에 光澤이 나는 高麗의 楮紙이며, 版心題는 '金經'이고 卷首題 밑에는 墨書로 '化一'이라고 表示를 하였다. 이는 日本에서 南禪寺 大藏經을 構成할 때, 不足한 部分을 高麗의 寺刹 刊行本으로 채워 넣은 것으로 보인다. 本文에 蟲蝕과 漏濕의 痕迹이 있으며 張次 表示는 종이 이음 部分이 떨어진 곳에서 版心題와 張次를 確認할 수 있다. 卷2의 4張은 筆寫로 補充되어 있고 卷首面에는 禪昌寺 朱印이 찍혀있다. 卷3, 4, 6, 7, 8의 書體는 卷1, 2, 5와 거의 비슷하지만 紙質이 다른 종이에 印刷되었다. 行字數는 25行 17字로 같고 1面에 5행씩 折帖으로 構成되어 있는 것 또한 같다.

『慈悲道場懺法』의 形態的 事項과 特異한 点에 대해 살펴보면 南禪寺에 所藏된 板本은 그 字數가 卷別로 다르게 나타나고 있다. 대체로 折帖 한 장당 5行씩 되어 있고 1, 3卷은 12字, 나머지는 13~15字가 反復되고 있다. 세로 발끈 폭은 2.5~3cm, 촉수는 19촉으로 同一한 紙質이다. 折帖의 크기는 세로

30.2~4cm, 가로는 13.1~2cm이며, 3, 6卷에는 漏濕, 蟲蝕의 흔적이 있다. 1卷에는 2장의 變相圖가 있으며 그 크기는 23.8×52.4cm로 同一하고 1~10卷의 所藏本 중 2, 4卷은 寫經이다. 第8卷은 異版本으로 書體가 달라지는 것을 볼 수 있고([사진 1]), 이것과 같은 版本이 國內에 高麗大學校, 啓明大學校 등에 所藏되어 있다.

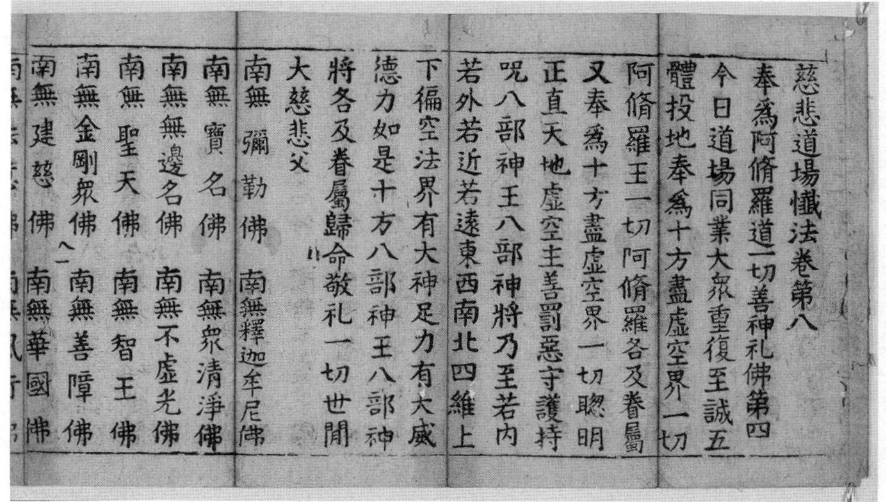

慈悲道場懺法卷第八
奉爲阿脩羅道一切善神礼佛第四
今日道場同業大衆重復至誠五
體投地奉爲十方盡虛空界一切
阿脩羅王一切阿脩羅各及眷屬
又奉爲十方盡虛空界一切聰明
正直天地虛空主善罰惡守護持
呪八部神王八部神將乃至若內
若外若近若遠東西南北四維上
下徧空法界有大神足力有大威
德力如是十方八部神王八部神
將各及眷屬歸命敬礼一切世間
大慈悲父
南無彌勒佛　南無釋迦牟尼佛
南無寶名佛　南無衆清淨佛
南無無邊名佛　南無不虛光佛
南無聖天佛　南無智王佛
南無金剛衆佛　南無善障佛
南無建慈佛　南無華國佛

[사진 1] 南禪寺 所藏本『慈悲道場懺法』卷1,8 書體比

그리고 10卷 마지막에는 李德孫의 發願文이 있다([사진 2]). 卷末의 誌文에 의하면 至元 19年(1282) 壬午 7月에 東京 副留守였던 李德孫이 發願하여 刊行된 것임을 알 수 있다.

> ...特爲 聖壽天長 洎及先考李氏 超升淨刹 現在偏孀 妻之父母 己家配耦孩嬰
> 福壽延洪三世 一切寃魂解怨 釋結法界 故殺誤傷 水陸亡靈 離苦得樂 印施無窮者
> 時至元十九年壬午七月日誌
> 東京副留守 前朝散大夫 版圖摠郎 李德孫

李德孫이 慶州에서 副留守로 있을 때 돌아가신 아버지 李淳牧의 冥福을 빌고 妻家쪽 親族이 蕃盛하기를 빌며 모든 靈魂들이 怨恨을 풀고 苦痛을 떠나 極樂往生하기를 바라면서 刊行하였음을 알 수가 있다. 본래 『慈悲道場懺法』은 이 冊의 刊行 目的이 亡者의 靈魂을 薦度하기 위한 것이므로 책의 내용에도 부합하는 것이다.

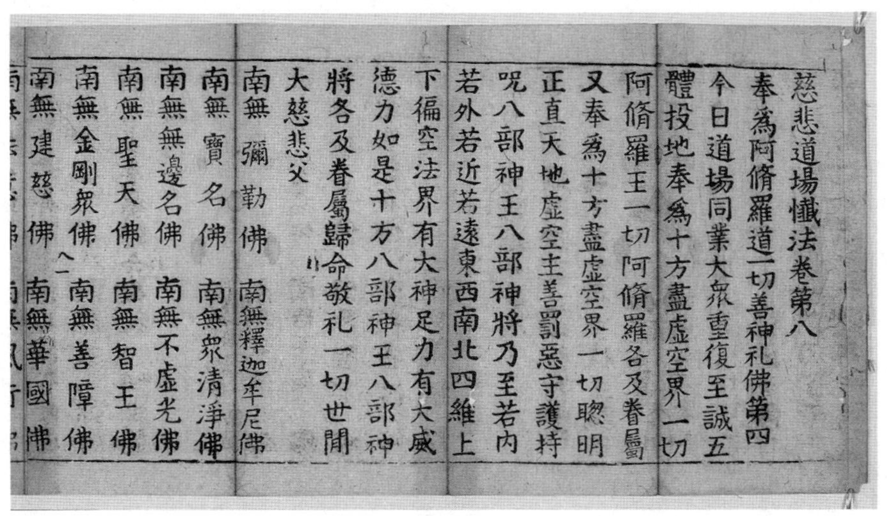
慈悲道場懺法卷第八
奉爲阿脩羅道一切善神礼佛第四
今日道場同業大衆重復至誠五
體投地奉爲十方盡虛空界一切
阿脩羅王一切阿脩羅各及眷屬
又奉爲十方盡虛空界一切聰明
正直天地虛空主善罰惡守護持
呪八部神王八部神將乃至若內
若外若近若遠東西南北四維上
下徧空法界有大神足力有大威
德力如是十方八部神王八部神
將各及眷屬歸命敬礼一切世間
大慈悲父
南無彌勒佛 南無釋迦牟尼佛
南無寶名佛 南無衆清淨佛
南無無邊名佛 南無不虛光佛
南無聖天佛 南無智王佛
南無金剛衆佛 南無善障佛
南無建慈佛 南無華國佛

[사진 2] 『慈悲道場懺法』 卷10 卷末에 있는 李德孫 發願文

『**佛說七佛經**』은 折帖本으로 한 面당 5行 15字로 이루어졌다. 한 張은 20行이고 전체 장수는 17張이다. 종이는 일반적인 高麗本에서는 볼 수 없는 白色의 薄紙를 사용하였고 書體는 고려시대에 전형적으로 볼 수 있는 것과 같다. 刊行時期는 13世紀 前半으로 推定된다. 卷首題는 『佛說七佛經』으로 卷末題도 이와 同一하며 권수제의 앞부분이 조금 훼손되었다. 卷首題 아래 部分에는 禪昌寺 所藏印이 찍혀 있고 函次는 墨書로 '千'字가 쓰여 있다. 板首題는 '七佛經 六'

과 같이 經名과 張次를 기입해 놓았다. 經典의 뒷면에는 日本에서 筆寫한 것으로 보이는 『佛說大黑天神陁羅尼經』, 『佛說北斗七星延命經』, 『妙法蓮華經提婆達多品』 第十二, 『妙法蓮華經如來壽量品』 第十六 등의 經典 一部分이 쓰여 있다. 이 자료 제1張 5~6行 사이, 제2張 10~11行 사이에 刻手로 '金大明刊'이 새겨져 있는데, 이 金大明은 高麗의 再雕大藏經의 板刻에 참여한 인물로 『大乘阿毘達磨雜集論』 卷9, 『攝大乘論釋論』 卷8, 『因明正理門論本』 卷1, 『雜阿含經』 卷20 등에 나타나는 각수이다.

5. 高麗 寫經

南禪寺에 소장된 高麗 墨書 寫經은 6종 7책이다. ① 解深密經 卷2, 3 ② 四分律藏初分 卷18 ③ 高僧傳序錄 卷14 ④ 舍利弗阿毗曇論 卷11 ⑤ 十二緣生祥瑞經 卷下 ⑥ 佛說護國尊者所問大乘經 卷1 등 6종 7책으로 모두 13세기에 寫成된 것으로 추정된다.

[표 5] 高麗 寫經 目錄

번호	書名	卷次	函次		비고
			高麗	南禪寺	
1	解深密經	卷2	盖	此七	折帖本
2		卷3	盖	此八	折帖本
3	四分律藏初分	卷18		睦	折帖本
4	高僧傳序錄	卷14	内	廣	折帖本
5	舍利弗阿毗曇論	卷11	鄁	邙	折帖本
6	十二緣生祥瑞經	卷下		卿	折帖本
7	佛說護國尊者所問大乘經	卷1	給	冠	折帖本

『解深密經』은 7世紀 後半에 唐나라의 玄奘에 의해 번역된 책으로, 法相宗의 根本 經典이다. 唯識思想에 대하여 境, 行, 果를 8品으로 나누어 설명한 것으로 '깊은 秘密을 밝힌 經'이라는 뜻을 지니고 있다. 南禪寺 所藏本은 『解深密經』 卷2와 卷3 두 책이 남아 있다. 『解深密經』 卷2는 卷子本으로 上下單邊, 紙高 28.0cm, 張크기는 22.5 × 44.0cm, 行字數는 23行 14字본이다. 종이의 세로 발끈 幅은 3.0 ~ 3.4cm 정도이다. 전체 장수는 23張이며, 5行씩 折帖 형태로 改裝되어 있다. 張次 표시는 '丈'이며, 23張 卷末에는 원래 裝幀인 卷子本의 軸을 용이하게 말기 위하여 經紙의 마지막 부분을 삼각형 형태로 잘라낸 燕尾가 있다. 折帖의 한

面 당 5줄씩 한 張에 23行과, 20行(1, 2, 4장)으로 쓰여 있다. 卷首에는 高麗의 大藏經 函次인 '蓋'字를 지우고 南禪寺의 大藏經 函次인 '此七'으로 고쳐 적고 있다. 또한 南禪寺로 移動되기 前에 所藏되었던 禪昌寺에서 大藏經을 조성할 때 함께 구성되어 있던 자료임을 나타내는 朱印이 찍혀 있다. 이 經은 1行 14字의 初雕大藏經 또는 開寶勅版大藏經 형식을 유지하고 있고, 전형적인 高麗 12~13세기의 형식을 보인다. 따라서 高麗의 어느 寺刹에서 寫本大藏經으로 있었거나 또는 初雕大藏經의 부족분으로 필사되었을 가능성이 있다. 卷末에 '二十三丈 蓋'로 全體 張數와 函次가 적혀 있고, "貞祐十一年(1223) 癸未 六月日 寫成/金紫光祿大夫 知門下省事 守司空左僕射 文惟弼"이란 筆寫記가 있다.

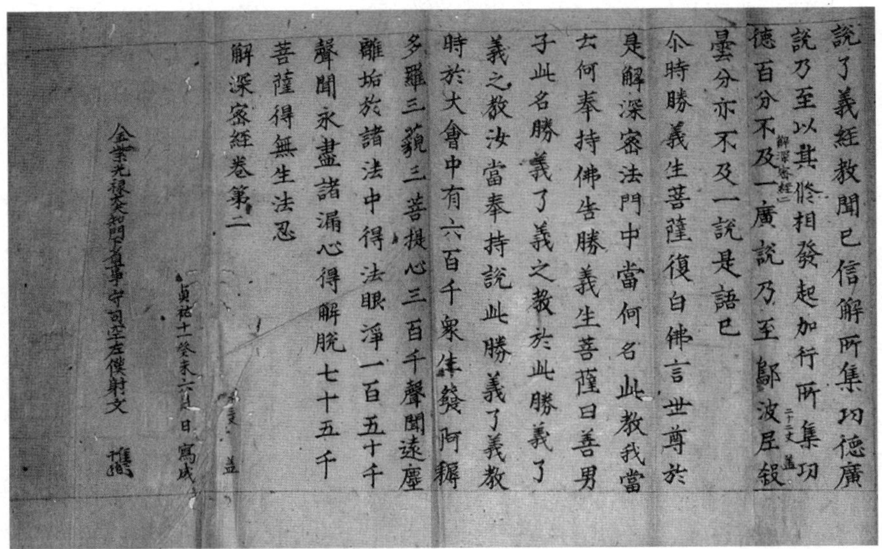

[사진 3] 『解深密經』 卷2

『**解深密經**』 卷3의 뒤에도 필사기가 있다. 卷末에는 '三十丈 蓋'로 전체의 張數와 函次가 적혀 있고, "貞祐十年(1222) 癸未 六月日 寫成/金紫光祿大夫 知門下省事 守司空左僕射 文惟弼"이란 筆寫記가 있다. '貞祐十年'은 卷2 卷末의 '貞祐十一年'을 잘못 기입한 것으로 추정된다.

『**四分律藏初分**』 卷18은 1行 17字의 高麗 寺刊本의 형식을 유지하고 있고, 卷末에 "正義大夫左右衛 上將軍致仕 權 妻/牛峯郡夫人 崔氏/丙辰十月 日 誌/道人 性幢 書"이란 筆寫記가 있다. 卷末의 筆寫記 記錄에서 高宗 43년(1256)頃에 上將軍 權某의 婦人인 崔氏가 발원하고 性幢이 쓴 고려 사경이다.

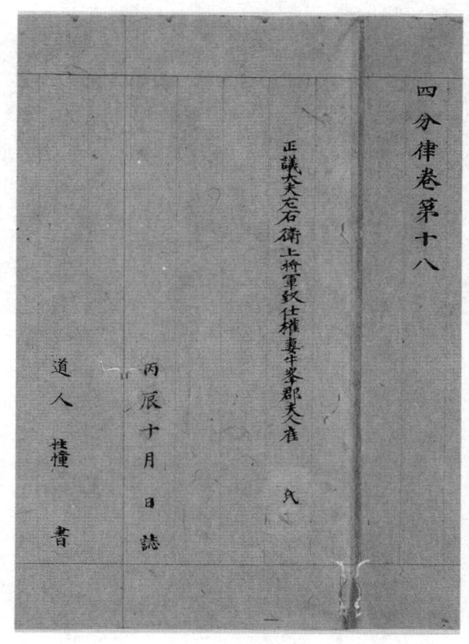

[사진 4] 『四分律藏初分』 卷18

『**高僧傳序錄**』 卷14은 1行 17字의 高麗 寺刊本의 형식을 유지하고 있고, 卷末에 "泰和二年 壬戌 十月 日 書/將仕郎 司宰 注簿 同正 金永濟"란 筆寫記가 있다. 卷末의 筆寫記 기록에서 神宗 5년(1202년)에 金永濟가 필사한 經典임을 알 수 있다.

『**舍利弗阿毗曇論**』은 인간의 모든 구성요소와 불교 교리를 설명한 책으로 '舍利佛이 해설한 불교 교리에 대한 論'이란 뜻을 지니고 있다. 이 책은 5세기 초에 姚秦時代에 罽賓國 출신의 曇摩崛多와 曇摩耶舍가 함께 번역하여 30권으로 되어 있으며, 4개의 分, 33개의 品으로 구성되어 있다. 남선사에 소장되어 있는 고려 사경『**舍利弗阿毗曇論**』卷11은 1行 14字의 初雕大藏經 또는 開寶勅版大藏經 형식을 유지하고 있는 사경이다. 전형적인 高麗 12~13세기의 寫經 형식을 보인다. 高麗의 어느 寺刹에서 寫本大藏經으로 있었거나 또는 初雕大藏經의 부족분으로 필사되었을 가능성이 있다.

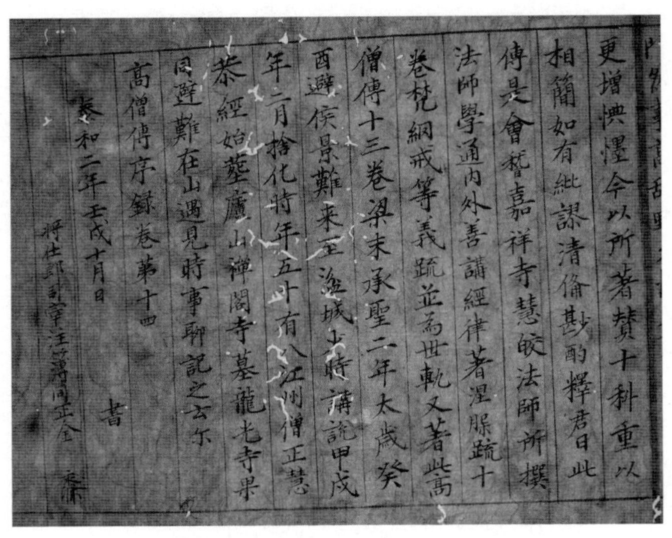

更增慚懼令以所著賛十科重以
相簡如有紕謬請備斟酌釋君曰此
傳是會稽嘉祥寺慧皎法師所撰
法師學通内外善講經律著涅槃疏十
卷梵網戒等義疏並爲世軌又著此
僧傳十三卷梁末承聖二年太歲癸
酉避侯景難来至湓城少時講說甲戌
年二月捨化時年五十有八江州僧正慧
恭經始塟廬山禪閣寺墓龍光寺果
同避難在山遇見時事聊記之云尒
高僧傳序録卷第十四
泰和二年壬戌十月日 書

[사진 5]『高僧傳序錄』卷14

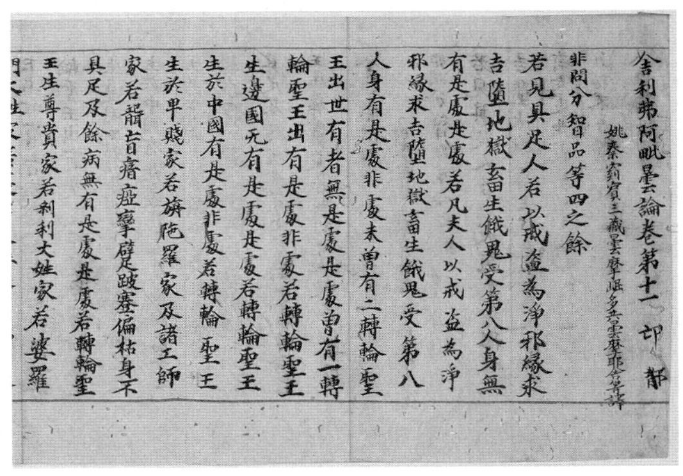

舍利弗阿毗曇論卷第十一 印 都
姚秦罽賓三藏曇摩耶舍共曇摩崛多等譯
非問分智品第四之餘
若見具足人若以戒盜爲淨邪緣求
吉墮地獄畜生餓鬼受第八人身無
有是處若凡夫人以戒盜爲淨
邪緣求吉墮地獄畜生餓鬼受第八
人身有是處非處未曾有二轉輪聖
王出世有者無是處是處曾有一轉
輪聖王出有是處非處若轉輪聖王
生邊國无有是處是處若轉輪聖王
生於中國有是處非處若轉輪聖王
生於卑賤家若旃陁羅家及諸工師
家若聾盲瘖瘂攣躄跛蹇偏枯身不
具足及餘病無有是處是處若轉輪聖
王生尊貴家若刹利大姓家若婆羅

[사진 6]『舍利佛阿毘曇論』卷11

『**十二緣生祥瑞經**』卷下는 1行 17字의 高麗 寺刊本의 형식을 유지하고 있고, 卷末에는 '銀青光祿大夫 樞密院使 吏尙書 太子賓客 崔「手決」의 筆寫記가 있다.

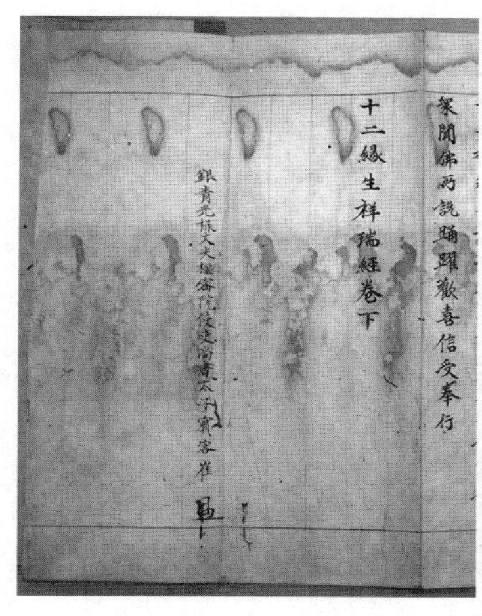
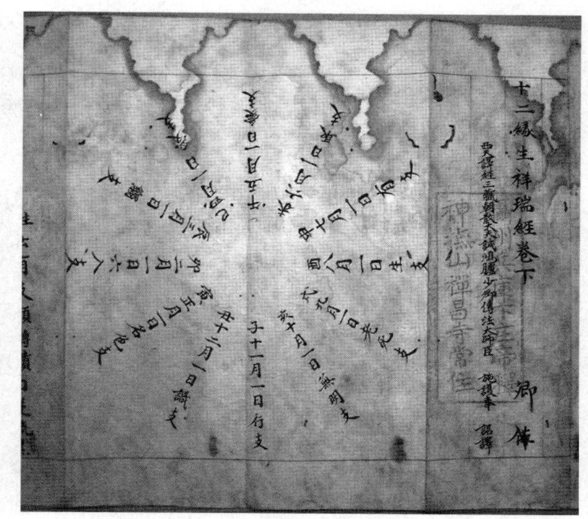

[사진 7] 『十二緣生祥瑞經』 卷下

『佛說護國尊者所問大乘經』 卷1도 『解深密經』 卷2와 卷3이나 『舍利弗阿毗曇論』 卷11 등과 같이 1行 14字의 初雕大藏經 또는 開寶勅版大藏經 형식을 유지하고 있는 고려 사경이다. 卷末에는 底本에 있었던 譯經 關聯者 名單과 '大宋淳化五年(994)四月 日進' 이라는 卷末刊記도 같이 필사되어 있다.

6. 南禪寺 所藏 高麗 시대의 角筆資料

6.1. 남선사 소장 각필자료 현황

현재 南禪寺에 소장되어 있는 初雕大藏經은 521種 1,825卷 1,714册이다. 이 중 지금까지 필자가 확인한 角筆 자료들은 다음과 같다.

① 瑜伽師地論 卷第八

② 四分律藏第三分 卷第四十(版心題: 四分律 卷第四十)

③ 楞伽阿跋多羅寶經 卷第一

④ 昇天王般若波羅蜜經 卷第五

이들 중 ①의 『瑜伽師地論』 卷8과 ②의 『四分律藏第三分』 卷40은 한국의 口訣研究에 있어서 중요한 자료들이다. 南禪寺本 『瑜伽師地論』 卷8에는 처음부터 끝까지 角筆로 11世紀의 點吐가 기입되어 있다. 이 자료와 誠庵古書博物館 所藏本인 『瑜伽師地論』 卷8의 點吐와 비교할 수 있다. 南禪寺本 『四分律』 卷40은 구절선

표시와 11세기 초의 文字吐가 기입되어 있는 자료이다. 11세기 초에 口訣文字로 기입된 釋讀口訣 자료 하나를 더 발견했다는 점에서 그 의미가 크다.

이에 비해 ③과 ④의 자료들은 한두 곳에서 각필의 흔적을 찾을 수 있는 자료들이다. ③『楞伽阿跋多羅寶經』卷1(10장)에는 부분적으로 각필로 기입한 것이 남아 있고, ④『昇天王般若波羅蜜經』卷5의 난상에는 각필로 교정한 흔적이 남아 있다. 지금까지 점토나 문자토로 기입된 석독구결 자료가 제한된 자료들에서만 나타났는데, 그래도 남선사본들의 조사 과정에서『四分律』을 비롯하여 그 외의 다른 자료들에서도 고려 시대 스님들이 우리말로 불경을 읽었던 흔적을 발견할 수 있었다는 점에서 그 의미를 찾을 수 있다. 이 외에도 각필의 흔적을 가지고 있는 자료들이 더 있을 가능성은 있다. 앞으로 더 정밀한 조사가 필요하다.

6.2. 각필구결의 실제

南禪寺本『瑜伽師地論』卷8에는 처음부터 끝까지 角筆로 11世紀의 點吐가 기입되어 있다. 이 전체를 다 읽고 그 해석을 각필로 표시한 자료로서 그 가치를 가진다. 이 자료는 誠庵古書博物館 所藏本인『瑜伽師地論』卷8의 點吐와도 비교할 수 있어서 고려시대 부호구결 연구에서는 더욱더 중요한 자료이다. 이 두 자료의 점토를 비교하면서 다음 용례들을 살펴보자.

南禪寺本 01丈 05 誠庵本 01丈 05

❖ 〈南禪寺本〉에 비해서 〈誠庵本〉이 역독선을 충실히 반영하였다.

A2 〈誠庵本〉: 復次[23(·)]云何[34(·)]雜染施設建立[51(·),15(· .)[4]]謂由[역독선]三種雜染[34(·),24(·),33~43(/)]應知[42(₩),51(·)]何等[34~35(/)]爲三[51(·),15(· .)]一煩惱雜染二業雜染三生雜染[51(·)]

A1 〈南禪寺本〉: 復次[23(·)]云何[34(·)]雜染施設建立[51(·)?,15(· .)]謂[33(·)]由三種雜染[34(·),33~43(· ₩)]應知[42(₩),51(·)?]何等[35(/)?]爲三[51(·)?,15(· .)]一煩惱雜染[31(·)]二業雜染[31(·)]三生雜染[31(·),51(·)]

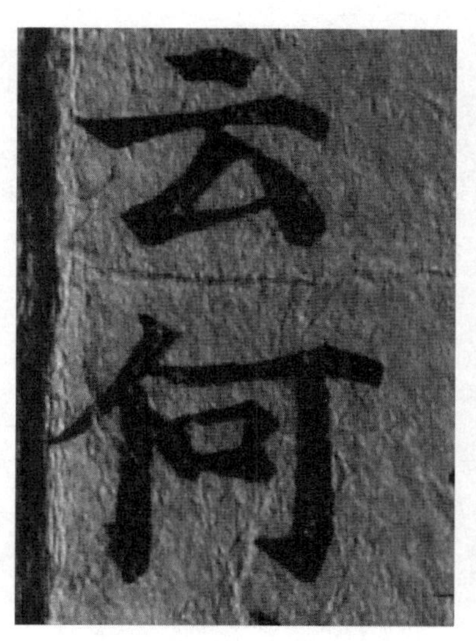

南禪寺本 01丈 07

誠庵本 01丈 07

南禪寺本 01丈 08

南禪寺本 01丈 07

4. '15(₩)'처럼 보이지만, 이 환경에서는 '15(· .)'이 일반적이다.

❖ 〈南禪寺本〉보다 〈誠庵本〉가 좀 더 미세하게 현토된 부분이 있다. 〈본문 첫 부분의 ① '云何'에 대해서 〈南禪寺本〉는 '+15(·)'만 현토되었으나 〈誠庵本〉에서는 '11~21(−), +15(·)'으로 현토되었으며, ② 日에 대해서 〈南禪寺本〉는 현토되지 않았으나 〈誠庵本〉에서는 '15~25(−)'가 현토되었다.

〈유가08 01:07−08〉

A2 〈誠庵本〉: 煩惱雜染云何[11~21(−),+15(·)]嗢拕南日[15~25(−)]

A1 〈南禪寺本〉: 煩惱雜染云何[=+15(·)]嗢拕南日

C2 〈誠庵本〉: 煩惱雜染 云何(ソ)ㅌ ロ 嗢拕南 日ㄕ

D2 〈誠庵本〉: 煩惱雜染은 무엇인가? 嗢拕南으로 말하기를

南禪寺本 07丈 09

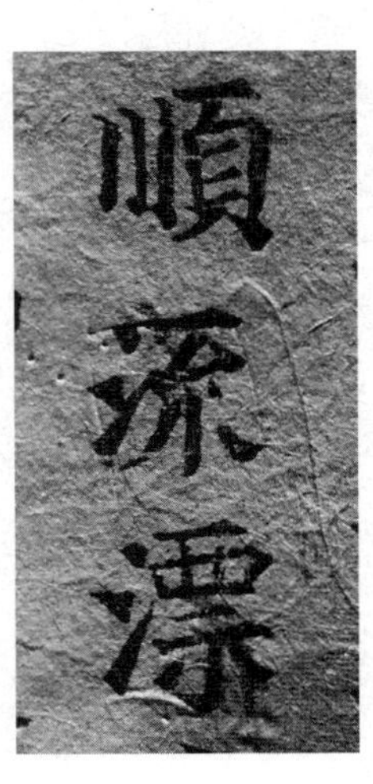

誠庵本 07丈 09

❖ 22(·)을 〈南禪寺本〉에서는 글자의 안에 찍었고 〈誠庵本〉에서는 글자의 밖에 찍었는데 후자는 경계선을 그렸다. 〈誠庵本 07_07−12 파일, 南禪寺本 각필확대1−019 파일〉

〈유가08 07:09〉

A2 〈誠庵本〉: 深[15(·)]難[24(·)]渡[15(· ₩),43(|)#43(:)]故[55(·)]順流[22(·),경계선]漂[43(|)#43(:)]故[21(·)]名[54(·)]暴流[53(·),+55(· .)]

A1 〈南禪寺本〉: 深[15(·)?]難[24(·)]渡[15(· ₩),43(|)]故[55(·)]順流[22(·)]漂[43(|)]故[21(·)]名[54(·)]暴流[53(·),+55(· .)][5]

5.
난하에 '故'를 빨간색으로 썼다. 그 다음에 41(·)을 찍은 것으로 보인다.

C2 〈誠庵本〉 深(ȝ)尒 難氵 渡Xx⺍{故}ゕ 順流(ソ)ȝ 漂x⺍{故}ノ 名下 暴流亠xゕ

C1 〈南禪寺本〉 深(ȝ)尒 難氵 渡Xx⺍{故}ゕ 順流(ソ)ȝ 漂x⺍{故}ノ 名下 暴流亠xゕ

D1 〈南禪寺本〉 깊어서 어렵게야 건너는 까닭이며, 順流하여 떠내려가는 까닭으로 일컬어 暴流라고 하며,

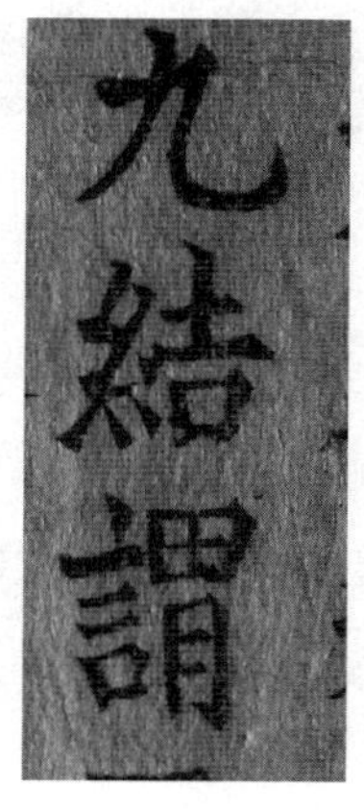

南禪寺本 08丈 03

誠庵本 08丈 03

❖ 〈南禪寺本〉 九結[33~43(·)]〈유가08 08:03-04〉 만약 '구결자(卬)'의 이미지가 확인된다면 南禪寺本 유가사지론의 33~43(·)도 '卬'으로 표기해야 함

〈유가08 08:03-04〉

A2 〈誠庵本〉: 結[51(·)]者[23~33(·)]九結[33~43(·),구결자(卬)]謂愛結等[33~43(/),53(·)]廣[22~32(·)]說[15~25(−),23~33(·)]如前[23(·),11~21(₩)#21(₩),55(·)]

A1 〈南禪寺本〉: 結[51(·)]者[23~33(/)]九結[33~43(·)]謂[33(·)]{+55(·)}愛結等[33~43(/),53(·)]廣說[15~25(−),23~33(·)?]如前[23(·)?,21(₩)?]

C1 〈南禪寺本〉 結(刂)丨{者}ソㄱ入ㄱ 九結刂ㄱ 謂ㄱ 愛結 等ソㄱ刂ㄱ亠 廣(刂) 說尸入ㄱ 前ラノㄱヒ 如(支ソゕ)

D1 〈南禪寺本〉 ① 結이라 하는 것은 九結이니, 즉 愛結 等이니, 자세히 말하면 앞에서 (말)한 것과 같으며,

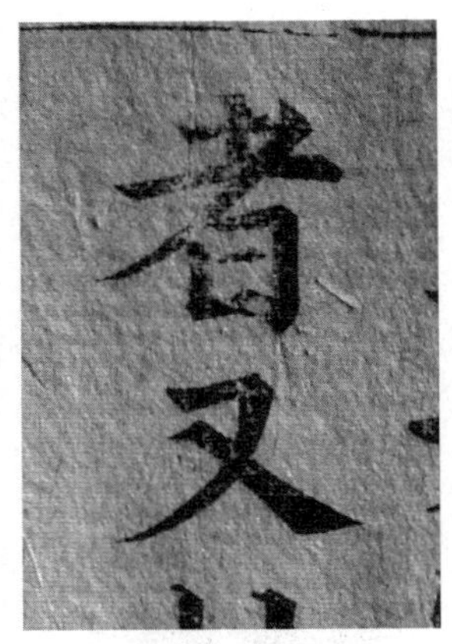
南禪寺本 01丈 08

南禪寺本 01丈 07

〈유가08, 11:02-04〉

A2 〈誠庵本〉: 又{14(・),21(・)}略義[22~32(・)]者[15~25(−),23~33(・)]謂爲顯示[2자합부-역독선]煞{21(・)}生如實[31(・)?]煞生差別[31(・)?]煞[역독선]所煞生[34~35(・),=+45(/)#+35(/),3자합부]名[54(・)]煞生者[53(・),+15~25(−),31(・),34(・),지시선(₩)](又[31(・),51(:)#51~52(:)])

A1 〈南禪寺本〉: 又略義[22~32(・)]者[15~25(−),23~33(・)]謂[33(・)]爲顯示[2자합부-역독선]煞生如實[31(・)?]煞生差別[31(・)]煞所煞生[31(・),34~35(・)]名[54(・)]煞生者[53(・),+45(₩)#+45~55(₩),31(・),55(:)]

C2 〈誠庵本〉 又 略義刂尸{者}入ㄱ 謂 煞生如實ㅅ 煞生差別ㅅ 所煞生乙 煞x入乙 名下 煞生者亠ノ尸ㅅ乙 顯示(ソ){爲}ㅅx丨

C1 〈南禪寺本〉 又 略義刂{者}尸入ㄱ 謂ㄱ 煞生如實ㅅ 煞生差別ㅅ 煞所煞生ㅅ乙 名下 煞生者亠x入乙 顯示(ソ){爲}ㅅxヶ

D1 〈南禪寺本〉 또 略義인 것은, 즉 煞生如實과 煞生差別과 煞所煞生을 이름하여 煞生者라고 하는 것을 나타내 보이고자 하며,

6.3. 南禪寺本의 點圖와 口訣字

6.3.1. 點圖

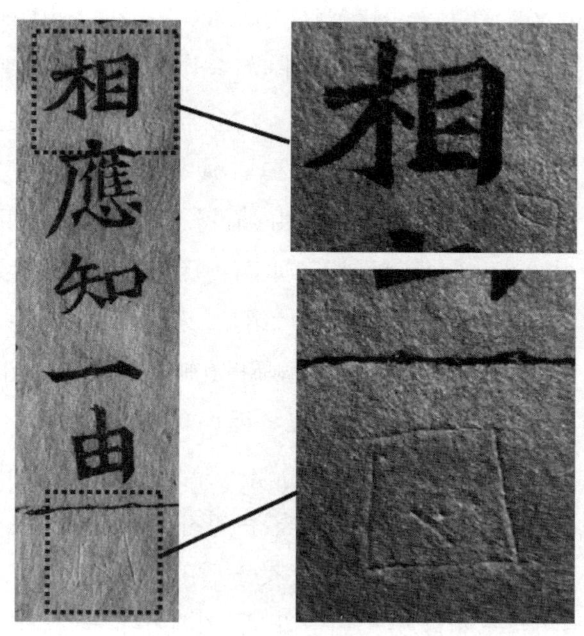

09丈 21

〈유가08 09:21−23〉

A2 〈誠庵本〉: 業分別云何[11~21(−),+15(・)]謂由二種相[34(・), 24(・), 33~43(/)]應知[42(₩),51(・)]一由補特伽羅相差別[=45(/) #35(/), 24(・),43(・)]故[55(・)]二由法相差別[34(・),24(・),43(・)]故[53(・)]此[33(・)]復二種[33~43(・),53(・)]即善[31(・)]不善[31(・),42(・)]十種業道[51(・)]

A1 〈南禪寺本〉: 業分別云何[11~21(−),+15(・)#+15(・)]謂[33(・)]由二種相[34(・),24(・),33~43(/)]#[22(・),43(₩・)]應知[42(₩),51(・)]一由補特伽羅相差別[34(・),24(・),43(/)]故[55(・)]二由法相差別[34(・),24(・)?,43(・)?]故[51(・)]此[33(・)]復二種[33~43(・),53(・)]即[21(・)]善[31(・)]不善[31(・),42(・)]十種業道[22~32(・),51(・)]

B2 〈誠庵本〉: 業分別云何[ㅌ,ㅁ]謂由二種相[乙,氵,ソ 丁 印]應知[ノ 亍 七,丨]

一由補特伽羅相差別[x亼乙, 氵, 灬]故[㇇]由法相差別[乙, 氵, 灬]故[亠]此[亅]復二種[卬, 亠]即善[亼]不善[亼, 匕]十種業道[丨]

B1 〈南禪寺本〉 業分別云何[ㅌ, ㅁ]謂[亅]由二種相[乙, 氵, ソ亅刂亅]#[㇌,x刂亅]應知[ノ ㅎ 匕, 丨]一由補特伽羅相差別[乙, 氵, ソ亅灬]故[㇇]二由法相差別[乙, 氵, 灬]故[丨]此[亅]復二種[刂亅, 亠]即[ㅎ]善[亼]不善[亼, 匕]十種業道[刂, 丨]

C2 〈誠庵本〉 業分別 云何(ソ)ㅌㅁ 謂 二種 相乙 由氵ソ亅卬 知ノㅎ{應}匕丨 一 補特伽羅相差別x亼乙 由氵(亅)灬{故}㇇ 二 法相差別乙 由氵(亅)灬{故}亠 此亅 復 二種卬亠 即 善亼 不善亼匕 十種 業道(刂)丨

C1 〈南禪寺本〉 業分別 云何(ソ)ㅌㅁ 謂亅 二種 相乙 由氵亅刂亅#由(氵)㇌x刂亅 知ノㅎ{應}匕丨 一 補特伽羅相差別乙 由氵亅灬{故}㇇ 二 法相差別乙 由氵(亅)灬{故}丨 此亅 復 二種刂亅亠 即ㅎ 善亼 不善亼匕 十種業道刂丨

D2 〈誠庵本〉 業分別은 무엇인가? 즉 두 가지 相을 말미암은 줄을 알아야 한다. 첫째 補特伽羅相差別하는 것을 말미암은 까닭이며, 둘째 法相差別을 말미암은 까닭이다. 이는 또 두 가지이니, 곧 善과 不善의 열 가지 業道이다.

D1 〈南禪寺本〉 業分別은 무엇인가? 즉 두 가지 相을 말미암은 줄을 알아야 한다. 첫째 補特伽羅相差別을 말미암은 까닭이며, 둘째 法相差別을 말미암은 까닭이다. 이는 또 두 가지이니, 곧 善과 不善의 열 가지 業道이다.

E: 업의 나누어 가름이 무엇이냐 하면, 두 가지 모양으로 말미암는 것인 줄 알아야 하리니, 첫째는 푸드갈라 모양의 차별로 말미암아서요 둘째는 법 모양의 차별로 말미암아서이다. 여기에는 또 두 가지이니 곧 착함과 착하지 못한 것의 열 가지 업길이다.

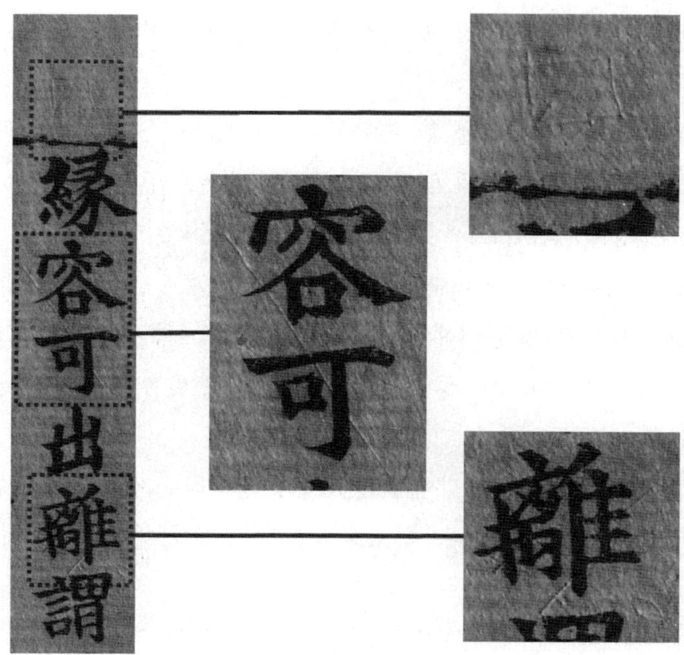

09丈 21

〈유가08, 10:21−23〉

A2 〈誠庵本〉: 於煞生事[44(·)]若未遠離[51(·),3자합부]者[23~33(· ·)]此[33(·)]顯[역독선]遇[역독선]緣[34(·),22(·),33(·)?]容可出離[42(/),53(/),경계선(한자사각형)]{42(₩),34~35(/),53(:),묵권점}謂乃至[22~32(·)]未遠離[삐침선(=44,/)]來[=34~44(·),구결자(火?)]名[54(·)]煞生{=34~44(·)}者[53(·),+45(₩)#+45~55(₩),51(:)]

A1 〈南禪寺本〉: 於煞生事[44(·)]若未[역독선]遠離[52(. ·)]者[23~33(· ·)]此[33(·)]顯[역독선]遇[역독선]緣[34(·),22(·)?]容可[2자합부−역독선]出離[42(/),53(/),경계선(한자사각형)]{42(×),35(/),53(/ ·),각필권점}謂[33(·)?]乃至[22~32(·)?]未遠離[삐침선(43,/)]來[34~44(·),구결자(火?)]{21(·)}名[54(·)]煞生{35(·)}者[53(·),+45(₩)#+45~55(₩),55(:)#54~55(:)]

B2 〈誠庵本〉 於煞生事[十]若未遠離[丨]者[x入 丁]此[丁]顯遇緣[乙, 氵, 丁]容可出離[ソ 亦 七,x亠]謂乃至[刂]未遠離來[火?]名[下]煞生者[亠,x入 乙,x丨]

B1 〈南禪寺本〉 於煞生事[十]若未遠離[x丨]者[x入 丁]此[丁]顯遇緣[乙, 氵,

ㄱ]容可出離[ㅅ ㅎ ㅌ, ㅅ ㄱ 亠]謂乃至[ㅣ]未遠離來[火?]名[下]煞生者[亠,x 入 乙,x ㅅ]

C2 〈誠庵本〉 {於}煞生事十 若 未遠離(ㅣ) ㅣ {者}x 入 ㄱ 此ㄱ 緣乙 遇ㄋ ㄱ 出離ㅅ ㅎ {容可} ㅌ x 亠 謂 乃 至ㅣ 未遠離來火 名下 煞生者亠 x 入 乙 顯x ㅣ

C1 〈南禪寺本〉 {於}煞生事十 若 遠離(尸) 未x ㅣ {者}x 入 ㄱ 此ㄱ 緣乙 遇ㄋ 出離ㅅ ㅎ {容可} ㅌ ㅅ ㄱ 亠 謂 乃 至ㅣ 未遠離來火 名下 煞生者亠 x 入 乙 顯x ㅅ

D2 〈誠庵本〉 煞生事에 대해 未遠離라 하는 것은, 이는 緣을 만나면 出離할 수 있는 것이니, 즉 未遠離來까지를 일컬어 煞生者라고 하는 것을 나타낸다.

D1 〈南禪寺本〉 煞生事에 대해 遠離하지 못하다 하는 것은, 이는 緣을 만나 出離할 수 있는 것이니, 즉 未遠離來까지를 이름하여 煞生者라고 하는 것을 나타내며,

E: 산 목숨 죽이는 일에서 만약 아직 멀리 여의지 못하였다 함은 이는 인연을 만나면 벗어날 수 있음을 나타내나니 아직 멀리 여의지 못한 동안까지는 산 목숨 죽이는 이라고 한다.

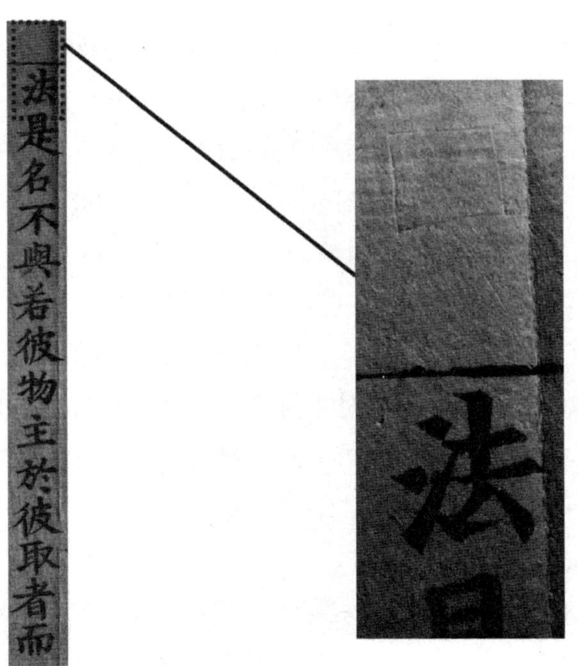

11丈 17

〈유가08 11:16-17〉

A2 〈誠庵本〉: 若彼物主[22~32(·)]非先[54(·)]所與[33(₩),33~43(·),34(·),구결자(印)]如酬債法[6][+11~21(·),+45(/)]{+54(:)?}是[34(·)]名[54(·)]不與[53(·),=35(·)]

A1 〈南禪寺本〉: 若彼物主[22~32(·)]非[역독선]先[54(·)]所[역독선]與[33(₩),33~43(·),34(·)]如酬債[42(·)]法[+11~21(·),+54~55(:),+45(/)]#[+11~21(·),52(·)?,45(/)]是[34(·)]名[54(·)]不與[53(·),35(·)]

B2 〈誠庵本〉: 若彼物主[刂]非先[下]所與[ノ 𠃍,印,乙]如酬債法[支,x入乙]是[乙]名[下]不與[亠,ㅎ]

B1 〈南禪寺本〉: 若彼物主[刂]非先[下]所與[ノ 𠃍,刂 𠃍,乙]如酬債[七]法[支,X, x入乙]是[乙]名[下]不與[亠,ㅎ]

C2 〈誠庵本 : 若 彼 物主刂 先下 與ノ𠃍 所 非(矢)印乙 酬債法 {如}支x入乙 是乙 名下 不與亠(ソ)ㅎ

C1 〈南禪寺本〉: 若 彼 物主刂 先下 與ノ𠃍 所 非(矢)刂𠃍乙 酬債七 法 如支Xx入乙 是乙 名下 不與亠(ソ)ㅎ

D2 〈誠庵本〉: ① 그 物主가 먼저 준 바가 아닌 것을 酬債法같이 하는 것을 이를 일컬어 不與라고 하고,

D1 〈南禪寺本〉: ① 그 物主가 먼저 준 바가 아니거늘 酬債의 法같이 하는 것을 이를 일컬어 不與라 하고,

E: 만약 그 물건 주인이 먼저 주는 바가 아닌 것을 마치 빚 갚는 법같이 하면 이를 주지 않았다고 하며,

6. 43에서 25에 걸쳐 사선이 그어져 있는데, 南禪寺本 '法'과 관련된 난상 점도와 관련지을 수도 있을 듯하다.

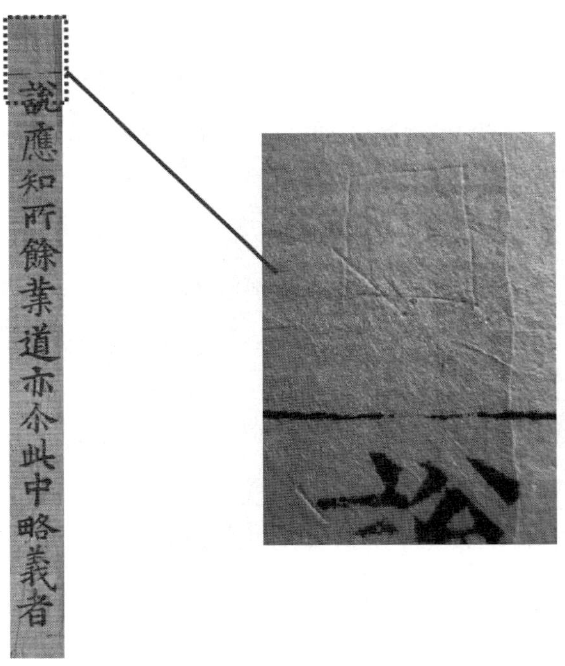

12丈 04

〈유가08 12:03-04〉

A2 〈誠庵本〉 於不與取[44(·)]若未遠離[51~52(.·)]者[23~33(· ·)]如前[42(·)]煞生相[44(·)]說[33(₩),+11~21(·),지시선(₩)]應[33~43(/)]知[42(₩),51(·)]所餘[33(·),42(·)]業道亦尒[=51(·)]

B2 〈誠庵本〉 於不與取[+]若未遠離[x丨]者[x入丨]如前[七]煞生相[+]說[ノ丨,支]應[ソ丨印]知[ノ 亠 七,丨]所餘[丨,七]業道亦尒[丨]

C2 〈誠庵本〉 {於}不與取+ 若 未遠離x丨{者}x入丨 前七 煞生相+ 說ノ丨{如}支ソ丨印 知ノ亠{應}七丨 餘丨 所七 業道 亦 尒(ソ)丨

D2 〈誠庵本〉 不與取에 대해 또 未遠離이라 하는 것은, 앞의 煞生相에 대해서 말한 것과 같은 줄을 알아야 한다. 남은 바의 業道도 또한 그러하다.

E: 주지 않았는데 가지는 것에서 아직 멀리 여의지 못하였다 함은 앞에서의 산 목숨 죽이는 모양에서 말한 것과 같으며, 그 밖의 업 길에서도 역시 그러한 줄 알아야 하리라.

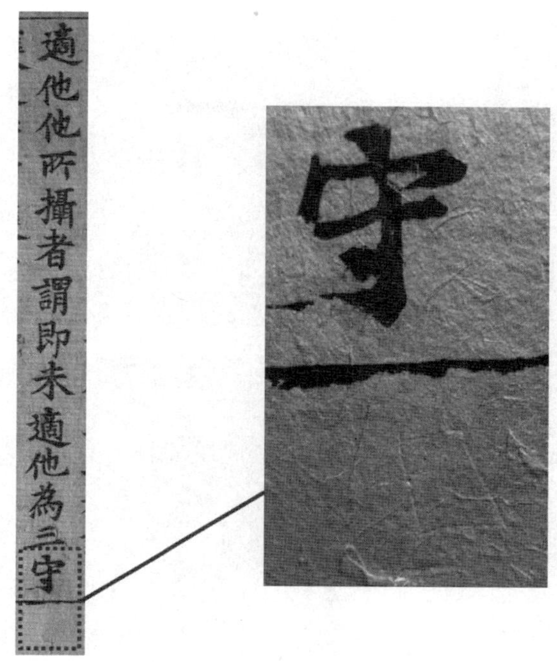

12丈 22

〈유가08 12:22-23〉

A2 〈誠庵本〉 他所攝[51(·)]者[23~33(··)]謂即未適他[34(·)?, 22~32(·),22(·)]爲三守護[23(·)]之所守護[+15~25(-),34(·), 32~42(·),15~25(/)#25(/),55(·)]

B2 〈誠庵本〉 他所攝[丨]者[x入丨]謂即未適他[乙,刂,氵]爲三守護[ラ]之所守護[ノ尸,乙,八,ソx矢,か]

C2 〈誠庵本〉 他所攝(刂)丨{者}x入丨 謂 即 他乙 適(ソ尸) 未刂(ソ)氵 三守護ラ{之} 守護ノ尸 所乙 爲八x矢か

D2 〈誠庵本〉 他所攝이라 하는 것은, 즉 곧 남을 適하지 아니하여 세 守護의 守護하는 바를 받는 것이며,

E: 다른 이가 포섭하는 바라 함은 아직 다른 이에게 시집가지 않은 이로서 세 가지 수호로써 수호받는 이를 말하며,

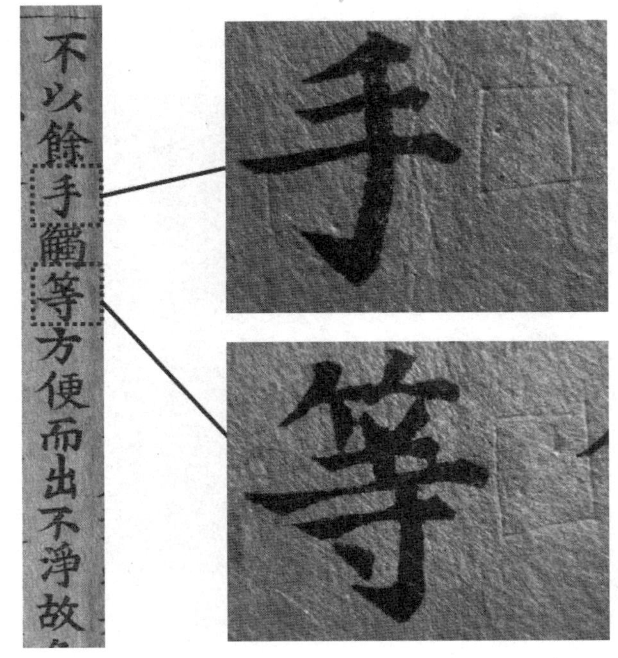

18丈 18

〈유가08 18:18–19〉

A2 〈誠庵本〉: 不[역독선]以餘[33(・)]手{44(・),경계선}[7]觸等[33(/)][8]方便[34(・)#34(:),24(・)]而[43(・)]出[역독선]不淨[34(・),21(.・)]{21~22(₩)}故[41(・)]名[54(・)]非鄙愛[53(・),55(:)]

A1 〈南禪寺本〉: 不[역독선]以[역독선]餘[33(・)]手觸等[=33(/)]方便[34~35(・),24(・)]而[43(・)]出[역독선]不淨[34(・),21(.・)]故[41(・)]名[54(・)?]非鄙[53(・),55(:),2자합부]愛

B2 〈誠庵本〉 不以餘[ㄱ]手觸等[ッㄱ]方便[乙,氵]而[灬]出不淨[乙,X]故[厶]名[丅]非鄙[亠,xㄅ]

B1 〈南禪寺本〉:不以餘[ㄱ]手觸等方便[乙,氵]而[灬]出不淨[乙,X]故[厶]名[丅]非鄙愛[亠,xㄅ]

C2 〈誠庵本〉 餘ㄱ 手觸 等ッㄱ 方便乙 {以}氵 而灬 不淨乙 出(ア) 不(冬)X 故厶 名丅 非鄙亠xㄅ

C1 〈南禪寺本〉: 餘ㄱ 手觸 等ッㄱ 方便乙 {以}氵 而灬 不淨乙 出(ア) 不(冬)X 故厶 名丅 非鄙愛亠xㄅ

7. 44(・)과 경계선을 해독에 어떻게 반영해야 할지 모르겠다. 글자의 오른쪽에 각필로 표시한 사각형과 32(・), 42(・)이 있다.

8. 글자에 표시된 것이 아니라, 따로 ---각필로 표시한 사각형과 33(/)이 있다.

D2 〈誠庵本〉: 남은 手觸 등의 방편을 써 不淨을 내지 않으니, 그러므로 일컬어 非鄙라고 하며,

D1 〈南禪寺本〉: 남은 手觸 등의 방편을 써 不淨을 내지 않으니, 그러므로 일컬어 非鄙愛라고 하며,

E: 달리 손으로 대는 등의 방편으로써 깨끗하지 못한 것을 내지 않기 때문에 비천한 애욕이 아니라고 하며,

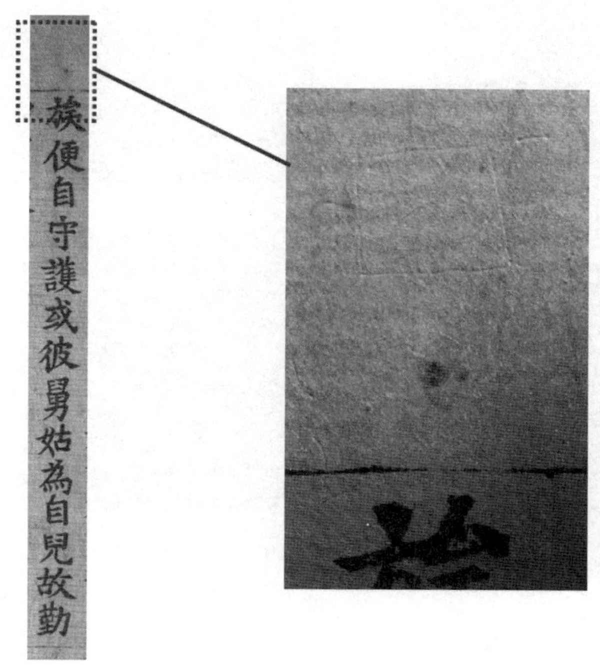

12丈 15

〈유가08 12:15-16〉

A2 〈誠庵本〉 或彼舅姑[22~32(·)]爲自[23(·)]兒[34(·),45(-)#45(/), 43(·),삐침선(31,₩)]故[21(·)]勤加守護[35(·),11~21(-), 11(·)#+11(·),+54~55(.·)]

B2 〈誠庵本〉 或彼舅姑[刂]爲自[㇇]兒[乙,x入乙,灬]故[ノ]勤加守護[ㆆ,ㅌ, 支,xケ]

C2 〈誠庵本〉 或 彼 舅姑刂 自㇇ 兒乙 爲x入乙灬{故}ノ 勤加守護(ソ)ㆆ(ソケ)(ソ)ㅌ {如}支xケ

D2 〈誠庵本〉 혹 그 舅姑가 자기의 兒를 위하는 까닭으로 勤加守護하고 (하며) 하는 것(과) 같으며

E: 혹은 그의 시부모가 자기 아이를 위하여 더욱 힘써 수호하게 되는 것이다.

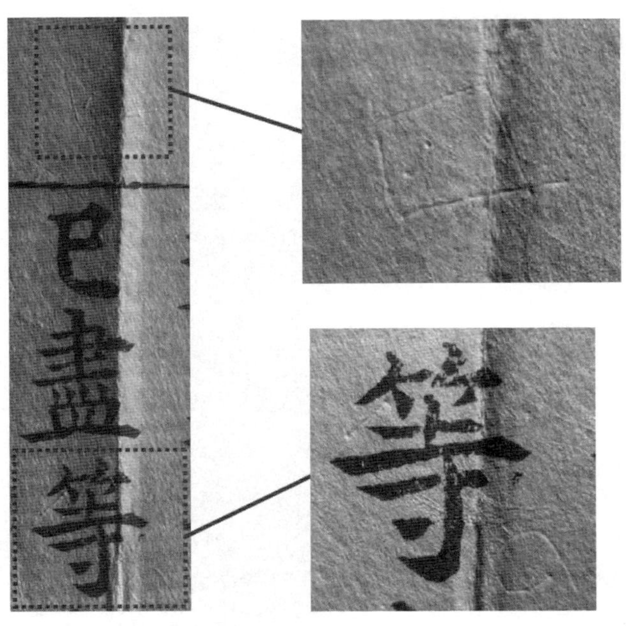

17丈 19

〈유가08 17:18−19〉

A2 〈誠庵本〉: 我生已盡等[32(/)]當知[51(・)]如餘處[44(・)]分[33~43(/),+11(・)]別[33(・),+11~21(・),지시선(/)]

A1 〈南禪寺本〉: 我生已盡等[32(/)[9]]當知[11~21(・),51(・)]如餘[33(・)]處[44(・)]分別[+11~21(・),33(・ ・)#33(・.・),33~43(/),+11~12(・)]

B2 〈誠庵本〉 我生已盡等[X]當知[丨]如餘處[+]分[ソ 1, 丁]別[1, 支]

B1 〈南禪寺本〉 我生已盡等[X]當知[ㅎ, 丨]如餘 1 處[+]分別[支,x 1, ソ 1 印, 丁]

C2 〈誠庵本〉 我生已盡 等X 當(ハ) 知(ㅎ) 丨 餘 處+ 分別(ソ) 1 {如} 支 ソ 1 丁

C1 〈南禪寺本〉 我生已盡 等X 當(ハ) 知 ㅎ 丨 餘 1 處+ 分別x 1 如 支 ソ 1 印 丁

9. '等'의 좌측에는 세로로 'ソ 1'처럼 보이는 각필이 있고, 우측 밑에는 각필 권점이 있다. 17행 난상에는 각필 사각형 점도 안에 32(/)이 있다.

D2 〈誠庵本〉 我生已盡 등이라, 반드시 알아야 한다, 다른 곳에서 분별하는 것과 같은 줄을.

D1 〈南禪寺本〉 我生已盡 같은 것은, 반드시 알아야 한다, 다른 곳에서 분별한 것과 같은 줄을.

E: 나의 삶이 이미 다하였다 하는 등은 다른 곳에서 분별하는 것과 같은 줄 알아야 한다.

6.3.2. 口訣字

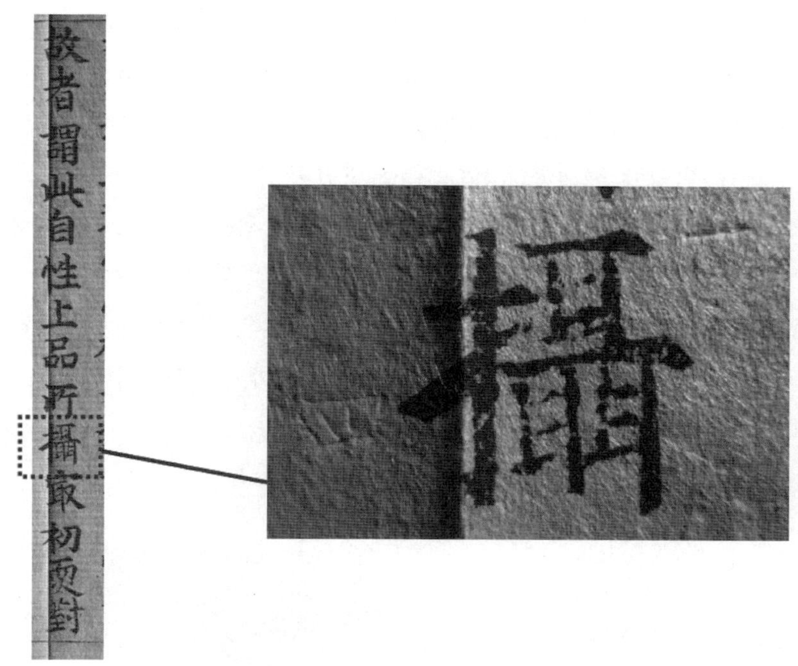

06丈 06

〈남선유가08 06:05-07〉

A2 〈誠庵本〉: 由[역독선]究竟[34~35(·),24(·),43(·)]故[51(·)]者[23~33(/)]謂[33(·)]此自性[22~32(·)]上品[43(·)]所攝[33(₩),32(·)#=31~32(·),구결자(ㅁ)]寂初靜對治道[43(·)]之所斷[+15~25(−),33~43(·),구결자(卬)]故[43(·),51(·)]

A1 〈南禪寺本〉: 由究竟[34~35(·),24(·),=43(·)?]故[51(·)]者[23~33(/)]謂[33(·)]此自性[22~32(·)]上品所攝[구결자(ㅁ)][10]

10. 오른쪽 아래 모퉁이 왼쪽에 구결자 'ㅁ'가 달려 있다.

寂初[42(·)]耎對治道[%23(·)]之所断[+15~25(−),33~43(·)]故[33~43(·),51(·)]

B2 〈誠庵本〉 由究竟[乙, 氵, 灬]故[丨]者[丷 丁 亽 丁]謂[丁]此自性[刂]上品[灬]所攝[丿 丁, 罒]寂初耎對治道[灬]之所断[丿 尸, 印]故[灬, 丨]

B1 〈南禪寺本〉 由究竟[乙, 氵, 灬]故[丨]者[丷 丁 亽 丁]謂[丁]此自性[刂]上品所攝寂初[ㄝ]耎對治道[ㄋ]之所断[丿 尸, 印]故[灬, 丨]

C2 〈誠庵本〉 究竟乙 由氵(丁)灬{故}丨{者}丷 丁 亽 丁 謂丁 此 自性刂 上品灬 攝丿 丁 所(刂)罒 寂初耎對治道灬{之} 断丿 尸 所印{故}灬 丨

C1 〈南禪寺本〉 究竟乙 由氵(丁)灬{故}丨{者}丷 丁 亽 丁 謂丁 此 自性刂 上品(灬) 所攝(刂)罒 寂初ㄝ 耎對治道ㄋ{之} 断丿 尸 所印{故}灬 丨

D2 〈誠庵本〉 究竟을 말미암은 까닭이라 하는 것은, 즉 이 自性이 上品으로 攝한 바이라, 寂初耎對治道로 끊을 바인 까닭이다.

D1 〈南禪寺本〉 究竟을 말미암은 까닭이라 하는 것은, 즉 이 自性이 上品으로 攝한 바이라, 寂初의 耎對治道의 끊을 바인 까닭이다.

E: 마지막으로 말미암아서라 함은 이는 제 성품의 윗 품위에 딸린 바로서 맨 첫째의 부드럽게 다스림의 길에서 끊을 바이기 때문이다.

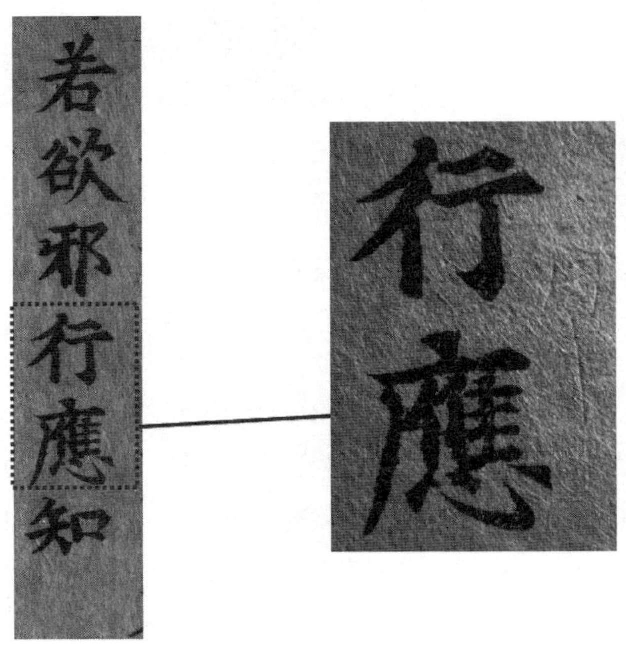

13丈 07

〈유가08, 10:23−11:02〉

A2 〈誠庵本〉: 又此諸句[42(·)]略義[22~32(·)]者[15~25(−),23~33(·)]謂[33(·)]爲顯示[2자합부−역독선]煞生相貌[31(·)]煞生作用[31(·)]{33~34(·),41~51(·),12(₩)}煞生因緣[31(·)]及與[42(·)]煞生事用差[31(·),51(:)#51~52(:)]別[31(·),34(·),지시선(/)]

A1 〈南禪寺本〉: 又此諸句[42(·),경계선]略義[22~32(·),15~25(−),23~33(·)]者謂爲顯示[2자합부−역독선?]煞生相貌[31(·)]煞生作用[31(·)]煞生因緣及與[42(·)]煞生事用差[31(·),지시선(/)[11]]別[34(·),31(·),55(:)#54~55(:)]

B2 〈誠庵本〉 又此諸句[ㅌ]略義[ㅣ]者[ㄕ,ㅅㄱ]謂[ㄱ]爲顯示煞生相貌[ㅅ]煞生作用[ㅅ]煞生因緣[ㅅ]及與[ㅌ]煞生事用差[ㅅ,xㅣ]別[ㅅ,ㄹ]

B1 〈南禪寺本〉 又此諸句[ㅌ]略義[ㅣ,ㄕ,ㅅㄱ]者謂爲顯示煞生相貌[ㅅ]煞生作用[ㅅ]煞生因緣及與[ㅌ]煞生事用差[ㅅ]別[ㅅ,ㄹ,xㅊ]

C2 〈誠庵本〉 又 此 諸 句ㅌ 略義ㅣ{者}ㄕㅅㄱ 謂ㄱ 煞生相貌ㅅ 煞生作用ㅅ 煞生因緣ㅅ 及 與ㅌ 煞生事用差別ㅅㄹ 顯示(ㅆ){爲}ㅅxㅣ

C1 〈南禪寺本〉 又 此 諸 句ㅌ 略義ㅣㄕㅅㄱ{者} 謂ㄱ 煞生相貌ㅅ 煞生作用ㅅ 煞生因緣(ㅅ) 及 與ㅌ 煞生事用差別ㅅㄹ 顯示(ㅆ){爲}ㅅxㅊ

D2 〈誠庵本〉 또 이 모든 句의 略義인 것은, 즉 煞生相貌와 煞生作用과 煞生因緣과 더불어 煞生事用差別을 顯示하고자 한다.

D1 〈南禪寺本〉 또 이 모든 句의 略義인 것은, 즉 煞生相貌와 煞生作用과 煞生因緣과 더불어 煞生事用差別을 나타내 보이고자 하며,

E: 또 여러 글귀의 간략한 이치라 함은 산 목숨 죽이는 모습과 산 목숨 죽이는 작용과 산 목숨 죽이는 인연 및 산 목숨 죽이는 일과 쓰임에 관한 차별을 나타내 보이기 위함이며,

11. 誠庵本에 나오는 지시선과 다른 기능으로 쓰였다. 이 지시선은 '差'자에 현토된 점토를 먼저 읽고, 그 뒤에 '別'자에 현토된 점토를 읽으라는 표시로 보인다.

12. 오른쪽 행간에 亍(亍)七丷不冬印 所七

❖ 墨書로 記入된 口訣字

19丈 12(5-7)

〈유가08 19:11-14〉

A2 〈誠庵本〉: 云何[34~35(·)]欲邪行[51(·),15(·.)]謂於所[역독선]不應[33~43(·),42(·)]行[42(₩),33(/),지시선(/)]非道[53(·)]非處[53(·)]非時[53(·),24(₩),44(·)]起習近欲樂[34(·),+15~25(−),31(·)]起染汙心[34~35(·),+15~25(−),31(·)]若即於彼[23(·),44(·)]起欲邪方便[34~35(·),+15~25(−),31(·)]及於欲邪行究竟[+15~25(−),31(·),42(·),5자합부]中[44(·)]所有[33(/),42(·)]身業[51(·)]

A1 〈南禪寺本〉: 云何[34~35(/)]欲邪行[51(·),15(·.)]謂[33(·)]於所不應行[42(₩),33(/),33~43(·),42(·)][12]非道[53(·)]非處[53(·)]非時[53(·),24(₩),44(·)]起習近欲樂[34~35(·),+15~25(−),31(·)]起染汙心[34(·),+15~25(−),31(·)]若即[21(·)]於彼[23(·),44(·)]起欲邪方便[=34(·),+15~25(−),31(·)]及於欲邪行究竟[+15~25(−),31(·),42(·)]中[44(·)]所有[33(/),42(·)]身業[22~32(·),51(·)]

B2 〈誠庵本〉: 云何[乙]欲邪行[丨,ノ令ロ]謂於所不應[刂1,七]行[ノ㇦七,ソ1]非道[亠]非處[亠]非時[亠,ノ令,十]起習近欲樂[乙,ノ尸,人]起染汙心[乙,ノ尸,人]若即於彼[㇇,十]起欲邪方便[乙,ノ尸,人]及於欲邪行究竟[ノ尸,人,七]中[十]所有[ソ1,七]身業[丨]

B1 〈南禪寺本〉: 云何[ソ1乙]欲邪行[丨,ノ令ロ]謂[1]於所不應行[ノ㇦七,ソ1,刂1,七]非道[亠]非處[亠]非時[亠,ノ令,十]起習近欲樂[乙,ノ尸,人]起染汙心[乙,ノ尸,人]若即[㇇]於彼[㇇,十]起欲邪方便[乙,ノ尸,人]及於欲邪行究竟[ノ尸,人,七]中[十]所有[ソ1,七]身業[刂丨]

C2 〈誠庵本〉: 云何乙 欲邪行(刂)丨ノ令ロ 謂 {於}行ノ㇦{應}七ソ1 不(矢)刂1 所七 非道亠 非處亠 非時亠ノ令十 習近欲樂乙 起ノ尸人 染汙心乙 起ノ尸人 若 即 {於}彼㇇十 欲邪 方便乙 起ノ尸人 及 {於}欲邪行究竟ノ尸人七 中十 有ソ1 所七 身業(刂)丨

C1 〈南禪寺本〉: 云何ソ1乙 欲邪行(刂)丨ノ令ロ 謂1 {於}行ノ㇦{應}七ソ1 不(矢)刂1 所七 非道亠 非處亠 非時亠ノ令十 習近欲樂乙 起ノ尸人 染汙心乙 起ノ尸人 若 即㇇ {於}彼㇇十 欲邪方便乙 起ノ尸人 及 {於}欲邪行究竟ノ尸人七 中十 有ソ1 所七 身業刂丨

D2 〈誠庵本〉: 무엇을 欲邪行이라 하는가? 즉 행하여서는 안 되는 바의 非道이니 非處이니 非時이니 하는 것에 習近欲樂을 일으키는 것과 染汙心을 일으키는 것과 곧 그것에 대해 欲邪方便을 일으키는 것과 欲邪行究竟하는 것 가운데에 있는 바의 身業이다.

D1 〈南禪寺本〉: 무엇을 欲邪行이라 하는가? 즉 행하여서는 안 되는 바의 非道이니 非處이니 非時이니 하는 것에 習近欲樂을 일으키는 것과 染汙心을 일으키는 것과 그것에 대해 欲邪方便을 일으키고 欲邪行究竟하는 것 중에 있는 바의 身業이다.

E: 무엇을 음욕의 삿된 행이라 하느냐 하면, 행하여서는 안 될 바의 길 아닌 데와 처소가 아닌 데와 때가 아닐 적에 가까이 하는 욕망과 즐거움을 일으키고 더러움에 물드는 마음을 일으키어 곧 그것에 음욕의 삿된 행인 방편을 일으키나니, 음욕의 삿된 행이 되는 마지막 동안까지의 온갖 몸의 업이다.

6.4. 四分律藏第三分 卷第四十의 각필

이 자료에 대해서는 아직 자료 전체의 촬영과 구체적인 구결 조사가 이루어지지 않아 구체적인 연구가 어렵다. 우선 촬영한 사진 자료만 보이면 다음과 같다.

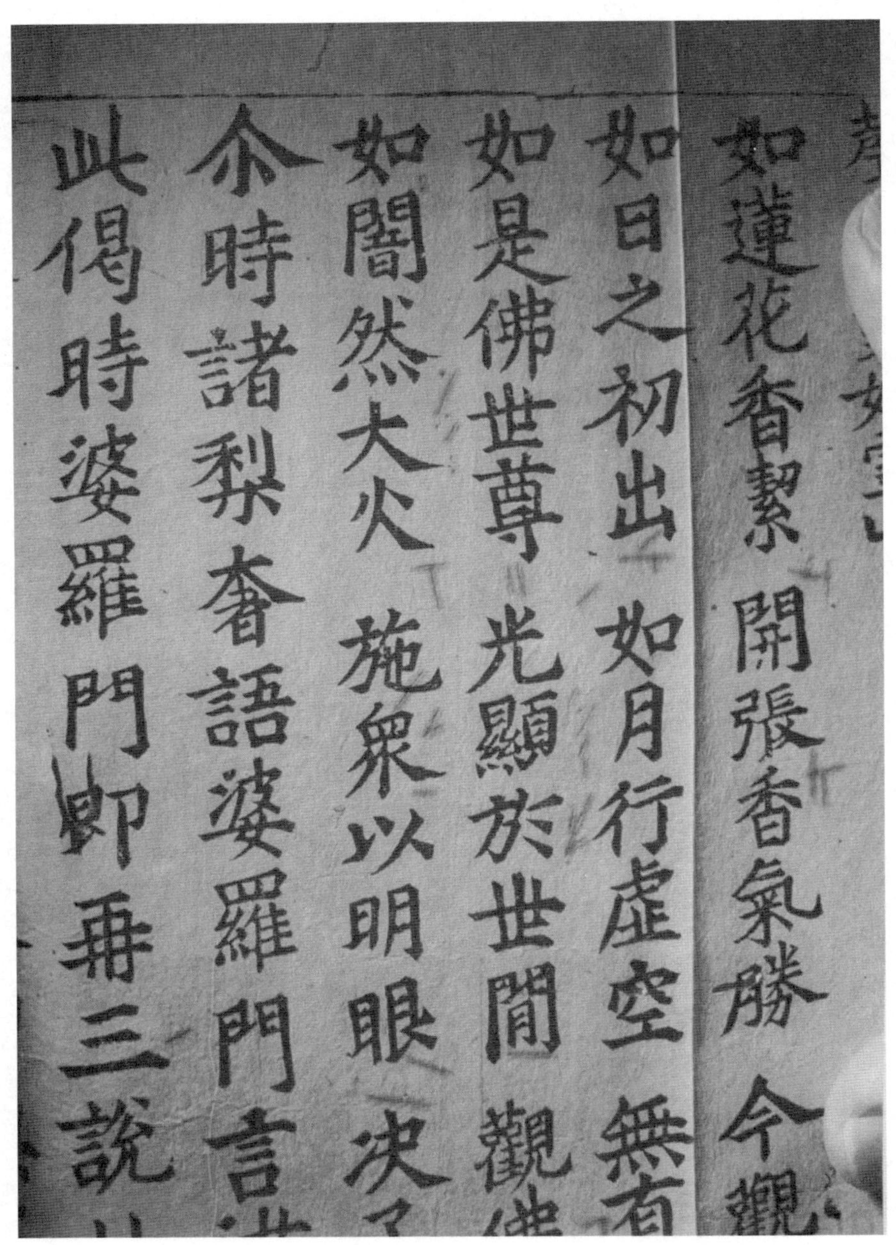
如蓮花香絜 開張香氣勝 令觀
如日之初出 如月行虛空 無有
如是佛世尊 光顯於世間 觀佛
如闇然大火 施衆以明眼 決
尒時諸梨奢語婆羅門言
此偈時婆羅門即再三說

참고자료 

南禪寺 所藏 初雕大藏經 現況

經種	經名	卷次	冊數	卷數	高麗	南禪寺
1	摩訶般若波羅密經	卷1~10	10	10	芥, 薑	薑
2	光讚經	卷1, 2, 6	3	3	鹹	河
3	勝天王般若波羅蜜經	卷1~6	6	6	潛	河
4	金剛般若波羅蜜經(鳩摩羅什 譯)	[單卷]	1	1	羽	羽
5	金剛般若波羅蜜經(眞諦 譯)	[單卷]	1	1	羽	羽
6	能斷金剛般若波羅蜜多經	卷上	1	1	羽	羽
7	佛說濡首菩薩無上淸淨分衛經	卷上, 下	2	2	羽	翔
8	佛說仁王般若波羅蜜經	卷上, 下	2	2	羽	翔
9	大寶積經	卷18, 19, 22, 31, 34, 35, 38, 41, 46, 49	10	10	龍,帝, 師,火	師,火, 帝,鳥
10	佛說無量淸淨平等覺經	卷1~4	4	4	字	乃
11	大方等大集經	卷1~11, 14~16, 25, 32~40, 51~56	30	30	推,位,讓, 國,虞	位,讓,有, 虞,陶
12	大方廣十輪經	卷1~2, 4~7	6	6	唐	吊
13	大乘大集經	卷上	1	1	唐	吊
14	虛空藏菩薩神呪經	[單卷]	1	1	吊	民
15	虛空藏菩薩經	[單卷]	1	1	吊	民
16	觀虛空藏菩薩經	[單卷]	1	1	吊	民
17	寶星陀羅尼經	卷1~10	10	10	殷	湯
18	信力入印法門經	卷1~5	5	5	臣	伏
19	度諸佛境界智光嚴經	[單卷]	1	1	臣	伏
20	佛華嚴入如來德智不思議境界經	卷上, 下	2	2	臣	伏
21	大方廣入如來智德不思議經	[單卷]	1	1	臣	伏
22	大方廣佛華嚴經不思議佛境界分	[單卷]	1	1	臣	伏
23	大方廣如來不思議境界經	[單卷]	1	1	臣	伏
24	大乘金剛髻珠菩薩修行分	[單卷]	1	1	臣	伏
25	大方廣佛花嚴經修慈分	[單卷]	1	1	臣	伏
26 27	① 佛說大方廣菩薩十地經 ② 佛說兜沙經	合本	1	2	伏	戎
28	等目菩薩經(卷中은 佛說等目菩薩經)	卷中, 下	2	2	戎	羌
29	大方廣佛華嚴經入法界品	[單卷]	1	1	羌	遐

30	佛說羅摩伽經	卷上, 中. 下	3	3	羌	遐
31	度世品經	卷1~6	6	6	羌	遐
32	大般涅槃經後分	卷上, 下	2	2	率	賓
33	大般泥洹經(卷1은 佛說大般泥洹經)	卷1, 3, 5	3	3	率	賓
34	佛說方等般泥洹經	卷上, 下	2	2	賓	歸
35	四童子三昧經	卷上, 中, 下	3	3	賓	歸
36	大悲經	卷1~5	5	5	賓	歸
37	方廣大荘嚴經	卷1~12	12	12	歸,王	王,鳴
38	普曜經(卷1은 佛說普曜經)	卷1, 4, 5, 8	4	4	王	鳴
39	佛說法華三昧經	單卷	1	1	鳴	鳳
40	正法華經	卷1, 2, 3, 5, 8, 9, 10	7	7	鳳	在
41	添品妙法蓮華經	卷1~7	7	7	在	樹
42	維摩詰經	卷中	1	1	在	樹
43	大乘悲分陀利經	卷5	1	1	白	駒
44	善思童子經	卷上, 下	2	2	白	駒
45	佛說伅眞陀羅所問如來三昧經	卷上	1	1	場	化
46	等集衆德三昧經	卷上, 中	2	2	賴	及
47	集一切福德三昧經	卷上, 中, 下	3	3	賴	及
48	持心梵天所問經	卷1~4	4	4	賴	及
49	持人菩薩經	卷1~4	4	4	萬	方
50	持世經	卷1~4	4	4	萬	方
51	大乘方廣總持經	[單卷]	1	1	萬	方
52	深密解脫經	卷2, 3	2	2	盖	此
53	解深密經	卷1, 4, 5	3	3	盖	此
54	緣生初勝分法本經	卷上	1	1	此	身
55	分別緣起初勝法門經	卷上	1	1	此	身
56	楞伽阿跋多羅寶經	卷1~4	4	4	此	身
57	入楞伽經	卷1, 2	2	2	身	髮
58	大乘入楞伽經	卷1~5, 7	6	6	髮	四
59	佛說菩薩行方便境界神通變化經	卷上, 下	2	2	髮	四
60	大薩遮尼乾子所說經	卷9	1	1	四	大
61	大方等無想經	卷1, 2, 3, 6	4	4	大	五
62	大雲輪請雨經	卷上	1	1	大	五
63	諸法無行經	卷上	1	1	五	常
64	佛說諸法本無經	卷上, 下	2	2	五	常

65	無極寶三昧經	卷上, 下	2	2	五	常
66	佛說寶如來三昧經	卷下	1	1	五	常
67	佛說灌頂經	卷1~11	11	11	常	恭
68	佛說藥師如來本願經	[單卷]	1	1	恭	惟
69	藥師琉璃光七佛本願功德經	卷下	1	1	恭	惟
70	文殊師利普超三昧經	卷上, 中, 下	3	3	恭	惟
71	佛說放鉢經	[單卷]	1	1	恭	惟
72	月燈三昧經	卷1~10	10	10	惟	鞠
73	佛說月燈三昧經	單卷	1	1	鞠	養
74	稱讚淨土佛攝受經	單卷	1	1	鞠	養
75	六度集經	卷1~8	8	8	豈	敢
76 77 78	① 佛說太子墓珀經 ② 佛說太子慕魄經 ③ 佛說九色鹿經	[合本]	1	3	豈	敢
79	太子須大拏經	[單卷]	1	1	豈	敢
80	佛說菩薩睒子經	[單卷]	1	1	豈	敢
81	佛說睒子經	[單卷]	1	1	豈	敢
82	佛說德護長者經	卷上	1	1	敢	毁
83 84 85	① 大乘百福庄嚴相經 ② 大乘四法經 ③ 佛說菩薩修行四法經	[合本]	1	3	毁	傷
86 87	① 佛說希有校量功德經 ② 最無比經	[合本]	1	2	毁	傷
88	前世三轉經	[單卷]	1	1	毁	傷
89 90 91	① 善恭敬經 ② 稱讚大乘功德經 ③ 說妙法決定業障經	[合本]	1	3	毁	傷
92	佛說摩訶利頭經	[單卷]	1	1	傷	女
93	不空羂索神變眞言經	卷11~14, 16~19	8	8	慕	貞
94	不空羂索呪經	[單卷]	1	1	潔	男
95	不空羂索神呪心經	[單卷]	1	1	潔	男
96	不空羂索陀羅尼自在王呪經	卷上, 下	2	2	潔	男
97	不空羂索陀羅尼經	1卷	1	1	潔	男
98	千手千眼觀世音菩薩姥陀羅尼身經	[單卷]	1	1	潔	男

99	佛說千手千眼觀世音菩薩廣大圓滿無导大悲心陀羅尼經	[單卷]	1	1	潔	男
100	觀世音菩薩秘密藏如意輪陀羅尼神呪經	[單卷]	1	1	潔	効
101	佛說陀羅尼集經	卷3, 4, 5, 7	4	4	効	才
102	佛說內藏百寶經	[單卷]	1	1	過	過
103	① 佛說福田經	合本	1	2	過	必
104	② 佛說溫室洗浴衆僧經	合本	1	2	過	必
105	佛說須賴經	[單卷]	1	1	過	必
106	佛說稱揚諸佛功德經	卷上, 中, 下	3	3	必	改
107	摩訶摩耶經	卷上, 下	2	2	必	改
108	觀世音菩薩授記經	[單卷]	1	1	必	改
109	佛說須眞天子經	卷1~4	4	4	必	改
110	佛說孛經抄	[單卷]	1	1	必	改
111	佛說海龍王經	卷1~4	4	4	改	得
112	佛說首楞嚴三昧經	卷上, 下	2	2	改	得
113	不思議光菩薩所說經	[單卷]	1	1	改	得
114	佛說觀藥王藥上二菩薩經	[單卷]	1	1	改	得
115	佛說觀普賢菩薩行法經	[單卷]	1	1	改	得
116	菩薩瓔珞經	卷5, 7~14	9	9	莫,忘	忘,罔
117	佛說超日明三昧經	卷上, 下	2	2	忘	罔
118	大法炬陀羅尼經	卷18~20	3	3	彼	短
119	大威德陀羅尼經	11~20	10	10	靡	恃
120	佛說佛名經	卷1~2, 4~12	11	11	恃,迴,漢,己	己, 長
121	過去莊嚴劫千佛名經	單卷	1	1	己	長
122	現在賢劫千佛名經	單卷	1	1	己	長
123	未來星宿劫千佛名經	單卷	1	1	己	長
124	佛說華手經	卷1~10	10	10	信	使
125	大方便佛報恩經	卷1~7	7	7	覆	器
126	佛說菩薩本行經	卷上, 中, 下	3	3	覆	器
127	佛說法集經	卷1	1	1	器	欲
128	菩薩處胎經	卷1~3, 5~7	6	6	欲	難
129	佛說弘道廣顯三昧經	卷1, 2	2	2	欲	難
130	佛說月上女經	卷下	1	1	量	墨
131	占察善惡業報經	卷上, 下	2	2	墨	悲

132	蓮華面經	卷上, 下	2	2	墨	悲
133	文殊師利問菩薩署經	單卷	1	1	墨	悲
134	佛說大乘造像功德經	卷下	1	1	墨	悲
135	一字佛頂輪王經	卷1~5	5	5	悲	絲
136	大陀羅尼末法中一字心呪經	單卷	1	1	悲	絲
137	廣大寶樓閣善住秘密陀羅尼經	卷上, 中, 下	3	3	悲	絲
138	大佛頂如來密因修證了義諸菩薩萬行首楞嚴經	卷1~10	10	10	絲	染
139	牟梨曼陀羅呪經	[單卷]	1	1	詩	讚
140	商主天子所問經	[單卷]	1	1	羊	景
141	諸法冣上王經	[單卷]	1	1	羊	景
142	右繞佛塔功德經	[單卷]	1	1	羊	景
143	佛說大乘流轉諸有經	[單卷]	1	1	羊	景
144 145	① 佛爲海龍王說法印經 ② 佛說妙色王因緣經	[合本]	1	2	羊	景
146	有德女所問大乘經	[單卷]	1	1	羊	景
147	佛說堅固女經	[單卷]	1	1	羊	景
148	般泥洹後灌臘經	[單卷]	1	1	羊	景
149	佛說師子素駄娑王斷宍經	[單卷]	1	1	羊	景
150	差摩婆帝授記經	[單卷]	1	1	羊	景
151	師子莊嚴王菩薩請問經	[單卷]	1	1	羊	景
152	菩薩地持經	卷1~10	10	10	行	維
153	菩薩善戒經	卷1~9	9	9	維	賢
154	佛說淨業障經	[單卷]	1	1	維	賢
155	優婆塞戒經	卷1~5, 7	6	6	賢	克
156	梵網經盧舍那佛說菩薩心地戒品第十	卷下	1	1	賢	克
157	菩薩瓔珞本業經	卷上, 下	2	2	剋	念
158	菩薩戒本	[單卷]	1	1	剋	念
159	菩薩戒羯磨文	[單卷]	1	1	剋	念
160	佛說菩薩內戒經	[單卷]	1	1	念	作
161	優婆塞五戒威儀經	1卷	1	1	念	作
162	佛說文殊師利淨律經	[單卷]	1	1	念	作
163	淸淨毘尼方廣經	[單卷]	1	1	念	作
164 165	① 佛說法律三昧經 ② 十善業道經	[合本]	1	2	念	作
166	佛說文殊悔過經	[單卷]	1	1	念	作

167	大乘三聚懺悔經	[單卷]	1	1	念	作
168	佛說舍利弗悔過經	[單卷]	1	1	念	作
169	① 三曼陀跋陀羅菩薩經	[合本]	1	2	念	作
170	② 菩薩受齋經					
171	寂調音所問經	[單卷]	1	1	念	作
172	大智度論	卷1~10, 14, 15, 17, 21~40, 51~53, 55~59, 61~70, 91~100	61	61	作,聖,德,建,立,形,正	聖,德,建,名,形,端,空
173	十地經論	卷2, 3, 5, 7, 9~12	8	8	空	谷
174	大寶積經論	卷1, 4	2	2	谷	傳
175	彌勒菩薩所問經論	卷1, 3, 5, 7, 9	5	5	谷	傳
176	寶髻經四法憂波提舍飜譯之記	1卷	1	1	谷	傳
177	金剛般若波羅密經論	卷上, 中	2	2	聲	虛
178	能斷金剛般若波羅密多經論釋	卷下	1	1	聲	虛
179	金剛般若波羅密經破取着不壞假名論	卷下	1	1	聲	虛
180	妙法蓮華經論波提舍	[單卷]	1	1	聲	虛
181	文殊師利菩薩問菩提經論	卷上	1	1	聲	虛
182	妙法蓮華經優波提舍(雲林 等譯)	卷下	1	1	虛	堂
183	涅槃論	[單卷]	1	1	虛	堂
184	三具足經優波提舍	1卷	1	1	虛	堂
185	遺教經論	[單卷]	1	1	虛	堂
186	涅槃經本有今無偈論	卷1	1	1	虛	堂
187	瑜伽師地論	卷8	1	1	堂	習
188	顯揚聖教論	卷1~10	10	10	慶	尺
189	大乘阿毘達磨集論	卷2	1	1	壁	非
190	大乘阿毘達磨雜集論	卷1, 5, 9, 10	4	4	非	寶
191	般若燈論釋	卷1~10	10	10	寸	陰
192	百論	卷上	1	1	陰	是
193	大乘莊嚴經論	卷1~6, 8, 11~13	10	10	父	事
194	大莊嚴論經	卷2, 3, 8~10	5	5	事	君
195	攝大乘論釋	卷1	1	1	日	嚴
196	究竟一乘寶性論	卷1~4	4	4	竭	力
197	業成就論	[單卷]	1	1	竭	力

198	大乘成業論	1卷	1	1	竭	力
199	唯識論	[單卷]	1	1	力	忠
200	大乘起信論	卷上	1	1	盡	命
201	佛說長阿含經	卷1~7, 9~11	10	10	臨	深, 履
202	中阿含經	卷2~4, 6~9, 51~54	11	11	履,淸	薄,似
203	增壹阿含經	卷1~7, 9~10, 41~51	20	20	似,如	蘭,松
204	雜阿含經	卷11~30	20	20	之,盛	盛,川
205	別譯雜阿含經	卷3, 5, 8	3	3	不	息
206	佛般泥洹經	卷上, 下	2	2	淵	澄
207	大般涅槃經	卷上, 中, 下	3	3	淵	澄
208	大樓炭經	卷1, 2, 6	3	3	暎	容
209 210	① 佛說鴦掘髻經 ② 佛說三摩竭經	[合本]	1	2	若 詞	思
211 212 213	① 佛說力士移山經 ② 四未曾有經 ③ 舍利弗摩訶目連遊四衢經	[合本]	1	3	若	思
214 215 216	① 佛說放牛經 ② 緣起經 ③ 佛說十一想思念如來經	[合本]	1	3	若	思
217 218	① 佛說四泥犂經 ② 阿那邠邸化七子經	[合本]	1	2	若	思
219 220	① 佛說大愛道般泥洹經 ② 佛母般泥洹經	[合本]	1	2	若	思
221 222 223 224	① 佛說舍衛國王十夢經 ② 國王不梨先泥十夢經 ③ 佛說阿難同學經 ④ 佛說五蘊皆空經	[合本]	1	4	若	思
225	佛說七處三觀經	[單卷]	1	1	若	思
226	雜阿含經	[單卷]	1	1	若	思
227 228 229 230 231	① 佛說聖法印經 ② 五陰譬喻經 ③ 佛說水沫所漂經 ④ 佛說不自守意經 ⑤ 佛說滿願子經	[合本]	1	5	若	思

232 233 234 235 236	① 佛說轉法輪經 ② 佛說八正道經 ③ 佛說難提釋經 ④ 佛說馬有八態譬人經 ⑤ 佛說相應相可經	[合本]	1	5	若	思
237	治禪病秘要法	卷上, 下	2	2	若	思
238	摩登伽經	卷上	1	1	思	言
239	舍頭諌晋日太子二十八宿經	[單卷]	1	1	思	言
240	佛說雜藏經	[單卷]	1	1	思	言
241	餓鬼報應經	[單卷]	1	1	思	言
242 243 244 245	① 佛說阿難問事佛吉凶經 ② 佛說慢法經 ③ 佛說阿難分別經 ④ 佛說五母子經	[合本]	1	4	思	言
246 247 248 249	① 沙彌羅經 ② 玉耶經 ③ 佛說玉耶女經 ④ 佛說阿遬達經	[合本]	1	4	思	言
250	修行本起經	卷上, 下	2	2	思	言
251	佛說太子本起瑞應經	卷上, 下	2	2	言	辭
252	過去現在因果經	卷1~4	4	4	言	辭
253 254	① 佛說法海經 ② 佛說海八德經	[合本]	1	2	言	辭
255	佛說四十二章經	[單卷]	1	1	言	辭
256	佛說罪業應報教化地獄經	[單卷]	1	1	言	辭
257 258	① 佛說龍王兄弟經 ② 佛說長者音悅經	[合本]	1	2	言	辭
259	禪秘要法經	卷上, 中, 下	3	3	詞	安
260 261	① 阿闍世王問五逆經 ② 佛說七女經	[合本]	1	2	詞	安
262 263	① 佛說八師經 ② 佛說琉璃王經	[合本]	1	2	詞	安
264 265	① 得道梯隥錫杖經 ② 佛說貧老公經	[合本]	1	2	詞	安
266	五苦章句經	[單卷]	1	1	詞	安

267 268 269	① 佛說堅意經 ② 佛說淨飯王般涅槃經 ③ 佛說進學經	[合本]	1	3	詞	安
270 271 272	① 佛說蓱沙王五願經 ② 佛說越難經 ③ 所欲致患經	[合本]	1	3	詞	安
273	正法念處經	卷1, 3, 7~9, 11~14, 16~36, 38, 39, 41~43, 45~50, 61, 64, 66, 69	45	45	定,篤,初,誠,美,終	篤,初,誠,美,愼,宜
274	佛本行集經	卷1~4, 6~11, 15~17, 20, 24, 38	16	16	宣,令,業	令,榮,業,所
275	本事經	卷1~3, 5~7	6	6	籍	甚
276	佛說興起行經	卷上, 下	2	2	籍	甚
277	佛爲首迦長者說業報差別經	[單卷]	1	1	籍	甚
278	佛說大安般守意經	卷上, 下	2	2	甚	無
279	陰持入解經	卷上	1	1	甚	無
280	佛說處處經	[單卷]	1	1	甚	無
281	佛說罵意經	[單卷]	1	1	甚	無
282	佛說分別善惡所起經	[單卷]	1	1	甚	無
283 284 285 286	① 佛說出家功德因緣經 ② 佛說阿含正行經 ③ 佛說十八泥犁經 ④ 佛說法受塵經	[合本]	1	4	甚	無
287 288 289	① 禪行法想經 ② 佛說須摩提長者經 ③ 佛說長者子懊惱三處經	[合本]	1	3	甚	無
290 291 292 293 294	①犍陀國王經 ②佛說阿難四事經 ③佛說分別經 ④佛說未生冤經 ⑤佛說猘狗經	[合本]	1	5	甚	無
295 296 297 298	① 佛說八關齋經 ② 佛說孝子經 ③ 佛說黑氏梵志經 ④ 佛說阿鳩留經	[合本]	1	4	甚	無

<table>
<tr><td>299</td><td>佛五百弟子自說本起偈經</td><td>[單卷]</td><td>1</td><td>1</td><td>無</td><td>竟</td></tr>
<tr><td>300</td><td rowspan="6">① 佛說時非時經
② 佛說自愛經
③ 佛說摩達國王經
④ 佛說末羅王經
⑤ 佛說婦人遇辜經
⑥ 佛說罪福報應經</td><td rowspan="6">[合本]</td><td rowspan="6">1</td><td rowspan="6">6</td><td rowspan="6">無</td><td rowspan="6">竟</td></tr>
<tr><td>301</td></tr>
<tr><td>302</td></tr>
<tr><td>303</td></tr>
<tr><td>304</td></tr>
<tr><td>305</td></tr>
<tr><td>306</td><td rowspan="5">① 佛說呵雕阿那鋡經
② 弟子死復生經
③ 阿難七夢經
④ 佛說摩訶迦葉度貧母經
⑤ 佛說耶祇經</td><td rowspan="5">[合本]</td><td rowspan="5">1</td><td rowspan="5">5</td><td rowspan="5">無</td><td rowspan="5">竟</td></tr>
<tr><td>307</td></tr>
<tr><td>308</td></tr>
<tr><td>309</td></tr>
<tr><td>310</td></tr>
<tr><td>311</td><td rowspan="2">① 佛說見正經
② 辯意長者子經</td><td rowspan="2">[合本]</td><td rowspan="2">1</td><td rowspan="2">2</td><td rowspan="2">無</td><td rowspan="2">竟</td></tr>
<tr><td>312</td></tr>
<tr><td>313</td><td>佛說旃陀越國王經</td><td>[單卷]</td><td>1</td><td>1</td><td>無</td><td>竟</td></tr>
<tr><td>314</td><td>佛說佛大僧大經</td><td>[單卷]</td><td>1</td><td>1</td><td>無</td><td>竟</td></tr>
<tr><td>315</td><td>燈指因緣經</td><td>[單卷]</td><td>1</td><td>1</td><td>無</td><td>竟</td></tr>
<tr><td>316</td><td rowspan="4">① 佛說懈怠耕者經
② 佛說沙曷比丘功德經
③ 佛說大迦葉本經
④ 佛說忠心經</td><td rowspan="4">[合本]</td><td rowspan="4">1</td><td rowspan="4">4</td><td rowspan="4">無</td><td rowspan="4">竟</td></tr>
<tr><td>317</td></tr>
<tr><td>318</td></tr>
<tr><td>319</td></tr>
<tr><td>320</td><td>盧至長者因緣經</td><td>[單卷]</td><td>1</td><td>1</td><td>竟</td><td>學</td></tr>
<tr><td>321</td><td rowspan="8">① 佛說賢者五福德經
② 佛說五王經
③ 佛說犛牛譬經
④ 比丘聽施經
⑤ 天請問經
⑥ 佛說九橫經
⑦ 佛說頞多和多耆經
⑧ 佛說無上處經</td><td rowspan="8">[合本]</td><td rowspan="8">1</td><td rowspan="8">8</td><td rowspan="8">竟</td><td rowspan="8">學</td></tr>
<tr><td>322</td></tr>
<tr><td>323</td></tr>
<tr><td>324</td></tr>
<tr><td>325</td></tr>
<tr><td>326</td></tr>
<tr><td>327</td></tr>
<tr><td>328</td></tr>
<tr><td>329</td><td>佛說新歲經</td><td>[單卷]</td><td>1</td><td>1</td><td>竟</td><td>學</td></tr>
<tr><td>330</td><td rowspan="5">① 佛說譬喻經
② 佛說略教誡經
③ 佛說木梓子經
④ 長瓜梵志請問經
⑤ 佛說孫多耶致經\</td><td rowspan="5">[合本]</td><td rowspan="5">1</td><td rowspan="5">5</td><td rowspan="5">竟</td><td rowspan="5">學</td></tr>
<tr><td>331</td></tr>
<tr><td>332</td></tr>
<tr><td>333</td></tr>
<tr><td>334</td></tr>
</table>

335	佛說因緣僧護經	[單卷]	1	1	竟	學
336	摩訶僧祇律	卷7, 8	2	2	學	優
337	十誦律	卷12~15, 18, 19, 42~45, 48~50, 52	14	14	職,存,以	從,以,甘
338	根本說一切有部毗奈耶	卷1~3, 5~11, 13~15, 18, 19, 31, 32, 34, 36, 50	20	20	甘,棠,而,益	棠,去,益,詠
339	根本說一切有部苾芻尼毗奈耶	卷1~3, 6, 7, 12~14, 18~20	11	11	詠,樂	樂,殊
340	根本說一切有部毗奈耶雜事	卷1~5, 7~17, 21~30, 34, 40	28	28	殊,貴,賤,禮	貴,賤,禮,別
341	根本說一切有部尼陀那 (卷6~10: 根本說一切有部目得迦)	卷1~10	10	10	別	尊
342	五分律 (卷1,6: 彌沙塞部和醯五分律, 卷6 經名筆寫)	卷1, 2, 4, 6, 7, 9, 11~30	26	26	尊,卑,上	卑,上,和
343	四分律藏	卷2, 3, 6, 8~10, 15, 17, 20~25, 27~29, 31, 39, 40, 50~60	31	31	和,下,睦,夫,唱,婦	下,睦,夫,唱,婦,隨
344	大沙門百一羯磨法	[單卷]	1	1	傳	訓
345	十誦羯磨比丘要用	[單卷]	1	1	傳	訓
346	羯磨	[單卷]	1	1	傳	訓
347	優波離問佛經	[單卷]	1	1	傳	訓
348	彌沙塞羯磨本	[單卷]	1	1	傳	訓
349	四分比丘尼羯磨	[單卷]	1	1	傳	訓
350 351 352	① 佛說迦葉禁戒經 ② 佛說犯戒罪報輕重經 ③ 佛說戒消災經	[合本]	1	3	入	奉
353	根本薩婆多部律攝	卷1~7	7	7	奉	母
354	薩婆多部毘尼摩得勒伽經	卷7	1	1	儀	諸
355	善見毗婆沙律	卷1~10	10	10	姑	伯
356	阿毗曇八犍度論	卷1~14, 16, 18~27, 29~30	27	27	子,比,兒	比,兒,孔
357	阿毗達磨集異門足論	卷12~20	9	9	同	氣
358	阿毗達磨識身足論	卷1, 3~10	9	9	氣	連
359	阿毗達磨品類足論	卷2, 3, 5, 7, 10~18	13	13	枝,交	交

360	衆事分阿毗曇論	卷1~2	2	2	友	友
361	阿毗曇毗婆沙論	卷11, 12, 14, 16~20, 31~40	18	18	分,磨	切,箴
362	阿毗達磨大毗婆沙論	卷23, 26~63, 65, 66, 68~70, 91~100, 121, 124~128, 131~140, 153~154, 156~160, 181~190	87	87	隱,惻,造,次,弗,義,顚,沛,虧,情	次,弗,離,節,義,顚,虧,性,情,動
363	阿毗達磨俱舍釋論	卷11~13, 15~22	11	11	動,神	守
364	阿毗達磨俱舍論本頌	[單卷]	1	1	神	守
365	阿毗達磨俱舍論	卷1~20	20	20	疲,守,	眞,志
366	阿毗達磨順正理論	卷3, 9, 10, 31~35, 51~60, 62, 70~80	30	30	志,物,移,堅,持	逐,移,持,雅,操
367	阿毗達磨藏顯宗論	卷21, 22, 24, 26, 28, 30~39	15	15	好,爵	自,縻
368	阿毗曇心論	卷2, 4	2	2	自	都
369	阿毗曇心論經	卷1, 2, 4, 5, 6	5	5	自	都
370	雜阿毗曇心論	卷1~11	11	11	縻,都	邑,華
371	阿毗曇甘露味論 (卷下는 阿毗曇甘露味論智品)	卷上, 下	2	2	都	華
372	隨相論	1卷	1	1	都	華
373	尊婆須蜜菩薩所集論	卷1~7	7	7	邑	夏
374	舍利弗阿毗曇論	卷1~6, 8~10, 12~22	20	20	京,鄁,邙	邙,面
375	五事毗婆沙論	卷下	1	1	面	面
376	鞞婆沙論	卷1~10	10	10	洛, 浮	洛
377	分別功德論	卷1~5	5	5	渭	渭
378	四諦論	卷1~4	4	4	渭	渭
379	佛說辟支佛因緣論	卷上, 下	2	2	渭	渭
380	十八部論	[單卷]	1	1	渭	渭
381	部執異論	[單卷]	1	1	渭	渭
382	異部宗輪論	[單卷]	1	1	渭	渭
383	佛所行讚	卷1, 2, 4, 5	4	4	據	據
384	佛本行經	卷1~7	7	7	據	據
385	出曜經	卷2, 5/6~10	6	7	宮	宮

386	修行道地經	卷1, 2, 4, 5, 6	5	5	樓	樓
387	僧伽羅刹所集經	卷中, 下	2	2	樓	樓
388	佛說百喩經	卷1~4	4	4	觀	觀
389	菩薩本緣經	卷上, 中, 下	3	3	觀	觀
390	大乘修行菩薩行門諸經要集	卷上, 下	2	2	觀	觀
391	坐禪三昧經	卷下	1	1	飛	飛
392	惟日雜難經	1卷	1	1	飛	飛
393	佛使比丘迦旃延說法沒盡偈百二十章	[單卷]	1	1	飛	飛
394 395 396 397	① 佛說佛醫經 ② 佛入涅槃密迹金剛力士哀戀經 ③ 佛說佛治身經 ④ 佛說治意經	[合本]	1	4	飛	飛飛
398	四品學法	[單卷]	1	1	飛	飛
399	雜寶藏經	卷1~10	10	10	驚	驚
400	那先比丘經	卷上, 下	2	2	驚	驚
401	雜譬喩經	卷上, 下	2	2	寫	寫
402	阿育王經	卷1, 3~10	9	9	寫	寫
403	天尊說阿育王譬喩經	[單卷]	1	1	寫	寫
404	阿育王本施土緣傳	卷1~2	1	2	禽	禽
405	阿育王息壞目因緣經	[單卷]	1	1	禽	禽
406	四阿含暮抄解	卷下	1	1	禽	禽
407	法句喩經	卷1~4	4	4	獸	獸
408	法句經	卷上, 下	2	2	獸	獸
409 410 411	① 迦葉結經 ② 文殊師利發願經 ③ 佛說小道地經	[合本]	1	3	獸	獸
412 413	① 三慧經 ② 阿含口解十二因緣經	[合本]	1	2	獸	獸
414	阿毗曇五法行經	[單卷]	1	1	獸	獸
415	讚觀世音菩薩頌	[單卷]	1	1	獸	獸
416 417 418	① 撰集三藏及雜藏經 ② 一百五十讚佛頌 ③ 六菩薩亦當誦持經	[合本]	1	3	獸	獸
419	勝宗十句義論	卷1	1	1	書	書
420	無明羅刹經	卷上, 中, 下	3	3	書	書

421 422	① 龍樹菩薩勸誡王頌 ② 請賓頭盧經	[合本]	1	2	書	書
423 424	① 迦丁比丘說當來變經 ② 龍樹菩薩爲禪陀迦王說法要偈	[合本]	1	2	書	書
425 426 427 428 429	① 婆藪盤豆法師傳 ② 提婆菩薩傳 ③ 馬鳴菩薩傳 ④ 龍樹菩薩傳 ⑤ 勸發諸王要偈	[合本]	1	5	書	書
430	金七十論	卷上, 中, 下	3	3	書	書
431 432	① 大阿羅漢難提蜜多羅所說法住記 ② 大勇菩薩分別業報略經	[合本]	1	2	書	書
433	賓頭盧突羅闍爲優陀延王說法經	[單卷]	1	1	書	書
434	經律異相	卷1~10, 23, 25~27, 29, 40~45, 47~50	25	25	仙,丙,舍,傍	靈,舍,傍,啓
435	陀羅尼雜集	卷1, 3~7, 10	7	7	啓	甲
436	諸經要集	卷2, 3, 5~20	18	18	甲,帳,對	帳,對,楹
437	出三藏記集	卷1~15	15	15	楹,肆	肆,筵
438	衆經目錄(法經等撰, 卷7은 衆經總錄)	卷1~7	7	7	肆	筵
439	歷代三寶紀	卷1~10, 14	11	11	筵,設	設,席
440	衆經目錄(釋靜泰撰)	卷1~5	5	5	設	席
441	大唐內典錄	卷3~5, 7~10	7	7	席	鼓
442	大周刊定衆經目錄	卷1, 3~7, 9~14	12	12	瑟,吹	瑟
443	續大唐內典錄	卷1	1	1	吹	瑟
444	古今譯經圖紀	卷1~4	4	4	吹	瑟
445	續古今譯經圖紀	卷1	1	1	吹	瑟
446	開元釋敎錄	卷11~18	8	8	陛	昇
447	一切經音義	卷2~6, 8, 10~11, 13~14, 16, 19~25	18	18	納,陛,弁,轉	階,納,陛,弁
448	新譯大方廣佛華嚴經音義	卷上, 下	2	2	轉	弁
449	大唐西域記	卷5~10	6	6	疑	轉
450	集古今佛道論衡	卷乙, 丙	2	2	星	疑
451	續集古今佛道論衡	1卷	1	1	星	疑

452	集神州三寶感通錄 (卷上은 集神州塔寺三寶感通錄)	卷上, 中, 下	3	3	右	星
453	道宣律師感通錄	卷1	1	1	右	星
454	集沙門不應拜俗等事	卷2, 3, 4, 6	4	4	右	星
455	大唐大慈恩寺三藏法師傳	卷3, 4, 6~10	7	7	通	右
456	高僧傳	卷1~4, 6~13	12	12	廣,內	通,廣
457	續高僧傳	卷1, 2, 4~7, 12, 16, 17, 19, 20, 23~27, 29, 30	18	18	左,達,承,明	內,左,達,承
458	辯正論	卷1, 2, 4~6, 8	6	6	旣	明
459	破邪論	卷下	1	1	旣	旣
460	十門辯惑論	卷上/中	1	2	集	旣
461	弘明集	卷8, 9	2	2	墳	墳
462	廣弘明集	卷7, 13~19, 21, 22, 24, 26~28	14	14	典,亦,聚,群	典,亦,聚
463	集諸經禮懺儀	卷上, 下	2	2	英	群
464	南海寄歸內法傳	卷1~4	4	4	英	群
465	比丘尼傳	卷1~4	4	4	英	群
466 467 468	① 說罪要行法 ② 受用三水要行法 ③ 護命放生軌儀法	[合本]	1	3	英	群
469	佛說守護大千國土經	卷中	1	1	稾	相
470	分別善惡報應經	卷上, 下	2	2	鍾	路
471	勝軍化世百喻伽他經	[單卷]	1	1	漆	槐
472	佛說六道伽陀經	[單卷]	1	1	漆	槐
473	法集要頌經	卷1, 3	2	2	書	槐
474	菩提行經	卷3, 4	2	2	書	槐
475	佛說法集名數經	[單卷]	1	1	壁	卿
476	十二緣生祥瑞經	卷上	1	1	壁	卿
477	聖多羅菩薩一百八名陀羅尼經	[單卷]	1	1	經	卿
478	毗俱胝菩薩一百八名經	[單卷]	1	1	經	卿
479 480 481 482	① 佛說苾芻迦尸迦十法經 ② 諸佛心印陀羅尼經 ③ 金剛針論 ④ 佛說苾芻五法經	[合本]	1	4	經	封

483	大方廣菩薩藏文殊師利根本儀軌經	卷2~5, 7, 12, 19, 20	8	8	府,羅	戸,封
484	佛說聖寶藏神儀軌經	卷上, 下	2	2	相	家
485	一切如來大祕密王未曾有最上微妙大曼拏羅經	卷3~5	3	3	路	縣
486	佛說大摩里支菩薩經	卷1~4, 6	5	5	路, 俠	縣
487	佛說尊勝大明王經	[單卷]	1	1	槐	家
488 489	① 佛說如意寶摠持王經 ② 佛說聖六字大明王陀羅尼經	[合本]	1	2	槐	家
490	犍稚梵讚	[單卷]	1	1	戸	千
491	佛說長者施報經	[單卷]	1	1	封	千
492 493 494 495 496	① 佛說四無所畏經 ② 一切如來說佛頂輪王一百八名讚 ③ 增慧陀羅尼經 ④ 聖六字增壽大明陀羅尼經 ⑤ 佛說大乘戒經	[合本]	1	5	八	兵
497	聖多羅菩薩梵讚	[單卷]	1	1	八	兵
498 499	① 佛說帝釋般若波羅蜜多心經 ② 佛說諸佛經	[合本]	1	2	八	兵
500	佛母寶德藏般若波羅密經 (卷上: 佛說佛母寶德藏般若波羅密經)	卷上, 中, 下	3	3	縣	高
501	佛說護國尊者所問大乘經 (卷2: 佛說護國尊者所問經)	卷2~4	3	3	給	冠
502	佛說持明藏瑜伽大教尊那菩薩大明成就儀軌經	卷1, 4	2	2	兵	陪
503	佛說大乘觀想曼拏羅淨諸惡趣經	卷上	1	1	高	陪
504	佛說信佛功德經	[單卷]	1	1	輦	驅
505	佛說決定義經	[單卷]	1	1	驅	轂
506	佛說最上根本大樂金剛不空三昧大教王經	卷1, 5, 6	3	3	轂	轂
507	御製秘藏詮	卷1~16, 18~20	19	19	車,駕	尹,佐
508	御製逍遙詠	卷2, 5~11	8	8	輕, 刻	伊
509	御製緣識	卷2~5	4	4	輕, 刻	伊
510 511	① 御製佛賦 ② 御製詮源歌	卷21 [單卷]	1	2	勒	尹
512	底哩三昧耶不動尊威怒王使者念誦法	卷1	1	1	尹	惠

513	菩提場所說一字頂輪王經	卷1, 2, 4, 5	4	4	佐	惠
514	佛說雨寶陀羅尼經	[單卷]	1	1	時	時
515	佛說救拔焰口餓鬼陀羅尼經	[單卷]	1	1	阿	阿
516 517	① 八大菩薩曼茶羅經 ② 能淨一切眼疾病陀羅尼經	[合本]	1	2	阿	阿
518	佛說三十五佛名禮懺文	卷1	1	1	阿	感
519	金剛頂勝初瑜伽普賢菩薩念誦法	卷1	1	1	衡	感
520	大乘本生心地觀經	卷2, 5~7	4	4	匡	弱
521	貞元新定釋教目錄	卷1, 10, 12~15, 18, 20~23, 25~28, 30	16	16	說,感, 武,丁	乂,密
合 521種 1,826卷 1,712册						

오구라문고 목록

후쿠이 레이(福井玲. 동경대)

차 례

본 목록은 필자가 만든 일본어판 오구라문고 목록을 한국어로 옮긴 것이다. 일본어판은 '新登錄本 目錄'[후쿠이(2002)]과 '舊登錄本 目錄'[후쿠이(2007)]으로 나누었으나, 이번에 만든 한국어판은 양자를 합쳐서 모든 장서를 단번에 찾을 수 있게 하였다. 新舊의 차이는 도서번호 앞에 '(新)'과 '(舊)'를 붙여서 표시하였다. 오구라문고에 대한 자세한 소개는 본 논문집에 함께 실린 졸고 '小倉文庫'의 특징에 대하여'를 참조하시기 바란다.

1. 범례

본 목록은 서명의 현대 한국어 발음에 따라 가나다순으로 배열하였다. 게재한 내용은 기본적인 서지학적 정보와 약간의 어학적인 정보인데, 간결하게 기술하여 불명하거나 자명한 사항에 대해는 생략하였지만, 이판(異版)의 구별 등은 되도록 자세하게 기록하였다. 20세기 이후의 간본이나 중국, 일본에서 간행된 책에 대해서는 조선본의 경우보다 간략하게 기술하였다. 기술한 내용은 다음과 같다.

(1) 본 목록상의 일련번호. 목록 말미에 붙인 색인은 이 일련번호를 가리킨다.
(2) 서명. 원칙적으로 권두서명을 채용했으나 관용적인 서명에 따르는 경우도 있다. 별칭이나 冠稱의 유무에 따라서 검색이 어려워질 수 있는 경우에는 가표제어를 게재하였다.

(3) 동경대학도서 등록번호. '新登錄本'과 '舊登錄本'의 구별을 '(新)', '(舊)'로 표시하였다.

(4) 편저자명. 번역자, 증보자 등에 관한 정보도 아울러 제시하였다.

(5) 간행지, 간행기관, 간년.

(6) 권수, 책수, 장수. 장수는 한 내용에 따라서 쉼표(반점 및 쌍반점)로 구분하였다.

(7) 활자본, 필사본의 구별. 활자본의 경우 활자의 명칭 또는 종류를 제시하였다.

(8) 책 크기, 장정(裝幀). 장정은 명기되지 않는 경우 다 선장(線裝)이며 오침안정법이다.

(9) 판식. 반엽 광곽의 크기, 행격, 판심 등.

(10) 외제나 판심제 등은 권두서명과 다른 경우에만 제시하였다.

(11) 내사기, 인기(印記).

(12) 지어(識語).

(10) 기타. 구결의 기입, 방점의 유무 등.

2. 색인 범례

이 색인은 인명, 간행기관명, 개판사찰명 등을 위주로 하여, 아울러 활자와 그 종류, 각수, 시주, 내사본, 구결, 이두, 방점 등등 약간의 일반 항목을 덧붙였다.

숫자는 본 목록의 일련번호를 가리킨다.

인명은 조선 이외의 경우, 국명 또는 왕조명을 괄호 안에 넣었다. 또한 사찰은 괄호 안에 소재지를 제시하였다.

[ㄱ]

1. 歌曲選 (新) L174551
   南岳主人撰訂. 京城 新文館等 大正2年(1913)刊(鉛印). 1冊(126頁). 22 × 15.4cm.

2. 歌曲源流 (新) L174549

京城 京城大學朝鮮文學會 1929年刊(油印). 1冊(79, 20張). 26.5 × 18.9cm. 合刻: 女唱類聚. 識語(卷末):「崔南善氏 藏本에서 謄寫」.

3. 歌曲源流 (新) L174550
1冊(46張). 寫本. 27 × 19.5cm.

4. 家禮諺解 (新) L174581−2
宋·朱熹撰 朝鮮·申湜諺解. 原城 崇禎5年(1632)刊(後印). 卷1·2, 2冊. 34.2 × 21.5cm. 四周雙邊, 半郭22.5 × 16.6cm, 有界10行24字, 上下三葉花紋魚尾. 刊記(卷頭凡例張 뒷면):「崇禎壬申 原城開刊」.

5. 家禮諺解 (新) L174583−4
宋·朱熹撰 朝鮮·申湜諺解. 原城 崇禎5年(1632)刊. 卷3~8, 2冊. 木版本. 32.9 × 21.6cm. 四周雙邊, 半郭23.2 × 16.6cm, 有界10行24字, 上下三葉花紋魚尾.

6. 가ᄉᆞ[歌辭] (新) L174585
1冊(26張). 寫本. 28 × 19.2cm. 卷末記:「경ᄌᆞ십이월이십ᄉᆞᆷ일[庚子十二月二十三日]……」. 內容: 화조연가[花鳥連歌], 악양누가[岳陽樓歌], 효우가[孝友歌], 화젼별곡[花田別曲], 계녀ᄉᆞ[戒女詞], 어부ᄉᆞ[漁父詞], 몽유가[夢遊歌].

7. 簡牘精要 (新) L174556
[高宗朝刊本] 1冊(目錄3, 本朝國忌6, 67張). 28.5 × 18cm. 四周單邊, 半郭18 × 13cm, 有界12行20字, 上花紋魚尾.

8. (進修堂監定時行)簡禮彙纂 (新) L174559
光武6年(1902)刊. 1冊(目錄1, 53張). 木版本. 26.5 × 18.8cm. 四周單邊, 半郭22.3 × 17.5cm, 有界15行字數不同, 上下黑魚尾. 外題: 簡禮要覽.

❖ 看羊錄 → 睡隱看羊錄

9. 簡易辟瘟方 (新) L174557
金順蒙等受命編. 小倉進平寫. 昭和10年(1935)寫本. 1冊(3, 22張). 27 × 19.5cm. 底本: [奎章閣藏]刊本. 內賜記: 萬曆41年(1613).

10. 堪論抄 (舊) L44769
1冊(101張). 油印本. 27 × 19.3cm. 內容: 山水論, 他.

11. 堪論抄 (舊) L44770

1冊(2, 71張). 油印本. 27.1 × 19.2cm. 緖言: 杉山弊 (大正五年(1916)). 朱印「秘」(表紙).

- ❖ 感應篇 → 太上感應篇
- ❖ 甘藷取種法 → [合刻] 農家集成(L174692)

12. 居昌別曲 (新) L174714
中村庄次郎寫本. 1冊(8張). 13.6 × 19.7cm. 假綴. 識語(卷末, 小倉): 「中村庄次郎翁より寄贈/昭和七年八月 進平」.

13. 建國沿革 (新) L174703
中村庄次郎寫 明治9年(1876)寫本. 1冊(15張). 24 × 15.9cm. 假綴. 識語(卷末, 小倉): 「中村庄次郎翁より寄贈/昭和七年八月 進平」.

14. 敬覽 (舊) L45032
1冊(104張). 寫本. 31.6 × 20cm.

15. 警民編(諺解) (新) L174600
金正國著 李厚源諺解. [順治18年(1661)頃刊] 1冊(序3, 目錄1, 42, 剳子2張). 木版本. 33.5 × 21.8cm. 四周雙邊, 半郭21.5 × 15.5cm, 有界10行20字, 上下三葉花紋魚尾. 印記: 宣賜之記. 內賜記: 順治十八年五月初九日 內賜廣州府尹李泰淵……. 序末: 正德己卯(1519)春觀察使義城金正國書.

16. 警民編(諺解) (新) L174601
金正國著 李厚源諺解. 1冊(目錄1, 剳子2, 序3, 41張). 木版本. 31.5 × 19.3cm. 四周雙邊, 半郭21.3 × 15.5cm, 有界10行20字, 上下三葉花紋魚尾. 卷末1張缺, 表紙缺. L174600(內賜本)과 同版.

17. 經史集說 (新) L174603
卷3 (零本), 1冊(49張). 活字本(傳陶活字). 24.7 × 19.2cm. 四周不同, 半郭20.6 × 15.2cm, 有界17行21字, 上下花紋魚尾(二葉二重). 二重花紋, 活字는 L174993『史略』과 같음. 表紙: 「陶鑄字/古板」(墨書).

18. 慶尚道續撰地理志 (新) L175099
睿宗命撰. 油印本. 1冊(119頁). 25.5 × 18.7cm.

19. 慶尚道地理志 (新) L175098
世宗命撰. 油印本. 1冊(148頁). 25.7 × 18.8cm.

20. 經書釋義 (新) L174604

李滉諺解. 己酉[光海君元(1609)年]序(後印). 1冊(103張). 木版本. 33 × 23.2cm. 四周雙邊, 半郭21.9 × 18.4cm, 有界11行22字, 上下花紋魚尾. 別題: 三經四書釋義. 孟子釋義 중 3張(第5, 6, 9張)缺. 版摩滅.

21. 經世遺表 第1冊 (新) L174599
丁[若]鏞撰. 京城 朝鮮光文會 大正3年(1914)刊(鉛印). 卷1~16, 1冊. 21.8 × 15cm. 朝鮮叢書.

❖ 庚申錄 → 敬信錄諺釋

22. 경신녹언석[敬信錄諺釋] (新) L174642
1冊(86張). 精寫本. 35 × 22cm. 外題: 庚申錄.

23. 敬信錄諺釋(경신록언셕) (新) L174602
光緖6年(1880)刊. 1冊(84張). 木版本. 32 × 22.4cm. 四周雙邊, 半郭24.3 × 18.3cm, 有界11行21字, 上下白魚尾. 外題: 敬信錄諺鮮. 刊記: 光緖六年庚辰季春刊印.

24. 經驗法 (新) L174595
1冊(1, 26張). 木版本. 28.3 × 18cm. 四周單邊, 半郭20.5 × 14.1cm, 有界10行字數不同, 上花紋魚尾. 刊記(目錄末):「孝橋新刊」.

25. 經驗法 (新) L174596
[孝宗·顯宗頃]刊本. 1冊(目錄2, 藥物名4, 43張). 木版本. 38.8 × 23.9cm. 四周單邊, 半郭28.5 × 20cm, 有界10行30字, 上下花紋魚尾.

26. 經驗法 (新) L174597
1冊(45張). 寫本. 26.7 × 19.1cm. 卷頭4張: 藥物名.

27. 經驗法 (新) L174598
1冊(73張). 寫本. 29.1 × 19.5cm.

28. 雞林類事麗言攷 (舊) L44692
前間恭作著. 東洋文庫 大正14年(1925)刊. 1冊(128, 索引6頁). 26.2 × 15.5cm. 東洋文庫論叢第三.

29. 雞林類事麗言攷 (舊) L44693
前間恭作著. 東洋文庫 大正14年(1925)刊. 1冊(128, 索引6頁). 26.2 × 15.6cm. 東洋文庫論叢第三.

30. 啓蒙篇諺解 (舊) L44741
撰者, 刊年未詳. 1冊(24張). 木版本. 31.2 × 21.7cm. 四周單邊, 半郭19.7 × 16.4cm, 有界10行17字, 白口上花紋魚尾. 印記:「篠田藏書」.

31. 啓蒙篇諺解 (舊) L44742
撰者, 刊年未詳. 1冊(23張). 木版本. 29.2 × 19.1cm. 四周單邊, 半郭 20.7 × 16.4cm, 有界11行18字, 白口上花紋魚尾.

32. 啓蒙篇諺解 (舊) L44743
撰者, 刊年未詳. 1冊(24張). 木版本. 23.4 × 18.9cm. 四周單邊, 半郭 19.8 × 16.5cm, 有界10行17字, 白口上花紋魚尾. 識語(卷末, 小倉): 「中村庄次郎翁より寄贈/昭和七年八月 進平」.

33. 誡初心學人文 (新) L174626
高麗·知訥述. [京畿道 龍仁 瑞峯寺 萬暦11年(1583)刊] 1冊(10張). 木版本. 32 × 22.8cm. 四周單邊(/上下雙邊), 半郭24.9 × 19.2cm, 有界12行22字, 無魚尾. 版心題: 初心. L174530「發心修行章」, L174836「野雲自警序」과 같은 판식.

34. 古今韻會擧要 (新) L174610−6
元·黃公紹編輯 元·熊忠擧要. [李植 仁祖朝刊] 卷1·2·5~13, 23~30 (零本), 7冊. 木版本. 32.5 × 22cm. 四周雙邊, 半郭24.2 × 16.7cm, 有界8行字數不同, 黑口上下花紋魚尾.

35. 古來交隣事考 (新) L174697
中村庄次郎寫 明治7年(1874)寫本. 1冊(60張). 24.2 × 16.4cm. 假綴. 外題: 交隣事考. 識語(卷末, 小倉): 「中村庄次郎翁より寄贈/昭和七年八月 進平」.

36. 攷事新書 (新) L174643−9
徐命膺編. [英祖] 47年(1771)序. 15卷7冊. 活字本(芸閣印書體字). 30.3 × 18.3cm. 四周雙邊, 半郭21.5 × 13.7cm, 有界10行20字, 上花紋魚尾.

37. 공과격[功過格] (新) L174635
光緒3年(1877)刊. 1冊(序1, 42張). 木版本. 20.7 × 14.7cm. 四周單邊, 半郭17 × 11.6cm, 有界10行21字, 黑口上黑魚尾.

38. 공과신격언히[功過新格諺解] (新) L174636
光武10年(1906)序. 2卷1冊(85張). 27.6 × 17cm. 四周雙邊, 半郭19.5 × 13.2cm, 有界12行24字, 上花紋魚尾.

39. 公私恒用錄 (新) L174641

1冊(62張). 寫本. 32.5 × 21.3cm. 内容: 東言觧, 吏頭彙編, 吏文襍例, 唐純陽呂祖師生々神數, 水滸誌語錄解, 方所法.

40. 課程日錄 (新) L174586−7
2卷2冊. 精寫本. 30.3 × 20cm. 内容: 分類語彙集「天文, 地理, 花木, 花木捴言, 禽獸, 禽獸捴言, 身體, ……」.

41. 過化存神 (新) L174548
[高宗命撰] 光緒6年(1880)刊. 1冊(20, 2張). 木版本. 20.2 × 13.2cm. 四周單邊, 半郭17.4 × 11.2cm, 有界10行21字, 上黑魚尾(不同). 内容: 覺世眞經, 救劫文, 附對聯句, 靈驗記.

42. 官報 (新) L174563−9
朝鮮·内閣記錄局編刊. 開國503年(1894) 8月20日~開國504年(1895) 3月29日(無號, 대략 日刊). 7冊. 活字本(整理字). 29.4 × 19.8cm. 四周單邊, 半郭24.8 × 16cm, 無界10行22字. 無版心. 表記: 漢文中心, 한글(第4冊以降).

❖ 官報 → 内部(L174696)

43. 關聖帝君應驗明聖經 (新) L174574
桃園参正. 樂善道 光緒12年(1886)刊. 1冊(圖1, 序1, 47張). 木版本. 26.6 × 18.8cm. 四周雙邊, 半郭19.9 × 14.7cm, 有界10行23字, 上黑魚尾. 外題: 關聖帝君明聖經, 版心題: 明聖經.

❖ 觀世音菩薩靈驗略抄 → 靈驗略抄

44. 관세음보살륙자ᄃᆡ명왕다라니신주경[觀世音菩薩六字大明王陀羅尼神呪經] (新) L174665
朴銑黙增輯. 隆熙2年(1908)刊. 1冊(19, 3張). 木版本. 22.2 × 14.8cm. 四周雙邊, 半郭16.1 × 11cm, 有界10行字數不同, 上花紋魚尾.

45. 觀世音菩薩六字大明王陀羅尼神呪經 (新) L174666
朴銑黙增輯 李錫圭參閱. 西賓精舍 隆熙2年(1908)重刊. 1冊(1, 17, 2張). 木版本. 22.2 × 14.9cm. 四周雙邊, 半郭16.5 × 11cm, 有界10行字數不同, 上花紋魚尾. 外題: 六字大明王陀羅尼經.

❖ 觀音經 → 佛頂心陀羅尼經

46. 關話 畧抄 (新) L174575
1冊(14張). 寫本. 29.4 × 20.3cm. 假綴. 中國語文 右傍에 한글音寫, 下段에 譯文.「同着進貢大人(퉁져진궁다인)……」

❖ 交隣須知 → 再刊交隣須知

47. 交隣須知 (舊) L44694
[雨森芳洲撰] 小倉進平 昭和5年(1930)寫. 2卷2冊(80; 88張). 24.4 × 16.5cm. 識語(卷末, 小倉):「昭和五年七月濟州島に方言調査の為め再度の渡島を試みたる際, 同島城内某氏所有の交隣須知により謄寫す……」.

48. 交隣須知 (舊) L44696
雨森東[芳洲]原著 寶迫繁勝刪正. 明治16年(1883)刊. 4卷4冊(序1, 目次1, 44; 41; 41; 31張, 正誤表1葉). 鉛印. 25.8 × 17.6cm.

49. 交隣須知 (舊) L44697
雨森東[芳洲]原著 寶迫繁勝刪正. 明治16年(1883)刊. 卷2~4(零本)3冊(41; 41; 31張, 正誤表1葉). 鉛印. 25.9 × 17.6cm. 印記:「野田藏書」.

50. 校訂玉篇 (舊) L44691
編者, 刊年未詳. 2卷2冊(總目2, 46; 49張). 木版本. 29.8 × 19.7cm. 四周雙邊, 半郭22.1 × 16.7cm, 有界12行字數不同, 白口上黑魚尾. 下卷卷末題:「全韻玉篇終」. 外題:「玉篇」.

51. 歐羅攷 (舊) L45044
李德懋外撰. 1冊(85張). 寫本. 27 × 19.2cm. 内容: (卷頭)「兵志備倭論 蝦夷紅夷附 李德懋」, (第5張)「阿蘭陀説 柳得恭 冷齊筆記」. 書名은 外題에 의함.

52. 구운몽[九雲夢] (新) L174664
[金萬重撰] 京城 翰南書林 大正10年 (1921)刊. 1冊(32張). 木版本. 25.4 × 19.2cm.

53. 九雲夢 (新) L174661－3
金萬重撰 金春澤增訂. 純祖3年(1803)刊(後印). 6卷3冊. 27.7 × 18.4cm. 四周單邊, 半郭18.8 × 15.1cm, 有界10行字數不同, 版心不同. 刊記(卷末): 崇禎後三度癸亥. 漢文本.

❖ 救荒撮要 → 新刊救荒撮要

54. 國文硏究 (新) L174621－4
周時經·魚允迪·李能和等撰. 4冊. 寫本. 26.6 × 18.3cm. 上記 3명 各一冊. 權輔相·宋綺用·池錫永·李敏應·尹敦求 5명 連記한 것 一冊. 內容: 「國文淵源과 字體發音의 沿革」 등의 議題에 관한 각자의 議案.

55. 國文硏究議定案 (新) L174625
國文硏究所編. 寫本. 1綴(29張). 28.1 × 20cm. 假綴. 合綴: 報告書(國文硏究所 隆熙3年), 國文硏究議定案(油印), 議決事項.

56. 국문졍리[國文正理] (舊) L50178
李鳳雲著. 京城 建陽2年(1897)刊. 1冊(序2, 11張). 木版本. 24.8 × 16.1cm. 四周雙邊, 半郭19.4 × 12.6cm, 無界11行22字, 白口上下花紋魚尾. 刊記: 「대죠션 건양 이년 일월 일/경셩묘동 리봉운 져작각 겸 발힝(大朝鮮建陽2年1月 日/京城廟洞李鳳雲著作兼發行)」.

57. 國民小學讀本 (新) L174620
學部編輯局編. 開國504年(1895)刊. 1冊(目錄3, 72張). 活字本(學部印書體字). 28.6 × 18.5cm. 四周單邊, 半郭21.5 × 14.2cm, 有界10行20字, 上花紋魚尾.

58. 國朝人物志 (新) L174617－9
安鍾和編. 隆熙3年(1909)刊(鉛印). 3卷3冊. 22.2 × 15.2cm.

59. 軍門謄錄 (新) L174488
柳成龍撰. 京城 朝鮮總督府 昭和8年(1933)刊. 1冊(127, 12張). 27.9 × 18cm. 『朝鮮史料叢刊』第三. 影印版(底本: 柳家藏原寫本). 附錄: 解說·目次(朝鮮史編修會).

❖ 勸農文 → [合刻] 農家集成(L174692－4695)

60. 奎章閣書目 (舊) L44767
小倉進平寫本. 明治45~大正2年(1912~1913)寫. 4冊. 27.6 × 20.1cm. 底本: 朝鮮總督府學務局編輯課所藏寫本.

61. 奎章閣志 (舊) L45558
奎章閣受命編. 正祖8年甲辰(1784)序刊. 2卷1冊(序3, 目錄3, 29, 36, 跋10張). 活字本(丁酉字). 36.6 × 23.7cm. 四周單邊, 半郭25.1 × 17cm, 有界10行18字, 白口上花紋魚尾. 御製序: 「…予踐阼之八年甲辰仲夏下澣」. 跋: 李福源外. 內賜本. 內賜記: 「嘉慶十八年(1813)七月日/內賜直提學金履喬/奎章閣志一件…」. 封面:「甲辰新編 奎章閣志 內閣活字」. 外題:「閣志」.

❖ 奎章全韻 → 御定奎章全韻

62. 규합총서[閨閤叢書] (新) L174592
[徐有本婦人 憑虛閣 李氏編] 親和室(藏板) 同治8年(1869)刊. 1冊(29張). 木版本. 26.8 × 17cm.

63. 규합총서[閨閤叢書] (新) L174593－4
卷2·6~7(零本), 2冊(原3冊). 精寫本. 31.4 × 22cm.

64. 金剛般若波羅蜜經 (新) L174630
姚秦·鳩摩羅什奉詔譯. 全州 园岩寺 萬曆31年(1603)以前刊. 1冊. 木版本. 26.2 × 16.5cm. 四周單邊, 半郭19.9 × 13cm, 無界8行17字, 無魚尾. 一部補寫. 刊記(第25張): 全羅道全州地 园岩寺開板. 同張欄外記入:「萬曆三十一年三月初癸卯年」. 合刻(卷末): 大方廣佛華嚴經入不思議解脱境界普賢行願品, 大佛頂首楞嚴神呪, 佛說阿彌陀經, 無量壽佛說往生浄土呪, 妙法蓮華經觀世音菩薩普門品, 觀世音菩薩禮文. 口訣記入.

65. 金剛般若波羅蜜經 (新) L174631
姚秦·鳩摩羅什奉詔譯. 1冊(圖2, 2, 28, 3張). 木版本. 32.4 × 21cm. 四周雙邊, 半郭23.4 × 16.7cm, 有界10行21字, 上黑魚尾. 表記: 漢文, 한글漢字音. 合刻: 般若無盡藏眞言.

66. 金剛般若波羅蜜經 (新) L174632
姚秦·鳩摩羅什奉詔譯. 1冊(1, 2, 28張). 木版本. 30.8 × 20.7cm. 四周雙邊, 半郭23.6 × 16.7cm, 有界10行21字, 上黑魚尾. L174631과 同版(編次 다름).

67. 金剛般若波羅蜜經 (新) L174633
姚秦·鳩摩羅什奉詔譯. 固城 雲興寺 康熙60年(1721)刊. 1冊(3, 30, 23張). 木版本. 29.5 × 18.7cm. 四周雙邊, 半郭20.3 × 13.4cm, 有界8行18字, 上下花紋魚尾. 卷頭1張缺. 合刻: 大方廣佛華嚴經入不思議解脱境界普賢行願品. 刊記(卷末): 康熙六十年辛丑夏固城臥龍山雲興寺開板. 外題: 金剛經. 口訣記入. 施主名版刻(欄外右側).

68. 金剛般若波羅蜜經(諺解) (新) L174627
姚秦·鳩摩羅什奉詔譯. 韓繼禧等諺解. 高山 安心寺 萬曆3年(1575)刊

(刊經都監 天順8年(1464)刊本 覆刻版). 零本 1冊(91~153張). 29.9 × 19.4cm. 四周單邊, 半郭20.8 × 14.9cm, 有界8行19字, 上下黑魚尾. 刊記: 萬曆三年乙亥全羅道高山雲梯縣大雄山報恩慈福安心廣濟院重刊留鎭. 刻手記號(魚尾). 施主名版刻(欄外左右). 傍點 있음.

69. 金剛般若波羅蜜經(五家解)上 (新) L174628
姚秦·鳩摩羅什奉詔譯 唐·惠能等註 得通編. 寧邊 普賢寺 康熙21年(1682)跋. 1冊(序説10, 127張). 木版本. 37.9 × 24.7cm. 四周單邊, 半郭26.7 × 18.8cm, 有界9行19字, 上下黑魚尾(不同). 刊記: 康熙十九年庚申六月 日平安道寧邊府妙香山普賢寺開板. 後跋: 康熙二十一年……. 外題: 金剛經. 口訣記入. 刻手記號(魚尾).

70. 金剛般若波羅蜜經(五家解)下 (新) L174629
姚秦·鳩摩羅什奉詔譯 唐·惠能等註 得通編. 朔寧 龍腹寺 崇禎5年(1632)刊. 1冊(111張). 木版本. 37.6 × 22.9cm. 四周單邊, 半郭26 × 18.8cm, 有界9行19字(大字14字), 上下黑魚尾(不同). 外題: 五家觧. 刊記: 崇禎五年壬申九月日京畿朔水清山龍腹開板. 口訣記入. 刻手記號(魚尾).

71. 금강션어[金剛仙語] (新) L175277
1冊(50張). 寫本. 28.8 × 22cm. 表記: 한글.

72. 今古奇観 (新) L174705
中村庄次郎寫 明治9年(1876)寫本. 1冊(48張). 24.3 × 16.3cm. 表記: 한글, 漢字. 識語(巻末, 小倉):「中村庄次郎翁より寄贈/昭和七年八月進平」.

73. 今文啓蒙 (新) L174606
3巻1冊(36張). 木版本. 29.7 × 19.3cm. 四周單邊, 半郭18.6 × 16.2cm, 有界6行8字, 上黑魚尾. 刊記: 庚申少陵新刊. 外題: 今文啓蒙篇 三千字.

74. 今文啓蒙 (新) L174607
3巻1冊(36張). 木版本. 31 × 21.2cm. 四周單邊, 半郭18.7 × 16.2cm, 有界6行8字, 上黑魚尾. 刊記: 庚申少陵新刊. 外題: 啓蒙新冊 全. L174606과 同版.

75. 琴譜 (舊) L44821
1冊(27張). 寫本. 21 × 27.4cm. 帖裝.

76. (欽定)金史語解 (新) L175086－7
清·乾隆46年勅撰. 江蘇書局 光緖4年(1878)刊. 12卷2冊. 27.6 × 17cm. 【L175088－9「遼史語解」, L175090－5「元史語解」와 같은 帙에 들어 있음.】

❖ 衿陽雜錄 → [合刻] 農家集成(L174692－4695)

77. 奇談 (新) L174605
1冊(56張). 寫本. 20.8 × 20.5cm. 表記: 漢文.

78. 奇靈幻妙經 (新) L174609
1冊(序5, 68, 跋5張). 木版本. 29.5 × 19.2cm. 四周單邊, 半郭22 × 14.6cm, 行格不同, 上黑魚尾. 刊記(卷頭):「徐蘭瓊承宣 朴龍吉·朴維臣敬刊」.

❖ 騎牛牧童歌 → [合刻] 佛說大報父母恩重經(L174367)

79. 金氏世孝讚圖 (新) L174608
金學性編 金碩奉圖. 乙丑[高宗2年(1865)]跋. 1冊(序27, 20, 序跋6張). 木版本. 32.1 × 20.2cm. 四周雙邊, 半郭22.2 × 15.4cm, 有界10行20字, 上花紋魚尾. 版心題·外題: 金氏世孝圖.

[ㄴ]

80. 蘭雪軒詩 (舊) L45562
許蘭雪軒撰 許筠彙粹. 崇禎後壬申(1632)重刊. 1冊(序4, 35張). 木版本. 32.1 × 20.2cm. 四周雙邊, 半郭18.8 × 15.2cm, 有界9行20字, 白口上下花紋魚尾. 序: 朱之藩, 梁有季. 刊記:「崇禎後壬申東萊府重刊」. 外題:「蘭雪集」.

81. 南宮桂籍 (新) L174690
[高宗]丙子(1876)序. 1冊(序2, 7, 諺譯17張). 木版本. 22.3 × 14.5cm. 四周雙邊, 半郭16.8 × 10cm, 有界10行21字, 上花紋魚尾. 刊記(卷末): 丙子嘉平節完山李建昌敬書.

82. 南征記 (新) L174725－6
2卷2冊. 寫本. 30.7 × 20.6cm. 識語:「庚寅十一月十四日阿城首刑吏金采京謄納」, 印記.

83. 남훈틱평가[南薰太平歌] (舊) L45568
1冊(14張). 木版本. 22.5 × 18.2cm. 四周單邊, 半郭20.3 × 16.5cm, 無界14行字數不同, 白口上花紋魚尾.

84. 남훈틱평가[南薰泰平歌] (舊) L44823
白斗鏞編集發行. 京城 翰南書林 大正9年(1920)刊. 1冊(28張). 木版本. 25.7 × 20.2cm. 洋紙.

85. 남훈틱평가[南薰泰平歌] (舊) L45569
2卷2冊(17; 16張). 木版本. 28.4 × 18.8cm. 四周單邊, 半郭20.3 × 15.4cm, 無界15行字數不同, 白口上下黑魚尾.

86. 内部(官報) (新) L174696
[朝鮮·内部編刊] 1冊(63張). 活字本(整理字). 31.5 × 20.5cm. 四周單邊, 半郭25.4 × 16.5cm, 無界11行22字, 上黑魚尾. 書名은 版心題에 의함. 内容: 建陽元年(1896) 8月.

❖ 内訓 → 御製内訓

87. 内訓 (新) L174719−21
昭惠王后編. 3卷3冊. 木版本. 32.2 × 19.7cm. 四周雙邊, 半郭21.3 × 14.6cm, 有界9行17字, 上下花紋魚尾.

❖ 老乞大諺解 → 重刊老乞大諺解

88. 蘆溪先生文集 (新) L174772−3
朴仁老撰. [光武8年(1904)?刊] 3卷2冊. 木版本. 28.2 × 19.6cm. 四周雙邊, 半郭20 × 15.6cm, 有界10行20字, 上下花紋魚尾. 版心題, 外題: 蘆溪集. 序: 金裕憲. 跋: 鄭夏源, 崔{氵奎}.

89. 論語諺解 (新) L174753
[宣祖命撰] 卷1 (零本), 1冊(52張). 木版本. 31.7 × 21.7cm. 四周單邊, 半郭22.5 × 16.9cm, 有界10行19字, 上下花紋魚尾(花紋不同). 版心題: 「論語」/「論語諺解」. 外題: 論解.

90. 論語諺解 (舊) L44736
[宣祖命撰] 全州府 河慶龍 庚午(1810)刊. 4卷4冊(56; 68; 80; 81張). 木版本. 31.7 × 20.8cm. 四周雙邊, 半郭22.9 × 16.7cm, 有界10行17字, 白口上下花紋魚尾. 刊記: 「歲庚午仲春開刊 全州府河慶龍藏板」. 外題, 版心題: 「論解」. 印記: 「篠田藏書」.

91. 論語栗谷先生諺解 (新) L174750－2
李珥諺解. 英祖25年(1749)跋刊本. 卷2~4(零本), 3冊. 活字本(戊申字). 34 × 22.5cm. 四周單邊, 半郭26.1 × 17.2cm, 有界10行17字, 上下花紋魚尾. 版心題: 論語諺解. 刊記(卷4末, 洪啓禧跋): ……崇禎三己巳春後學南陽洪啓禧謹識.

92. 論語正音 (舊) L42952
[英祖10年(1734)刊木活字本 重刊本] 4卷2冊(26, 27; 28, 24張). 木版本. 33.3 × 21.4cm. 四周單邊, 半郭24.7 × 16.3cm, 有界10行20字, 白口上下花紋魚尾.

93. 農家集成 (新) L174692
申洬編. 乾隆37年(1772)寫本. 1冊(75張). 22 × 18cm. 卷末記: 乾隆三十七年壬辰仲春冊主箕山. 外題: 勸農文. 內容: 勸農教文·農事直說(世宗撰), 農勸文(宋·朱熹撰), 衿陽雜錄, 四時纂要抄, 甘藷取種法.

94. 農家集成 (新) L174693
申洬編. 孝宗6年(1655)跋. 1冊(72張). 木版本. 25.7 × 18.4cm. 四周雙邊, 半郭18.3 × 14.9cm, 有界10行20字, 上下二~三葉花紋魚尾. 外題: 勸農文. 內容: 勸農文(宋·朱熹撰), 農事直說(世宗撰), 衿陽雜錄, 四時纂要抄. 다음 L174694(內賜本)과 기본적으로 同版이지만, 編次, 內容의 차이 있음. 最終張(農家集成跋)은 異版. 跋: ……乙未端陽下瀚行公州牧使申洬拜手謹跋.

95. 農家集成 (新) L174694
申洬編. 孝宗6年(1655)跋. 1冊(73張). 木版本. 27.2 × 19.5cm. 四周雙邊, 半郭19.6 × 14.8cm, 有界10行20字, 上下二~三葉花紋魚尾. 外題: 農家直說 全. 印記: 宣賜之記(內賜記缺), 侍講院, 春坊藏. 內容: 勸農教文·農事直說(世宗撰), 勸農文(宋·朱熹撰), 衿陽雜錄, 四時纂要抄. 위의 L174693과 기본적으로 同版이지만, 編次, 內容의 차이 있음. 最終張(農家集成跋)은 異版. 跋: ……乙未夏通政大夫行公州牧使臣申洬拜手謹跋.

96. 農家集成書 (新) L174695
申洬編. [大正頃]寫本(카본). 1冊(98頁). 27.4 × 19.6cm. 假綴. 底本: 崇禎紀元後丙寅(1686)刊本. 內容: 勸農教文·農事直說(世宗撰), 勸農文(宋·朱熹撰), 衿陽雜錄, 四時纂要抄. 附: 救荒撮要. 識語(小倉):「本

書ハ大正七年十月……中村友男氏ヨリ寄贈セラレタルモノナリ」.

❖ 農事直説 → [合刻] 農家集成(L174692−4695)

97. 弄璋歌 (新) L174749
油印. 1冊(7張). 28.5 × 19.5cm. 假綴.

❖ 楞嚴經 → 大佛頂如來密因修證了義諸菩薩萬行首楞嚴經

[ㄷ]

98. 短語 (新) L174788
1冊(89張). 寫本. 31 × 20.3cm. 内容: 漢語語彙表現集. L174447−8 「長語」과 僚卷. 印記: 學部圖書, 編輯局保管.

99. 達道集註大全(十二則) (新) L174794−6
黄泌秀編 黄芝秀集註 金耆淵校. 賛化堂(藏板)[高宗]甲戌(1874)跋. 3卷3冊. 木版本. 28.5 × 17.6cm. 左右雙邊·上下單邊, 半郭20.1 × 13.5cm, 有界, 行格不同, 上黑魚尾. 封面題: 黄愼村先生家塾原本 達道大全. 外題: 達道. 口訣版刻(頭註).

100. 達道集註大全(十二則) (新) L174797−9
黄泌秀編 黄芝秀集註 金耆淵校. 美陽書林 同治癸酉(1873)序. 3卷3冊. 木版本. 25.1 × 17.8cm. 左右雙邊·上下單邊, 半郭19.9 × 13.7cm, 有界, 行格不同, 上黑魚尾. 封面題: 黄愼村先生家塾原本 達道大全. 口訣版刻(頭註). L174794−6과 異版.

101. 大廣益會玉篇 (舊) L44841
明·廣勤書堂 永樂甲午(1414)刊本 朝鮮覆刻版. 卷1~4, 11~30 3冊(零本). 木版本. 31.4 × 20.6cm. 四周單邊(不同), 半郭23.3 × 17cm, 有界 10行21字, 黑口上下三葉花紋魚尾(不同). 外題: 「大廣玉篇」. 版心題: 「玉篇」. 刊記: 「永樂甲午良月/廣勤書堂新栞」.

102. 大東韻府群玉 (舊) L44838
權文海撰. 京城 朝鮮光文會 大正2~3年(1913~14)刊. 9卷3冊(210; 242; 212頁). 鉛印. 21.8 × 15cm. 序: 丁範祖(聖上二十二年).

103. 大東韻府群玉 (舊) L44839
權文海撰. 正祖22年(1798)刊. 20卷20冊(2帙). 木版本. 32.3 × 22cm.

四周雙邊, 半郭22.6 × 17.3cm, 有界10行20字, 白口上下花紋魚尾. 序: 丁範祖(聖上二十二年). 跋: 金應祖.

104. 大明律講觧 (新) L174783−6
明·闕名撰. [朝鮮 刊] 30卷4冊. 活字本(戊申字). 32.5 × 21.6cm. 四周雙邊, 半郭24.1 × 16.9cm, 有界10行17字, 上下花紋魚尾. 外題: 大明律.

105. 大般涅槃經疏 (新) L174457
唐·法寶述. 朝鮮總督府 大正13年(1924)刊(影印版). 卷9~10, 1冊(100, 8張). 22.6 × 14.7cm. 底本: 順天(全羅南道)松廣寺藏 壽昌5年(1099) 高麗·義天校刊本. 附: 解說(池內宏).

106. 大方廣佛華嚴經入不思議解脱境界普賢行願品 (新) L174455
[唐·般若奉詔譯] 恩津 双溪寺 乾隆25年(1760)刊. 1冊(圖1, 29, 施主記1張). 木版本. 27.7 × 18.3cm. 四周雙邊, 半郭21.2 × 14.1cm, 有界10行20字, 上下花紋魚尾(版心上下端). 刊記: 乾隆二十五年庚辰五月吉日湖西恩津双溪寺…. 版心題: 行. 外題: 普賢行願品. 表記: 漢文, 한글漢字音, 諺吐.

107. 大方廣佛華嚴經入不思議解脱境界普賢行願品 (新) L174456
[唐·般若奉詔譯] 恩津 双溪寺 乾隆25年(1760)刊(後印). 1冊(圖1, 45, 施主記1張). 木版本. 30 × 19.8cm. 위의 L174455와 同版. 追刻: 大方廣佛華嚴經啓請(卷頭3張), 힝원품셕ᄉ[行願品釋事]. 外題: 大方廣佛華嚴經行願品.

108. 大方廣圓覺修多羅了義經(口訣) (舊) L44816
[世祖口訣. 1465年刊] 1冊(零本, 序50, 上一之一61張). 活字本(乙酉字). 28.2 × 18.3cm. 四周單邊, 半郭19.4 × 13.3cm, 有界6行字數不同, 白口上下黑魚尾. 한글口訣 있음. 口訣에 △ 있음.

109. 大佛頂如來密因修證了義諸菩薩萬行首楞嚴經(諺解) (舊) L44534
宋·戒環解 世祖口訣 韓繼禧等翻譯. 刊經都監 天順6年(1462)刊. 卷4, 5, 9(零本) 3冊(134; 89; 123張). 木版本. (卷4) 31.3 × 23.2cm, (卷5) 33.1 × 23.1cm, (卷9) 33.1 × 23cm. 四周雙邊, (卷4) 半郭20.4 × 18.2cm, (卷5) 半郭21.9 × 17.9cm, (卷9) 半郭21.7 × 17.8cm, 有界9行17字, 黑口上下黑魚尾. 卷4: 天順刊本 覆刻本. 卷5, 9: 天順刊本(後印?). 題簽痕跡 있음. 卷5第90張以下缺.

❖ 大悲心陀羅尼 → 靈驗略抄

110. 大悲心陀羅尼啓請 (新) L174454
影印版. 1帖(10折). 帖裝. 27.4 × 9.2cm. 底本: 至元30年(1293)仁興社刊本.

111. 대셩훈몽젼[大聖訓蒙傳] (新) L174468
1冊(27張). 寫本. 32.1 × 21.2cm.

112. (興宣)大院君略傳 (新) L174452
1冊(17張). 寫本(카본). 27.6 × 19.7cm.

113. 代疑論 (新) L174717
1冊(74張). 寫本. 15.6 × 11.7cm. 識語(卷末, 小倉):「中村庄次郎翁より寄贈/昭和七年八月 進平」.

114. 大典通編 (新) L174800－4
金致仁等受命編. 乙巳[正祖9年(1785)刊] 6卷5冊. 木版本. 33.1 × 21.8cm. 四周雙邊, 半郭23.5 × 17.3cm, 有界10行20字, 上下花紋魚尾.

115. 大學諺解 (新) L174458
[宣祖命撰] 1冊(29張). 木版本. 30.7 × 20.3cm. 四周單邊, 半郭20.9 × 16cm, 有界10行19字, 上下黑魚尾. 第28張補寫. 刊記: 辛丑五月嶺營重刊(墨書).

116. 大學諺解 (新) L174459
[宣祖命撰] 1冊(16張). 木版本. 31.2 × 20.4cm. 四周單邊, 半郭24.4 × 17.3cm, 有界13行28字, 上花紋魚尾(不同). 版心題: 大學章句諺解.

117. 大學諺解 (舊) L44734
[宣祖命撰] 1冊(29張). 木版本. 29.9 × 20.1cm. 四周雙邊, 半郭20.1 × 15.5cm, 有界10行19字, 白口上下三葉花紋魚尾(不同).

118. 大學栗谷先生諺解 (舊) L44735
李珥諺解. 崇禎三己巳(1749)跋刊. 1冊(31, 跋1張). 活字本(戊申字). 33.2 × 21.9cm. 四周單邊, 半郭26.1 × 17.4cm, 有界10行17字, 白口上下花紋魚尾. 跋:「…崇禎三己巳春後學南陽洪啓禧謹識」.

119. 大學正音 中庸正音 (舊) L42949
[英祖10年(1734)刊木活字本 重刊本] 1冊(12, 23張). 木版本. 33.4 × 21.5cm. 四周單邊, 半郭24.6 × 16.5cm, 有界10行20字, 白口上下花紋魚尾. 外題:「大學正音 全/(右肩)中庸并附」.

120. 大韓疆域考 (新) L174450－1
丁[若]鏞述 張志淵增補. 皇城新聞社 光武7年(1903)刊(鉛印). 9卷2冊. 23.3 × 16cm.

121. 大慧普覺禪師書 (新) L174469
宋·宗杲撰 宋·慧然錄 朝鮮·黃文昌重編. 1冊(114張). 寫本. 31.5 × 22cm. 卷末記:「同治十三年(1874)甲戌六月辛卯明真居士懸吐」. 外題: 大慧書 單. 口訣記入.

122. 陶山十二曲(漁父歌附) (舊) L44822
李滉撰. 嘉靖44年(1565)跋. 1冊(6, 6張). 木版本. 33.7 × 24.2cm. 無邊無界, 9行15字. 版心: 無題, 無魚尾. 外題:「陶山十二曲/(右肩)漁父歌附」.

123. 독닙신문[獨立新聞] (舊) L44763
1冊. 第1卷第1號(建陽元年(1896)4月7日)~116號(12月31日) (缺號 있음). 30.8 × 23cm. 印記: 漢城府収到印.

124. 東京雜記 (新) L174806－8
[閔周冕編 南至薰補 成原默再補] 康熙原刊 [憲宗]乙巳(1845)補刊. 3卷3冊. 木版本. 28.2 × 19.9cm. 四周雙邊(不同), 半郭18.6 × 16.8cm, 有界10行16字, 上下花紋魚尾. [東京＝慶州]

125. 東國闕里誌 (舊) L45559
孔明烈撰. 憲宗5年(1839)刊. 2卷1冊(序5, 凡例1, 目錄2, 圖3, 卷一20, 有司錄2, 卷二44, 世表5, 後序2, 後識文3張). 活字本(筆書体鉄活字). 31.8 × 21cm. 四周雙邊, 半郭24 × 16.5cm, 有界10行24字, 白口上下花紋魚尾. 外題:「闕里誌」. 序: 趙寅永撰, 宋祥來書. 後序: 洪直弼(崇禎紀元後四己亥). 後識文: 孔明烈.

126. 東國歲時記 (新) L174809
洪錫謨編. 京城 朝鮮光文會 明治44年(1911)刊(鉛印). 1冊(110張). 21.5 × 14.7cm. 朝鮮叢書. 合編: 洌陽歲時記(金邁淳撰), 京都雜志2卷(柳得恭撰).

127. 東國地理誌 (新) L174810
韓百謙撰. 京城 京城帝國大學 己巳(1929)刊(油印). 1冊(60, 跋2張). 26 × 19.2cm. 底本: 京城帝國大學藏 崇禎紀元庚辰跋刊本.

128. 童蒙先習 (新) L174464
[朴世茂編] 1冊(17張). 木版本. 29 × 19cm. 四周單邊, 半郭21.8 × 16.9cm, 有界7行15字, 上黑魚尾. 口訣版刻. 刊記: 辛卯孟冬重刊.

129. 童蒙先習 (新) L174465
[朴世茂編] 1冊(17張). 木版本. 28 × 18.2cm. 四周單邊, 半郭20 × 16.6cm, 有界7行15字, 上下花紋魚尾(不同). 口訣版刻. 刊記: 丁巳孟冬重刊.

130. 童蒙先習諺解 (新) L174462
[朴世茂編 闕名諺解] 正祖21年(1797)刊. 1冊(30張). 木版本. 30.4 × 21.2cm. 四周雙邊, 半郭22 × 15.8cm, 有界10行16字, 上白魚尾. 刊記: 上之二十一季丁巳季夏新刊.

131. 童蒙先習諺解 (新) L174463
[朴世茂編 闕名諺解] 正祖21年(1797)刊(後印). 1冊(30張). 木版本. 23.9 × 18.6cm. 위의 L174462와 同版.

132. 童蒙要覧 (新) L174461
1冊(29張). 寫本. 26.6 × 17.1cm. 識語(卷末):「趙福成冊 戊辰四月初五日 趙 丙戌」等.

133. (諺解圖像)童文先習 (新) L174466
朴永鎭編修 權世鎭校正. 1冊(19張). 木版本. 26.5 × 18.4cm. 四周單邊, 半郭20.2 × 16cm, 有界8行16字, 上黑魚尾.

134. 同文類解 (新) L174467
玄文恒受命撰. [乾隆13年(1748)刊] 卷上(零本), 1冊(目錄1, 62張). 木版本. 33.8 × 22.7cm. 四周單邊, 半郭25.4 × 18.9cm, 有界10行字數不同, 上下花紋魚尾. 表紙缺.

135. 東姓考畧 (新) L174805
2卷1冊(39張). 寫本. 31.2 × 19.1cm.「東言考畧」(L174811)과 같은 필사자.

136. 東言考畧 (新) L174811
2卷1冊(36張). 寫本. 31.3 × 19.1cm.「東姓考畧」(L174805)과 같은 필사자.

137. 童子習 (新) L174460
卷上(零本), 1冊(23張). 木版本. 25.5 × 18.5cm. 四周單邊, 半郭19.6 × 15.3cm, 有界10行18字, 上下三葉花紋魚尾(不同).

❖ 杜詩諺解 → 分類杜工部詩

138. (諺解)痘瘡集要 (新) L174495
許浚奉教撰. 2卷1冊(62張). 寫本. 28.8 × 19.8cm. 外題: 諺解痘瘡集.

139. (諺解)痘瘡集要 (新) L174496−7
許浚奉教撰. 內醫院 萬曆36年(1608)刊. 2卷2冊. 木版本. 33.5 × 21.6cm. 四周單邊, 半郭23 × 17.2cm, 有界11行20字, 上下花紋魚尾. 下卷卷末數張版心側破損.

❖ 등왕각셔[滕王閣序] → 세셜[世說]

[ㅁ]

140. 馬經抄集諺解 (新) L174347−8
李曙撰. [仁祖朝刊]. 2卷2冊. 木版本. 35.4 × 21.9cm. 四周單邊, 半郭25.8 × 16.3cm, 有界10行20字, 上下花紋魚尾. 版心·目錄首·卷末題: 馬經諺解. 外題: 馬經 乾·坤.

141. 萬家叢玉 (新) L174352−6
刊年未詳. 12卷5冊. 活字本(木活字). 26 × 18cm. 四周單邊, 半郭20 × 13.8cm, 有界9行18字, 上下花紋魚尾.

142. 만고셔[萬古序] (新) L174344
蘓應天著. 1冊(16張). 寫本. 28.5 × 18.5cm. 卷頭: 「만고셔 만고ᄉᆞ젹 져작ᄌᆞ 쇼응쳔 영남인」(萬古序 萬古事績 著作者 蘓應天 嶺南人).

143. (小學)萬國地誌 (新) L174345
學部編輯局編. 開國504年(1895)刊. 1冊(2, 5, 84張). 活字本(學部印書體字). 28.3 × 18.5cm.

144. 滿文研究錄 (新) L175065
小山愛司著. 東京 小山愛司 昭和7年(1932)刊(油印). 1冊(99張). 23.3 × 16.2cm.【L175064「滿洲地之略沿革記」와 같은 帙에 들어 있음.】

145. 萬姓大同譜 (新) L174342-3
尹稙求編. 京城 萬姓大同譜發行所 昭和6年(1931)刊(鉛印). 2卷2冊. 25.7 × 18.2cm.

146. 滿洲地之略沿革記 (新) L175064
小山愛司著. 東京 小山愛司 昭和7年(1932)刊(油印). 1冊(76張). 23.3 × 16.2cm.【L175065「滿文硏究錄」과 같은 帙에 들어 있음.】

147. 孟子栗谷先生諺解 (新) L174682-6
李珥諺解. 英祖25年(1749)年跋刊本. 卷2·3, 5~7 (零本), 5冊. 活字本(戊申字). 34.1 × 22.5cm. 四周單邊(/雙邊), 半郭26 × 17.3cm, 有界10行17字, 上下花紋魚尾. 版心題: 孟子諺解. 刊記(卷7末, 洪啓禧跋): ……崇禎三己巳春後學南陽洪啓禧謹識.

148. 孟子正音 (舊) L42955
[英祖10年(1734)刊木活字本 重刊本] 6卷3冊(30, 43; 43, 29; 31, 29張). 木版本. 33.3 × 21.6cm. 四周單邊, 半郭24.4 × 16.5cm, 有界10行20字, 白口上下花紋魚尾.

149. 明月順字訣 (新) L174699
1冊(33張). 寫本. 22.5 × 13.1cm. 假綴. 識語(卷末, 小倉):「中村庄次郞翁より寄贈/昭和七年八月 進平」.

150. 慕夏堂文集 (舊) L45561
金忠善撰. 崇禎後四壬寅(1842)序刊. 3卷1冊(序6, 目錄3, 卷一31, 卷二7, 卷三43, 跋2張). 木版本. 31.9 × 21.5cm. 四周雙邊, 半郭22.2 × 16.9cm, 有界10行20字, 白口上下花紋魚尾. 外題:「慕夏集」.

151. 牧牛子修心訣 (新) L174361
高麗·知訥撰 丕顯閤訣 信眉譯. 刊經都監 成化3年(1467)刊. 1冊(46張). 木版本. 24.7 × 17.1cm. 四周雙邊, 半郭18.7 × 12.6cm, 有界9行17字, 黑口上下黑魚尾. 版心題: 修心訣. 傍點. 訓讀點, 句讀點 있음(朱筆).

152. 蒙山和尙法語略錄(諺解) (新) L174677
元·德異述 朝鮮·信眉諺解 小倉進平寫. 明治44年(1911)寫本. 1冊(16, 1張). 23.1 × 16.2cm. 外題: 蒙山法語 全. 識語(卷末, 小倉):「昭和2年, 宮崎法學博士所藏本により校正, ……」.

153. 蒙山和尚法語略錄(諺解) (新) L174678
元·德異述 朝鮮·信眉諺解. [萬曆頃刊本] 1冊(54張). 木版本. 27.5 × 17.6cm. 四周單邊, 半郭19 × 13.1cm, 有界7行15字, 上下三葉花紋魚尾(不同). 第53張, 卷末數張缺. 刻手記號(魚尾). 傍點 있음. 版式, 傍點의 位置 등, 萬曆頃의 順天 松廣寺 開板佛書와 유사함.

154. 蒙山和尚法語略錄(諺解) (新) L174679
元·德異述 朝鮮·信眉諺解. 刊年未詳(刊經都監刊本 覆刻版). 1冊(71張). 木版本. 28.7 × 19.7cm. 四周單邊, 半郭19.5 × 15.4cm, 有界8行17字, 上下黑魚尾. 刻手記號(魚尾). 傍點 있음.

155. 蒙語老乞大 (舊) L44542
[小倉進平寫] 8卷8冊(25; 25; 23; 20; 23; 16; 23; 22). 34 × 23.2cm. L44543을 필사한 것인가.

156. 蒙語老乞大 (舊) L44543
[方孝彦修正. 正祖14年(1790)刊] 8卷8冊(25; 25; 23; 20; 23; 16; 23; 22張). 木版本. 33.7 × 23.3cm. 四周雙邊, 半郭25.3 × 20.5cm, 有界7行字數不同, 白口上下花紋魚尾. 印記:「學部圖書」「編輯局保管」.

157. 蒙喩篇 (新) L174680
張混輯. 純祖10年(1810)刊. 2卷1冊(23, 18張). 活字本(張混字). 25.5 × 16.3cm. 四周單邊, 半郭18.2 × 12.3cm, 有界10行字數不同, 上白魚尾. 刊記(卷末): 庚午活印.

158. 蒙喩篇 (新) L174681
張混輯. 2卷1冊(42張). 寫本. 29.8 × 21.2cm. L174680과 같이 卷末에「庚午活印」필사.

❖ 蒙學圖像千字文 → 千字文

159. 蒙學史要 (新) L174688
金用黙撰. 1冊(21張). 木版本. 37.3 × 22.3cm. 四周單邊, 半郭28.1 × 15.8cm, 有界, 上白魚尾. 封面: 歷代二千字/蒙學史要/城隱撰.

160. 蒙學二千字 (新) L174687
[李鍾麟編] 甲寅(1914)刊. 1冊(50張). 木版本. 24.4 × 17.3cm. 四周雙邊, 半郭17 × 14.5cm, 有界5行8字(大字), 上花紋魚尾. 外題: 蒙學 全/二千字. 刊記(封面): 甲寅季秋日新刊発行.

161. 蒙漢字典 (新) L175061－2
北京 蒙文書社. 2卷2冊. 25.4 × 15.3cm.

162. 妙法蓮華經 (新) L174669－72
[姚秦·鳩摩羅什奉詔譯] 宋·戒環解. 順天 松廣寺 嘉慶4年(1799)刊. 卷1·3~5 (零本), 4冊(4帙). 木版本. 33.5 × 22.7cm(卷1). 四周雙邊, 半郭22.2 × 18.5cm, 無界12行21字, 上花紋魚尾(不同). 刊記: 嘉慶四年己未七月日湖左順天曹溪山松廣寺法華經開刊. 版式은 各冊 같지만, 책크기, 表紙 등이 다름. 表記: 漢文, 漢字音(左傍). 口訣記入(部分的). 施主名版刻(版心).

163. 妙法蓮華經 (舊) L45035
[姚秦·鳩摩羅什奉詔譯] 宋·戒環解. 順天 松廣寺 嘉慶4年(1799)刊. 卷7(零本) 1冊(56張). 木版本. 35.4 × 24.5cm. 四周雙邊, 半郭21.8 × 18.6cm, 無界12行21字, 白口上花紋魚尾. 刊記:「嘉慶四年己未七月日順天松廣寺留板」. 施主名(白口). 口訣記入. 表記: 漢文, 한글漢字音.

164. 妙法蓮華經(諺解) (新) L174668
[姚秦·鳩摩羅什奉詔譯] 宋·戒環解 明·一如集註. 栖鳳寺 [萬曆27年(1599)刊] 卷1, 1冊(22, 1張). 木版本. 28.9 × 20.3cm. 四周單邊, 半郭19.9 × 17.1cm, 有界10行18字, 上下花紋魚尾. 刊記(第22張뒤): 歲次己亥四月 日栖鳳寺刊行. 附: 妙法蓮華經弘傳序(道宣述), 同諺解, 妙法蓮華經要解序(及南撰). 施主名版刻(欄外左右). 諺解에 △ 있음.

165. 妙法蓮華經(諺解) (新) L174673－4
[姚秦·鳩摩羅什奉詔譯] 宋·戒環解 明·一如集註. 刊年未詳(刊經都監天順7年(1463)刊本 覆刻版). 卷6 (零本), 2冊(184張). 木版本. 33 × 23cm. 四周單邊, 半郭21.6 × 18.3cm, 有界9行17字, 黑口上下黑魚尾. 刻手記號(魚尾, 黑口). 施主名版刻(欄外左右). 傍點 있음.

166. 妙法蓮華經(諺解) (舊) L45036
[姚秦·鳩摩羅什奉詔譯] 宋·戒環解 明·一如集註, 世祖口訣. 刊年未詳(刊經都監 天順7年(1463)刊本 覆刻版). 卷1(零本) 1冊(52~131張). 木版本. 29.2 × 22.7cm. 四周單邊, 半郭21.1 × 18.2cm, 有界9行17字, 黑口上下黑魚尾. 表紙缺. 傍點 있음. 刻手名(黑口).

167. 妙法蓮華經(諺解) (舊) L45037
[姚秦·鳩摩羅什奉詔譯] 宋·戒環解 明·一如集註, 世祖口訣. 刊年未詳(刊經都監 天順7年(1463)刊本 覆刻版). 卷1(零本) 1冊(188~249張). 木版本. 32 × 23.2cm. 四周單邊, 半郭21.2 × 18.1cm, 有界9行17字, 黑口上下黑魚尾. 刻手名(魚尾, 黑口). 傍點 있음. 外題(題簽):「蓮華經諺解/卷之二[sic]」.

168. 妙法蓮華經(諺解) (舊) L45038
[姚秦·鳩摩羅什奉詔譯] 宋·戒環解 明·一如集註, 世祖口訣. 嘉靖2年癸未(1523)刊. (刊經都監 天順7年(1463)刊本 覆刻版). 卷7(零本) 1冊(105~194張). 木版本. 32.1 × 21.9cm. 四周雙邊, 半郭20.5 × 17.9cm, 有界9行17字, 黑口上下黑魚尾. 刊記(第122張):「嘉靖二年癸未月有日誌」. 刻手名(黑口). 傍點 있음.

169. 妙法蓮華經(諺解) (舊) L45080
[姚秦·鳩摩羅什奉詔譯] 宋·戒環解 明·一如集註, 世祖口訣. 刊年未詳(刊經都監 天順7年(1463)刊本 覆刻版). 卷1(零本) 1冊(130~249張). 木版本. 33.5 × 23.2cm. 四周單邊, 半郭21.4 × 18cm, 有界9行17字, 黑口上下黑魚尾. 施主名(欄外左右下部). 刻手名(魚尾, 黑口). 傍點 있음.

170. 妙法蓮華經(諺解) (舊) L45081
[姚秦·鳩摩羅什奉詔譯] 宋·戒環解 明·一如集註, 世祖口訣. 刊年未詳(刊經都監 天順7年(1463)刊本 覆刻版). 序, 卷1(零本) 1冊(圖2, 序23, 51, 箋5, 雕造官2). 木版本. 30.9 × 22.5cm. 四周單邊, 半郭21.3 × 18.1cm, 有界9行17字, 黑口上下黑魚尾. 傍點 있음. 刻手名(黑口). 施主名(欄外左右下部). 外題:「御譯蓮華經一」.

171. 妙法蓮華經(諺解) (舊) L45082
[姚秦·鳩摩羅什奉詔譯] 宋·戒環解 明·一如集註, 世祖口訣. 刊年未詳(刊經都監 天順7年(1463)刊本 覆刻版). 卷2(零本) 1冊(1~92張, 以下缺). 木版本. 32.7 × 22.8cm. 四周單邊, 半郭20.5 × 18.3cm, 有界9行17字, 黑口上下黑魚尾. 傍點 있음. 施主名(欄外左右), 刻手名(魚尾, 黑口).

172. 妙法蓮華經(諺解) (舊) L45083
[姚秦·鳩摩羅什奉詔譯] 宋·戒環解 明·一如集註, 世祖口訣. 羅州 雙溪寺 嘉靖24年(1545)刊(刊經都監 天順7年(1463)刊本 覆刻版). 卷3(零本) 1冊(1~81張). 木版本. 32.4 × 22.7cm. 四周單邊, 半郭21 × 18.2cm, 有

界9行17字, 黑口上下黑魚尾. 刊記(第52張):「嘉靖二十四年乙巳仲春全羅道羅州南面中峯山雙溪寺開板」. 施主名(欄外左右下部). 刻手名(魚尾, 黑口). 傍點 있음.

173. 妙法蓮華經(諺解) (舊) L45084

[姚秦·鳩摩羅什奉詔譯] 宋·戒環解 明·一如集註, 世祖口訣. 刊年未詳(刊經都監 天順7年(1463)刊本 覆刻版). 卷4(零本) 1冊(107~201張). 木版本. 33 × 23cm. 四周單邊, 半郭21.3 × 18.2cm, 有界9行17字, 黑口上下黑魚尾. 施主名(第150張뒤). 施主名(欄外左右下部). 刻手名(魚尾, 黑口). 第107~114張版心側破損. 表紙缺. 傍點 있음.

174. 妙法蓮華經(諺解) (舊) L45085

[姚秦·鳩摩羅什奉詔譯] 宋·戒環解 明·一如集註, 世祖口訣. 刊年未詳(刊經都監 天順7年(1463)刊本 覆刻版). 卷5(零本) 1冊(圖2, 122張). 木版本. 31.1 × 22.2cm. 四周單邊, 半郭21 × 18.4cm, 有界9行17字, 黑口上下黑魚尾. 外題:「法華經 五一」. 傍點 있음. 刻手名(魚尾, 黑口). 施主名(欄外左右下部).

175. 妙法蓮華經(諺解) (舊) L45087

[姚秦·鳩摩羅什奉詔譯] 宋·戒環解 明·一如集註, 世祖口訣. 刊經都監 天順7年(1463)刊(張에 따라 覆刻版도 있음). 卷7(零本) 1冊(194張). 木版本. 33.9 × 22.8cm. 四周雙邊, 半郭21.8 × 18.1cm, 有界9行17字, 黑口上下黑魚尾. 第1~6, 26~54, 59~76, 81~95, 99~122, 125~194張 天順刊本, 나머지는 覆刻本.「校正」印(第1, 153張). 校正(第3張). 頭註版刻(第71張). 傍點 있음. 題簽痕跡 있음.

❖ 無寃錄 → 新註無寃錄, 增修無寃錄大全, 增修無寃錄諺解

176. 無寃錄述 (新) L174675−6

元·王與撰 朝鮮·崔致雲等受命註 日本·河合尚久譯編. 江戶 崇文堂前川六左衛門 明和5年(1768)刊, 寬政11年(1799)印. 2卷2冊. 26.1 × 18cm.

177. 文字類聚 耳談·東諺·語錄 (新) L174689

1冊(30張). 寫本. 31.5 × 21.5cm.

178. 문취[文趣] (新) L174383

1冊(65張). 寫本. 27.4 × 18.8cm. 內容: 書簡集. 識語(卷末):「셰지졍ᄉ칠월일필셔타문의셔젹을두미오활ᄒ라[歲在丁巳七月日畢書……]」.

179. 物名考 (新) L174346
1冊(29張). 寫本. 23.8 × 17.3cm. 外題: 物名備考. 內容: 分類語彙集「草木類, 鳥獸類, 蟲魚類, ……」.

180. 物名括 (舊) L44762
2卷1冊(14張). 寫本. 20.8 × 18.3cm. 卷末記:「己丑二月初六日畢題/仲春後崗書」.

181. 物名彙 附西廂記語錄·水滸志[語錄]·衆總語錄 (新) L174350
1冊(50張). 寫本. 25.8 × 17.3cm. 外題: 物名彙 単. 識語(卷末):「庚午小春樵隱手抄」.

[ㅂ]

182. 박싯젼(朴氏傳) (新) L174351
1冊(47張). 寫本. 29.1 × 17.7cm. 外題: 박씨젼. 識語: (卷頭)「庚子正月初七日」, (卷末)「경즈졍월십유일등제ᄒᆞ노라」.

183. 朴通事新釋 (舊) L44547
[金昌祚編. 英祖41年(1765)刊] 1冊(序2, 66張). 木版本. 32.1 × 20.4cm. 四周雙邊, 半郭21.4 × 15.5cm, 有界10行20字, 白口上下花紋魚尾. 最終張列銜. 外題:「朴通事」.

184. 朴通事新釋 (舊) L44548
[金昌祚編. 英祖41年(1765)刊] 1冊(序2, 66張). 木版本. 30.9 × 19.9cm. 四周雙邊, 半郭21.4 × 15.4cm, 有界10行20字, 白口上下花紋魚尾.

185. 朴通事新釋 (舊) L44549
[金昌祚編. 英祖41年(1765)刊] 1冊(序2, 66張). 木版本. 33.3 × 22.1cm. 四周雙邊, 半郭21.5 × 15.6cm, 有界10行20字, 白口上下花紋魚尾. 最終張列銜. 外題:「朴通事」.

186. 朴通事新釋諺解 (新) L174357−9
金昌祚撰. [英祖41年(1765)刊] 3卷3冊. 木版本. 33.4 × 22.2cm. 四周雙邊, 半郭21.4 × 15.7cm, 有界10行20字, 上下花紋魚尾. 3冊共表紙缺. 朱聲點記入(卷2).

187. 朴通事新釋諺解 (新) L174360
金昌祚撰. [英祖41年(1765)刊] 卷3(零本), 1冊(59張). 木版本. 33.4 × 21.9cm. 四周雙邊, 半郭21.4 × 15.9cm, 有界10行20字, 上下花紋魚尾. 外題: 朴解. 朱聲點記入.

188. 朴通事新釋諺解 (舊) L44546
金昌祚諺解. [英祖41年(1765)刊] 卷1(零本) 1冊(59張). 木版本. 31 × 20.2cm. 四周雙邊, 半郭21.5 × 15.6cm, 有界10行20字, 白口上下花紋魚尾. 朱聲點記入. 外題:「朴解 天」. 識語(卷末):「趙圭南」.

189. 般若波羅密多心經略疏顯正記(諺解) (舊) L44751
宋·仲希述. 弘治8年(1495)跋刊. 1冊(67, 跋3張). 木版本. 27.6 × 20.4cm. 四周雙邊, 半郭21.2 × 14.6cm, 有界8行19字, 黑口上下黑魚尾. 跋: 學祖(弘治八年).

❖ 般若心經 → 般若波羅密多心經略疏顯正記

190. 發心修行章 (新) L174530
新羅·元曉述. [京畿道 龍仁 瑞峯寺 萬曆11年(1583)刊] 1冊(8張). 木版本. 32.4 × 23.2cm. 四周單邊(/上下雙邊), 半郭25 × 19.1cm, 有界12行22字, 無魚尾. 版心題: 發心. L174626「誡初心學人文」, L174836「野雲自警序」와 같은 판식. 識語(小倉):「安心事心論 元曉撰……」.

191. (新增證脈)方藥合編 (新) L174527
黄度淵撰 黄泌秀編 玄公廉增訂. [高宗]丁亥(1887)刊. 1冊(72張). 木版本. 29.3 × 19.1cm. 四周單邊, 半郭21.7 × 15.7cm, 有界14行字數不同, 上黑魚尾.

192. 排字禮部玉篇 (舊) L44704
編者未詳. 己未(1679)重刊. 2卷1冊(跋2, 序1, 目錄4, 42). 木版本. 29.2 × 21cm. 四周單邊, 半郭20.3 × 17.4cm, 有界12行17字, 黑口上下黑魚尾. 外題:「禮部玉篇」. 目錄書名:「新刊排字禮部玉篇」. 卷頭書名(卷上):「新編直音禮部玉篇」. 卷末書名(卷上):「新編類聚禮部玉篇」. 重刊跋:「…歲己未陽月上浣安東權瑎書」. 舊本序:「萬曆乙卯季夏中浣礬漢孫起陽拜手」.【L44703「排字禮部韻略」과 같은 帙에 들어 있음.】

193. 排字禮部韻略 (舊) L44703
編者未詳. [己未(1679)重刊] 2冊(21, 19; 43, 19). 木版本. 28.9 × 21.1cm. 四周單邊, 半郭19.7 × 17.9cm, 有界12行字數不同, 黑口上下

黑魚尾. 外題: 「禮部韻略」. 【L44704 「排字禮部玉篇」과 같은 帙에 들어 있음.】

194. 排字禮部韻略 (舊) L44708
編者未詳. 戊午(1678)刊. 5卷2冊(25, 24, 26; 30, 24, 附5, 凡例1張). 活字本(戊申字). 康熙十七年(1678)內賜本. 35.8 × 22.7cm. 四周雙邊, 半郭26.1 × 17.3cm, 有界10行20字, 白口上下花紋魚尾. 刊記: 「戊午三月奉教新印」. 外題, 版心題: 「禮部韻」. 附: 「訓民正音」, 「皇極經世聲音卦數」, 「經世律呂唱和圖」, 「訓民正音與經世數配合圖」. 印記: 「宣賜之記」, 「柳譚厚」. 內賜記: 「康熙十七年六月二十二日/內賜蔚山府使柳譚厚禮/部韻一件…」.

195. 排字禮部韻略 (舊) L45578
編者未詳. 7冊(玉篇上47; 玉篇下51; 上平聲40; 下平聲37; 上聲40; 去聲52; 入聲36). 寫本. 22.3 × 14.1cm. 外題: 玉篇. 第1冊卷頭題: 新刊排字禮部玉篇目錄上, 第2冊卷頭題: 新編類聚禮部玉篇卷下, 第3冊卷頭題: 排字禮部韻略上平聲一, 以下同様.

196. 빅학션젼[白鶴扇傳] (舊) L44829
1冊(20張). 木版本. 21.7 × 17.3cm. 四周單邊, 半郭19.2 × 15.6cm, 無界15行字數不同, 上花紋魚尾. 卷末記: 「宋洞新刊」. 版心題缺. 外題: 「白鶴扇傳/빅학션젼」.

❖ 百行源 → 御製百行源

197. (四)法語 (新) L175072
[信眉譯訣] 1冊(10張). 木版本. 28.7 × 19.7cm. 四周單邊, 半郭19.7 × 15.5cm, 無界7行18字, 上下黑魚尾. 版心題: 法語. 卷末題: 四法語. 卷頭1張缺. 內容: [皖山正凝禪師示蒙山法語], 東山崇藏主送子行脚法語, 蒙山和尚示衆, 古潭和尙法語. 成化刊本의 重刊本. 表記는 東國正韻式 漢字音, 傍點 등 成化刊本을 踏襲하지만, 版式과 內容이 다름.

198. 法語 (新) L174528
信眉譯訣. [萬曆頃刊本] 1冊(27張). 木版本. 26.2 × 18.1cm. 四周單邊, 半郭18.8 × 13.1cm, 有界7行15字, 上下花紋魚尾(不同). 卷頭2張, 卷末7張補寫. 外題: 四法語錄 全. 版式, 傍點의 位置 등, 萬曆頃의 順天 松廣寺 開板仏書와 유사함. 傍點 있음. 內容: 皖山正凝禪師示蒙山法語, 東山崇藏主送子行脚法語, 蒙山和尚示衆, 古潭和尚法語, 示

覺悟禪人法語普濟尊者.

199. 法語 (新) L174529

信眉譯訣. 刊經都監 成化3年(1467)刊. 1冊(9張). 木版本. 27.9 × 17.5cm. 四周雙邊, 半郭18.8 × 12.7cm, 有界9行17字, 黑口上下黑魚尾. 外題: 四法語錄. 附綴: 刊記(卷末, 別紙1張). 傍點 있음. 內容: 皖山正凝禪師示蒙山法語, 東山崇藏主送子行脚法語, 蒙山和尙示衆, 古潭和尙法語.

❖ 法華經(諺解) → 妙法蓮華經

200. 闢衛編 (新) L174338-9

李晩采編纂 金鍾甲校閱. 京城 闢衛社 昭和6年(1931)刊. 7卷2冊. 23.6 × 16cm.

201. 別淑香傳 (舊) L44835

中村庄次郎 明治8~9年(1875~6)寫本. 不分卷2冊(78, 77張). 26 × 19cm. 卷末記(小倉):「中村庄次郎翁より寄贈/昭和七年八月 進平」.

202. (原本)鼈主簿傳 兎의肝 (新) L174340

京城 德興書林 大正14年(1925)刊(鉛印). 1冊(66頁). 20.2 × 14cm. 洋裝·假綴.

203. 兵將說 (新) L174519

世祖撰 申叔舟等註. [17世紀初刊]. 1冊(32張). 活字本(訓鍊都監字). 36.3 × 23.7cm. 四周雙邊, 半郭24.6 × 16.9cm, 有界10行17字, 上下三葉花紋魚尾. 印記: 學部圖書, 廂庫, 編輯局保管, 編輯課備付.

204. 兵學指南 (新) L174521

正祖命編. 壯營(藏板)[正祖]丁未(1787)刊. 5卷1冊(109張). 35.3 × 23.1cm. 四周雙邊, 半郭22.5 × 17.9cm, 有界11行24字, 上下花紋魚尾. 內容: 明·戚繼光撰『紀効新書』의 抄節. 內容: 漢文, 諺解(卷1~2). 刊記: 丁未新刊壯營藏板.

205. 兵學指南 (新) L174522

正祖命編. 壯營(藏板)[正祖]丁未(1787)刊(後印?). 5卷1冊(109張). 34.7 × 23cm. 四周雙邊, 半郭22.3 × 17.8cm, 有界11行24字, 上下花紋魚尾. L174521과 同版. 口訣記入(朱筆).

206. 兵學指南 (新) L174523

[萬曆崇禎頃刊(?)] 5卷1冊(97張). 27.3 × 20.5cm. 四周雙邊, 半郭21.8

× 17.3cm, 有界11行24字, 上下花紋魚尾. 第1張右半葉, 末尾數張缺. 表記: 漢文, 諺解(卷1). 口訣記入(卷2以降). L174521, L174522와 異版.

207. 歩天歌 (舊) L45563

撰者, 刊年未詳. 1冊(22張). 活字本(木活字). 31.5 × 20.6cm. 四周單邊(不同), 半郭25.5 × 18cm, 有界12行20字, 白口上下花紋魚尾(/上黑魚尾).

208. 保閑齋集 (新) L174532－9

申叔舟撰. 京城 朝鮮總督府 昭和12年(1937)刊(影印版). 17卷 附補遺·附錄, 8冊(別冊共). 26.4 × 15.2cm. 『朝鮮史料叢刊』第14. (底本: 崇禎乙酉(1645)跋 覆刻本). 別冊附錄: 目次·解說(朝鮮史編修會).

209. 復文錄 (新) L174712－3

明治6, 8年(1873, 5)寫本. 2冊. 24.3 × 16.6cm. 假綴. 識語(卷末, 小倉): 「中村庄次郎翁より寄贈/昭和七年八月 進平」.

210. 本草綱目啓蒙(抄) (新) L174525

小野蘭山述 岡村春益錄 小野職孝校. 小倉進平寫. 昭和3年(1928)寫本. 1冊(37枚). 22.9 × 14.9cm. 底本: 岡田信利氏藏 享和3年(1803)刊本. 識語(卷頭):「朝鮮語·滿蒙語等ニ関係アルモノノミ抜萃」.

❖ 父母恩重經 → 佛說大報父母恩重經

211. 부인필지[婦人必知] (新) L174526

李淑著. 우문광 隆熙2年(1908)刊. 1冊(59頁). 22.6 × 15.2cm. 洋裝·假綴.

212. 北京路程記 (新) L174698

[小田幾五郎撰] 小田致遠[管作]增補. 中村庄次郎寫本. 1冊(28張). 24.8 × 16.8cm. 假綴. 識語: (序末)「干時弘化二乙巳年夏二世大象胥官致遠編」, (第6張)「小田致廣記」, (第12張)「文化元甲子年七月日大象官小田致善識」. 識語(卷末, 小倉):「中村庄次郎翁より寄贈/昭和七年八月進平」.

213. 北漢誌 (新) L174531

聖能撰. 1冊(圖3, 21張). 寫本. 33.8 × 21.7cm. 識語(卷末):「……乙丑十一月上澣山人聖能識」.

214. 分類杜工部詩 (新) L174384

唐·杜甫撰. 柳允謙等受命編. 卷6·7 (零本), 1冊(53, 39張). 木版本. 29.1

× 18.9cm. 四周單邊, 半郭20.8 × 14.7cm, 有界8行17字, 上下花紋魚尾. 卷頭1張缺.

215. 分類杜工部詩 (新) L174385
唐·杜甫撰. 柳允謙等受命編. 成化17年(1481)刊. 卷17 (零本), 1冊(40張). 活字本(乙亥字). 27.4 × 18.2cm. 四周單邊, 半郭22 × 14.4cm, 有界8行17字, 上下黑魚尾. 印記: 李熙昇藏書. 傍點.

216. 分類杜工部詩 (新) L174386
唐·杜甫撰. 柳允謙等受命編. 卷22 (零本), 1冊(57張). 木版本. 29.5 × 19.5cm. 四周雙邊(不同), 半郭19.5 × 14.1cm, 有界8行17字, 上下花紋魚尾.

217. 分類杜工部詩 (新) L174395−414
唐·杜甫撰. 柳允謙等受命編. 卷1~7, 10~25 (零本), 計20冊(14帙入). 重刊本數種補配. 木版本. L174395: 序(3張; 重刊序缺), 卷1 (40張, 末尾19張落張). L174396: 卷2 (70張). L174397: 卷3 (73張). L174398: 卷4 (37張). L174399: 卷5 (55張). L174400: 卷6 (53張). L174401: 卷7 (40張). L174402: 卷10 (47張). L174403: 卷11 (54張). L174404: 卷12 (43張, 第2張落張). L174405: 卷13·14 (50張, 39張). L174406: 卷15 (57張). L174407: 卷16 (75張). L174408: 卷17·18 (40張, 23張). L174409: 卷19 (48張). L174410: 卷20 (54張). L174411: 卷21·22 (45張, 57張). L174412: 卷23 (57張). L174413: 卷24 (64張). L174414: 卷25 (57張).

❖ 佛說金沙論 → [合刻] 佛說大報父母恩重經(L174367)

218. 佛說大報父母恩重經 (新) L174364
刊年未詳. 1冊(22張). 木版本. 30.5 × 19.2cm. 四周單邊, 半郭19.3 × 14.9cm, 無界8行16字, 黑口上下黑魚尾. 版心題: 父. 紙質 版式 오래됨. 表記: 漢文.

219. 佛說大報父母恩重經 (新) L174365
安東 龍井寺 成化22年(1486)刊, 嘉靖40年(1561)印. 1冊(12張). 木版本. 30.6 × 20cm. 四周單邊, 半郭21.7 × 18.1cm, 有界12行20字, 無魚尾. 刊記: 成化二十二年丙午十一月 日安東龍井寺. 版心題: 恩. 外題: 大報恩重經. 表記: 漢文.

220. 佛說大報父母恩重經(諺解) (新) L174367
高山 影子庵 康熙15年(1676)刊. 1冊(附刻7, 26, 2張)木版本. 24.7 ×

17cm. 四周單邊, 半郭17.9 × 14.1cm, 有界10行18字, 黑口上下黑(/花紋)魚尾. 刊記: 康熙十伍年丙辰元月日影子庵開板 高山地. 版心題: 恩. 外題: 恩重經. 附刻(卷頭): 佛說金沙論, 騎牛牧童歌(吏読 포함). 傍點(部分的). 刻手記號(魚尾). 施主名版刻(左右欄外).

221. 佛說大報父母恩重經(諺解) (新) L174368
康熙15年(1676)刊, 朝鮮佛教社 昭和7年(1932)新印. 1冊(26張). 木版本. 29.5 × 18.5cm. 위의 影子庵 康熙15年刊本과 同版. 外題: 恩重經 全. 識語(小倉):「全羅北道全州郡安心寺板 昭和七年十二月復刷 私蔵 康熙十五年版と同版」. 第23張, 24張은 異版(L174366「喜方寺蔵版見本」의 1張과 同版).

222. 佛說大報父母恩重經(諺解) (新) L174369
康熙15年(1676)刊(後印). 1冊(26張). 木版本. 26.7 × 18.3cm. L174367, L174368과 同版. 外題: 恩重經.

223. 佛說大報父母恩重經(諺解) (新) L174370
金溝 金山寺 康熙59年(1720)刊. 1冊(27張). 木版本. 28.7 × 20.6cm. 四周單邊, 半郭21.7 × 17.3cm, 有界10行18字, 上下花紋魚尾. 刊記: 康熙五十九年庚子二月日全羅道金溝金山寺開板. 版心題: 恩. 外題: 恩重經 單. 漢字音記入(朱筆).

224. 佛說大報父母恩重經(諺解) (新) L174371
全州 南高寺 乾隆59年(1794)刊. 1冊(28張). 木版本. 28.8 × 19.6cm. 四周單邊, 半郭21.2 × 17.1cm, 有界10行18字, 上下花紋魚尾(不同). 刊記: 乾隆伍十九年甲寅四月日全州南高寺開板. 版心題: 恩. 外題: 佛說大報恩重經. L174370(金山寺版)과 같은 刊記가 있으나 異版. 金山寺版으로부터 南高寺에서 새로 開板함.

225. 佛說大報父母恩重經(諺解) (新) L174372
崇禎8年(1635)跋. 1冊(27張). 木版本. 27.7 × 18.6cm. 四周單邊, 半郭18 × 14.3cm, 有界10行18字, 黑口上下黑魚尾. 跋末尾: 崇禎八年乙亥秋完山後人崔衍識. 版心題: 恩. 傍點(部分的). 口訣記入.

226. 佛說大報父母恩重經(諺解) (新) L174373
文化 唄葉寺 嘉靖43年(1564)刊. 1冊(27張). 木版本. 29.2 × 18.5cm. 四周單邊, 半郭19.5 × 13.7cm, 有界10行18字, 黑口上下黑魚尾. 刊記: 嘉靖四十三年甲子八月日黃海道文化地九月山明葉寺刊板. 版心題:

恩. 傍點(部分的).

227. 佛說大報父母恩重經(諺解) (新) L174374
長端 華藏寺 嘉靖32年(1553)刊. 1冊(26, 刊記1張). 25.2 × 17.7cm. 四周單邊, 半郭19.4 × 14.1cm, 有界10行18字, 黑口上下黑魚尾. 外題: 恩重經. 刊記: 嘉靖三十二年癸丑六月日 京畿長端地 寶鳳山華藏寺開板. 版心題: 恩. 傍點(部分的, 다른 版보다 많다).

228. 佛說大報父母恩重經(諺解) (新) L174375
開城 龍泉寺(藏版) 康熙56年(1717)刊. 1冊(27張). 木版本. 27.8 × 18cm. 四周單邊, 半郭16.9 × 13.5cm, 有界10行18字, 黑口上下黑魚尾. 刊記: 康熙五十六年丁酉八月日開板 開城府大興山城龍泉寺留置. 版心題: 恩.

229. 불셜대보부모은듕경[佛說大報父母恩重經(諺解)] (新) L174366
[正祖朝刊本] 1冊(49張). 木版本. 32.6 × 20.9cm. 四周雙邊, 半郭21.9 × 16.1cm, 無界10行12字, 上黑魚尾. 版心題: 恩重經諺解. 外題: 恩重經 諺解 全. 表記: 한글. L174376과 同版이지만 卷頭圖缺. 添附(卷末): 新印1張(第23張, 傍點(部分的),「慶尚北道榮州郡 豊基面喜方寺藏版見本 昭和9年, 十月」(識語(小倉))).

230. 불셜대보부모은듕경[佛說大報父母恩重經(諺解)] (新) L174376
[正祖朝刊本] 1冊(圖7, 49張). 木版本. 29.2 × 19.5cm. 四周雙邊, 半郭21.6 × 16cm, 無界10行12字, 上黑魚尾. 版心題: 恩重經諺解. 外題: 大報父母恩重經. 表記: 한글, L174366과 同版.

231. 佛說聖寶藏神儀軌經 他1篇 (舊) L45040
高麗·大藏都監 乙巳(1245)刊. 1冊(44張). 木版本. 海印寺藏板에 의한 新印. 38.3 × 28cm. 四周單邊, 半郭21.8 × ?cm, 無界11行14字. 刊記:「乙巳歲高麗國大藏都監奉勅雕造」. 外題:「妙臂菩薩所聞經」.

232. 佛說阿彌陀經 (新) L174379
姚秦·鳩摩羅什奉詔譯. 清道(慶尚道) 水岩寺 崇禎4年(1631)刊. 1冊(圖5, 10, 10張). 木版本. 28.4 × 17.9cm. 四周單邊, 半郭18.3 × 12.6cm, 無界8行17字, 魚尾無し. 刊記: 崇禎四年辛未夏清道水岩寺開刊. 版心題: 阿. 合刻: 念佛作法. 口訣記入.

233. 佛說阿彌陀經 (新) L174380
姚秦·鳩摩羅什奉詔譯. 密陽 表忠寺 光武2年(1898)刊. 1冊(38張). 木

版本. 25.3 × 17.7cm. 四周單邊, 半郭19.1 × 12.6cm, 有界8行17字, 無魚尾. 版心題: 阿. 外題: 阿彌陀經. 合刻: 불셜아미타경[佛說阿彌陀經]諺譯, 佛說高王觀世音經·同諺譯, 懺悔法, 佛說大乘聖無量壽決定光明王如來陀羅尼經.

234. 佛說阿彌陀經 (新) L174381
姚秦·鳩摩羅什奉詔譯. 日蓮社 光武9年(1905)刊, 安養庵 光武11年(1907)印. 1冊(圖1, 39, 3張). 木版本. 29.3 × 18.8cm. 四周雙邊, 半郭22.2 × 14.5cm, 有界10行24字, 上黑魚尾. 外題: 阿彌陀經諺譯 附往生記. 合刻: 불셜아미타경언히[佛說阿彌陀經諺解], 浄土往生記.

235. 佛說阿彌陀經(諺解) (新) L174382
姚秦·鳩摩羅什奉詔譯. 世祖譯解. 大邱 桐華寺 乾隆18年(1753)刊(刊經都監 天順8年(1464)刊本 覆刻本). 1冊(44, 合印7張). 木版本. 29.5 × 19.8cm. 四周雙邊, 半郭20.4 × 15cm, 有界8行19字, 上下花紋魚尾(不同). 刊記: 乾隆十八年十一月 日慶尚道大丘八公山桐華寺開刊. 版心題: 阿彌陀經. 外題: 彌陀經. 合印: 王郎返魂傳(海印寺刊本後印), 臨終正念訣·父母孝養文(新寧 修道寺 乾隆6年(1741)刊本). 正陽社 影印 覆刻本과 異版, 보다 精巧. 傍點 있음. 施主名版刻(欄外左右).

236. 불셜아미타경[佛說阿彌陀經] (新) L174378
姚秦·鳩摩羅什奉詔譯. 姜在喜 光武11年(1907)刊. 1冊(2, 圖1, 13張). 木版本. 27.3 × 17.6cm. 四周單邊, 半郭21.7 × 14.8cm, 有界10行字數不同, 上花紋魚尾. 版心題: 아미타경. 外題: 아미타경언히. 合刻: 아미타경언히[阿彌陀經諺解].

237. 佛說阿彌陀經要解 (新) L174377
姚秦·鳩摩羅什奉詔譯. 明·智旭解. 乾隆18年(1753)序. 1冊(序·圖7, 47張). 木版本. 31.6 × 19.8cm. 四周單邊, 半郭20.7 × 14.8cm, 有界10行20字, 上下花紋魚尾. 版心題: 彌陀經. 外題: 注疏彌陀經. 附刻: 陀羅尼(梵字한글併記, 傍點 있음).

238. 佛說藥師如來本願經 (新) L174362
隋·達磨笈多譯. 光武9年(1905)刊. 1冊(12, 2張). 木版本. 29.5 × 18.5cm. 四周雙邊, 半郭21.4 × 14.2cm, 有界10行20字, 上黑魚尾(不同).

239. 불셜장슈멸죄졔동즈다라니경은[sic]히[佛說長壽滅罪諸童子陀羅尼經] (新) L174437

戊午(1918)刊. 1冊(35張, 施主記2張). 木版本. 27.4 × 18.3cm. 版心題, 外題: 쟝슈경[長壽經].

240. 佛說竈王經 (舊) L44756
1冊(4, 1張). 木版本. 30.2 × 20.8cm. 四周雙邊, 半郭21.1 × 15.8cm, 有界11行22字(不同), 白口上下花紋魚尾. 外題, 版心題: 竈王經.

241. 佛說天地八陽神呪經 (新) L174363
唐·義淨奉詔譯. 安東 鳳停寺 乾隆34年(1769)刊. 1冊(37張). 木版本. 29.8 × 20.2cm. 四周雙邊(不同), 半郭21.8 × 14.8cm, 有界7行14字, 上下花紋魚尾. 版心題: 八陽經. 外題: 天地八陽經. 合刻: 悉曇章(陀羅尼: ㅿ, ㅸ, 傍點 있음), 佛說竈王經, 佛說歡喜竈王經. 施主名版刻(欄外右側).

242. 佛說出家功徳經 他23篇 (舊) L45039
高麗·大藏都監 癸卯(1243)刊. 1冊(88張). 木版本. 海印寺藏板新印. 35 × 27.7cm. 四周單邊, 半郭22.6 × 24.1cm, 無界11行14字. 刊記:「癸卯歲高麗國大藏都監奉勅彫造」.

❖ 佛頂心經 → 佛頂心陀羅尼經

243. 佛頂心觀世音菩薩大陀[羅]尼経 (新) L174558
東萊 梵魚寺 崇禎17年(1644)刊. 1冊(13張). 木版本. 27 × 19.1cm. 四周單邊, 半郭19 × 15.3cm, 無界9行16字, 上下花紋魚尾. 刊記: 崇禎十七年壬午孟夏東萊地金井山梵魚寺開板. 外題: 觀音經.

244. 佛頂心陀羅尼經 (新) L174349
唐·不空奉詔譯. 成化21年(1485)刊本 覆刻本(覆刻年未詳). 3卷 附諺解3卷, 1冊(25, 諺解13張). 木版本. 24.9 × 18cm. (本文) 四周雙邊, 半郭20.3 × 14.6cm, 有界8行9字(上半分 그림), 上黑魚尾. (諺解) 四周單邊, 半郭20.8 × 14.8cm, 無界14行17字, 黑口上下黑魚尾. 外題: 觀音懺合(題簽). 覆刻은 精巧. 成化刊本跋文末尾行「成化二十一年……學祖謹跋」削除. 傍點 있음.

245. 佛祖歷代通載 (新) L174387−94
元·念常集. 全羅道綾城 双峰寺 萬曆4年(1576)重刊. 卷7~22 (零本), 8冊. 木版本. 26.5 × 17.3cm. 四周單邊, 半郭20 × 12.2cm, 有界10行20字, 上下黑(花紋)魚尾. 外題: 佛祖通載. 卷末: 佛祖歷代通載後序, 金守温跋, 錯字章, 凡例. 刻手記號(魚尾). 施主名版刻(欄外左右).

246. 秘密教 (新) L174520

星州 雙溪寺修道菴 乾隆49年(1784)刊. 1冊(序7, 8, 78張). 木版本. 25.7 × 18cm. 四周雙邊, 半郭17.3 × 14cm, 有界10行字數不同, 上下花紋魚尾. 版心題: 密教. 施主名版刻(欄外左右).

247. 鄙事隨錄 (新) L174518

朴永世寫. 光武10年(1906)寫本. 1冊(42, 3, 3張). 23.5 × 14.9cm. 假綴.

[ㅅ]

248. 士民必知 (新) L175074

[米·Homer B. Hulbert著] 朝鮮·白南奎[等增補漢譯]. 開國504年(1895)序. 2卷1冊(序1, 71張). 活字本(學部印書體字). 30.3 × 18.8cm. 序末: ……大朝鮮開國五百四年乙未三月望議政府編史局主事金澤榮序. 原著(한글本)를 議政府에서 漢譯한 것.

❖ 四法語 → 法語

249. 四聲通解 (舊) L44535

崔世珍撰. 2卷2冊(序3, 1, 5, 凡例9, 81; 7, 7, 3, 86張). 木版本. 34.6 × 22.1cm. 四周雙邊, 半郭23.8 × 16cm, 有界10行19字, 白口上下三葉花紋魚尾(不同). 印記: 學部圖書, 廂庫. 刻手名, 刻手記號(魚尾).

❖ 四時纂要抄 → [合刻] 農家集成(L174692−4695)

250. 使臣燕行歌 (舊) L45572

3冊(14; 20; 22張). 寫本. 29.1 × 16.7cm. 卷頭題:「봉ᄉᆞ연힝록(?) (封使燕行錄)」. 紙背:『時憲書』(道光9年(1829)). 識語(表紙뒷면, 小倉).

251. (御製)四體清文鑑 (新) L175154−71

[中國 刊] 卷1~12, 25~30 (零本) 18冊(3帙入). 31.1 × 18.7cm. 滿藏蒙漢文対照. 全32卷補編4卷 중.

252. 朔方風土記 (新) L174857

洪良浩著. 1冊(17張). 精寫本. 30.5 × 19.2cm. 識語(版心下端):「自然經室藏」.

253. 山臺都監劇脚本 (新) L174856

趙鍾洵口述 金志淵筆寫. 京城 京城帝國大學朝鮮文學研究室 1930年

刊(油印). 1冊(46張). 27 × 19.3cm. 假綴.

254. 三綱行實圖 (新) L174899-901
偰循受命撰. 3卷3冊. 木版本. 37.3 × 22.1cm. 四周單邊(不同), 半郭 24.6 × 18.3cm, 有界13行22字(欄上諺解18行8字), 上下花紋魚尾. 外題: 三綱行實(題簽).

255. 三國史記 (新) L174875-81
高麗·金富軾奉宣撰 坪井九馬三·日下寛校訂. 東京 吉川弘文館(発行) 東京帝國大學(藏版) 大正2年(1913)刊(鉛印). 50卷7冊. 23.2 × 15.6cm. 文科大學 史誌叢書. 附錄: 金富軾傳(卷頭, 高麗史所載), 三國史記異體字類(卷末).

256. 三國遺事 (新) L174889-93
高麗·一然撰. 京都 京都帝國大學文學部 大正10年(1921)刊(影印版). 5卷5冊. 18.6 × 13.1cm. 京都帝國大學文學部叢書第6. 底本: 今西龍藏, 正德壬申(1512)刊本.

257. 三國遺事 (新) L174894
高麗·一然撰. 京城 啓明俱樂部 昭和2年(1927)刊(鉛印). 5卷1冊(181頁). 22.4 × 15.1cm. 洋裝·假綴. 「啓明」第18號. 附錄: 解題(崔南善).

258. 三國遺事 (新) L174895
高麗·一然撰 坪井九馬三·日下寛校. [京都 藏經書院 明治 刊] 5卷1冊(零本) (272~338張). 26.7 × 18.6cm. 「大日本續藏經」拔刷. 今西龍氏舊藏本. 手校 있음.

259. 삼국지[三國誌] (新) L174882-4
京城 翰南書林 大正10年刊. 3卷3冊. 木版本. 25.9 × 20.3cm. 刊記: 己未孟夏紅樹洞新刊.

260. 삼국지[三國誌] (新) L174885
2卷1冊(2, 47, 18張). 26.4 × 18.6cm. 卷頭題: 언삼국지[諺三國誌]

261. 三國通覽圖說 (新) L174886
日本·林子平著. 文化5年(1808)寫本. 1冊(53張). 23.5 × 17cm.

262. 三國通覽圖說 (新) L174887
日本·林子平著. 1冊(53張). 精寫本. 26.7 × 18cm. 底本: 江戸須原屋市兵衛 天明6年(1786)刊本.

263. 三國通覽圖説 (新) L174888
日本·林子平著. 江戸須原屋市兵衛 天明6年(1786)刊. 1冊(2, 51張). 26.7 × 17.9cm. 外題: 三國通覽.

264. 三門直指 (新) L174902
安州 隱寂寺 乾隆34年(1769)序. 1冊(序1, 69, 施主記3張). 木版本. 29.9 × 19cm. 四周雙邊, 半郭21.2 × 14.8cm, 有界10行22字, 上下花紋魚尾(不同, 版心上下端).

265. 三韻補遺 (舊) L44706
朴斗世編. 壬午(1702)刊. 5卷4冊(凡例4, 跋1, 49; 46; 52; 39, 37張). 木版本. 32.6 × 22.1cm. 四周單邊, 半郭23.6 × 17.9cm, 無界10行字數不同, 白口上下花紋魚尾. 印記: 「龍仁墓舍藏」「李正臣印」「李公翼章」.

266. 三韻聲彙 (新) L174896－8
洪啓禧編. [大邱]嶺營 己丑刊. 2卷 補1卷3冊. 木版本. 33.9 × 21.6cm. 四周雙邊, 半郭21.3 × 15.7cm, 有界, 行格不同, 上花紋魚尾.

267. 三韻聲彙 (新) L175147－9
洪啓禧編. [全州]完營 己丑刊. 2卷 補1卷3冊. 木版本. 34.6 × 22.8cm. 四周雙邊, 半郭21.3 × 15.9cm, 有界, 行格不同, 上花紋魚尾. 刊記: 己丑季秋完營開板. 卷上第1~2張(序)缺. 印記: 篠田藏書.【外題 및 圖書番號의 순서는 補卷, 上卷, 下卷.】

268. 三韻通考 (舊) L42960
謝有煇撰. 明治13年(1880) 東京 中村熊次郎刊行. 2卷2冊(序2, 序2, 70; 60, 74張). 袖珍本. 7.8 × 5.2cm. 序: 陳培脈(康熙丙申), 謝有煇(康熙五十五年).

269. 三韻通考 (舊) L42961
謝有煇撰. 大阪 文化4年(1807)刊. 1冊(序2, 70, 60, 47張). 袖珍本. 15.2 × 8.6cm. 封面題: 「佩文詩府/三韻通攷/文海堂藏版」. 刊記: 「文化四年…書肆大坂心齊橋 松村九兵衛梓」.

270. 三韻通考 (舊) L42963
撰者未詳. 1冊(94, 付記5張). 活字本(未詳). 25.9 × 16.4cm. 四周雙邊, 半郭21 × 13.7cm, 有界8行14字, 白口上下花紋魚尾. 補寫 있음. 附箋(表紙뒷면): 「第一號」.

271. 三韻通考 (舊) L42965

撰者, 刊年未詳. 1冊(83張). 木版本. 29.1 × 19.8cm. 四周雙邊, 半郭21 × 15cm, 有界9行14字, 白口上下花紋魚尾. 附箋(表紙뒷면):「第二號」.

272. 三體合璧文鑑 (新) L175107−10
4冊. 寫本. 24.6 × 17.1cm. 識語(小倉):「鳥居龍藏氏ヨリ寄贈. 本書ハ四體合璧文鑑ヨリ抄出セシモノニシテ鳥居氏蒙古滞在中, 蒙古人李文貴ヲシテ筆寫セシメタルモノニ係ル. 大正四年十二月」.

273. 三合便覽 (新) L175260−71
清·富俊等輯. [中國]乾隆57年(1792)刊. 12卷12冊(2帙). 木版本. 27.8 × 17.8cm. 第1卷: 序, 十二字頭, 清文指要, 蒙文指要.

274. 喪禮備要 (舊) L45565
己巳 咸營刊. 2卷2冊(序2, 凡例2, 圖27, 85; 95, 跋1張). 木版本. 31.5 × 21.6cm. 四周雙邊, 半郭20.6 × 17.5cm, 有界10行18字, 白口上下花紋魚尾. 刊記(卷一末):「歲己巳孟夏咸營重刊朴昌楷謹書」. 序: 金長生(萬曆庚申). 跋:「…天啓元年歲辛酉孟冬上澣東陽後人申欽書/歲己巳孟夏咸營重刊」(天啓元年=1621).

275. 상례쵸언히[喪禮抄諺解] (新) L174978
1冊(2, 30張). 木版本. 18.1 × 12.5cm. 四周單邊, 半郭14.7 × 10.5cm, 有界8行16字, 上下一葉花紋魚尾. 外題: 喪禮要覧 全.

276. 상례쵸언히[喪禮抄諺解] (新) L174979
1冊(2, 30張). 木版本. 17.9 × 12.4cm. 四周單邊, 半郭14.7 × 10.5cm, 有界8行16字, 上下一葉花紋魚尾. 外題: 언문샹례비요[諺文喪禮備要]. L174978과 同版.

277. 象胥記聞 (新) L175231−3
小田幾五郎著. 3卷3冊. 寫本. 27 × 19.3cm.

278. 象院榜案 (新) L174949
1冊(66張). 寫本. 29.9 × 19.5cm. 乾隆6年(1741)~光緖2年(1876).

279. 象院題語 (舊) L44758
1冊(30張). 木版本. 33.1 × 22cm. 四周雙邊, 半郭19.4 × 13cm, 有界8行14字, 白口上下花紋魚尾. 版心題, 外題:「題語」.

280. 象院題語 (舊) L44759
1冊(12張). 寫本. 24 × 20.9cm. 外題:「題語」. 表紙뒷면:「己未四月二十五日題語/己巳十月二十五日題語/…」.

281. 象院題語 (舊) L44760
小倉進平寫. 大正11年(1922)寫本. 1冊(28張). 24.3 × 16.7cm. 識語(卷末, 小倉):「右大正十一年十一月東京滯在中前間恭作氏藏本ニヨリ謄寫ス 進平」. 添附(封面): 寫眞 2葉.

❖ 常訓諺解 → 御製常訓諺解

282. 書啓 (新) L174945
1冊(18張). 寫本. 24.5 × 23.8cm. 假綴. 吏讀文.

283. 書堂ニ關スル研究 (新) L174940
朝鮮總督府屬 高木善人著. 明治44年(1911)刊(油印). 1冊(51張). 27.3 × 19.8cm. 假綴.

284. 西廂雙文傳 (新) L174918
1冊(67張). 寫本. 22.7 × 24.2cm. 外題: 西廂記大全 單. 頭註(한글表記語形 있음), 口訣記入(朱筆).

285. 西遊記語錄 附水滸傳語錄 (新) L174858
1冊(9, 11張). 寫本. 22.2 × 18.8cm. 附箋(封面):「語錄解 第十號」(小倉).

286. 書傳大文 (舊) L42956
2卷2冊(53; 56張). 木版本. 28.2 × 20.4cm. 四周單邊, 半郭20 × 16.5cm, 有界10行21字, 黑口上下花紋魚尾(不同). 口訣版刻(頭註). 外題:「書傳」. 刻手名(魚尾, 黑口).

287. 書傳大文 (舊) L44744
卷上(零本) 1冊(53張). 木版本. 31.1 × 21.7cm. 四周單邊, 半郭21.5 × 16.5cm, 有界10行21字, 黑口上下黑魚尾(不同). 外題:「書大文」. 口訣版刻(頭註).

288. 書傳大全 (舊) L42957
10卷2冊(圖5, 序1, 41; 40張). 寫本. 31.3 × 20.9cm. 12行22字. 外題:「書傳」. 序: 蔡沈(嘉定己巳(1209)). 口訣書寫(頭註).

289. 書傳諺解 (新) L174955−9
[宣祖命撰] 5卷5冊. 木版本. 33.5 × 22.6cm. 四周雙邊, 半郭23 × 16.8cm, 有界10行18字, 上下花紋魚尾. 印記: 篠田藏書.

290. 書傳諺解 (舊) L45042
5卷5冊(84; 75; 86; 78; 91張). 木版本. 35.9 × 23.3cm. 四周雙邊, 半郭

22.9 × 16.8cm, 有界10行18字, 白口上下花紋魚尾.

291. 書傳正文 (舊) L42958
2卷2冊(63; 68張). 木版本. 29.3 × 19.4cm. 四周雙邊, 半郭19.2 × 14.4cm, 有界9行19字, 白口上下花紋魚尾(不同). 外題: 「書傳 乾/坤」. 口訣版刻(頭註).

292. 書傳正音 (舊) L42951
[英祖10年(1734)刊木活字本 重刊本] 4卷2冊(36, 36; 36, 40張). 木版本. 32.6 × 21cm. 四周單邊, 半郭24.1 × 16.3cm, 有界10行20字, 白口上下花紋魚尾.

293. 禪家龜鑑 (舊) L44747
朝鮮·休静撰. [日本] 寛永15年(1638)刊. 1冊(31張, 挿入1張). 木版本. 27 × 19.2cm. 刊記: 「寛永十五稔仲春 開板」.

294. 禪家龜鑑(諺解) (舊) L44746
休静撰, 金華道人諺解. 萬曆38年(1610)刊. 2卷1冊(68張). 木版本. 26 × 17.1cm. 四周單邊, 半郭18 × 12.8cm, 有界9行17字, 白口上下三葉花紋魚尾(不同). 刊記: 萬曆三十八年庚戌三月日全羅道…開刊. 施主名版刻(欄外左右下). 傍點 있음.

295. 禪家龜鑑(諺解) (舊) L44748
休静撰, 金華道人諺解. [普賢寺 隆慶3年(1569)刊] 2卷2冊(31; 36張). 木版本. 26.4 × 16cm. 四周雙邊, 半郭18.2 × 12.7cm, 有界9行17字, 白口上下黑魚尾. 傍點 있음. 刊記缺.

296. 善隣通語 (新) L175184
1冊(71張). 寫本. 28 × 20.1cm. 別題: 隣語雜話, 日本國商談集. 識語(小倉): 「大正五年三月……橋本良藏氏ヨリ寄贈」.

297. 禪門拈頌集 (舊) L44755
高麗·慧諶撰. 卷4~6(零本) 1冊(33, 32, 35張). 木版本. 25.4 × 16.9cm. 四周單邊, 半郭15.9 × 12.6cm, 無界12行21字, 白口上黑魚尾. 外題: 拈頌集. 版心題: 拈頌. 卷末, 施主名(欄外右下). 口訣記入. 識語(表紙 뒷면, 小倉): 「「佛祖歷代通載」(萬曆四年, 朝鮮重刊)卷末成化八年金守温の跋に仁粹王后が「禪門拈頌十件」を模印したる記事 있음. 本書或は当時の書か」.

298. 璿源系譜紀略 (新) L174833

[高祖朝刊] 1冊(104張). 木版本. 33 × 22.2cm. 四周雙邊, 半郭23 × 18.8cm, 有界11行22字, 上下三葉花紋魚尾. 合刻: 列聖八高祖圖. 外題: 璿源譜紀. 末尾에 墨書로 追加된 記事 있음.

299. 禪宗永嘉集 (新) L175104−5

唐·玄覺撰 宋·行靖註 朝鮮·信眉等諺解. 安陰 長水寺 正德15年(1520)重刊(新印). 2卷2冊. 木版本. 34.2 × 23.7cm. 四周雙邊, 半郭19.3 × 15.3cm, 有界8行19字, 黑口上下黑魚尾. 天順8年(1464)刊經都監刊本覆刻版. 刊記(上卷末): 正德十五年庚辰六月日慶尚道安陰縣地智牛山長水寺重以開刊. 刻手記號(黑口). 傍點 있음.

300. 禪宗永嘉集 (舊) L44749

唐·玄覺撰. 弘治十二年(1499) 陜川 石水庵刊(後印). 2卷1冊(26; 30, 合刻9張). 木版本. 28.3 × 18.8cm. 四周單邊, 半郭15.1 × 12cm, 無界9行20字, 白口上黑魚尾. 刊記:「弘治十二年己未十月 日慶尚道陜川土石水庵開版」. 合刻: 法語(諺解) (成化刊本 覆刻版).

301. 禪宗永嘉集(諺解) (舊) L44750

唐·玄覺撰 宋·行靖註, 朝鮮·信眉等諺解. 正德十五年(1520)安陰縣 長水寺刊. 刊經都監刊行本 覆刻版. 卷上(零本) 1冊(120張). 木版本. 26.6 × 18.7cm. 四周雙邊, 半郭19.7 × 15.2cm, 有界8行19字, 黑口上下黑魚尾. 外題:「永嘉集」. 刊記:「正德十五年庚辰六月日慶尚道安陰縣地智牛山長水寺重以開刊」.刻手記號(黑口). 傍點 있음.

302. 說文解字注 (新) L174960−72

淸·段玉裁註. 上海 掃葉山房 民國19年(1930)刊. 15卷13冊(2帙入). 20.4 × 13.3cm. 附印: 六書音均表2卷(淸·段玉裁撰), 說文提要(淸·陳建侯撰), 徐星伯說文段注札記(淸·徐松撰), 龔定菴說文段注札記(淸·龔自珍撰), 桂未谷說文段注鈔(淸·桂馥鈔), 說文通檢(淸·黎永椿撰).

303. 聖教 (新) L174716

明治11年(1878)寫本. 1冊(11張). 16.2 × 12.2cm. 假綴. 識語(卷末, 小倉):「中村庄次郎翁より寄贈/昭和七年八月 進平」.

304. 性理喩林 (新) L174915−7

3卷3冊. 活字本(木活字). 15.8 × 11cm. 四周雙邊, 半郭13.8 × 8.9cm, 有界10行20字, 上下一葉花紋魚尾.

305. 成侍中孝行錄 (新) L174919
成煥撰. 英祖8年(1732)序. 2卷1冊(36張). 木版本. 30 × 18.9cm. 四周雙邊, 半郭21.5 × 14.7cm, 有界10行21字, 上白魚尾. 序: 崇禎紀元後一百六年壬子…….

306. 聖蹟畫 (舊) L44764
1冊(18張). 29.3 × 24.6cm. 帖裝. 外題:「聖蹟畫 十八幅」. 内容: 彩色画, 漢文, 諺解.

307. 세셜[世説] (新) L175273
1冊(35張). 寫本. 31 × 19.1cm. 書名은 外題에 의함. 内容: 등왕각셔[滕王閣序], 他.

308. 소듸셩젼[蘇大成傳] 巻之上 (新) L174974
全州郡 多佳町 多佳書舗(梁珍泰) 大正5年(1916)刊. 1冊(35, 38張). 木版本. 26.8 × 18.8cm. 刊記: 戊申仲春完 龜洞新刊. 合刻: 용문젼[龍門傳].

309. 쇼듸셩젼[蘇大成傳] (新) L174975
京城 翰南書林 大正10年刊. 1冊(16張). 木版本. 24.3 × 18.6cm.

310. 少微家熟[sic]校附音通鑑節要 (舊) L42959
崇禎紀元後五回甲己丑(1889)寫本. 1冊(79張). 31.5 × 21.4cm. 卷末記:「崇禎紀元後五回甲己丑季夏湖南朗州散人銀浦書終」. 口訣記入.

311. 韶英集成 (新) L174946
六柳邨攷定. 1冊(118張). 寫本. 33.3 × 20.9cm. 序: 歲壬午閏三月下澣六柳主人題. 外題: 韶英 全. 内容: 琴譜.

312. 소학언초[小學諺抄] (新) L174947
1冊(47張). 寫本. 32.6 × 22cm.

313. 小學諺解 (新) L175150-3
英祖命撰. 甲子[乾隆9年(1744)]序. 6卷5冊. 木版本. 30.4 × 20.2cm. 四周雙邊, 半郭23.3 × 16.8cm, 有界10行17字, 上下花紋魚尾. 卷頭: 御製小學諺解序(甲子春二月下浣). 印記: 篠田藏書.【第1冊: 舊登錄番號 L44738. 第2冊目以後: L175150-3.】

314. 小學諺解 (舊) L44737
英祖命撰. [英祖20年(1744)刊本 覆刻版] 6卷5冊(序4, 凡例3, 書題3, 題辞5, 17; 86; 31, 62; 135; 149張). 木版本. 31.9 × 21.3cm. 2種補配.

第1~3冊: 四周單邊, 半郭22 × 16.8cm, 有界10行17字, 白口上下花紋魚尾. 第4~5冊: 四周雙邊, 半郭24.4 × 16.9cm, 有界10行17字, 白口上下花紋魚尾. 御製小學諺解序:「歲甲子春二月下浣」.

315. 邵翰林評選举業捷學宇宙文芒 (舊) L45555
明·邵景尭評選 明·盧効祖彙輯. 刊年未詳. 12卷4冊. 活字本(傳陶活字). 第2冊(卷4~6): 寫本. 26.3 × 18.8cm. 四周單邊, 半郭21.6 × 15.5cm, 有界18行20字, 白口上下花紋魚尾. 外題: 宇宙文芒. 第1冊表紙:「陶鑄字」(墨書).

316. 續大典 (新) L175195−8
金在魯等受命編. [英祖22年(1746)刊] 6卷4冊. 木版本. 34.4 × 22.1cm. 四周雙邊, 半郭24.6 × 17.2cm, 有界9行20字, 上下三葉花紋魚尾.

317. 쇽명의록[續明義錄] (新) L175249
[金致仁等受命編] [正祖2年(1778)刊] 2卷1冊(7, 41, 30張). 活字本. 33.9 × 22cm. 四周單邊, 半郭25 × 16.9cm, 有界10行18字, 上花紋魚尾. 版心題: 續明義錄諺解.

318. 續三綱行實圖 (新) L175248
申用漑等受命撰. 3卷1冊(71張). 木版本. 38 × 22.5cm. 四周雙邊, 半郭23.7 × 16.4cm, 有界13行22字(欄上諺解17行(不同)9字), 上下花紋魚尾. 序: 甲戌[中宗9年(1514)]. 序: 雙行小字. 序末:「右南袞奉 教序」(大字). 表紙缺.

319. 松江歌辭 (新) L175006
鄭澈撰. 京城 中央印書館 昭和8年(1933)刊(鉛印). 2卷1冊. 15.2 × 9cm.

320. 受教輯錄 (新) L175193−4
李翊等受命編. 6卷2冊. 木版本. 32 × 21.6cm. 四周雙邊, 半郭24.3 × 16.8cm, 有界10行17字, 上下花紋魚尾. 卷2: 12~13張, 21~22張補寫. 卷5: 1~2張補寫, 21~22張缺.

321. 隨求陀羅尼 (新) L175183
唐·不空奉詔譯. [寧邊]普賢寺 雍正7年(1729)刊. 1冊(34張). 木版本. 23.3 × 16.3cm. 四周雙邊, 半郭17.3 × 12.4cm, 有界9行14字(不同), 黑口上下黑魚尾(不同). 刊記: 雍正七年歲次己酉二月日改刊于妙香山普賢寺留鎮. 版心題: 隨求. 外題: 密藏集. 陀羅尼: 傍點, △, ㅸ 있음.

322. 随錄 (舊) L45581

26卷13冊(4帙入). 木版本(後刷). 32.2 × 21.2cm. 四周雙邊, 半郭22.1 × 16.2cm, 有界10行20字, 白口上下花紋魚尾. 序: 李瀰(歲庚寅), 呉光運(聖上十三年丁巳(1737)).

323. 水陸無遮平等齋儀撮要 (新) L174953

忠清道 嘉靖14年(1535)刊. 1冊(51張). 木版本. 28.8 × 20.4cm. 四周單邊(不同), 半郭22.3 × 16.2cm, 有界8行17字, 上下黑魚尾. 版心題: 水. 刊記: 嘉靖十四年乙未六月日忠清道. 第16~17張切断. 表紙缺. 施主名記載(欄外右側).

324. 水陸無遮平等齋儀撮要 (新) L174954

1冊(41張). 木版本. 34.6 × 24.5cm. 四周單邊(不同), 半郭24.9 × 20.2cm, 有界7行17字, 上下花紋魚尾(不同). 版心題: 結. 外題: 結手文. 뒷表紙缺.

325. 随身必要 (新) L175218

1冊(18張). 寫本. 24.7 × 16.3cm. 假綴. 漢字(部首別, 画數順)와 한글 反切 対照表. L174337「暗號」도 비슷한 形式.

326. 睡隱看羊錄 (新) L174576

姜沆撰. 崇禎後丙申[孝宗7年](1656)序(後印). 1冊(序4, 92張). 木版本. 31.9 × 20.1cm. 四周雙邊(不同), 半郭20.3 × 14.8cm, 有界10行20字, 上下花紋魚尾. 外題: 看羊錄 全. 日本地名의 한글表記 있음.

327. 水滸傳語錄 (新) L174950

1冊(169張). 寫本. 21.6 × 21cm. 合寫: 物名攷, 吏讀, 增補字彙畧抄, 濂洛語錄觧抄, 藝海珠塵駢字分箋 2卷, 水滸誌語錄, 西廂記語錄. 附箋(封面):「語錄解 第六號」(小倉).

328. 슈호지[水滸誌] (舊) L44836

2卷2冊(31; 31張). 25.2 × 20cm. 四周單邊, 半郭22 × 16.8cm, 有界15行字數不同, 白口上花紋魚尾. 版心題:「水一/二」. 刊記(卷一末):「경신 뮝츈(庚申孟春)」.

329. 水滸誌語錄 (新) L174951

1冊(22, 10, 6張). 寫本. 32.5 × 21.4cm. 合寫: 西遊記語錄, 西廂語錄觧. 附箋(封面):「語錄解 第七號」(小倉).

330. 水滸志語錄觧 (新) L174952

1冊(28張). 寫本. 30 × 16.8cm. 假綴. 附箋(封面):「語錄解 第八號」(小倉).

331. (忠義)水滸誌語類分回 (新) L174430

1冊(46張). 寫本. 27.9 × 18cm. 外題: 滸廂遊語錄 単. 合寫: 西廂記語錄解, 西廂記語錄分類, 西遊記語錄解, 吏讀. 附箋(封面):「語錄解 第九號」(小倉).

332. 슉향젼[淑香傳] (舊) L44834

戊午(1918?)刊. 卷中, 下(零本) 2冊(21; 23張). 木版本. 26.8 × 19cm. 四周單邊, 半郭21 × 16.5cm, 無界14行字數不同, 白口上花紋魚尾. 刊記:「戊午十月治洞新板」.

333. 夙興夜寐箴 (新) L174933

[宋·陳柏撰 朝鮮·盧守愼注疏] 1冊(6張). 木版本. 31 × 19.3cm. 粘葉裝. 四周雙邊, 半郭10.9 × 10cm, 有界4行5字, 上下黑魚尾. 注疏: 匡郭上下. 口訣版刻(本文, 注疏). 改裝本(臺紙에 붙임).

334. 夙興夜寐箴 (新) L174934

[宋·陳柏撰 朝鮮·盧守愼注疏] [英祖22年(1746)]序. 1冊(序6, 13張). 活字本(戊申字). 33 × 21.3cm. 左右雙邊·上下單邊, 半郭24.5 × 16.3cm, 有界9行16字, 上下三葉花紋魚尾. 口訣記入.

335. 醇言 栗谷先生全書外編 (新) L175182

李珥撰. 英祖26年(1750)跋刊本. 1冊(30張). 活字本(栗谷全書字). 33.2 × 20.1cm. 四周雙邊, 半郭21.8 × 15cm, 有界11行20字, 上花紋魚尾. 刊記(卷末, 洪啓禧跋): ……庚午正月上澣後學洪啓禧謹書. 內題: 栗谷先生全書外編/醇言. 外題: 醇言.

336. 旬五志 (新) L175179

洪萬宗撰. 1冊(26, 21張). 寫本. 21.4 × 19.5cm.

337. 旬五志 (新) L175180

洪萬宗撰. 1冊(67張). 精寫本. 28.9 × 20.7cm. 卷末記:「歲庚申二月日 七十二歲 擊壤翁謄」.

338. 僧家日用食時默言作法 (新) L174977

鐵城縣 龍興寺 己未刊. 1冊(8張). 木版本. 23.2 × 17.3cm. 四周單邊, 半郭17.8 × 13.9cm, 有界9行字數不同, 上下花紋魚尾. 刊記: 己未十二月日鉄城縣金龍山龍興寺開留. 一部補寫.

❖ 昇平志 → 新增昇平志

339. 詩經諺解 物名 (新) L174980

[宣祖命撰] 1冊(31張). 寫本·木版本混在. 30.7 × 21cm. 四周單邊, 半郭22.4 × 15.8cm, 有界10行19字, 上下黑魚尾(不同). 寫本: 卷1~3, 11~13. 木版本: 卷4~10, 14~16, 19~20. 外題: 詩經物名諺解.

340. 詩經諺解 附物名 (新) L174981－7

[宣祖命撰] 20卷7冊(2種補配, 略称A, B). 32.3 × 20.8cm. A: 卷1~2, 19~20. 四周單邊, 半郭23.5 × 16.6cm, 有界10行17字, 上花紋魚尾. 庚辰新刊內閣藏板. B: 卷3~18. 四周單邊, 半郭21.7 × 17cm, 有界10行19字, 上下花紋魚尾(不同).

341. 史略 (新) L174993

卷1·2 (零本), 1冊. 活字本(木活字?). 24.5 × 16cm. 四周單邊, 半郭18.8 × 12cm, 有界15行19字, 上下花紋魚尾(二葉二重花紋). 二重花紋, 活字는 L174603『經史集説』과 같음.

342. 詩名多識 (新) L175069－71

丁學祥(丁若鏞?)輯. 3卷3冊. 精寫本. 24.5 × 15.8cm. 序末: 乙丑仲夏穉修書. 識語: (第1, 2卷卷頭)「洌水 丁學祥 輯」 (第3卷卷頭)「洌水 丁學圃 輯」.

343. 詩韻袖珍 (新) L175068

1帖(38折, 書袋). 15.1 × 5.6cm. 帖裝. 外題: 袖韻.【舊登錄番號 L42367 있음.】

344. 詩傳正音 (舊) L42954

[英祖10年(1734)刊木活字本 重刊本] 7卷3冊(35, 39; 29, 33; 23, 20, 21張). 木版本. 32.3 × 21cm. 四周單邊, 半郭24.5 × 16.2cm, 有界10行20字, 白口上下花紋魚尾.

345. 新刊救荒撮要 (新) L174990

世宗撰 申洬補. 靈光 朴致維 肅宗12年(1686)刊. 1冊(22張). 木版本. 26.6 × 19cm. 四周單邊, 半郭19.9 × 15.7cm, 有界12行24字, 上花紋魚尾. 跋: 庚子九月申洬. 刊記: 崇禎紀元後丙寅夏四月下澣武城田以采朴致維謹梓. 外題: 救荒撮要 全.

346. 新刊救荒撮要 (新) L174991

世宗撰 申洬補. 1冊(36張). 寫本. 22 × 16cm. 底本: 肅宗12年(1686)刊本. 外題: 救荒撮要 全.

347. 新刊增補三略(諺解) (舊) L44729
明·劉寅解. 3卷1冊(序3, 36, 11, 18張). 木版本. 29.4 × 19.2cm. 四周單邊, 半郭22.5 × 16.6cm, 有界11行21字, 白口上下三葉花紋魚尾. 版心題:「三略」. 内容: 漢文, 諺吐, 諺解.

348. 新刊增補三略直解(諺解) (舊) L44730
明·劉寅解. 京城 廣通坊 純祖5年(1805)刊. 3卷1冊(序3, 37, 11, 18張). 木版本. 26.5 × 20.1cm. 四周單邊, 半郭22 × 16.8cm, 有界11行21字, 白口上花紋魚尾. 外題:「三畧」. 版心題:「三略」. 刊記:「上之五年乙丑仲夏 京城廣通坊重刊」. 内容: 漢文, 諺吐, 諺解.

349. 新式儒胥必知 (新) L174931
黃泌秀撰. 光武5年(1901)序. 1冊(2, 41張). 木版本. 28.3 × 19cm. 四周單邊, 半郭22.2 × 17cm, 有界14行22字, 上黑魚尾.

350. 新約聖書 (新) L175063
上海 British & Foreign Bible Society, 1911. 第1卷 馬太傳福音書 1冊(70張). 25.3 × 15cm. 封面題: 吾主耶蘇基督 新約聖書. 卷頭題: 我主耶蘇基督之新遺詔書. 滿漢文併記.

351. 新字典 (舊) L49972
京城 朝鮮光文會 大正7年(1918)再版. 1冊(序1, 叙3, 例1, 目錄1, 檢字3, 59). 鉛印. 22.9 × 15.6cm.

❖ 新傳煮取焔焇方諺解 → [合刻] 火砲式諺解(L174545), [附寫] 火砲式諺解(L174544)

352. 新訂字數 (舊) L44709
1冊(63張). 寫本. 34.8 × 22.9cm. 四周單邊, 半郭25 × 17.1cm, 有界10行20字, 白口上花紋魚尾. 印記: 學部圖書, 編輯局保管. 所藏活字數의 記錄.

353. 新註無寃錄 (新) L174948
元·王與撰 朝鮮·崔致雲等受命註. 2卷1冊(102張). 木版本. 36 × 24.6cm. 四周單邊, 半郭24.7 × 18.8cm, 有界11行23字, 上下花紋魚尾. 外題: 無寃錄. 表記: 漢文. 刻手記號(魚尾).

354. 新增昇平志 (舊) L45557
李睟光撰. 己酉(1729)重刊. 2卷1冊(圖1, 跋1, 32, 44, 凡例1張). 木版本. 35.3 × 22.2cm. 四周雙邊, 半郭21.6 × 16cm, 有界10行21字, 白口上

下花紋魚尾. 重刊序: 洪重徵(己酉). 外題, 版心題:「昇平志」.

355. 新增鷹鶻方 (新) L174992

李燗編 小倉進平寫. 昭和5年(1930)寫本. 1冊(24張). 27.5 × 19.8cm. 底本: 京都 南未命書堂 寬永20年(1643)刊本(京都 菊屋七郎兵衛 後印). 識語(小倉): (封面)「李燗に関する宮内省「放鷹」からの引用」, (卷末)「岡田信利氏所藏本ニヨリ謄寫ス」.

❖ 新增證脈方藥合編 → 方藥合編

356. 進饌儀軌 (新) L174994

[憲宗14年(1848)刊] 本文3卷缺(零本), 1冊(39張). 活字本(整理字). 33.7 × 21.5cm. 四周雙邊, 半郭23.9 × 16.6cm, 有界12行22字, 上黑魚尾. 外題: 戊申進饌儀軌圖式(題簽).

❖ 新編勸化風俗南北雅曲伍倫全備記 → 伍倫全備記

357. 實語教·童子教 (新) L175204

京都 菊屋七郎兵衛刊. 1冊(2, 19張). 22.5 × 16cm.

358. 心經附註釋疑 (新) L174995

宋·眞德秀釋. 李滉講 李德弘等筆錄 宋時烈等校. 4卷1冊(57張). 木版本. 33.6 × 21.6cm. 四周雙邊, 半郭24 × 16.7cm, 有界8行20字, 上下三葉花紋魚尾. 序首題: 心經釋疑. 外題: 心經釋疑 全. 劄子最終張缺. L174996과 同版(後印?). 諺譯(部分的). 【L174995~L174997, 같은 帙에 들어 있음.】

359. 心經附註釋疑 (新) L174996

宋·眞德秀釋. 李滉講 李德弘等筆錄 宋時烈等校. 4卷1冊(58張). 木版本. 33.7 × 21.5cm. 四周雙邊, 半郭24.4 × 16.5cm, 有界8行20字, 上下三葉花紋魚尾. 序首題: 心經釋疑. 外題: 心經釋疑 全. L174995과 同版(初印?). 校正 있음. 諺譯(部分的). 【L174995~L174997, 같은 帙에 들어 있음.】

360. 心經附註釋疑 (新) L174997

宋·眞德秀釋. 李滉講 李德弘等筆錄 宋時烈等校. 4卷1冊(53張). 活字本(壬辰字). 34.5 × 22.4cm. 四周雙邊, 半郭24.7 × 16.9cm, 有界10行17字, 上下花紋魚尾. 序首題: 心經釋疑. 外題: 心經釋疑 単. 諺譯(部分的). 【L174995~L174997, 같은 帙에 들어 있음.】

361. 심청전[沈清傳] (新) L174423
2卷1冊(30, 41張). 木版本. 27.1 × 18.3cm. 第1張破損.

362. 심청전[沈清傳] (新) L174424
[多佳書舗 大正頃刊] 2卷1冊(30, 41張). 木版本. 26.7 × 18.9cm. 위의 L174423과 異版.

363. 十九史略諺解 (新) L175189−90
[大邱]嶺營 壬辰[英祖48年(1772)]刊(後印). 2卷2冊. 32.2 × 21.3cm. 四周單邊, 半郭21.4 × 15.6cm, 有界10行18字, 上花紋魚尾. 版心題, 外題: 史略諺解. 刊記: 歲在壬辰嶺營新刊.

364. 十九史略諺解 (新) L175191−2
2卷2冊. 木版本. 26 × 20.9cm. 四周單邊, 半郭22.3 × 17.4cm, 有界15行33字, 上花紋魚尾. 版心題, 外題: 史略諺解. 刊記: 歲在嘉慶甲子(1804)孟春京中改板, 歲在屠維大荒落(己巳 1809?)暮春花谷新刊.

[ㅇ]

❖ 阿彌陀經 → 佛說阿彌陀經

365. 雅言覺非 (新) L174491−2
丁[若]鏞撰. 3卷2冊. 寫本. 27.6 × 17cm. 識語(卷末, 朱書):「戊午菊月廿日畢」.

366. 樂學軌範 (新) L174475−7
成俔等受命撰. 庚午(1930)刊(油印). 9卷3冊. 26.7 × 17.4cm. 底本: [奎章閣藏]萬曆38年(1610)刊本.

367. 樂學軌範 (新) L174478−80
成俔等受命撰. 京城 古典刊行會 昭和8年(1933)刊(影印版). 9卷3冊. 27.3 × 17.3cm. 底本: [奎章閣藏]萬曆38年(1610)刊本.

368. 暗號 (新) L174337
1冊(14張). 寫本. 34.5 × 21cm. 内容: 한글과 漢字(部首別, 画數順)의 暗號的 対照表. L175218「隨身必要」도 비슷한 形式.

369. 盎葉記 (新) L174728
李徳懋撰. 2卷1冊(51張). 寫本. 23.6 × 15.1cm. 表紙:「讀園叢書」.

370. 野雲自警序 (新) L174836

高麗·覺牛述. 京畿道 龍仁 瑞峯寺 萬曆11年(1583)刊. 1冊(23張). 32.5 × 23.2cm. 四周單邊(/上下雙邊), 半郭24.8 × 19.1cm, 有界12行22字, 無魚尾. 刊記: 萬曆十年癸未八月 日京畿龍仁光教山瑞峯寺開.【萬曆十年은 十一年의 잘못.】版心題: 自警. 外題: 野雲自警文 全. L174626「誡初心學人文」, L174530「發心修行章」과 같은 판식.

371. 藥性歌 (新) L174819

康命吉奉教撰. 1冊(41, 10, 4張). 寫本. 30.4 × 22.2cm. 合寫: 單方, 聖痘方.

372. 梁琴新譜 (新) L174850

梁德壽撰. 任實縣 萬曆38年(1610)刊. 1冊(22張). 木版本. 28.7 × 20.2cm. 四周單邊, 半郭22.3 × 17.5cm, 行格不同, 上下花紋魚尾. 刊記: 任實縣開刊……萬曆庚戌. 外題: 琴譜 全.

373. 兩銓便攷 (新) L174848−9

高宗命撰. 乙丑[高宗2年(1865)]刊. 2卷2冊. 活字本(全史字). 30 × 19.9cm. 四周單邊, 半郭21.2 × 14.7cm, 有界10行20字, 上白魚尾.

374. 양풍운전[梁風雲傳] (新) L174851

1冊(20張). 木版本. 22.6 × 17.9cm. 四周單邊, 半郭20.2 × 15.7cm, 無界15行字數不同, 上花紋魚尾. 外題: 朝鮮古板諺文梁風雲傳.

❖ 語錄總覽 → 註解語錄總覽

375. 語錄解 (舊) L44526

鄭瀁編. 皇明紀元之丁酉(1657)跋刊. 1冊(29張). 木版本. 28.2 × 19.8cm. 四周雙邊, 半郭20.8 × 16.6cm, 無界9行字數不同, 白口上下花紋魚尾. 跋:「…皇明紀元之丁酉三月下澣志于屛山之縣齊」(그 밑에 墨書로「鄭瀁」이란 서명 있음). 附箋:「語錄解 第壱號 鄭瀁自署」. L44527과 同版.

376. 語錄解 (舊) L44527

鄭瀁編. 皇明紀元之丁酉(1657)跋刊. 1冊(29張). 木版本. 29.4 × 21.4cm. 四周雙邊, 半郭20.8 × 16.8cm, 無界9行字數不同, 白口上下花紋魚尾. 跋:「…皇明紀元之丁酉三月下澣志于屛山之縣齊」. 補寫(卷頭):「語錄彙編跋(宋俊[sic]吉(己酉))」. 附箋:「語錄解 第貳號」. L44526과 同版.

377. 語錄解 (舊) L44528

鄭瀁編. 1冊(凡例1, 28張). 寫本. 19.5 × 12.5cm. 附箋:「語錄解 第参號」.「凡例」는 L44530과 같음.

378. 語錄解 (舊) L44529

鄭瀁編. 1冊(40張). 寫本. 26 × 19.9cm. 外題:「語錄」. 附箋:「語錄解 第四號」.

379. 語錄解 (舊) L44530

南二星編. 1冊(目錄1, 凡例1, 31, 跋他6張). 寫本. 29.7 × 18.5cm. 跋: 宋浚吉(己酉). 附箋:「語錄解 第五號」.

380. 語類收錄 (新) L174489

1冊(38張). 寫本. 26.9 × 17.7cm. 內容: 物銘, 耳談, 東諺, 物名攷, 農家語類.

❖ 漁父歌 → 陶山十二曲

381. 於于野譚 (新) L174733−6

柳夢寅撰. 4冊. 寫本. 22.8 × 21.3cm. 卷頭:「於于野譚 公諱夢寅號於于本高興姓柳氏.」

382. 於于野譚 (新) L174737

[柳夢寅撰] 1冊(83張). 寫本. 29.3 × 21.1cm. 第1張, 2張右半葉缺. 表紙缺. 尾題:「於于野譚 卷之二」.

383. 御定奎章全韻 (新) L174484

正祖命編. 2卷1冊(義例1, 部目2, 上44, 下43張). 木版本. 23.3 × 14.4cm. 四周雙邊, 半郭15.9 × 10.6cm, 有界10行字數不同, 上白魚尾.

384. 御定奎章全韻 (新) L174485

正祖命編. 2卷1冊(義例1, 部目2, 上44, 下43張). 木版本. 29.9 × 20.1cm. 四周雙邊, 半郭21.3 × 15.5cm, 有界10行字數不同, 上白魚尾. 刊記(封面):「內閣原本 乙酉仲夏 □洞重刊」.

385. 御定奎章全韻 (舊) L44689

正祖命編. 美陽書坊 己丑(1889?)刊. 1冊(義例1, 部目2, 上36, 下36張). 木版本. 20 × 15.5cm. 四周雙邊, 半郭16.2 × 12.9cm, 有界12行20字(不同), 白口上黑魚尾. 封面:「悉依古本校正無訛/御定奎章全韻/美陽書坊梓行」. 卷末:「己丑五月 日 刊」.

386. 御定奎章全韻 (舊) L44690
正祖命編. 1冊(義例1, 部目2, 上44, 下43張). 木版本. 24.9 × 15.1cm. 四周雙邊, 半郭16.1 × 10.5cm, 有界10行20字(不同), 白口上白魚尾.

387. 御定詩韻 (舊) L42968
憲宗命撰. 憲宗12年(1846)刊. 2巻1冊(凡例1, 部目2, 44, 43張). 鉛印. 20.4 × 13.4cm. 四周雙邊, 半郭14.2 × 9.2cm, 有界10行20字, 白口上白魚尾. 封面題:「御筆/御定詩韻/硏經齋藏板」. 凡例:「上之十二年丙午…尹定鉉奉教謹識」.

388. 御製内訓 (新) L174515−7
昭惠王后編. [英祖12年(1736)頃刊]. 3巻3冊. 活字本(戊申字). 31.5 × 20.8cm. 四周單邊, 半郭24.6 × 16.9cm, 有界10行17字, 上下花紋魚尾.

389. 御製百行源 (新) L174490
英祖撰. 洪鳳漢等奉教編. [英祖41年(1765)刊] 1冊(21, 1張). 活字本(戊申字). 33.8 × 21.9cm. 四周雙邊, 半郭24.1 × 17.1cm, 有界10行17字, 上下花紋魚尾. 刊末: 芸閣活印諸道藏板.

❖ 御製四體清文鑑 → 四體清文鑑

390. 御製常訓諺解 (新) L174483
英祖撰. [英祖]乙丑(1745)刊. 1冊(目錄1, 45張). 活字本(戊申字). 36.1 × 22.7cm. 四周單邊, 半郭25.9 × 16.8cm, 有界10行18字, 上下花紋魚尾. 外題: 常訓諺解 全. 印記: 宣賜之記(内賜記缺).

❖ 御製諭大小臣僚及中外民人等斥邪綸音 → 諭大小臣僚及中外民人等斥邪綸音

❖ 御製諭咸鏡南北關大小民人等綸音 → 諭咸鏡南北關大小民人等綸音

391. 언간독[諺簡牘] (新) L174504
1冊(2, 30張). 木版本. 23.4 × 19.3cm. 四周單邊, 半郭20.3 × 17.5cm, 有界15行字數不同, 上花紋魚尾. 外題: 諺簡牘. 卷末記: 由洞新刊.

392. 言文 (舊) L44699
池錫永著. 漢城 廣學書舖 隆熙3年(1909)刊. 1冊(2, 2, 171, 36頁). 鉛印. 22.5 × 15.4cm.

393. 諺文 (新) L174710
中村庄次郎寫 明治9年(1876)寫本. 1冊(15, 4張). 24.2 × 16.5cm. 假綴.

合綴: 朝鮮信使一行會飛鳥山渋澤氏別業席上筆話. 巻末記(小倉):「中村庄次郎翁より寄贈/昭和七年八月 進平」.

394. (校刊柳氏)諺文志 (新) L174730
柳僖撰 金九經校. 金九經 甲戌(1934)序刊(鉛印). 1冊(序4, 刊誤表1, 23張). 24.8 × 14.9cm. (薑園叢書)【L175122 (同版, 別帙)과 圖書カード 共通】

395. (校刊柳氏)諺文志 (新) L175122
柳僖撰 金九經校. 金九經 甲戌(1934)序刊(鉛印). 1冊(序4, 刊誤表1, 23張). 24.8 × 14.9cm. (薑園叢書) 外題: 校刊柳氏諺文志.【L174730 (同版, 別帙)과 圖書カード 共通】

396. 諺文志 (新) L174731
柳僖撰. 京城 朝鮮語學會 昭和13年(1938)刊(鉛印). 1冊(4, 19頁). 22.1 × 15.1cm. 洋装·假綴. 附(卷頭):「諺文志」解題(李熙昇), 柳僖先生略傳(李萬珪).

397. 諺文志(蕙珊仙舫藏) (新) L174729
柳僖撰 小倉進平寫. 昭和5年(1930)寫本. 1冊(17張). 27.9 × 19.3cm. 識語(卷末):「庚午春覃山借来謄出一篇 壬戌正月裝潢」. 識語(小倉):「今西龍氏藏本ニヨリ謄寫ス」.

- 諺解圖像童文先習 → 童文先習
- 諺解痘瘡集要 → 痘瘡集要
- 諺解胎産集要 → 胎産集要

398. 麗本 諺文·梵文·和解 (新) L174449
日本·行智訓釋. 天保5年(1834). 小倉進平寫本. 1冊(13張). 26.1 × 18.5cm. 底本: 明治12年(1879)転寫本.

399. 女四書(諺解) (舊) L44731
朴晩煥諺解. 瀛洲 丁未(1907)刊. 4卷2冊(序2, 序1, 19, 57; 28, 54, 跋1). 木版本. 32 × 20.8cm. 四周雙邊, 半郭21.2 × 16.1cm, 有界10行22字, 白口上下花紋魚尾. 跋: 田愚(丁未). 刊記:「瀛洲精舍/丁未刊板」.

400. 女四書(諺解) (舊) L44733
李德壽等受命譯 英祖12年(1736)刊. 4卷4冊(凡例1, 目錄2, 1, 序4, 2, 序6, 序4, 24; 38; 83; 73張). 活字本(戊申字). 31 × 21cm. 四周單邊,

半郭24.8 × 16.6cm, 有界10行17字, 白口上下花紋魚尾. 御製女四書序:「歲丙辰仲秋」. 卷四第一張落張. 版心張次에 混亂 있음.

401. 輿載撮要 (新) L174829
[吳宖默編] [學部編輯局 1886~7年頃刊] 1冊(83張). 木版本. 30.6 × 19.3cm. 四周單邊, 半郭19.9 × 13.3cm, 有界10行26字, 上花紋魚尾.

❖ 女唱類聚 → [合刻] 歌曲源流(L174549)

402. 譯科榜目 (新) L174834−5
[高祖朝刊] 2卷2冊. 活字本(筆書體鉄活字). 33.6 × 22.4cm. 四周單邊, 半郭25.1 × 17.8cm, 有界10行, 上黑魚尾. 弘治11年(1498)~光緒5年(1879).

403. 歷史輯略 (新) L174837−9
金澤榮撰. [學部]編輯局 光武9年(1905)刊(鉛印). 11卷3冊. 24.5 × 17.5cm.

404. 譯語類解 (新) L174827−8
[愼以行等編 金弘喆補] 1卷 補編1卷, 2冊. 寫本. 23.4 × 18.3cm. 外題: 譯解.

405. 譯語類解 (舊) L44536
[閔相國命編] 金弘喆補. 乙未(1775)刊. 2卷+補卷 3冊(69; 54; 62, 目錄1張). 木版本. 33.2 × 21.9cm. 四周單邊, 半郭22.5 × 17.7cm, 有界10行23字, 白口上下花紋魚尾. 跋(補卷末): 金弘喆(乙未). 識語(表紙뒷면):「趙榮淳」.

406. 譯語類解 (舊) L44537
[閔相國命編] 金弘喆補. 乙未(1775)刊. 卷上, 補卷(零本) 2冊(69; 目錄1, 62張). 木版本. 31.5 × 22.3cm. 四周雙邊, 半郭22 × 17.7cm, 有界10行23字, 白口上下花紋魚尾. 跋(補卷末): 金弘喆(乙未). L44536과 同版. 印記:「芝峰」.

407. 櫟翁稗說 (舊) L45574
東京 民友社 大正2年刊(影印版). 1冊(72張). 23.5 × 16cm. 底本:「養安院藏書」印 있음.

408. 練兵指南 (新) L174776
韓嶠編. 萬曆40年(1612)刊(後印?). 1冊(36張). 木版本. 32 × 23.1cm. 四周雙邊, 半郭21.3 × 19cm, 有界11行16字, 黑口上下黑魚尾(不同). 版心題: 練兵. 刻手記號(魚尾, 黑口).

409. 연암열하일긔[燕巖熱河日記] (舊) L44815
朴趾源撰. 2卷2冊(75; 59張). 寫本. 32.5 × 19.5cm. 外題:「熱河記」. 表記: 한글. 卷一末:「긔미ᄉ월 (己未四月…)」. 卷二末:「긔미팔월 (己未八月…)」.

410. 연힝녹[燕行錄] (舊) L45570
1冊(56張). 寫本. 29.6 × 18.4cm. 表記: 한글. 表紙(墨書):「光緒三年丁丑七月二十三日/연힝녹/燕行錄」. 卷末記:「뎡츅칠월이십삼일(丁丑七月二十三日…)」.

411. 연힝록[燕行錄] (舊) L45571
1冊(47張). 寫本. 23.5 × 18.4cm. 內容: 歌辭.

412. 燕行日錄 (舊) L45573
1冊(77張). 寫本. 30.7 × 19.2cm. 丁未(1787)七月十二日~戊申(1788)三月二十四日.

413. 열여춘향슈절가[烈女春香守節歌] (新) L174842
[多佳書舗 大正頃刊] 2卷1冊(45, 39張). 26.7 × 18.8cm. 外題: 열여춘향젼[烈女春香傳].

414. (燕巖外集)熱河日記 (新) L174691
朴趾源撰. 京城 朝鮮光文會 明治44年(1911)刊(鉛印). 1冊(目次4, 286頁). 21.6 × 15cm. 朝鮮叢書. 燕巖集卷之十七~四十二.

❖ 熱河日記 → 燕巖熱河日記

415. 艶夢謾釋 (新) L174506
守實先生註釋 黛山主人參校. 1冊(1, 45張). 寫本. 23 × 15.2cm. 內容: 西廂記語釈.【L174507『太上玄靈北斗本命延生眞經』과 같은 帙에 들어 있음.】

416. 念佛普勸文 (新) L174724
明衍集. 陜川 海印寺 乾隆41年(1776)刊. 1冊(2, 58, 9張). 木版本. 30.1 × 20.1cm. 四周單邊, 半郭18.9 × 16.5cm, 有界11行22字, 魚尾不同. 合綴: 王郎返魂傳(海印寺版後印). 外題: 普勸文. 口訣記入.

417. (朝鮮舊樂)靈山會像 (新) L174855
金仁湜編 趙彛淳校閱. 京城 朝鮮正樂傳習所 大正3年(1914)刊. 1冊(2, 5頁). 33.1 × 24cm. 洋装·假綴. 五線譜. 附錄: 한글歌詞.

418. 靈驗略抄 (新) L174841

豊基 哲菴 嘉靖29年(1550)刊(成化21年(1485)刊本 覆刻本), 昭和4年(1929)新印. 1冊(18, 3張). 木版本. 26.6 × 17.9cm. 四周單邊, 半郭17.3 × 12.3cm, 有界12行14字, 黑口上下黑魚尾. 刊記: 嘉靖二十九年庚戌四月日慶尚道豊基地小伯山哲菴開板. 版心題: 五大. 傍點 있음.

419. 靈驗略抄 (舊) L44752

[唐·不空奉詔譯] 刊年未詳. 1冊(35張). 木版本. 27.6 × 19.2cm. 四周單邊, 半郭17.3 × 13.2cm, 有界10行20字(不同), 白口上花紋魚尾. 卷頭題: 「觀世音菩薩靈驗略抄/大悲心陀羅尼」. 外題, 版心題: 「畫千手」.

420. 靈驗略抄 (舊) L44753

[唐·不空奉詔譯] 乾隆二十七年(1762)德山 伽耶寺刊. 1冊(14, 刊記2張). 木版本. 30.1 × 19.8cm. 四周單邊, 半郭22.3 × 15.6cm, 有界10行20字(不同), 白口上下黑魚尾. 版心題: 「千手」. 卷頭題: 「觀世音菩薩靈驗略抄/大悲心陀羅尼」. 刊記: 「乾隆二十七年壬午仲春忠清道德山伽耶山伽倻寺留版」. 陀羅尼: 傍點, △ 있음.

421. 靈驗略抄 (舊) L44754

[唐·不空奉詔譯] 普賢寺 雍正6年(1728)刊. 1冊(零本1~14, 34, 36張). 木版本. 24.1 × 19.3cm. 四周單邊, 半郭22.5 × 15.4cm, 有界10行20字, 白口上下黑魚尾(不同). 刊記: 「雍正六年戊申四月日刊鎭于香山普賢寺」. 卷頭題: 「觀世音菩薩靈驗略抄/大悲心陀羅尼」. 版心題: 「千手」. 陀羅尼: 傍點 있음. 施主名(欄外左右下部).

422. 禮記大文諺讀 (新) L174843−6

成三問等受命撰[懸吐]. 校書館 英祖43年(1767)刊. 卷2, 4~6 (零本), 4冊. 活字本(戊申字). 32.5 × 21.3cm. 四周雙邊, 半郭25 × 16.7cm, 有界10行18字, 上下花紋魚尾. 刊記: 校書館鑄字印出時丁亥夏六月 日. 外題: 禮記諺讀.

423. 禮記大文諺讀 (舊) L45041

[英祖43年(1767)刊?] 6卷6冊(80; 76; 75; 72; 70; 64張). 活字本(戊申字). 33.9 × 21.5cm. 四周雙邊, 半郭25 × 16.8cm, 有界10行18字, 白口上下花紋魚尾. 外題: 「禮讀」. 刊記: 「…令校書館鑄字印出時丁亥夏六月 日」. 內容: 漢文, 諺吐, 漢字音四聲註記.

424. 禮記集説大全 (新) L174738－48

元·陳澔集説 明·胡廣等奉勅纂. [朝鮮 刊] 卷1·2, 5~30 (零本), 11冊(2帙). 木版本. 31 × 20.9cm. 四周單邊, 半郭21.6 × 17.1cm, 有界12行24字, 上下花紋魚尾. 全30卷 중. 外題: 禮記. 口訣版刻(本文中).

425. 禮記集説大全 (新) L174758－71

元·陳澔集説 明·胡廣等奉勅纂. [16世紀中葉刊] 卷1~13, 17~30 (零本), 14冊(4帙). 木版本. 34.4 × 21.4cm. 四周雙邊, 半郭23.1 × 16.3cm, 有界10行22字, 上下三葉花紋魚尾(花紋 모양 不同, 刻手記號 있음). 全30卷 중. 한글口訣版刻(頭註). 口訣: △ 있음.

426. 禮念往生文 (新) L174840

1冊(102張). 木版本. 29.5 × 21cm. 四周雙邊, 半郭21 × 16.3cm, 無界11行21字, 上下花紋魚尾. 刻手名(版心下部). 施主名(欄外右側). 陀羅尼: 傍點(部分的).

427. 禮部玉篇 (舊) L44705

1冊(零本). 木版本(後印). 29.8 × 21.8cm. 四周雙邊, 半郭21.8 × 16.6cm, 有界12行16字(不同), 白口上下花紋魚尾. 版心題: 「禮部韻」. 卷頭10數張缺.

428. 五臺山上院寺重創勸善文 (舊) L44814

小倉進平 大正1年(1912)寫本. 1冊(6張). 27.1 × 19.7cm. 底本: 高橋亨氏寫本.

429. 五大眞言 (新) L174494

唐·不空奉詔譯. [嘉靖頃刊(成化21年(1485)刊本 覆刻版?)] 1冊(106, 跋2張). 木版本. 28 × 17.7cm. 四周雙邊, 半郭17.5 × 12.3cm, 有界8行字數不同, 黑口上下黑魚尾(/花紋魚尾). 版心題: 五大. 外題: 密教集. 附刻: 靈驗略抄(漢文). 傍點. 添附: 新印1張(異版, 識語「慶尚北道榮州郡 豊基面喜方寺藏版見本 昭和9年, 十月」(小倉)).

430. 五大眞言 (新) L174513

唐·不空奉詔譯. 新印. 1冊(23, 1張). 木版本. 27.1 × 17cm. 四周雙邊, 半郭17.1 × 12.2cm, 有界8行字數不同, 黑口上下黑魚尾. 版心題: 五大. 外題: 千手經 五大眞言. 陀羅尼: 傍點, △, ㅸ 있음.

431. (新編勸化風俗南北雅曲)伍倫全備記 (新) L174510－1

[明·丘濬(赤玉峯道人?)撰] 卷1·2, 2冊. 木版本. 32 × 22.3cm. 卷1第42

張缺. 四周單邊, 半郭20.2 × 14.9cm, 有界9行17字, 上下黑魚尾(不同). 外題: 伍倫全備 元·亨. 各卷末:「壬戌印置」(墨書). 印記: 教誨廳.

432. 伍倫全備諺解 (新) L174508－9
[明·丘濬(赤玉峯道人?)撰] 教誨廳諺解. [景宗]辛丑(1721)序. 卷1·2·5·6 (零本), 2冊. 木版本. 32 × 22.4cm. 四周單邊, 半郭24 × 18.4cm, 有界11行21字, 上下花紋魚尾. 外題: 伍解 元·利. 各卷末:「壬戌印置」(墨書). 印記: 教誨廳.

433. 五倫行實圖 (舊) L44700
[沈象圭等受命編. 哲宗10年(1859)刊(正祖21年(1797)刊本 覆刻版)] 5卷4冊(80; 85; 73; 88張). 木版本. 32.5 × 19.5cm. 四周雙邊, 半郭21.5 × 14.1cm, 有界10行20字, 白口上黑魚尾. 序: 御製綸音, 李晩秀. 印記:「東愚」.

434. 玉音 (舊) L42969
寫本. 1冊(105張). 24 × 15.8cm. 韻書. 書名은 外題에 의함.

435. 獄中花 春香傳 (舊) L44819
京城 玄公廉 大正15年(1926)刊. 1冊(157頁). 鉛印. 20.3 × 13.7cm. 洋裝.

436. 옥즁화 츈향젼[獄中花 春香傳] (舊) L44820
京城 玄公廉 大正14年(1925)刊(第3版). 1冊(157頁). 鉛印. 20.3 × 13.6cm. 洋裝. 外題:「특별 옥즁화 츈향젼(特別 獄中花 春香傳)」.

437. 獄中花(春香歌講演) (舊) L44849
朴基弘操(調？), 呂圭亨校閱, 朴勝玉譯. 1冊(85張). 寫本. 30.6 × 20.1cm. 表記: 한글, 漢字.

438. 玉纂 (新) L174487
卷12·13 (零本), 1冊(33, 33張). 活字本(傳陶活字). 26.4 × 18.7cm. 四周單邊, 半郭21.4 × 15.2cm, 有界17行23字(不同), 上下花紋魚尾(不同, 二重花紋 있음).

439. (九天應元雷聲普化天尊說)玉樞寶經 (新) L174493
寧邊 普賢寺 雍正11年(1733)刊(後印). 1冊(總45張, 圖15張, 他). 木版本. 31 × 27cm. 四周單邊, 半郭22 × 22.5cm, 無界10行17字, 上下花紋魚尾. 版心題: 玉樞. 圖2張: [雍正]丙辰年(1736)追刻. 第14, 55張缺.

440. 玉樞宝經 (新) L174486

金鶴淵寫. 憲宗6年(1840)寫本. 1冊(39張). 21.7 × 14.2cm. 卷末記: 崇禎後四庚子六月旬慶州后人金鶴淵謹書. 口訣記入.

❖ 玉篇 → 校訂玉篇, 排字禮部玉篇

441. 玉彙韻考 (舊) L44702

李景羽編. 崇禎紀元後三辛未(1751)序刊. 1冊(序1, 75張). 木版本. 33.1 × 22cm. 四周單邊, 半郭24.9 × 17.9cm, 有界, 白口上下花紋魚尾. 序末: 李景羽(崇禎紀元後三辛未). 跋: 沈鼎祖(上之十三年玄黓涒灘). 卷末記:「全城後人李景羽纂輯/悉直沈鼎祖刊書」.

442. 王郎返魂傳 (新) L174732

大邱 桐華寺 乾隆18年(1753)刊(海印寺刊本 覆刻版). 1冊(9, 刊記1, 合綴7張). 29.5 × 20cm. 四周雙邊, 半郭21.4 × 14.9cm, 有界9行20字(字數不同), 上下花紋魚尾. 刊記: 乾隆十八年十一月 日慶尚道大丘八公山桐華寺開刊. 版心題: 王郎傳. 施主名(欄外右側). 合綴: 臨終正念訣, 父母孝養文(新寧 修道寺 乾隆6年(1741)刊). 添附: 海印寺版新印. 陜川 海印寺刊, 昭和6年(1931)新印. 9枚. 29.5 × 49.7cm. 未綴. 四周單邊, 半郭20.6 × 14.8cm, 有界9行20字(字數不同), 上下花紋魚尾. 識語(小倉):「今西龍氏より寄贈 海印寺版」.【圖書番號 L174732는 같음, 圖書카드는 따로 있음.】

443. 倭讀要領 (新) L175121

太宰春臺撰. 江戸 須原屋新兵衛 享保13年(1728)刊. 3卷1冊(151張). 22.7 × 16cm. 外題: 和讀要領.

444. 倭語類解 上 (新) L175008

[洪舜明撰] 1冊(31張). 寫本. 23.9 × 21.3cm. 識語(卷末, 小倉):「中村庄次郎翁より寄贈 昭和七年八月 進平」.

445. 遼陵石刻集錄 (新) L175116−7

國立奉天圖書館編 奉天 奉天省公署印刷局 康德元年(1934)刊. 6卷附錄1卷, 2冊. 37.1 × 25.6cm.

446. (欽定)遼史語解 (新) L175088−9

清·乾隆46年勅撰. 江蘇書局 光緒4年(1878)刊. 10卷2冊. 27.6 × 17cm.【L175086−7「金史語解」, L175090−5「元史語解」와 같은 帙에 들어 있음.】

447. 龍歌故語箋 (新) L175120

前間恭作著. 東京 東洋文庫 大正13年(1924)刊. 1冊(145, 9頁). 26.1 × 15.5cm. 東洋文庫論叢 第二.

448. 龍歌故語箋 (舊) L42970

前間恭作著. 東洋文庫 大正13(1924)年刊. 1冊(緒言10, 145, 索引9頁). 26.2 × 15.4cm. 東洋文庫論叢 第二.

449. 龍龕手鏡 (新) L175118-9

遼·行均撰. 京城 京城帝國大學法文學部 昭和3~4年(1928~9)刊(影印版). 卷1·3·4 (零本) 2冊(2帙). 28.9 × 20.9cm. 底本: 卷1 (金剛山榆岾寺藏)高麗刊本, 卷3~4 (崔南善氏藏)高麗刊本. 附錄: 別冊解說(藤塚鄰: 26頁).

450. 龍龕手鏡 (舊) L44745

遼·行均撰. 瑞興 歸眞寺 嘉靖42年(1563)刊. 8卷8冊. 木版本. 後印. 37.8 × 25.5cm. 四周雙邊, 半郭26 × 19cm, 有界10行18字, 黑口上下黑魚尾. 序: 沙門智光(統和十五年丁酉(997)). 刊記: 「嘉靖四十二年高德山歸真寺開板」. 刻手名(黑口). 施主名(欄外左右下部).

❖ 용문젼[龍門傳] → [合刻] 소딕셩젼[蘇大成傳] (L174974)

451. 龍飛御天歌 (新) L175059

[鄭麟趾等受命撰] 油印本. 1冊(36張). 26.7 × 19.3cm. 假綴.

452. 龍飛御天歌 (舊) L44531

權踶等受命撰. [孝宗10年(1659)刊] 10卷10冊. 木版本. 35.8 × 23.2cm. 四周雙邊, 半郭24.8 × 17.6cm, 有界9行20字, 白口上下三葉花紋魚尾. 序: 鄭麟趾(正統十年). 跋: 崔恒(正統十二年). 印記:「厢庫」.

453. 龍飛御天歌 (舊) L44533

權踶等受命撰. 1冊(36張). 油印本. 26.2 × 18.9cm.

454. 龍飛御天歌大傳 (舊) L44532

癸亥(1923?)跋刊. 1冊(38, 附錄4, 跋1). 鉛印. 31 × 19.8cm. 附錄:「會盟籙」(國王李芳遠(太宗), 甲申). 跋:「癸亥八月上澣忠肅公十七孫在賢謹識」.

455. 慵齋叢話 (舊) L45575

成俔撰. 3卷3冊(70; 72; 69張). 油印本. 26 ×18.9cm. 無邊無界, 10行20字.

456. 牛痘新説 (新) L174482

池錫永纂. [高宗]乙酉(1885)序. 2卷1冊(序3, 上22, 下10, 圖1, 附2張). 24.6 × 15.5cm. 附錄: 牛痘行.

457. 우암선생계여서[尤庵先生戒女書] (舊) L44813

[宋時烈撰], 李在郁校註. 昭和14年(1939) 京城刊. 1冊(2, 2, 29頁). 鉛印. 18.8 × 12.9cm. 洋裝. 小倉進平藏書印缺.

458. 牛羊猪染疫病治療方 (新) L174481

小倉進平寫. 昭和4年(1929)寫本. 1冊(16張). 27.5 × 19.7cm. 識語(小倉):「右岡田信利氏所藏朝鮮活字本より謄寫」. 圖書寮本과의 朱校(昭和10年) 있음. 傍點 있음.

❖ 宇宙文芒 → 邵翰林評選挙業捷學宇宙文芒

459. 雲水壇 謌詞 (新) L175007

昆陽 棲鳳寺 順治16年(1659)刊. 1冊(34張). 木版本. 32 × 19.7cm. 四周單邊, 半郭19.9 × 15.5cm, 有界7行14字, 上下花紋魚尾. 刊記: 順治十六年己亥正月日昆陽郡鳳鳴山棲鳳寺留板. 版心題: 雲水. 施主名, 刻手名記載(欄外右側).

❖ 圓覺經(口訣) → 大方廣圓覺修多羅了義經(口訣)

460. (欽定)元史語解 (新) L175090−5

清·乾隆46年勅撰. 江蘇書局 光緒4年(1878)刊. 24卷6冊. 27.6 × 17cm. 【L175086−7「金史語解」, L175088−9「遼史語解」와 같은 帙에 들어 있음.】

461. 月印釋譜 (新) L174471

世祖編. 豊基 喜方寺 隆慶2年(1568)刊. 卷2 (零本), 1冊(86張). 木版本. 31.6 × 22.5cm. 合刻: 釋譜詳說序. 四周雙邊(不同), 半郭20.8 × 17.4cm, 有界7行16字(不同), 黑口上下黑魚尾. 傍點 있음.

462. 月印釋譜 (新) L174472−3

世祖編. 豊基 喜方寺 隆慶2年(1568)刊, 昭和4年(1929)新印. 卷1·2 (零本), 2冊. 木版本. 29.4 × 21cm. 四周雙邊(不同), 半郭20.3 × 17.4cm, 有界7行16字(不同), 黑口上下黑魚尾. 合刻: 世宗御製訓民正音, 釋譜詳說序, 月印釋譜序. 卷1: 第39, 40, 47, 48張缺. 傍點 있음.

463. 月印釋譜 (新) L174498

世祖編. 恩津 雙溪寺 隆慶3年(1569)刊. 卷21後半(零本). 1冊(圖2張,

113~222, 刊記1張). 木版本. 37.1 × 24cm. 四周單邊, 半郭21 × 17cm, 有界7行16字(不同), 黑口上下黑魚尾. 刊記: 隆慶三年己巳二月日忠清道寒山地……. 外題: 地藏經 坤. 刻手記號(版心). 傍點 있음.

464. 月印釋譜 (新) L174499
世祖編. 恩津 雙溪寺 隆慶3年(1569)刊. 卷21 (零本), 1冊(圖4, 222, 刊記1張). 木版本. 31.2 × 20.5cm. 四周單邊, 半郭20.8 × 17.4cm, 有界7行16字(不同), 黑口上下黑魚尾. 위의 L174498과 同版. 刻手記號(版心). 傍點 있음.

465. 月印釋譜 (新) L174500-3
世祖編. 安東 廣興寺 嘉靖21年(1542)刊(新印). 卷21 (零本), 4冊(222張) 30.5 × 22.6cm. 四周單邊, 半郭20.1 × 17.3cm, 有界7行16字(不同), 黑口上下黑魚尾. 刊記1張別刷添附: 嘉靖二十一年壬寅三月日慶尚道安東下柯山廣興寺開板. 傍點 있음.

466. 月印釋譜 (新) L174512
世祖編. 安東 廣興寺 嘉靖21年(1542)刊(新印). 卷21 (零本), 1冊(220張). 木版本. 30.2 × 23.5cm. 四周單邊, 半郭20.1 × 17.3cm, 有界7行16字(不同), 黑口上下黑魚尾. 위의 L174500-3과 同版. 末尾2張缺. 傍點 있음.

467. 月印釋譜 (舊) L31551
世祖編. 豊基 喜方寺 隆慶2年(1568)刊. 卷1(零本) 1冊. 31.8 × 22cm. 四周雙邊, 半郭20.3 × 17.1cm, 有界7行16字, 黑口上下黑魚尾. 合刻: 世宗御製訓民正音, 釋譜詳說序, 月印釋譜序. 第39, 40, 47, 48張缺. 傍點 있음.

468. 月印釋譜 (舊) L44847
世祖編. 天啓6年(1626)寫本. 卷21(零本) 1冊. 28 × 17.2cm. 識語(卷末):「天啓六年丙寅二月三十日白雲山獅子/菴住轉寫經七十餘老漢白雲僧草」. 外題:「地藏本行經」.

469. 酉年工夫 (新) L174706
[雨森芳洲編] 中村庄次郎寫 明治9年(1876)寫本. 1冊(58張). 23.7 × 16.2cm. 表記: 한글. 識語(卷末, 小倉):「中村庄次郎翁より寄贈/昭和七年八月 進平」.

470. (御製)諭大小臣僚及中外民人等斥邪綸音 (新) L174514
高宗撰. 光緖7年(1881)刊. 1冊(3, 諺解4張). 活字(壬辰字). 34.5 × 22.1cm. 四周單邊, 半郭25 × 17.1cm, 有界10行18字(諺解12行22字), 上花紋魚尾. 外題: 斥邪綸音. 印記: 奎章之寶(內賜記缺).

471. (御製)諭大小臣僚及中外民人等斥邪綸音 (新) L174822
高宗撰. 光緖7年(1881)刊. 1冊(3, 諺解4張). 活字本(壬辰字). 33.6 × 21.8cm. 四周單邊, 半郭25 × 17.1cm, 有界10行18字(諺解12行22字), 上花紋魚尾. 外題: 綸音斥邪. 內賜記: 光緖七年十月 日司饔直長張大森內賜斥邪綸音一件……. 印記: 奎章之寶.

472. 幼蒙先習 (新) L174830
1冊(18張). 木版本. 25.7 × 18.3cm. 四周單邊, 半郭21.3 × 15.1cm, 無界9行17字, 無魚尾.

473. 牖蒙彙編 (新) L174825−6
[學部編輯局編] [光武9年(1905)刊] 2卷1冊, 2部(各17張, 別帙). 活字本(學部印書體字). 木版本. 28.1 × 18.2cm. 四周單邊, 半郭21.6 × 14.3cm, 有界10行20字, 上花紋魚尾.

474. 儒胥必知 (新) L175214
1冊(4, 52張). 木版本. 25.1 × 17.7cm. 四周單邊, 半郭22.3 × 14.6cm, 有界12行22字, 上下花紋魚尾.

475. 儒胥必知 (新) L175215
1冊(4, 52張). 木版本. 29 × 20.6cm. L175214와 同版.

476. 儒胥必知 (新) L175216
1冊(4, 52張). 木版本. 24 × 18.1cm. L175214와 同版. 印記: 篠田藏書.

477. 儒胥必知 (新) L175217
1冊(4, 52張). 木版本. 29.5 × 18.8cm. L175214와 同版.

478. 諭諸道道臣綸音 (新) L174824
正祖撰. [全州]完營 乾隆59年(1794)刊. 1冊(35張). 木版本. 37.5 × 23.7cm. 左右雙邊·上下單邊, 半郭24.8 × 17.2cm, 有界10行18字, 上花紋魚尾. 刊記(第4張末): 完營刊印. 合刻: 慰諭湖南六邑民人綸音, 湖南鐲惠總錄.

479. 諭中外大小民人等斥邪綸音 (新) L174820
憲宗撰. 道光19年(1839)刊. 1冊(7, 諺解9張). 木版本. 33.2 × 21cm. 四

周單邊, 半郭25.1 × 17cm, 有界10行18字(諺解12行22字), 上下花紋魚尾(不同). 外題: 御定斥邪文. 識語(卷末):「大明崇禎紀元後歲次壬寅七月……趙寅永謹識」. 印記: 篠田藏書.

480. 諭中外大小民人等斥邪綸音 (新) L174831
憲宗撰. 道光19年(1839)刊. 1冊(7, 諺解9張). 活字本(壬辰字). 35.6 × 23.3cm. 四周單邊, 半郭25.1 × 16.9cm, 有界10行18字(諺解12行22字), 上花紋魚尾. 外題: 內賜斥邪綸音. 內賜記: 道光十九年十一月 日內賜直提學金興根斥邪綸音一件……. 印記: 奎章之寶.

481. 諭中外大小臣庶綸音 (新) L174821
正祖撰. 乾隆47年(1782)刊. 1冊(9, 17, 3張). 木版本. 34.9 × 22.2cm. 四周單邊, 半郭24.8 × 17cm, 有界10行18字, 上花紋魚尾. 附刻: 崇儒重道綸音.

482. 유충열전[劉忠烈傳] (新) L174847
[多佳書舖 大正頃刊] 2卷1冊(39, 47張). 木版本. 26.6 × 18.7cm.

483. 幼學字聚 (新) L174832
尹致昊著. 金相萬 隆熙3年(1909)刊. 1冊(39張). 25.5 × 16cm.

484. (御製)諭咸鏡南北關大小民人等綸音 (新) L174823
正祖撰. 乾隆53年(1788)刊. 1冊(9張). 活字本(壬辰字). 35.3 × 22.8cm. 四周單邊, 半郭24.8 × 17.2cm, 有界10行18字, 上花紋魚尾. 外題: 北道蠲減綸音. 內賜記: 乾隆五十三年十月初八日 內賜安邊府使朴宗來諭北道綸音一件……. 印記: 奎章之寶.

485. 類合 (新) L174852
釋王寺(藏板)刊, 昭和4年(1929)新印. 1冊(38張). 木版本. 26.1 × 19.4cm. 四周單邊, 半郭21.3 × 15.4cm, 無界4行5字(大字), 魚尾不同.

486. 類合 (新) L174853
全州 安心寺刊, 昭和7年(1932)新印. 1冊(25張). 木版本. 31.1 × 21.6cm. 四周單邊, 半郭22.2 × 18.9cm, 有界5行6字(大字), 上下黑魚尾. 第3~4, 6張破損.

487. 類合 (新) L174854
1冊(22張). 木版本. 29.3 × 19.6cm. 四周單邊, 半郭21.4 × 17.8cm, 有界6行6字(大字), 上下黑魚尾. 刊記: 武橋新刊.

488. 六經合部 (新) L174757
楊州 佛巖寺 [正祖] 19, 21年(1795, 7)刊. 1冊(圖2, 52張). 木版本. 32.2 × 20.9cm. 四周雙邊, 半郭21.4 × 15.9cm, 有界11行22字, 上下花紋魚尾. 書名은 外題에 의함. 內容: 佛說天地八陽神呪經(唐·義淨奉詔譯), 佛說竈王經, 佛說明堂神經, 佛說安宅神呪經, 佛說長壽滅罪護諸童子陀羅尼經(唐·佛陀波利奉詔譯), 佛說十二摩訶般若波羅蜜多經.

489. 육미당기[六美堂記] (新) L174754－6
[徐有英作] 3卷3冊. 寫本. 31.9 × 22.3cm. 外題: 六美堂. 表記: 한글.

❖ 栗谷先生全書外編 → 醇言

490. 醫藥 (新) L174505
1冊(29張). 寫本. 28 × 25.2cm.

491. 医學語彙(假題) (新) L174709
1冊(23張). 寫本. 24.5 × 16.3cm. 假綴. 識語(卷末, 小倉):「中村庄次郎翁より寄贈/昭和七年八月 進平」.

492. 耳談續纂 (新) L175201
丁若鏞輯. 好古堂(藏板) 嘉慶25年(1820)序. 1冊(18張). 19.2 × 14.9cm. 四周單邊, 半郭16.8 × 12.5cm, 有界11行20字, 上白魚尾. (與猶堂書種)

493. 耳談續纂 (新) L175202－3
丁[若]鏞輯. 梁在謇釋. 京城 廣學書舖 隆熙2年(1908)刊(鉛印). 2部2冊(各40頁, 同帙入). 22.5 × 15.5cm. 洋裝·假綴. 附錄: 拾遺(劉松田選梁在謇釋).

494. 니대봉젼[李大鳳傳] (新) L174774
[多佳書舖 大正頃刊] 2卷1冊(45, 38張). 木版本. 26.7 × 18.5cm.

495. 吏道 (舊) L4817548920
大正5年(1916)寫本. 1冊(76張). 27 × 19.4cm. 卷末記:「大正五年十二月寫」. 펜으로 쓴 註釈 있음.【2007年2月 圖書登錄】

496. 二倫行實圖 (新) L174727
曺伸撰. [大邱]嶺營 [英祖]庚戌(1730)刊. 1冊(55張). 37 × 21.9cm. 四周雙邊, 半郭23.3 × 16.4cm, 有界13行22字(序: 10行18字, 欄上諺解: 無界18行11字), 上下花紋魚尾. 刊記(卷末): 庚戌六月嶺營開刊.

497. 爾雅 (舊) L45580
晋·郭璞註. 10卷2冊(108; 105張). 寫本. 24.3 × 15.7cm. 四針眼釘法. 有界10行20字.

498. 易言(諺解) (舊) L45033
清·鄭觀應撰, [金弘集譯]. [1883年頃刊] 4卷4冊. 活字本(整理字). 32.1 × 20.1cm. 四周單邊, 半郭22.3 × 15.2cm, 有界10行20字, 上白魚尾. 序: 王韜(光緒1年(1875)), 鄭觀應(光緒1年(1875)). 跋: 王韜(光緒6年(1880)).

499. 니젹션ᄉ젹[李謫仙事蹟] (新) L175275
1冊(38張). 寫本. 28.5 × 19cm. 假綴. 表記: 한글.

500. 니희룡젼[李海龍傳] (舊) L44826
1冊(20張). 木版本. 22 × 17.3cm. 四周單邊, 半郭19 × 15.7cm, 無界15行字數不同, 白口上花紋魚尾. 版心題:「니」.

501. 人蔘神草 (新) L175208
今村鞆編. 京城 朝鮮總督府專賣局 昭和8年(1933)刊. 1冊(圖1, 30, 圖3張). 22.5 × 15.2cm.

502. (訂正)隣語大方 (舊) L44695
浦瀨裕校正增補, 寶迫繁勝印刷. 外務省藏板 明治15年(1882)刊. 9卷3冊. 25.9 × 18.3cm.

503. 隣語大方 (新) L174711
1冊(5張). 寫本. 24.1 × 15cm. 假綴. 外題: 隣語. 識語(卷末, 小倉):「中村庄次郎翁より寄贈/昭和七年八月 進平」.

504. 日鮮日常會話(假題) (新) L174707
1冊(3張). 寫本. 27.7 × 19.8cm. 假綴. 識語(卷末, 小倉):「中村庄次郎翁より寄贈/昭和七年八月 進平」.

505. 日韓善隣通語 卷之下 (新) L174722
寶迫繁勝著. 浅江村(山口県) 寶迫繁勝 明治14年(1881)刊. 1冊(29張). 23.2 × 15.4cm.【L175097 (同版)과 圖書カード 共通.】

506. 日韓善隣通語 卷之下 (新) L175097
寶迫繁勝著. 浅江村(山口県) 寶迫繁勝 明治14年(1881)刊. 1冊(29張). 23.2 × 15.4cm. 한글로 日本語単語의 音寫 記入.【L174722 (同版)과 圖書カード 共通.】

507. 林慶業傳 (新) L174775

[東京] 外務省 明治14年(1881)刊(鉛印). 1冊(56張). 26.2 × 19.3cm. 識語(小倉):「中村庄次郎翁より寄贈 昭和七年八月 進平」.

508. 님장군젼[林將軍傳] (舊) L44825

丁亥(1887?)刊. 1冊(20張). 木版本. 22.6 × 18.9cm. 四周單邊, 半郭 20.3 × 16.2cm, 無界15行字數不同, 白口上黑魚尾(不同). 刊記:「丁亥孟冬」. 表記: 한글.

[ㅈ]

509. 字鑑 (新) L175200

元·李文仲編. [中國 刊] 卷3~5 (零本) 1冊. 29.7 × 18cm. 表紙缺. 印記: 學部圖書, 編輯局保管.

510. 字類 (新) L175205

1冊(16張). 精寫本. 36.8 × 27cm. 料紙: 朱界를 친 彩色 厚紙.

511. 字音正譌 (新) L175199

1冊(14張). 精寫本. 28.5 × 18.4cm. 卷末記:「……時癸丑秋孟」.

512. 字典釋要 (新) L175123

池錫永撰. 京城 匯東書館 隆熙3年(1909)初版, 明治44年(1911)四版. 2卷1冊(228張). 19.9 × 13.4cm.

513. 字恤典則 (新) L175207

正祖命編. 癸卯[正祖7年(1783)]刊. 1冊(6, 9張). 活字本(丁酉字). 32.7 × 21cm. 四周單邊, 半郭25 × 17cm, 有界10行18字, 上花紋魚尾. 刊記: 癸卯活印 中外藏板. 印記: 奎章之寶. 內賜記: 內賜伊川府 上.

514. 蠶桑撮要 (新) L174874

李祐珪輯. 青鶴館 光緒10年(1884)序. 1冊(39張). 木版本. 27 × 17.3cm. 四周雙邊, 半郭19 × 13.3cm, 有界12行24字, 上黑魚尾.

515. 蠶桑撮要 (新) L174903

李祐珪輯. 寫本(카본). 1冊(44張). 26.9 × 19.6cm. 底本: 光緒10年(1884)青鶴館主序刊本.

516. 雜攷 (新) L175219−30

鮎貝房之進. 京城 鮎貝房之進 昭和6~13年(1931~38)刊. 12冊(3帙). 23.7 × 15.2cm. 内容: 第1輯 新羅王位號, 並に追封王號に就きて, 第2輯(上下) 日本の韓, 新羅, 任那, 百濟, 高麗, 漢, 呉, 秦等の古訓に就きて, 第3輯 俗字攷 附俗訓字, 俗音字, 第4輯 花郎攷, 第5輯 白丁, 附水尺, 禾尺, 楊水尺. 別錄: 茶の話, 第6輯(上下) 俗文攷 附書年月日例, 第7輯(上下) 日本書紀朝鮮地名攷, 第8輯 姓氏攷及族姓攷, 第9輯 奴婢攷及倡優攷, 雜技.

517. 댱경젼[張景傳] (舊) L44830
1冊(25張). 木版本. 23.5 × 19cm. 四周單邊, 半郭21.1 × 17cm, 無界15行字數不同, 白口上花紋魚尾. 版心題:「댱」. 印記:「平塚藏書」.

518. 長語 (新) L174447－8
2冊. 寫本. 31.1 × 20.4cm. 別題: 長話. 内容: 三字經, 亜細亜言語集, 官話指南. L174788「短語」과 僚卷. 印記: 學部圖書, 編輯局保管.

519. 장풍운젼[張風雲傳] (新) L174446
全州郡 多佳町 多佳書舖(梁珍泰) 大正5年(1916)刊. 1冊(39張). 木版本. 26.3 × 18.7cm. 表記: 한글.

520. 장한절효긔[張韓節孝記] (新) L174445
京城 翰南書林 大正9年(1920)刊. 1冊(29張). 25.1 × 19.6cm. 洋紙. 卷末記: 紅樹洞新刊. 表記: 한글.

521. 再刊交隣須知 (舊) L44698
雨森芳洲編, 浦瀨裕校正增補. 外務省藏版 明治16(1883)年印. 4卷4冊(緖言4, 凡例3, 59; 57; 61; 55, 附記1張). 鉛印. 25.3 × 17.9cm. 緖言: 浦瀨裕, 蔡奎庠. 正誤表(各卷末).

522. 才物譜 (新) L174866－73
李晩永編. 8卷8冊. 精寫本. 35.5 × 21.8cm.

523. 在山樓書目 (新) L174667
前間恭作編. 小倉進平寫. 明治44年(1911)寫本. 1冊(28張). 27.3 × 19.7cm. 假綴. 内容: 前間恭作氏所藏朝鮮本目錄.

524. 젹셩의젼[翟成義傳] (舊) L44832
1冊(19張). 木版本. 26.5 × 18.5cm. 四周單邊, 半郭19.9 × 15.2cm, 無界15行字數不同, 白口上花紋魚尾. 刊記:「안셩동문이신판 (安城…新版)」. 版心題:「젹」.

525. 젹셩의젼[翟成義傳] (舊) L44833

白斗鏞編集發行. 京城 翰南書林 大正9年(1920)刊. 1冊(23張). 木版本. 25.9 × 20.1cm. 四周單邊, 半郭21.3 × 17.6cm, 無界14行字數不同, 白口上花紋魚尾. 版心題:「젹」.

526. 剪燈新話句解 (新) L174923－4

明·瞿佑著 朝鮮·尹春年訂正 林芑集釋. 2卷2冊. 木版本. 26.4 × 19cm. 四周單邊, 半郭23.3 × 15.8cm, 有界11行20字, 上下花紋魚尾. 上卷, 口訣記入(朱筆).

527. 剪燈新話句解 (新) L175066－7

明·瞿佑著 朝鮮·尹春年訂正 林芑集釋. 2卷2冊. 木版本(後印). 29 × 19.3cm. 四周單邊, 半郭23.2 × 16cm, 有界11行20字, 上下花紋魚尾.

528. 全韻玉篇 (新) L175256－7

春坊(藏板) 己卯[純祖19年(1819)]刊. 2卷2冊. 木版本. 28.7 × 19cm. 四周雙邊, 半郭21 × 15.2cm, 有界10行, 上黑魚尾.

529. 全韻玉篇 (新) L175258－9

2卷2冊. 木版本. 30.2 × 20.4cm. 四周雙邊, 半郭20.7 × 16.1cm, 有界11行, 上黑魚尾. 印記: 篠田藏書.

530. 篆韻便覧 (舊) L44701

景惟謙撰. 孝宗2年(1651)跋刊. 1冊(序2, 17, 4, 1, 7, 4, 22, 7, 12, 跋3張). 木版本. 28.5 × 21.3cm. 四周雙邊(不同), 半郭22.1 × 16.8cm, 有界7行12字(不同), 白口上下花紋魚尾(不同). 序:「己丑春三月……呂爾徵序」. 跋:「辛卯六月下澣副司果臣[景]惟謙謹跋」(「景」字破損).

531. 典律通補 (新) L174814－8

[具允明編] 5卷5冊. 精寫本. 31.8 × 20.7cm. 外題: 典律.

532. 鄭鑑錄 (舊) L44768

大正2年(1913)油印. 1冊(解題6, 45張). 26.2 × 18.2cm. 識語(卷末):「右鮎貝房之進氏藏本ニヨリ複寫ス/大正二年三月」.

533. 鄭鑑錄 (舊) L44771

1冊(解題6, 46張). 油印本. 27.1 × 19.4cm. 假綴. 解題:「大正二年二月/漢城ニ於テ 鮎貝房之進 識」.

534. 뎡슈졍젼[鄭秀貞傳] (舊) L44831

1冊(17張). 木版本. 28.1 × 18cm. 四周單邊, 半郭20.1 × 15.3cm, 無界15行字數不同, 白口上下黑魚尾. 版心題:「뎡」.

535. (首書讀法)庭訓往來具注鈔 (新) L175125
蔀關牛著. 大阪 河内屋太助等 弘化3年(1846)刊. 1冊(1, 87張). 25.5 × 17.9cm. 冠称은 封面, 外題에 의함. 初刊: 天保5年(1834).

536. 諸般文 (舊) L44757
1冊(零本). 木版本. 32 × 22.9cm. 四周單邊, 半郭24.2 × 17.7cm, 有界8行16字(不同), 白口上下花紋魚尾. 卷頭數十張缺. 施主名(欄外左右下部). 表紙右肩:「附懶翁和尚發願文」.

❖ 諸般文 → 請文

537. 濟嬰新編 (新) L174864
李在夏纂 姜海遠訂. [大邱]嶺營牛痘局 [高宗] 26年(1889)刊. 2卷1冊(序2, 上14, 下13張). 木版本. 27.8 × 20.2cm. 四周單邊, 半郭22.1 × 16.4cm, 有界11行21字, 上花紋魚尾. 外題: 牛痘新書 單.

538. 濟嬰新論 (新) L174865
朴華鎭·趙鼎國·李鉉有著. [漢城]內部衛生局 光武6年(1902)刊(鉛印). 2卷1冊(76頁). 28 × 18.3cm. 外題: 濟嬰新編 全.

539. 濟州島俚謠 (舊) L44818
1冊(15張). 油印本. 27.5 × 19.7cm. 假綴. 識語(卷末, 小倉):「大正五年高橋亨氏採集」.

540. 濟衆新編 (新) L174859−63
康命吉奉敎撰. 己未[正祖23年(1799)]序跋. 8卷 目錄1卷, 5冊. 木版本. 33.9 × 22.4cm. 四周雙邊, 半郭23.2 × 16.6cm, 有界10行21字, 上花紋魚尾.

541. 죠군령적지[竈君靈蹟誌] (新) L175272
金瑎撰. 光緖7年(1881)刊. 1冊(45張). 木版本. 21.2 × 14.4cm. 四周雙邊, 半郭16.7 × 11.1cm, 有界10行20字, 上黑魚尾.

542. 俎豆錄 (新) L174976
[正祖命撰] 1冊(34張). 木版本. 27.5 × 16.8cm. 四周單邊, 半郭19.2 × 13.7cm, 有界11行22字, 上黑魚尾.

543. 造像經 (新) L175185

尚州 金龍寺 乾隆11年(1746)刊. 1冊(16, 28張). 木版本. 28 × 18.8cm. 四周單邊, 半郭18.5 × 15.3cm, 有界9行20字, 上下花紋魚尾. 刊記: 乾隆十一年丙寅四月日慶尚右道尚州地雲達山金龍寺開板. 内題: 大藏一覧經 造像品 十四則. 版心題: 造像. 合刻: 佛説佛母般若波羅蜜多大明觀想儀軌, 諸佛菩薩腹藏壇儀式. 口訣記入. 陀羅尼: 傍點, △, ㅸ 있음.

544. 造像經 (新) L175186

金剛山 楡岾寺(藏板) 道光4年(1824)刊. 1冊(序7, 1, 57, 跋9張). 木版本. 32.1 × 21cm. 四周單邊, 半郭22.1 × 15.9cm, 有界10行20字, 上下花紋魚尾(不同). 刊記: 道光四年甲申六月 日金剛山楡岾寺藏板. 内題: 大藏一覧經 造像品 十五則. 合刻: 諸佛菩薩腹藏壇儀式, 他.

545. 造像經 (新) L175187

興陽 楞伽寺 康熙36年(1697)刊. 1冊(11, 27張). 木版本. 30.4 × 19.9cm. 四周單邊, 半郭20 × 15.3cm, 有界9行20字, 上下花紋魚尾(不同). 刊記: 康熙三十六年歳次丁丑正月日全羅道興陽八影山楞伽寺開板. 内題: 大藏一覧經 造像品 十四則. 版心題: 造像. 合刻: 諸佛菩薩腹藏壇儀式. 陀羅尼: 傍點, △ 있음.

546. 造像經 (新) L175188

興陽 楞伽寺 康熙36年(1697)刊. 1冊(11, 27, 7張). 木版本. 30.4 × 20.3cm. L175187과 同版. 合刻: 佛説佛母般若波羅蜜多大明觀想儀軌. 外題: 造像功徳經.

547. 朝鮮官品 並 李姓ヨリノ歴史記 (新) L174704

中村庄次郎寫 明治9年(1876)寫本. 1冊(26張). 24.1 × 16.5cm. 假綴. 識語(巻末, 小倉):「中村庄次郎翁より寄贈/昭和七年八月 進平」.

548. 朝鮮服制法 (新) L174702

文政9年(1826)寫本. 1冊(4張, 圖). 23.5 × 16.5cm. 別紙2枚添附. 識語(巻末, 小倉):「中村庄次郎翁より寄贈/昭和七年八月 進平」.

549. 朝鮮賦 (舊) L45034

朝鮮史編修會編. 昭和12年(1937)刊. 1冊(30, 解説5張). 影印版. 26 × 15.3cm. 朝鮮史料叢刊 第十五.

550. 朝鮮司譯院日滿蒙語學書斷簡 (舊) L44540

京都帝國大學 大正7年(1918)新刷. 1冊(57張). 29.1 × 21.6cm. 附錄:

解說(新村出, 11頁).

551. 朝鮮語と滿洲語蒙古語との関係 (新) L175101
金澤庄三郎著. 自筆稿本. 1冊(34枚). 26.9 × 19.3cm. 附添: 語彙集(鉛筆書15枚1綴6.3 × 18.2cm).

552. 朝鮮語の調査中動詞形容詞に関する事項 (新) L175100
金澤庄三郎著. 自筆稿本. 1冊(26枚). 27 × 19.4cm.

553. 朝鮮語調査會議(資料) (新) L175058
[朝鮮總督府學務局主催 明治44~45年] 12冊. 油印. 28.3 × 20cm. 假綴. 內容: 朝鮮語調査會議々事錄 第1~5回(第2回는 2部 있음), 朝鮮語調査會議研究事項 第2~3回, 朝鮮語調査會議에 관한 報告原案, 第2回諺文假名遣法研究會々議事項, 無題(7委員意見対照表各種), 朝鮮語調査會議ノ決議ニ對スル意見(金澤庄三郎).

554. 朝鮮語彙(假題) (新) L174708
1冊(14張). 寫本. 24.2 × 16.5cm. 假綴. 識語(卷末, 小倉):「中村庄次郎翁より寄贈/昭和七年八月 進平」.

555. 朝鮮沿革論 (新) L174701
筑水撰. 中村庄次郎寫 明治9年(1876)寫本. 1冊(8張). 24.2 × 16.5cm. 假綴. 識語(卷末, 小倉):「中村庄次郎翁より寄贈/昭和七年八月 進平」.

556. 朝鮮人物號譜 (新) L174443-4
李憲求編. 京城 文化書館 大正13年(1924)刊(鉛印). 2卷2冊. 23.4 × 16.7cm.

557. 朝鮮策略 (新) L174700
清·黃遵憲撰. 1冊(17張). 寫本. 21.1 × 17.1cm. 識語(卷末, 小倉):「中村庄次郎翁より寄贈/昭和七年八月 進平」.

558. 朝鮮活字 (舊) L44766
朝鮮總督府. 1冊(13張). 34.9 × 22.4cm. 添附: 解說(油印, 2張)「朝鮮活字ノ沿革並ニ印刷法」.

559. 됴웅젼[趙雄傳] (新) L174439
[多佳書舖 大正頃刊] 3卷1冊(30, 30, 32張). 木版本. 26.2 × 18.6cm. 表記: 한글.

560. 됴웅젼[趙雄傳] (新) L174440-2
3卷3冊. 木版本. 28.7 × 19.2cm. 四周單邊, 半郭20.5 × 16.3cm, 無界

15行字數不同, 版心不同. 刊記: 完山新刊壬辰(卷上末尾),「임진완산 신판이라」(卷3末尾). 表記: 한글.

561. 됴웅젼[趙雄傳] (舊) L44824
1冊(20張). 木版本. 23 × 17.3cm. 四周單邊, 半郭20.3 × 15.6cm, 無界15行字數不同, 白口上黑魚尾.

562. 趙熊傳[趙雄傳] (新) L174438
3卷1冊(80張). 寫本. 27 × 21.3cm. 識語(卷末):「壬子十一月 日 全南宝城郡……」. 表記: 漢字, 한글.

563. 種藷譜 (新) L175016
徐有榘輯. [純祖] 34年(1834)序. 1冊(序2, 26張). 活字本(지겟다리획印書體字). 29.6 × 19cm. 左右雙邊·上下單邊, 半郭20.2 × 13.8cm, 有界10行19字, 黑口, 無魚尾. 識語(小倉):「私藏寫本「勸農文」(實は農家集成)卷末に「甘藷取種法」を載す」.

564. 註釋白眉故事 (舊) L45579
明·許以忠集, 鄧志謨校. [高宗朝刊] 10卷5冊. 木版本. 19.4 × 15cm. 四周雙邊(不同), 半郭16.7 × 12.2cm, 有界10行25字, 白口上下三葉花紋魚尾.

565. 註解千字文 (新) L174420
梁·周興嗣撰. 刊年未詳. 1冊(32張). 木版本. 33.7 × 23.7cm. 四周單邊, 半郭22.7 × 17cm, 有界4行4字(大字), 上下花紋魚尾. 版心題: 註解千字. 外題: 千字文. 다음 L174421, L174422과 異版.

566. 註解千字文 (新) L174421
梁·周興嗣撰. 洪泰運書. 京城 廣通坊 純祖4年(1804)刊. 1冊(42張). 木版本. 27.4 × 19.5cm. 四周單邊, 半郭24.4 × 17.3cm, 有界3行4字(大字), 上黑魚尾. 版心題: 千字文.

567. 註解千字文 (新) L174422
梁·周興嗣撰. 洪泰運書. 京城 廣通坊 純祖4年(1804)刊. 1冊(42張). 木版本. 29.3 × 21cm. 위의 L174421과 同版.

568. 註解千字文 (新) L174436
梁·周興嗣撰. 刊年未詳. 1冊(32張). 木版本. 30.3 × 20.3cm. L174420과 同版. 外題: 朝鮮註解千字文. 識語(卷末, 小倉):「中村庄次郎翁より寄贈 昭和七年八月 進平」.

569. 周易本義 (新) L175014-5
宋·朱熹撰. 2卷2冊. 寫本. 24.5 × 16cm. 外題: 周易 上·下. 口訣記入(頭註).

570. 周易本義口訣附說 (新) L174932
崔岦撰. [宣祖朝刊] 卷上(零本), 1冊(凡例3, 疏4, 53張). 木版本. 32.4 × 20cm. 四周雙邊, 半郭24.2 × 15.5cm, 有界8行20字, 上下花紋魚尾. 版心題, 外題: 周易口訣.

571. 周易諺解 (新) L174925-30
[宣祖命撰] 9卷6冊. 32.3 × 21.3cm. 四周單邊(/雙邊), 半郭20.6 × 16.9cm, 有界10行19字, 上下三葉花紋魚尾(不同). 外題: 易觧.

572. 周易諺解 (新) L175009-13
[宣祖命撰] [大邱]嶺營 壬戌重刊. 9卷5冊. 木版本. 35.6 × 23cm. 四周雙邊, 半郭22.8 × 16.5cm, 有界12行23字, 上黑魚尾. 刊記: 壬戌季春嶺營重刊. 外題: 易解. 印記: 篠田藏書.

573. 周易正音 (舊) L42953
[英祖10年(1734)刊木活字本 重刊本] 4卷3冊(48; 49; 27, 15張). 木版本. 32.3 × 21cm. 四周單邊, 半郭23.5 × 16.1cm, 有界10行20字, 白口上下花紋魚尾.

574. 註解語錄總覽 (新) L174426-7
白斗鏞編纂 尹昌鉉增訂. 京城 翰南書林 大正8年(1919)刊. 2卷2冊. 木版本. 27.1 × 17.8cm. 內容: 朱子語錄, 水滸誌語錄, 西遊記語錄, 西廂記語錄, 三國誌語錄, 吏文語錄.

575. 註解語錄總覽 (新) L174428-9
白斗鏞編纂 尹昌鉉增訂. 京城 翰南書林 大正8年(1919)刊. 2卷2冊. 木版本. 30.6 × 20cm. 위의 L174426-7과 同版, 단, 封面刊記 若干 다름.

576. 重刊老乞大 (新) L175172
李洙等受命撰. [正祖19年(1795)刊] 1冊(44, 列銜2張). 木版本. 32 × 21.5cm. 四周雙邊, 半郭22 × 16.5cm, 有界10行20字, 上三葉花紋魚尾. 識語(卷末, 朱筆):「丙辰南至月印定」.

577. 重刊老乞大 (新) L175173
李洙等受命撰. [正祖19年(1795)刊] 1冊(44張). 木版本. 32.7 × 21.5cm. 四周雙邊, 半郭22 × 16.2cm, 有界10行20字, 上三葉花紋魚尾. 【「重刊老乞大諺解」L175177-8과 같은 帙에 들어 있음.】

578. 重刊老乞大 (新) L175174
李洙等受命撰. [正祖19年(1795)刊] 1冊(44, 2張). 木版本. 32.6 × 21.1cm. 四周雙邊, 半郭22.2 × 16.4cm, 有界10行20字, 上三葉花紋魚尾. 朱聲點記入.【「重刊老乞大諺解」L175175−6과 같은 帙에 들어 있음.】

579. 重刊老乞大諺解 (新) L175175−6
[李洙等受命撰] [正祖19年(1795)刊] 2卷2冊. 木版本. 32.8 × 21.1cm. 四周雙邊, 半郭22.2 × 16.4cm, 有界10行20字, 上三葉花紋魚尾. 朱聲點記入(上卷 도중까지).【「重刊老乞大」L175174와 같은 帙에 들어 있음.】

580. 重刊老乞大諺解 (新) L175177−8
[李洙等受命撰] [正祖19年(1795)刊] 2卷2冊. 木版本. 32.9 × 21.5cm. 四周雙邊, 半郭22 × 16.4cm, 有界10行20字, 上三葉花紋魚尾. 2冊 다 朱聲點記入.【「重刊老乞大」L175173과 같은 帙에 들어 있음.】

581. 重刊老乞大諺解 (舊) L44550
[司譯院 乙卯(1795)刊] 2卷2冊(2~65; 67張). 木版本. 33.4 × 22cm. 四周雙邊, 半郭22.2 × 16.4cm, 有界10行20字, 白口上三葉花紋魚尾. 上卷第1張缺. 朱聲點記入.

582. 重刊三譯總解 (新) L175102−3
金振夏編. [乾隆39年(1774)刊] 卷1·6 (零本) 2冊. 木版本. 34 × 21.9cm. 四周單邊, 半郭24.9 × 18cm, 有界6行字數不同, 上下花紋魚尾. 序末1張缺.『清文三國志』의 飜譯. 全10卷 중.

583. 重刊眞言集 (新) L175250−1
龍巖等編. 和順 萬淵寺 乾隆42年(1777)重刊. 2卷2冊. 木版本. 29.4 × 20cm. 四周單邊, 半郭19.2 × 14.5cm, 有界9行16字(不同), 上花紋魚尾(不同). 刊記: 乾隆四十二年丁酉四月日全羅左道和順地羅漢山萬淵寺重刊. 追刻(下卷末): 佛說千手千眼觀世音菩薩廣大圓滿無碍大悲心陀羅尼經(唐·伽梵譯, 庚子[乾隆45年(1780)刊]). 施主名(版心下部). 陀羅尼: 傍點, ㅿ, ㅸ 있음.

584. 重刊眞言集 (新) L175252−3
龍巖等編 瑛月修正. 楊州 望月寺 [正祖] 24年(1800)刊(後印). 2卷2冊. 木版本. 32.3 × 21.2cm. 四周雙邊, 半郭23.2 × 16.6cm, 有界10行20字, 上下黑魚尾. 刊記: 洪泰運書 上之二十四季嘉慶庚申孟夏重刊楊州道峯山望月寺藏板. 陀羅尼: 傍點 있음.

585. 重刊眞言集 (新) L175254－5
龍巖等編 瑛月修正. 楊州 望月寺 [正祖] 24年(1800)刊(後印). 2卷1冊, 2部(別帙). 木版本. 33.4 × 22.8cm. 위의 L175252－3과 同版.

586. 重刊捷解新語 (新) L175046－57
崔鶴齡撰. 乾隆46年(1781)重刊序. 10卷12冊. 木版本. 32.3 × 21.2cm. 四周單邊, 半郭22.8 × 16.1cm, 有界4行字數不同, 上花紋魚尾. 第2卷缺(小倉進平 補寫). 第1, 4~6, 8各卷一部補寫. 版心題: 改修捷解新語. 外題: 捷解新語. 朱色 圈點 있음.

587. 中東戰記 (新) L174434－5
米·林樂知著譯, 清·蔡爾康纂輯, 玄采重譯. 皇城新聞社 光武3年(1899)刊(鉛印). 8卷 續編3卷, 2冊. 23.1 × 16.1cm. [中東戰＝日清戦争].

588. 中庸諺解 (新) L174431
[宣祖命撰] 1冊(31張). 木版本. 31 × 20.7cm. 四周單邊, 半郭23.9 × 17.3cm, 有界13行28字, 上黑魚尾. 版心題: 中庸章句諺解.

589. 中庸諺解 (新) L174432
[宣祖命撰] [大邱]嶺營 壬戌刊. 1冊(39張). 木版本. 34.7 × 23.1cm. 四周雙邊, 半郭24 × 16.6cm, 有界12行23字, 上黑魚尾. 刊記: 壬戌季春嶺營重刊. 版心題: 庸解.

590. 中庸諺解 (新) L174433
[宣祖命撰] 全州 河慶龍刊. 1冊(61張). 木版本. 33.4 × 21.3cm. 四周雙邊, 半郭23 × 16.7cm, 有界10行17字, 上下花紋魚尾. 刊記: 歲庚午仲春開刊 全州府 河慶龍藏版. 印記: 篠田藏書.

591. 增補山林經濟 (新) L175240－7
洪萬選撰 柳重臨增補. 16卷8冊(2帙). 寫本. 31.9 × 18.9cm. 序末: ……歲丙戌處暑西河任希聖子時序. 한글口訣記入.

592. 增補三韻通考 (舊) L42962
金濟謙·成孝基編. 1冊(88張). 木版本. 袖珍本. 13.8 × 8cm. 四周單邊, 半郭9.2 × 5.2cm, 有界5行16字, 白口上下花紋魚尾. 刊記:「歲丁酉孟夏松溪新刊」.

593. 增補三韻通考 (舊) L42964
金濟謙·成孝基編. 1冊(98張). 木版本. 27.5 × 18.7cm. 四周單邊(/左右雙邊), 半郭21.3 × 14.8cm, 有界9行14字, 白口上黑魚尾. 外題:「增韻」.

594. 增補三韻通考 (舊) L44707

金濟謙·成孝基編. 1冊(97張). 木版本. 33.7 × 23cm. 四周單邊, (合刻部分 제외)半郭16 × 15.4cm, 有界9行14字, 白口三葉花紋魚尾. 版心題:「增補」. 合刻(欄上):「詩傳大全」, (欄外左右)「杜律」.

595. 增補三韻通考 (舊) L44710

金濟謙·成孝基編. 1冊(98張). 木版本(新印). 34.3 × 21.9cm. 四周單邊(/左右雙邊), 半郭21.6 × 14.9cm, 有界9行14字, 白口上黑魚尾. 版心題:「增補」. 外題:「增補韻考 全」. 印記: 學部圖書, 編輯局保管.

596. 징[sic]보언간독[增補諺簡牘] (新) L175274

1冊(1, 24張). 木版本. 28 × 18cm. 四周單邊, 半郭20.6 × 17cm, 有界15行字數不同, 上下花紋魚尾. 刊記: 丙戌十一月治洞新刊.

597. 增修無寃錄大全 (新) L175234

具宅奎增修 具允明重訂. [正祖] 20年(1796)跋. 2卷1冊. 木版本. 32.9 × 21.3cm. 四周雙邊, 半郭21.3 × 13.7cm, 有界10行20字, 上白魚尾. 外題: 無寃錄 全. 印記: 篠田藏書.

598. 增修無寃錄大全 (新) L175237

具宅奎增修 具允明重訂. [大邱]嶺營 丁巳[正祖21年(1797)刊] 2卷1冊. 木版本. 33 × 20.6cm. 四周雙邊, 半郭20.8 × 13.7cm, 有界10行20字, 上白魚尾. 刊記: 丁巳七月嶺營新刊. 外題: 無寃錄 全.【諺解本 L175238－9와 같은 帙에 들어 있음.】

599. 增修無寃錄諺解 (新) L175235－6

[具宅奎增修 具允明重訂 徐有隣諺解] 正祖16年(1792)刊. 3卷2冊. 活字本(芸閣印書體字). 30.8 × 19.2cm. 四周雙邊, 半郭21.9 × 13.7cm, 有界10行20字, 上白魚尾. 印記: 篠田藏書.

600. 增修無寃錄諺解 (新) L175238－9

[具宅奎增修 具允明重訂 徐有隣諺解] [大邱]嶺營 丁巳[正祖21年(1797)刊] 3卷2冊. 木版本. 33.1 × 20.6cm. 四周雙邊, 半郭22 × 13.7cm, 有界10行20字, 上白魚尾. 刊記: 丁巳七月嶺營新刊. 外題: 無寃錄諺解 上·下.【大全 L175237과 같은 帙에 들어 있음.】

601. 地璆略論 (新) L174425

1冊(圖1張, 本文20張). 活字本. 29.7 × 19.5cm. 四周單邊, 半郭22.2 × 15.4cm, 有界10行20字(모두 雙行), 上黑魚尾. 內容: 世界地理에 관한

問答. 表記: 한글中心, 左傍에 漢字. 外國地名表記 있음.

❖ 進修堂監定時行簡禮彙纂 → 簡禮彙纂

602. 地藏經諺解 (舊) L44817
文川 見性菴 乾隆27年(1762)刊. 3卷1冊(序2, 34, 31, 24, 刊記2張). 木版本. 31.3 × 21.2cm. 四周單邊, 半郭21.9 × 16.1cm, 有界10行16字, 白口上花紋魚尾. 刊記:「乾隆二十七年文川頭流山見性菴開刊」. 序: 龍峯(壬午). 表記: 한글.

603. 地藏菩薩本願經 (新) L175209
法燈譯. 忠州 德周寺 順治9年(1652)刊. 3卷1冊(79張). 木版本. 30 × 21.9cm. 四周雙邊, 半郭20.8 × 17.8cm, 有界9行16字, 上下花紋魚尾(不同). 刊記: 順治九年壬辰春忠清道忠州地月岳山德周寺刊板. 外題: 地藏本願經 三卷(題簽). 施主名版刻(欄外右側). 刻手記號(魚尾). 口訣版刻(本文中).

604. 地藏菩薩本願經 (新) L175210
法燈譯. 順天 松廣寺 乾隆56年(1791)刊. 3卷1冊(圖1, 81張). 木版本. 28.3 × 20.9cm. 四周雙邊, 半郭22.3 × 16.3cm, 有界6行20字, 上下花紋魚尾. 刊記: 乾隆五十六年辛亥四月日湖左順天松廣寺開板. 外題: 地藏經 單. 모든 漢字 左傍에 字音을 한글로 版刻. 施主名版刻(版心).

605. 地藏菩薩本願經 (新) L175212
法燈譯. 鴻山 無量寺 乾隆頃(?)刊. 3卷1冊(74張). 木版本. 25.2 × 17.9cm. 四周單邊, 半郭18.3 × 13.5cm, 無界10行16字, 黑口上下黑魚尾. 刊記: 忠清道鴻山地萬壽山無量寺刊板. 外題: 地藏經. 口訣版刻(本文中).

606. 地藏菩薩本願經 (新) L175213
法燈譯. 安義縣 靈覺寺 嘉慶2年(1797)刊. 3卷1冊(圖2, 76張). 木版本. 29.4 × 19.5cm. 四周單邊, 半郭17.5 × 13.5cm, 無界10行16字(不同), 上下花紋魚尾. 刊記: 嘉慶二年丁巳六月日慶尚道咸陽碧松庵刊板移鎮于安義縣靈覺寺. 外題: 地藏經. 施主名版刻(欄外左右). 口訣版刻(本文中).

607. 지장보살본원경[地藏菩薩本願經] (新) L175211
[隆熙頃(?)刊] 3卷1冊(圖1, 95張). 木版本. 28.8 × 19.3cm. 四周單邊, 半郭19.9 × 14.8cm, 有界10行16字, 上三葉花紋魚尾. 外題: 地藏經. 卷頭:「히동ᄉ문고경당ᄃᆡ원히셜[海東沙門古鏡堂大圓解說]」.

608. 眞理便讀三字經 (新) L175017

[漢城]耶蘇教書局 開國504年(1895)刊. 1冊(76張). 活字本(耶蘇三字經字). 27.1 × 19.5cm. 四周雙邊, 半郭21 × 15.6cm, 有界5行6字(大字), 上下三葉花紋魚尾. 版心題: 三字經.

609. 陣說 (新) L175206

韓孝純編. 萬曆31年(1603)跋. 1冊(39張). 活字本(訓鍊都監字). 36.5 × 23.8cm. 四周雙邊, 半郭24.6 × 17cm, 有界10行17字, 上下三葉花紋魚尾. 印記: 學部圖書, 編輯局保管. 編輯課備付.

610. 眞言要抄 (新) L175081

楊州 佛巖寺 [正祖] 21年(1797)刊. 1冊(35, 2張). 28 × 20cm. 四周雙邊, 半郭21.2 × 15.9cm, 有界11行22字, 上下花紋魚尾. 刊記: 洪泰運書 上之二十一年嘉慶丁巳季春開刊楊州天寶山佛巖寺藏板.

611. 眞言集 (新) L174988−9

寧邊 普賢寺 康熙27年(1688)刊(新印). 2部2冊(75, 1張, 別帙). 木版本. 27.3 × 18.7cm. 四周單邊, 半郭19.1 × 14.5cm, 有界9行字數不同, 魚尾不同. 第74, 76~77張缺. 陀羅尼: 傍點, △, ㅸ 있음.

612. 眞言集 (新) L175076

小倉進平寫. 大正11年(1922)寫本. 1冊(21張). 27.9 × 20.1cm. 底本: 前間恭作氏藏 寫本.

613. 眞言集 (新) L175077

寧邊 普賢寺 康熙27年(1688)刊. 木版本. 1冊(77, 跋1張). 29.8 × 18.4cm. 四周單邊, 半郭19.6 × 14.4cm, 有界9行字數不同, 魚尾不同. 書名은 版心題에 의함. 刊記: 康熙二十七年平安道寧邊妙香山佾影臺開板移鎭于普賢寺. 第74張缺, 表紙缺. 陀羅尼: 傍點, △, ㅸ 있음. L174988−9와 同版.

614. 眞言集 (新) L175078

1冊(50張). 木版本. 28.7 × 19.5cm. 四周單邊, 半郭23.5 × 16cm, 無界10行24字(不同), 黑口上下黑魚尾. 書名은 版心題, 外題에 의함. 刻手記號(魚尾). 陀羅尼: 傍點, △, ㅸ 있음.

615. 眞言集 (新) L175079

零本(悉曇章). 1冊(5張). 木版本. 30 × 21.1cm. 假綴. 四周雙邊(不同), 半郭20.9 × 15.9cm, 有界, 行格不同, 上花紋魚尾. 書名은 版心題에 의함. 陀羅尼: 傍點 있음.

616. 眞言集 (新) L175080

同福 安心寺 隆慶3年(1569)重刊. 1冊(19, 81張). 木版本. 28.1 × 17.5cm. 四周單邊, 半郭19.2 × 13.6cm, 有界9行17字, 上下黑魚尾(不同). 書名은 內題, 版心題에 의함. 刊記(目錄末尾): 隆慶三年己巳仲夏全羅道同卜地無等山安心寺重刊. 第82張以降缺. 卷頭: 佛頂心陀羅尼經三卷/諸眞言集目錄. 外題: 陀羅尼經 全. 刻手記號(下魚尾). 陀羅尼: 傍點, ㅿ, ㅸ 있음.

617. 眞言集 (新) L175126

釋王寺(藏板)刊, 昭和4年(1929)新印. 零本. 1綴(10張). 木版. 27.4 × 17.9cm. 四周單邊, 半郭23.5 × 16.1cm, 無界10行24字, 上下花紋魚尾(不同). 書名은 版心題에 의함. 卷末記: 「昭和四年九月釋王寺藏板ヲ印刷 進平」. 內容: 結手文, 妙法蓮華經卷第七: 藥王菩薩陀羅尼, 他. 陀羅尼: 傍點, ㅿ, ㅸ 있음.

618. 眞草千文 (新) L175018

梁·周興嗣撰 (元·趙孟頫書). 1冊(43頁). 30.4 × 19.9cm. 四周單邊, 半郭21.9 × 11.9cm, 無界5行10字(不同).

❖ 眞草千字文 → 眞草千文

[ㅊ]

619. 彰烈詞志 (新) L174938-9

李端夏編. 2卷2冊. 木版本. 31.2 × 21cm. 四周單邊, 半郭22.9 × 16.3cm, 有界10行21字, 上下花紋魚尾.

620. 昌善感義錄 (舊) L44809

2卷2冊(74; 62張). 寫本. 25.7 × 21.4cm. 無邊無界, 11行22字. 外題: 「倡善感義錄」. 表記: 漢文.

621. 창선감의록[彰善感義錄] (新) L174935-7

3卷3冊. 寫本. 32.8 × 22.4cm. 卷末記: 「계ᄉᆞ삼월십삼일필셔 (癸巳三月十三日畢書)」(下卷). 表記: 한글. 印記: 篠田藏書.

622. 챵션감의녹[昌善感義錄] (舊) L44810

戊寅(1818?)寫本. 4卷4冊. 31.5 × 19.9cm. 外題: 「倡善感義錄」. 卷末記: 「…무인밍하…(戊寅孟夏)」. 卷二末: 「道光二十一年辛丑(1841)三月日塔洞」. 表記: 한글.

623. 텬로력뎡[天路歷程] (新) L174812-3
英·John Bunyan著 캐나다·Mr. & Mrs. James S. Gale譯. Seoul, The Trilingual Press, 1895. 不分卷2冊. 木版本. 28.5 × 19.7cm. 四周雙邊, 半郭21.6 × 16.1cm, 有界11行20字, 上下花紋魚尾. 原題: The Pilgrim's Progress.

624. 天文類抄 (舊) L45564
李純之撰. [17世紀刊] 2卷1冊(53, 24張). 活字本(木活字). 32.8 × 22.2cm. 四周雙邊, 半郭25.8 × 17.9cm, 有界12行20字, 白口上下花紋魚尾. 継紙.

625. 千歲曆 上編 (新) L174920
觀象監編. [漢城]觀象監(藏板) 光武6年(1902)刊. 1冊(7, 44, 50張). 木版本. 26 × 16.6cm. 四周單邊, 半郭17.1 × 11.7cm, 有界, 行格不同, 上花紋魚尾. 正宗[sic]元年(1777)~[高宗] 100年(1963).

626. 千手經 (新) L174453
聞慶 鳳岩寺 順治15年(1658)刊. 1冊(32, 刊記1張). 木版本. 28.8 × 17.8cm. 四周單邊, 半郭19.2 × 14.6cm, 無界9行20字, 黑口上下花紋魚尾. 版式不同. 刊記: 慶尚道聞慶羲陽山鳳岩寺開刊 順治十五年戊戌七月初七日. 書名은 版心題에 의함. 内容: 大悲心陀羅尼灵驗, 靈驗略抄(大悲心陀羅尼)[諺解], 念佛作法, 摩訶般若波羅蜜多心經, 他. 附寫: 起寝擊規, 他(3張).

627. 쳔슈경[千手經] (新) L174921
1冊(2, 5張). 木版本. 20 × 13.5cm. 四周雙邊, 半郭16.3 × 10.8cm, 有界10行19字, 上花紋魚尾. 外題: 千手陀羅尼. 表記: 한글.

628. (蒙學圖像)千字文 (新) L174723
梁·周興嗣撰. 京城 翰南書林 昭和7年(1932)刊. 1冊(21張). 30.3 × 19.1cm. 外題: 蒙學圖像日鮮千字文.

629. 千字文 (新) L175019
梁·周興嗣撰 學古堂書. 1冊(32張). 木版本. 25.4 × 18.6cm. 四周單邊, 半郭20.2 × 16.1cm, 無界4行4字(大字), 上黑魚尾. 四聲, 華音併記. 表紙墨書: 「萬里初程」.

630. 千字文 (新) L175020
梁·周興嗣撰. 全州 安心寺(藏版)刊, 京城 佛教社 昭和7年(1932)新印.

木版本. 1冊(17張). 31.2 × 21.2cm. 四周單邊, 半郭21 × 18.2cm, 有界5行6字(大字), 魚尾不同.

631. 千字文 (新) L175021
梁·周興嗣撰. 光州 萬曆3年(1575)刊. 1冊(42張). 木版本. 29.5 × 21.5cm. 四周單邊, 半郭23 × 18.2cm, 有界3行4字(大字), 黑口上下黑魚尾. 刊記(卷末): 萬曆三年月日光州刊上. 刻手記號(下黑口). 朱筆로 日本語 音訓을 記入.

632. 千字文 (新) L175022
梁·周興嗣撰. 1帖(原32張). 木版本. 29.2 × 20cm. 帖裝. 四周單邊, 半郭20.6 × 14.7cm, 有界4行4字(大字), 上花紋魚尾. 改裝本(臺紙에 붙임). 外題: 千字文 丁卯(題簽). 版心付近蟲損.

633. 千字文 (新) L175024
梁·周興嗣撰 學古堂書. 京城 新舊書林 大正2年(1913)新印. 1冊(32張). 木版本. 26 × 18.6cm. 四周單邊, 半郭20.8 × 16.3cm, 無界4行4字(大字), 上黑魚尾. 四聲, 華音併記. L175019와 同版.

634. 千字文[石峯千字文] (新) L175023
梁·周興嗣撰 朝鮮·韓濩書. 釋王寺(藏板)刊, 昭和4年(1929)新印. 1冊(42張). 木版本. 30.2 × 25.5cm. 四周單邊, 半郭27.6 × 21cm, 有界3行4字(大字), 上下黑魚尾(不同). 刊記: 萬曆十一年正月 日副司果臣韓濩奉教書. 圈聲點. 識語(小倉):「釋王寺藏刷板ニヨリ複寫 昭和四年九月 進平」.

635. 千字文[石峯千字文] (新) L175025
梁·周興嗣撰 朝鮮·韓濩書. 甲戌[英祖30年(1754)]重刊本. 1冊(序4, 42張). 木版本. 41.7 × 27.2cm. 四周雙邊, 半郭30.5 × 21.1cm, 有界3行4字(大字), 上下三葉花紋魚尾. 附: 御製千字文序(崇禎紀元後六十四年辛未). 刊記: (1) 萬曆十一年正月 日副司果臣韓濩奉教書. (2) 二十九年辛丑七月日內府開刊. (3) 甲戌重刊. 圈聲點.

❖ 千字文 → 註解千字文, 眞草千文

636. 天主十戒 (新) L174715
中村庄次郎寫 明治10年(1877)寫本. 1冊(22張). 16.7 × 12.3cm. 假綴. 識語(卷末, 小倉):「中村庄次郎翁より寄贈/昭和七年八月 進平」.

637. 千態萬象 (新) L174922
1冊(彩色圖39, 文章1張). 寫本. 24.6 × 15.8cm. 卷末記: 「己酉孟冬下澣……」.

638. (重刊)捷解蒙語 (舊) L44544
方孝彦修正. 正祖14年(1790)刊. 4卷4冊(蒙文十二字頭3, 20, 座目1, 序3; 20; 17; 17張). 木版本. 34 × 23.4cm. 四周單邊, 半郭23.2 × 18.8cm, 有界6行字數不同, 白口上下花紋魚尾. 序: 「蒙學三書重刊序……歲庚戌仲春下澣行副司直李瀷序」.

639. 捷解新語 (新) L175026-35
康遇聖撰. 康熙15年(1676)刊. 10卷10冊. 活字本(丙辰倭諺字). 33 × 22.1cm. 四周雙邊, 半郭23.1 × 17.4cm, 有界6行字數不同, 上下花紋魚尾. 刊記: 康熙十五年丙辰孟冬開刊. 校正 있음. 印記: 學部圖書, 廂庫, 編輯局保管.

640. 捷解新語 (新) L175036-45
康遇聖撰. 京城 古典刊行會 昭和9年(1934)刊(影印版). 10卷10冊. 33 × 22cm. 底本: 奎章閣藏康熙15年(1676)刊本.

641. 靑丘詩鈔 (舊) L44765
朝鮮總督府編. 大正4年(1915)序刊. 1冊(序1, 31張). 活字本(壬辰字). 37.6 × 24.1cm. 四周單邊, 半郭26.7 × 17cm, 有界10行20字, 白口上花紋魚尾. 序: 秋山雅之介(大正四年).

642. 靑邱野談 (新) L174908-14
7冊. 寫本. 27.7 × 17.7cm. 外題: 埜談.

643. 靑丘永言 (新) L174905
金天澤編. 京城 京城帝國大學 昭和5年(1930)刊(鉛印). 1冊(7, 178頁). 23.9 × 16.4cm.【舊登錄番號L44840 있음.】

644. 靑丘永言 (新) L174906-7
金天澤編. 2冊(158張). 寫本. 26.5 × 19.2cm. 識語(下卷末): 「丙申五月初八日謄畢 中間善筆 丁碩士 謄」.

645. 청규박물지[淸閨博物志] (新) L175082-5
不分卷4冊. 寫本. 23.3 × 22.2cm. 識語(第1冊序末(第6張)): 「긔ᄉᆞ세일지일의셔ᄒᆞ다 (己巳歲一之一에 書하다)」. 目錄: 第1冊6~8張, 第3冊第1張.

646. 請文 (新) L174904

安東 鳳停寺 乾隆34年(1769)刊. 1冊. 木版本. 30 × 21.1cm. 書名은 版心題, 外題에 의함. 四周雙邊(不同), 半郭21.7 × 16.1cm, 有界9行16字, 上下花紋魚尾. 刊記: 乾隆己丑季冬慶尚道安東鳳停寺開板.

647. 請文 (新) L174943

陜川 海印寺 康熙58年(1719)跋重刻. 1冊. 29.8 × 22cm. 四周雙邊, 半郭20.2 × 16.8cm, 有界8行字數不同, 上下花紋魚尾. 書名은 版心題에 의함. 卷頭題, 外題: 諸般文. 卷頭·卷中·卷末: 別紙添附. 施主名, 刻手名記載(欄外右側).

648. 請文 (新) L174944

[寧邊]普賢寺 雍正7年(1729)刊. 1冊. 31 × 21cm. 四周單邊, 半郭20.3 × 16.7cm, 有界8行16字, 上下黑魚尾(不同). 刊記: 大清雍正七年己酉春妙香山普賢寺開刊. 第1張缺. 版心題: 諸文. 外題: 諸般文.

649. 清文補彙 (新) L175127-34

清·宜興撰. 嘉慶7年(1802)跋. 8卷8冊. 木版本. 24 × 15.6cm.

650. 清文彙書 (新) L175135-46

清·李延基撰. 北京 三槐堂書房刊. 12卷12冊. 木版本. 26.9 × 16.1cm.

651. 清選考 (新) L174998-5005

8冊. 寫本. 25.7 × 16.3cm. (대략)純祖朝~[高宗朝].

652. 清漢對音字式 內附敬避字樣 (新) L175060

北京 聚珍堂 光緒16年(1890)刊. 1冊(3, 61張). 木版本. 23.3 × 15.5cm.

653. 初學字訓增輯 (新) L174941

宋·程正思輯 朝鮮·李植增輯. 3卷1冊(30張). 寫本. 30.5 × 19.9cm. 底本: 崇禎甲辰(1664)序刊本. 外題: 字訓.

654. 初學字訓增輯 (新) L174942

宋·程正思輯 朝鮮·李植增輯. 崇禎甲辰(1664)序. 3卷1冊(31張). 木版本. 28.8 × 17.7cm. 四周雙邊, 半郭19.4 × 13.5cm, 有界10行20字, 上下花紋魚尾. 版心題: 字訓增輯. 外題: 字訓.

655. 초한전[楚漢傳] (新) L174973

全州郡 多佳町 多佳書舖(梁珍泰) 大正5年(1916)刊. 2卷1冊(42, 44張). 木版本. 26.4 × 19cm. 刊記: 丁未孟夏完南龜石里新刊.

656. 崔忠傳 (舊) L44837
中村庄次郎寫 明治6年(1873)寫本. 1冊(49張). 25.8 × 19.8cm. 識語(卷末, 小倉):「中村庄次郎翁より寄贈/昭和七年八月 進平」.

657. 春夢緣(漢詩春香傳) (舊) L44811
李能和著. 京城 昭和4年(1929)刊. 1冊(6, 1, 55頁). 鉛印. 21.9 × 15.1cm.

658. 春秋正音 (舊) L42950
[英祖10年(1734)刊木活字本 重刊本] 4卷2冊(27, 26; 27, 26張). 木版本. 33.3 × 21.6cm. 四周單邊, 半郭24.3 × 16.2cm, 有界10行20字, 白口上下花紋魚尾.

❖ 春香傳 → 獄中花春香傳, 열여춘향슈졀가[烈女春香守節歌]

659. 춘향젼[春香傳] (舊) L44812
白斗鏞編集發行. 京城 翰南書林 大正10年(1921)刊. 1冊(16張). 木版本. 23 × 18.7cm. 洋紙. 四周單邊, 半郭17.7 × 15.5cm, 無界15行字數不同, 白口上花紋魚尾.

660. 츙의수호전 권지삼[忠義水滸傳 卷之三] (新) L175276
1冊(37張). 精寫本. 28.9 × 20cm. 表記: 한글.

661. 緇門警訓 卷下及續集 (新) L175073
元·永中編 明·如巹續編. [朝鮮 刊] 1冊(77, 18張). 木版本. 29 × 19.9cm. 四周單邊, 半郭19.4 × 14.5cm, 無界11行20字, 無魚尾. 記入多數(欄外 및 本文中; 한글, 口訣 포함).

662. 七大萬法 (新) L175075
豊基 喜方寺 隆慶3年(1569)刊, 昭和4年(1929)新印. 1冊(23張). 木版本. 29.6 × 20.6cm. 四周單邊, 半郭20.3 × 15.6cm, 有界9行字數不同, 黑口上下黑魚尾. 刊記: 隆慶三年己巳五月日慶尚道豊基地小伯山池叱方寺開板. 版心題: 七大. 識語(小倉):「慶尚北道榮州郡豊基面喜方寺所藏板木より復刷 昭和四年十二月」. 添附: 卷頭1張(同版).

[ㅌ]

663. 濯足庵藏書六十一種 (新) L175124
金澤庄三郎編. 東京 金澤博士還曆祝賀會 昭和8年(1933)刊. 1冊(3, 22, 63張). 23.3 × 15.9cm. 콜로타이프 書影 있음.

664. 耽羅賓興錄 (新) L174787
奎章閣編. 正祖18年(1794)頃刊. 1冊(25張). 活字本(韓構字). 31.5 × 19.1cm. 四周單邊, 半郭21.1 × 14.1cm, 有界10行20字, 上花紋魚尾. 內賜記: 乾隆五十九年(1794)……. 印記: 奎章之寶.

665. 耽羅志 (舊) L45556
李元鎭撰. 孝宗4年(1653)跋刊. 1冊(81張). 木版本(後印). 35.6 × 22.7cm. 四周雙邊, 半郭25.3 × 16.8cm, 有界8行20字, 白口上下花紋魚尾. 跋:「癸巳季秋上澣 平城後人申纉謹跋」.

666. 耽羅誌 (舊) L45576
李元鎭撰. 1冊(148張). 油印本. 26.3 × 18.6cm. 外題:「耽羅事實」. 識語(卷末, 小倉):「大正元年十一月濟州島出張の際寄贈を受く」.

667. (諺解)胎産集要 (新) L174470
許浚奉教撰. 1冊(目錄5, 76張). 寫本. 32.5 × 23.3cm. 底本: 萬曆36年(1608)內醫院刊本.

668. 太上感應篇 十四 婦人惡報下 放生善報 (新) L175096
零本1冊(50張). 木版本. 23.7 × 15.4cm. 四周單邊, 半郭18.3 × 12.7cm, 有界9行18字, 上黑魚尾. 版心題, 外題: 感應篇. 表紙:「共十五」. 漢文/滿文. 諺譯記入.

669. 太上感應篇圖說 (新) L174789−93
崔瑆煥編. 咸豊2年(1852)刊. 5卷5冊. 木版本. 32 × 21cm. 四周單邊, 半郭22.8 × 16.7cm, 有界12行22字(不同, 大文10行17字), 上下黑魚尾. 刊記: 咸豊二壬子京中新刊. 版心題, 外題: 感應篇. 附刻: 感應篇讀法纂要, 感應篇靈驗記.

670. 太上感應篇圖說 (新) L175111−5
崔瑆煥編. 光緖6年(1880)刊. 5卷5冊. 木版本. 29.4 × 20.8cm. 四周單邊, 半郭22.6 × 17cm, 有界12行22字, 上下黑魚尾. 刊記: 光緖六年庚辰季春刊印. 卷頭: 序, 感應篇讀法纂要, 感應篇靈驗記. 版心題, 外題: 感應篇. 印記: 篠田藏書.

671. 太上玄靈北斗本命延生眞經 (新) L174507
道詵菴 同治3年(1864)刊. 1冊(圖1, 24, 3, 2張). 木版本. 26.5 × 18.2cm. 四周單邊, 半郭17.5 × 12.6cm, 有界5行12字, 無魚尾. 版心題, 外題: 延命經.【L174506『艶夢謾釋』과 같은 帙에 들어 있음.】

672. 틱셔신ᄉᆞ[泰西新史] (新) L174777-8
英·마간셔著 리졔마틱漢譯 清·蔡爾康編 朝鮮·學部編輯局重譯. 學部編輯局 建陽2年(1897)刊(鉛印). 24卷2冊. 26.7 × 18.8cm. 表記: 한글.

673. 泰西新史攬要 (新) L174779-82
英·馬懇西著 李提馬太漢譯 清·蔡爾康編. 朝鮮·學部編輯局 建陽2年(1897)刊(鉛印). 24卷2冊, 2部(別帙). 26.6 × 18.8cm. 外題: 泰西新史. 表記: 漢文.

674. 토별산슈록[兎鱉山水錄] (新) L174341
1冊(49張). 寫本. 29.4 × 20.8cm. 外題: 鱉山水錄 全.

675. 通文館志 (新) L174415-9
金指南撰. [高宗朝刊] 11卷5冊. 木版本. 34.1 × 22.3cm. 四周雙邊, 半郭24.3 × 17.2cm, 有界10行18字, 上下花紋魚尾. 卷頭: 金慶門序, 李湛序.

[ㅍ]

676. 팔상녹[八相錄] (新) L174524
2卷1冊(59張). 寫本. 31.3 × 24cm. 識語: (表紙)「鶴惺堂」, (卷末)「칙쥬학셩당[冊主鶴惺堂]」等.

677. 八歲兒 (舊) L44541
(小倉進平?)寫本. 1冊(13張). 34 × 23.7cm. 底本: 乾隆四十二年丁酉九月 日改刊.

678. 圃隱先生文集 (舊) L45577
高麗·鄭夢周撰, 柳成龍校正. 丁巳(1677)重刊. 3卷3冊(62; 67; 86張). 木版本(後印). 30.9 × 20.2cm. 四周雙邊, 半郭17.3 × 14.5cm, 有界10行19字, 白口上下花紋魚尾(不同). 序: 權採, 盧守愼, 卞季良, 河崙, 朴信. 重刊序: 宋時烈(崇禎己亥). 刊記(卷九末):「丁巳重刊」.

679. 圃隱詩藁 (舊) L44772

高麗·鄭夢周撰. [萬曆36年(1608)黃州兵營刊本 覆刻版?] 2卷2冊(55; 61張). 木版本(後印). 32.5 × 21.6cm. 四周單邊, 半郭22.1 × 15.7cm, 有界10行18字, 白口上下花紋魚尾(不同). 序: 卞季良, 朴信, 河崙, 權採, 盧守愼. 刊記:「萬曆三十六年…七代孫應聖謹刊于黃州兵營」.

❖ 圃隱集 → 圃隱先生文集, 圃隱詩藁

[ㅎ]

680. 學語 (新) L174474
朴載哲撰. 高宗5年(1868)序. 1冊(序2, 74張). 木版本. 26.7 × 17.7cm. 四周單邊, 半郭20.8 × 13.4cm, 有界8行18字, 上三葉花紋魚尾. 刊記: 同治壬戌(1862)正月乙亥書 鳳山新刊. 口訣版刻.

681. 한글創刊號 (舊) L44846
申明均編. 京城 한글社 昭和2年(1927)刊. 1冊(64頁). 鉛印. 18.9 × 13.2cm. 洋裝. 外題:「朝鮮語文雜誌/한글/二月創刊號」.

682. 漢史列傳抄 (新) L174570−3
漢·班固撰 朝鮮·崔岦口訣. 3卷4冊. 木版本. 34.8 × 21cm. 四周雙邊, 半郭25.1 × 16.6cm, 有界10行18字, 上下三葉花紋魚尾. 口訣表記: 한글.

❖ 漢詩春香傳 → 春夢緣

683. 韓語 (新) L174718
中村庄次郎寫 明治14年(1881)寫本. 1冊(43張). 16.7 × 12.4cm. 假綴. 識語(卷末, 小倉):「中村庄次郎翁より寄贈/昭和七年八月 進平」.

684. 寒暄箚錄 (新) L174560−2
5卷3冊. 木版本. 26.9 × 18cm. 四周單邊, 半郭21 × 14.5cm, 有界10行20字, 上花紋魚尾.

685. 海東歌謠 (新) L174546
金壽長編. 京城 京城帝國大學 昭和5年(1930)刊(鉛印). 1冊(100頁). 23.8 × 16.3cm.

686. 海東金石苑 (新) L174552−5
清·劉喜海著錄. [中國]二銘艸堂 [光緒]辛巳(1881)跋刊本. 4卷4冊. 28.6 × 17cm.

687. 海東名將傳 (新) L174547

洪良浩著. 京城 朝鮮光文會 明治44年(1911)刊(鉛印). 6卷1冊(148頁). 21.5 × 15.1cm.

688. 海東詩話 (舊) L45566

1冊(93張). 寫本. 24.2 × 15cm. 뒷表紙 紙背: 「嘉慶五年庚申(1800)…」.

689. 海東遺珠 (舊) L45567

洪世泰撰. [肅宗38年(1712)刊] 1冊(序2, 43張). 活字本(韓構字). 24.6 × 17.5cm. 上下單邊, 左右雙邊, 半郭20.9 × 12.9cm, 有界10行20字, 白口上花紋魚尾. 外題: 「朝鮮/東詩掇香 全」.

690. 海東諸國紀 (舊) L44732

申叔舟撰. 京城 朝鮮史編修會 昭和8年(1933)刊. 1冊(152, 解說3張). 影印版. 28.2 × 16.6cm. 朝鮮史料叢刊第二. 底本: 舊宗伯爵家藏本.

691. 鄕藥採取月令 (新) L174658

兪孝通·盧重禮·朴允德受命撰. 小倉進平寫. 昭和4年(1929)寫本. 1冊(11張). 26.7 × 19.1cm. 底本: 白井光太郎氏藏 享保寫本(宣德6年版). 中世語 한글表記 있음(朱筆, 小倉).

692. 鄕藥採取月令 (新) L174659

兪孝通·盧重禮·朴允德受命撰. 京城 京城帝國大學法文學部朝鮮文學研究室 昭和6年(1931)油印. 1冊(11, 1張). 27.6 × 20cm. 假綴. 底本: 白井光太郎氏藏 享保寫本.

693. 鄕藥採取月令 (新) L174660

兪孝通·盧重禮·朴允德受命撰. 油印. 9枚. 27.3 × 20.2cm. 未綴. 底本: 白井光太郎氏藏 享保寫本. L174659과 같은 油印本.

694. 賢首諸乘法數 (新) L175181

明·行深編. [寶城 開興寺 順治4年(1647)刊] 1冊(76張). 28 × 17.9cm. 四周單邊(不同), 半郭17.2 × 13.4cm, 有界12行20字, 上下黑魚尾. 識語(卷末附箋, 小倉): 「順治四年丁亥二月日全南道寶城地開興寺開板(異本完本により記入)」. 外題: 法數.

695. 홍길동젼[洪吉童傳] (新) L174638

1冊(19張). 木版本. 22.9 × 18.5cm. 四周單邊, 半郭21.1 × 17.1cm, 無界, 行格不同, 上花紋魚尾.

696. 洪武正韻 (舊) L42966

明·樂韶鳳等奉勅撰. 英祖46年(1770)序刊. 16卷5冊(92; 85; 89; 116; 84張). 木版本. 30.6 × 18.7cm. 四周雙邊, 半郭21.7 × 13.7cm, 有界8行12字, 白口上花紋魚尾. 御製序:「…崇禎戊辰紀元後三甲寅予即阼四十六年…」. 序: 宋濂(洪武八年, 萬曆三年…重刊). 跋: 衡王(嘉靖二十七年戊申), 刊記:「上之二十八年壬申(1752)因 筵臣建白/命校書館翻刻」.

697. 弘文館書冊目錄 (新) L174634

小倉進平寫. 明治45年(1912)寫本. 1冊(38張). 24.2 × 16.5cm. 假綴. 底本: 朝鮮總督府編輯課所藏寫本.

698. 華東正音通釋韻考 (新) L174588−9

朴性源撰. 2卷2冊. 木版本. 25.5 × 15.8cm. 四周單邊, 半郭15.8 × 10.9cm, 有界9行字數不同, 上下花紋魚尾. 封面: 辛丑新刊 正音通釋 內閣藏板. 序: (御製正音通釋序)……即阼之十一年丁未(正祖11=1787年), (華東正音通釋韻考序)……歲丁卯南至後七日 密陽 朴性源序. 封面題: 正音通釋, 外題: 華東正音.

699. 華東正音通釋韻考 (新) L174590

朴性源撰. 2卷1冊(107張). 木版本. 32.7 × 21cm. 四周雙邊, 半郭22 × 16cm, 有界9行字數不同, 上下花紋魚尾. 外題: 華東正音. 御製正音通釋序缺. 朴性源序 있음. 付載(卷末):「諺文初中終三聲辨」. 印記: 學部圖書.

700. 華東正音通釋韻考 (新) L175106

朴性源撰. 2卷1冊(111張). 木版本(後印). 25.8 × 15.9cm. 위의 L174588−9와 同版이지만, 封面, 編次 다름. 外題: 正音通釋. 印記: 學部圖書.

701. 華語類抄 (新) L174540

1冊(附刻12, 29張). 木版本. 27.9 × 18.6cm. 四周單邊, 半郭19.6 × 14.6cm, 有界14行24字, 上花紋魚尾. 附刻: 千字文, 百家姓·天干地支·二十八宿·算數, 華音正俗變異, 華音啓蒙諺解.

702. 華語類抄 (新) L174541

1冊(60張). 活字本(全史字). 29.1 × 19.9cm. 四周單邊, 半郭22.9 × 15.6cm, 有界10行字數不同, 上白魚尾.

703. 華語類抄 (新) L174542−3
2部2冊(各60張, 別帙). 活字本(全史字). 30.2 × 19.9cm. 四周單邊, 半郭22.9 × 15.6cm, 有界10行字數不同, 上白魚尾. 2部 다 封面에 「華音之부者부우之間……」이라는 解説 添附함. L174541은 同版이지만, 解説 없음. 印記: (L174542) 篠田藏書.

704. 화룡도[華容道] (新) L174591
[多佳書舗 大正頃刊] 2卷1冊(1, 34, 48張). 27.1 × 18.9cm. 刊記: 丁未孟秋 亀洞新刊.

705. 華音啓蒙 (新) L174578
李應憲撰. [高宗]癸未(1883)序. 2卷1冊(序1, 26, 附刻10張). 活字本(全史字). 30.7 × 20.4cm. 四周單邊, 半郭22.9 × 15.5cm, 有界10行20字, 上白魚尾. 附刻: 千字文·百家姓·天干地支·二十八宿·算數, 華音正俗變異.

706. 華音啓蒙 (舊) L44739
李應憲撰. 癸未(1883)刊. 2卷1冊(序1, 26張). 活字本(全史字). 29.6 × 19.9cm. 四周單邊, 半郭23 × 15.6cm, 有界10行20字, 白口上白魚尾. 序: 尹泰駿(癸未). 印記:「篠田藏書」.

707. 華音啓蒙諺解 (新) L174579
李應憲撰. 闕名諺解. 2卷1冊(35, 40張). 活字本(全史字). 30.7 × 20.4cm. 四周單邊, 半郭22.9 × 15.4cm, 有界10行20字, 上白魚尾. 外題: 華音啓蒙.

708. 華音啓蒙諺解 (舊) L44740
[李應憲撰. 癸未(1883)刊] 2卷1冊(35, 40張). 活字本(全史字). 29 × 19.9cm. 四周單邊, 半郭22.8 × 15.5cm, 有界10行20字, 白口上白魚尾. 印記:「篠田藏書」.

709. 華音方言字義解 (新) L174577
黄胤錫撰. 油印. 1冊(26, 1張). 26.1 × 18.9cm. 識語(卷頭):「頤齋遺稿雜著ノ中 華音方言字義鮮」.

710. 華音撮要 (新) L174580
光緒3年(1877)寫本. 1冊(67張). 23.3 × 23.2cm. 書名은 表題紙에 의함. 識語: (卷頭·表紙)「不無宗誌」, (第24張)「光緒三年丁丑菊月十六日 仁洞」, (第52張)「光緒三年丁丑菊月 日終書 仁洞」等. 中國語文 右

傍에 한글音寫(1−24張만).「王大哥伱打家裡(왕다거니다갸리)……」.

711. 火砲式諺解 (新) L174544
李曙撰. 黃海兵營刊. 刊年未詳. 1冊(39張). 木版本. 33.8 × 20cm. 四周單邊, 半郭17 × 13.8cm, 有界10行15字, 上下花紋魚尾. 書寫(欄上余白):『新傳煮取焔焇方諺解』(成根撰)本文全文(漢文, 口訣).

712. 火砲式諺解 (新) L174545
李曙撰. 康熙24年(1685)跋 重刊本. 1冊(30, 22張). 木版本. 34.3 × 22.4cm. 四周雙邊, 半郭24.2 × 17cm, 有界10行20字, 上下三葉花紋魚尾. 合刻(卷末): 新傳煮取焔焇方諺解(成根撰).

713. 황운전[黃雲傳] (舊) L44808
2卷2冊(85; 82張). 寫本. 32.6 × 21cm. 表記: 한글. 卷末記:「세갑오…(歲甲午…)」. 外題:「황운뎐」.

714. 孝經諺解 (新) L174639
[宣祖命撰] 1冊(26張). 25.9 × 18.5cm. 四周單邊, 半郭19.5 × 15.2cm, 有界10行19字, 上下花紋魚尾(不同).

715. 孝經諺解 (新) L174640
[宣祖命撰] 1冊(26張). 33.2 × 22.7cm. 四周雙邊, 半郭23 × 17cm, 有界10行19字, 上下三葉花紋魚尾(不同).

716. 孝行錄 (新) L174637
高麗·權溥, 權準編 朝鮮·權近註. 1冊(49張). 木版本. 31.5 × 19.9cm. 四周雙邊, 半郭21.8 × 15.2cm, 有界10行18字, 上下二~三葉花紋魚尾. 跋: 宣德癸丑(1433)秋八月日……崔宗海謹跋.

717. 訓読吏文 (舊) L44848
前間恭作遺稿 末松保和編纂. 昭和17年(1942)刊. 3卷附1卷4冊. 鉛印. 22.6 × 15.3cm.

718. 訓蒙字會 (新) L174657
崔世珍撰. 京城 朝鮮光文會 大正2年(1913)刊(鉛印). 3卷1冊(116張). 21.8 × 15.2cm. 附錄: 訓蒙字會再刊例(周時經). 朝鮮叢書.

719. 訓蒙輯要 (新) L174656
李圭瑢編輯 韓晩容校閱. [京城] [大正3年(1914)刊] 1冊(18張). 木版本. 29 × 20.2cm.

720. 訓民正音 (新) L174652
世宗撰. 解例: 鄭麟趾等受命撰. 京城 朝鮮語學硏究會 昭和15年(1940)刊(油印). 1冊(40頁). 22.2 × 15.1cm. 洋裝·假綴. 附: 古語集解(辛兌鉉). 朝鮮語學雜誌「正音」第35號(朝鮮語學硏究會發行).

721. 訓民正音 (新) L174654
世宗撰. 解例: 鄭麟趾等受命撰. 昭和15年(1940)寫本. 1冊(22張). 22.3 × 15.1cm. 假綴. 底本: 全鎣弼氏藏舊版本. 外題: 正音. 識語(小倉): 「右全鎣弼氏所藏舊版本訓民正音寫し, 昭和十五年四月慶北安東にて發見, 昭和十五年八月金台俊氏より贈らる. 昭和十五年八月 進平記」.

722. 訓民正音 (舊) L44844
世宗撰. 朝鮮語學會 昭和12年(1937)刊. 1冊(解說3, 序1, 12, 附錄3頁). 鉛印. 22.1 × 15.1cm.

723. 訓民正音(諺解) (新) L174653
世宗撰. 1冊(6張). 油印. 27.7 × 19.8cm. 假綴. 訓民正音諺解本.

724. 訓民正音(諺解) (舊) L44843
小倉進平寫. 大正10年(1921)寫本, 昭和5年(1930)校正(朱筆). 1冊(15張). 27.1 × 19.6cm. 識語(巻末, 小倉): 「本書ハモト宮内省藏本ニシテ白鳥博士が謄寫セラレ居タルヲ…」(大正5年), 「朱書ハ今回京城帝國大學ニテ購入セル宮内省所藏訓民正音ノ寫眞ト對照校正シタルモノナリ, …」.

725. 訓民正音韻解 (新) L174655
申景濬撰. [昭和]刊本(油印). 1冊(54張). 26.5 × 19cm. 外題: 「訓民正音韻解」의 「韻」字 上에 「圖」字를 덮어씀.

726. 訓民正音韻解 (舊) L44845
申景濬撰. 朝鮮語學會 昭和13年(1938)刊. 1冊(2, 2, 98頁). 鉛印. 22.2 × 15.1cm. 洋裝. 解題: 鄭寅普.

727. 訓義小學講譜 上 (新) L174650
1冊(44張). 木版本. 26.2 × 18.3cm. 四周雙邊, 半郭20.5 × 13.9cm, 有界10行24字, 上黑魚尾. 口訣版刻(頭註).

728. 訓義小學講譜 下 (新) L174651
1冊(54張). 木版本. 30.8 × 19.7cm. 四周雙邊, 半郭21.4 × 14cm, 有界

10行24字, 上黑魚尾. 口訣版刻(頭註).

729. 흥부젼[興夫傳] (舊) L44827

1冊(20張). 木版本. 22.6 × 17.5cm. 四周單邊, 半郭20.6 × 15.3cm, 無界15行字數不同, 上花紋魚尾. 版心題:「흥」. 外題:「興富傳」.

3. 색인

[ㅅ]

[ㅇ]

[ㅈ]

[ㅊ]

[ㅌ]

[ㅍ]

[ㅎ]

小倉文庫의 특징에 대하여[1]

중세어 자료와 대마도 관련 자료를 중심으로

후쿠이 레이(福井玲. 동경대)

차 례

1. 머리말

오구라 신페이(小倉進平 1882~1944)는 일본 센다이(仙臺)에서 태어나 제이고등학교 졸업 후 동경제국대학 문과대학에 입학, 언어학을 전공했다. 처음엔 일본어 음운사를 연구했으나 나중에 한국어 연구를 하게 되었다. 1911년에 조선에 건너가 朝鮮總督府 編修官으로서 교과서 편수와 조선어사전 편찬에 참여하였고 한편으로는 방언조사와 고문헌의 조사를 시작했다. 1924년부터 2년 간의 구미 유학을 거쳐 1926년에 京城帝國大學 敎授, 1933년부터는 東京帝國大學文學部 言語學科 敎授를 역임했다. 대표작으로서『朝鮮語学史』(1920),『郷歌 및 吏讀의 研究』(1929),『朝鮮語方言의 研究』(1944) 등을 들 수 있다.[2]

2. 小倉文庫에 대하여

오구라 신페이의 장서는 그의 逝去 후에 東京大学文学部 言語学研究室 所蔵이 되어 현재 다음 두 군데에 나누어 관리 및 공개되고 있다.

(1) 文學部 言語學研究室: 洋裝의 간본

(2) 文學部 漢籍코너: 朝鮮本을 中心으로 한 線裝本

간략하게 말하면 20세기에 서양식 인쇄기술로 만들어진 책들은 주로 (1)의 언어학연구실에 배치되어 있고, 전통적인 조선본은 (2)의 문학부 한적코너에 배치되어 있다. 그러나 20세기의 인쇄기술로 만들어지면서도 책의 外觀이 線

1. 본고는 2010년 12월 22일에 규장각 한국학연구원 고문헌 국제 워크숍 2010에서 발표한 내용을 수정 보완한 것이다.

2. 최근에 한국에서 오구라 신페이의 학문과 생애에 대한 연구가 많이 나타나기 시작했다. 보다 자세한 소개는 정승철(2010) 참조.

裝本인 경우 (2)에 포함되어 있기 때문에 실제로 (1)과 (2)를 구분하는 기준은 線裝本인지 洋裝本인지에 있다고 하는 것이 더 적절하다. 이하에서는 (2)의 장서만을 대상으로 하여 小倉文庫의 특징과 어학 자료로서 중요한 책들을 소개하려고 한다.

그런데 (2)의 漢籍코너에 소장된 책들이 다시 다음 두 가지로 나누어진다.

新登錄本 540부 (558帙) 942책(후쿠이 레이 2002)

舊登錄本 195부 (198帙) 369책(후쿠이 레이 2007)

'新登錄本'은 1980년에 한꺼번에 '東京大學圖書'로서 도서관에 등록된 책들이며, L174337부터 L175277까지 연속된 도서등록번호를 가진 책들이다. '舊登錄本'은 그보다 훨씬 전에(주로 1944년부터 1950년에 걸쳐서) '東京帝國大學圖書'로서 등록된 책들이며, 책 등록번호는 연속되지 않는 L31551～L50178까지의 번호를 가진 책들이다. 신등록본과 구등록본은 책의 내용상 명확한 구별은 없으며 단순히 도서 등록에 관한 사무적인 사정으로 나누어진 것 같다.

3. 小倉文庫의 특징

오구라문고의 전체적인 특징은 다음과 같이 요약할 수 있다.

(1) 조선본을 중심으로 15세기부터 20세기에 이르기까지 각 시대의 한국 어학 관련 자료를 골고루 갖추고 있다.

(2) 그 중에서 한글 자료 및 구결 자료가 제일 많다.

(3) 같은 책의 이본이 여러 개 존재하는 경우, 되도록 많은 종류의 이본을 수집하였다.

(4) 필사본 중에는 대마도의 한국어 통사였던 나카무라 쇼지로(中村庄次郎) 기증본이 존재한다.

(5) 한국 개화기의 국문 연구 자료가 세 가지 존재한다. (『國文硏究』[3] 周時經, 魚允迪, 李能和等撰, L174621～4, 『國文硏究議定案』 L174625, 『朝鮮語調査會議資料』 朝鮮總督府學務局, L175058)

(1)과 (2)는 일본에 많이 존재하는 일반적인 조선본 문고와 다른 오구라문고의 독특한 특징이다. 즉 직접적 및 간접적으로 어학 자료로서 이용할 수 있는

---

3. 이 자료는 李基文(1970)에서 자세히 소개되었다.

자료를 의도적으로 수집한 것이며, 그것과 관련이 없는 자료는 그다지 많지 않다. 그래서 그런지 일반적인 조선본 문고에서 흔히 볼 수 있는 文集 같은 책들은 그다지 많지 않고, 그 많지 않은 문집 중에서 예를 들면『看羊錄』과 같은 경우는 한글로 표기된 일본 지명이 나온다는 이유 때문에 이 장서에 들어 있는 것 같다.

(3)의 특징은 가령『法華經諺解』,『父母恩重經諺解』,『千字文』,『眞言集』,『語錄解』,『(增補)三韻通考』등 많은 이본이 존재하는 경우를 보면 쉽게 알 수 있다. 그 중에는 그가 직접 서지학적으로 자세하게 연구하여 논문으로 발표한 것도 적지 않다.

4. 重要資料 紹介

4.1. 刊本

우선 15세기와 16세기에 간행된 한글자료 및 구결자료는 다음과 같다.

① 『楞嚴經諺解』권5, 9(零本) (刊經都監 1462년) L44534. 1462년에 인쇄된 것이 아니라 후쇄본으로 보인다. 같은 질에 소장된 권4는 복각본이다.

② 『法華經諺解』권7(零本) (刊經都監 1463년) L45087. 장에 따라 원간본과 복각본이 섞여 있다. 제1장과 제153장 난상에 '校正'印이 찍혀 있어서 그 부분은 1463년에 인쇄된 당시의 것으로 보인다. 이 교정인은『月印釋譜』와『刊經都監 諺解本』의 善本에 찍힌 것이다(安秉禧 1974, 1992 참조).

③ 『大方廣圓覺修多羅了義經略鈔』序～上一之一(零本) (1465년) L44816. 世祖口訣. 乙酉字本. 釋讀符號 있음(藤本幸夫 1992 참조).

④ 『牧牛子修心訣』(刊經都監 1467년) L174361. 읽을 때의 순서를 나타내는 釋讀符號가 朱筆으로 기입되어 있고, 언해 부분에는 오늘날에 句讀點에 해당되는 점이 朱筆로 기입되어 있다(藤本幸夫 1992 참조).

⑤ 『四法語諺解』(刊經都監 1467년) L174529.

⑥ 『分類杜工部詩(諺解). 권17(零本) (1481년) L174385. 乙亥字本[4].

⑦ 『般若心経諺解』(1495年) L44751. 學祖跋 있음.

4. 이 을해자본 두시언해 권17은 제1장 밑에 '李熙昇藏書印'이 찍혀 있지만 바로 그 위에 '小倉藏書' 印이 찍혀 있어서, 아마도 오구라 신페이가 문하생이였던 李熙昇으로부터 물려받은 책이 아닌가 한다.

⑧ 『佛說大報父母恩重經』(華藏寺 1553년, 唄葉寺[5]1564년) L174374, L174373 화장사판과 패엽사판은 부모은중경언해본 중에서 가장 이른 시기의 책들이다.

⑨ 『禮記集說大全』(15−−년) L174758−71. 난상에 한글구결 있음. 'ㅿ'이 나타난다.

⑩ 『禪家龜鑑』(普賢寺 1569년) L44748. 간기 없음.

⑪ 『千字文』(光州 1575년) L175021. 천자문 중에서 가장 오래되며 독특한 새김을 보여주기 때문에 매우 유명한 책이다(李基文 1973).

⑫ 『蒙山和尙法語略錄諺解』(松廣寺? 15−−) L174679.

⑬ 『四法語諺解』(松廣寺? 15−−) L174528.

⑭ 『誡初心學人文』, 『發心修行章』, 『野雲自警序』(瑞峯寺 1583년) L174626, 4530, 4836. 그동안 松廣寺판이 많이 이용되어 왔지만 서봉사판은 비교적 드물다.

이들 중세어 자료 중에서 귀중한 것을 골라서 『東京大學文學部 言語學研究室所藏 小倉文庫 貴重本 CD−ROM Vol. 1』 (2003)에 수록하여 공개하였다.

17세기 이후의 간본은 종류가 많기 때문에 중요한 것만을 소개한다. 흔히 볼 수 있는 언해본이 많지만 다음 두 가지는 특기할만하다.

(1) 『捷解新語』 10권10책 (1676년) L175026−35. 규장각본과 동판인 활자본

(2) 『龍飛御天歌』 10권10책 (1659년) L44531. 간기는 없으나 한글 가사로 보아서 1659년판으로 보인다.

4.2. 筆寫本

오구라문고에 소장된 필사본은 크게 다음의 세 가지로 분류할 수 있다.

(1) 한국에서 필사된 책. 문학, 가사, 語錄解 등이 많다. 필사 연대를 알 수 있는 필사본 중에서 가장 오래된 것은 『農家集成』(1772년 필사, L174692)으로 보인다.

(2) 오구라 신페이의 필사본. 『牛羊猪染疫治療方』(L174692)은 岡田信利 소장 16세기 활자본을 오구라 신페이가 필사한 책인데, 원본이 행방불명인 현재 매우 귀중하다. 그 밖에 제주도에서 그가 필사한 『交隣須知』 등 귀중한 필사본이 적지 않다.

5. 후쿠이(2002)에서 '明葉寺'라고 판독했지만 '唄葉寺'가 옳은 것 같다. (故 안병희 교수의 지적에 의함).

(3) 대마도의 통사였던 나카무라 쇼지로 기증본. 조선본은 아니지만 한국어에 관한 유익한 자료가 포함되어 있다. 이에 대해서는 다음에서 자세하게 소개한다.

5. 中村庄次郎 寄贈本

나카무라 쇼지로(中村庄次郎 1855~1932)는 대마도에서 전통적인 한국어 교육을 받은 통사들의 마지막 세대에 속한 인물이다. 오구라 문고에는 오구라 신페이가 그로부터 물려받은 책이 약 30부가 소장되어 있다. 기증의 경위에 대해서는 小倉進平(1934)에 자세하게 소개되었고, 그 책들의 내용에 대해서는 후쿠이 레이(2006)에 소개한 바 있다.

6.
이 책은 서문에 '致遠'이라는 이름이 나오는데 箕輪吉次(2010)에 의하면 이것은 小田幾五郎의 아들인 小田管作일 것이라고 한다. 원래 小田幾五郎이 이 책을 만들었다가 그 아들이 증보하면서 필사한 것을 다시 나카무라 쇼지로가 필사한 것이다.

[표 1] 小倉文庫所藏 中村庄次郎 寄贈本 一覽(후쿠이 2006: 1597-8 수정)

	登録番號	書名	冊数	種類	筆寫者 刊行者	筆寫年 刊行年	撰者	張数	内容	表記
1	L174436	註解千字文	1	刊本				32	語學	
2	L174697	古来交隣事考	1	寫本	中村	1874		60	歷史	漢文
3	L174698	北京路程記	1	寫本	中村		小田幾五郎 小田管作[6]	28	社會	日文
4	L174699	明月順字訣	1	寫本				33		漢文
5	L174700	朝鮮策略	1	寫本			清·黄遵憲	17	歷史	漢文
6	L174701	朝鮮沿革論	1	寫本	中村	1876	筑水	8	歷史	日文
7	L174702	朝鮮服制法	1	寫本		1826(文政9)		4,図	社會	漢文
8	L174703	建國沿革	1	寫本	中村	1876		15	歷史	日文
9	L174704	朝鮮官品並李姓ヨリノ歴史記	1	寫本	中村	1876		26	歷史	漢文
10	L174705	今古奇観	1	寫本	中村	1876		48	小說	한글
11	L174706	酉年工夫	1	寫本	中村	1876	[雨森芳洲]	58	說話集	한글
12	L174707	日鮮日常會話(假題)	1	寫本				3	語學	
13	L174708	朝鮮語彙(假題)	1	寫本				14	語學	
14	L174709	醫學語彙(假題)	1	寫本	中村			23	語學	
15	L174710	諺文	1	寫本	中村	1876		15,4	語學	
16	L174711	隣語大方	1	寫本	(中村)			5	語學	한글
17	L174712 L174713	復文録	2	寫本	中村	1873-1876		62,22	語學	
18	L174714	居昌別曲	1	寫本	中村			8	歌辭	한글
19	L174715	天主十戒	1	寫本	中村	1877		22	天主教	한글

20	L174716	聖教	1	寫本	(中村)	1878		11	天主教	한글
21	L174717	代疑論	1	寫本	(中村)			74	語學	한글
22	L174718	韓語	1	寫本	中村	1881		43	語學	한글
23	L174775	林慶業傳	1	刊本	外務省	1881		81	小說	
24	L175008	倭語類解 上	1	寫本	(中村)			31	語學	
25	L44743	啓蒙篇諺解	1	刊本				24		
26	L44835	別淑香傳	2	寫本	中村	1875,1876		78,77	小說	한글
27	L44837	崔忠傳	1	寫本	中村	1873		49	小說	한글

오구라 신페이는 위에서 언급한 논문에서 한국어 학습서를 '합계 30여 책' 기증받았다고 밝혔지만, 실제로 지금 볼 수 있는 책은 27부 29책이다. 그래서 후쿠이 레이(2006)에서는 그 동안에 없어진 책도 있었을 것이라고 추정했고, 실제로 安田章(1966)에는 『常談』과 『講話』라는 두 책이 오구라문고에 소장되어 있다고 기술되어 있지만 지금은 이들 두 책은 찾아볼 수 없는 것이다.

그런데 2009년경에 東京大學文學部 言語學研究室에서 연구실 안에 있던 자료를 정리하다가 『中村庄次郎 寄贈書目録』이라는 오구라 신페이가 기록한 새로운 자료가 나왔다. 표지까지 합쳐서 모두 원고지 6장밖에 안 되는 짧은 목록이지만, 오구라 신페이가 나카무라 쇼지로로부터 받은 자료의 전모를 처음으로 알 수 있게 된 셈이다. 그리고 小倉進平(1934)에서는 기증받은 책들의 내용이나 성격에 대해 『復文録』이라는 자료 외에는 아무런 설명도 남기지 않았기 때문에 그가 이들 자료를 어떻게 평가하고 있었는지는 알 길이 없었지만, 이번에 나온 목록에는 각 자료에 대한 간단한 설명이 덧붙여 있어서 그의 생각을 알 수 있는 점도 유익하다.

필자가 정리한 나카무라 쇼지로 기증본 일람(표 1)과 새로 나온 『寄贈書目録』 사이에는 다음과 같은 차이가 있다.

(1) 『寄贈書目録』에 있고 필자의 '기증본 일람'에 없는 것

ㄱ. 再刊交隣須知 四巻

ㄴ. 訂正隣語大方 九巻三册

ㄷ. 常談 一册 寫本

ㄹ. 講話 乾坤二巻一册 寫本 漢字諺文交り

(ㄱ), (ㄴ)은 실제로 오구라문고에 소장되어 있지만, 기증본이라는 표시가 없기 때문에 이들이 원래 나카무라 쇼지로 기증본인 것을 알 수 없었던 것이다. 한편 (ㄷ)과 (ㄹ)은 위에서 언급했듯이 원래 기증본에 들어 있었을 것이라고 예상할 수 있었던 것이다.

다음으로 필자의 일람에 있고『寄贈書目録』에 없는 것은 다음과 같다.

(2) ㄱ. 日鮮日常會話(假題)
ㄴ. 朝鮮語彙(假題)
ㄷ. 醫學語彙(假題)

이들 3책은 내용도 짧고 책이라기보다 원고지 몇 장에 적은 메모에 가까우며, 원래 제목도 없었기 때문에『寄贈書目録』에서는 책이라고는 인정을 하지 않았던 것이 아닌가 한다.

마지막으로 오구라 신페이가 남긴 설명에 대해 몇 가지만 지적해 둔다. 가장 관심이 가는 부분은『講話』에 대한 설명이다. 아래에 한국어로 번역하여 제시한다.

> 講話 乾坤二巻一册 寫本 漢字諺文混用
> 巻頭書名 右方下部에「中村芳之助」라는 이름을 적었다. 또한 巻末에「中村芳之助」라고 署名했는데, 그 우측에「庄生之義父而知識越類」라고 적었다. 庄次郎翁의 義父인가. 信使 應接의 인사를 기록한 것이며 捷解新語의 内容에 가깝다. 用語에 方言이 있을 것이다. 表紙 뒷면에「明治七年第六月吉日」라고 되어 있다.

분량이 乾坤 二巻으로 되어 있고, 내용도『捷解新語』에 가깝다면 대마도의 통사들에게는 상당히 중요한 교재라고 할 수 있을 것이다.

다른 자료들에 대해서는『酉年工夫』,『韓語』,『復文錄』,『諺文』,『代疑論』에 대하여 오구라 신페이의 간단한 설명을 볼 수 있다.『代疑論』에 대해서는 '체계를 이루지 못하지만 훌륭한 문법론(서)이다'라는 평가를 하고 있다. 실제로 훌륭한 문법서라기에는 너무 미흡한 점이 많고 미완성의 草稿에 불과하지만 다른 문법서에서 볼 수 없는 독특한 분류를 볼 수 있어서 앞으로 더 자세하게 연구해야 할 것이다.

6. 雨森芳洲가 편찬한 한국어 교재에 대하여

후쿠이 레이(2006)에서는 나카무라 쇼지로 기증본 중에서『酉年工夫』라는 책은 원래 아메노모리 호슈(雨森芳洲 1668~1755)가 만든 것이라고 추정했다. 여기서 그가 만든 교재가 어떤 것이었는지에 대해 재고하고자 한다. 그의 저작에 관한 기록은 다음 세 가지가 있다.

A. 「申渡候書付」『詞稽古之者仕立記錄』(1736)

…… 翌三十六歳之時､朝鮮江罷渡丸年二年令逗留､交隣須知一冊・酉年工夫一冊・乙酉雑録五冊・常話録六冊・勧懲故事諺解三冊仕立､其外淑香傳二､李白瓊傳一冊自分ニ寫之｡…… (泉澄一外編1982:308)

B. 『全一道人』序(1729)

我州の人 およそ公事に役するもの たれか韓語に志なからん しかし其書もなく また其教もなければ たゝに望洋の歎をいたけるのみ ここに四部の書をゑらひ はしめに韻略諺文をよみて 字訓をしり 次に酬酌雅言をよみて短語をしり 次に全一道人をよみて其心をやしなひ 次に鞮屨衣椀をよみて其用を達せしむ こゐねかわくは 其教の次第ありて 其材をなすにちかからんとしかゆふ 芳洲書

C. 「芳洲著述」『芳洲履歴』

…… 以下 朝鮮語 全一道人(都詞ナリ) 交隣須知 隣語大方 崔忠傳 玉嬌梨 林慶業傳 書狀錄 常談 以下 四十部……

A와 B는 아메노모리 자신인 남긴 기록이라는데 가치가 있고, C는 나중에 다른 사람이 남긴 기록이기 때문에 조심해야 된다.

가장 큰 문제점은 A와 B, 즉 아메노모리 자신인 남긴 서명에 서로 일치하는 이름이 없는 것이다.『交隣須知』는 A와 C에 나오지만 B에 안 나오고,『全一道人』은 B와 C에 나오지만 A에 안 나온다. 그리고 위에서 언급한『常談』은 C에 그대로 나와 있지만 B에는 안 나오고, A에서는『常話錄』이 이에 해당되는 것이 아닌가 한다. 한편『講話』는 완전히 일치하는 서명은 없지만 C의『書狀錄』과 관련이 있을지도 모른다.

요컨대『全一道人』을 제외하면 B는 A, C와 공통된 서명이 없는 것이 가장 큰 문제가 되지만, 아메노모리가 1729년에『全一道人』을 만들고 있었을 때, 그

전에 그가 편찬한 책들에 대해서도 새로운 이름을 짓고 일종의 한국어교재 총서를 만들려고 했었던 것이며, 결국은 그것을 완성시키지 못했다고 가정하면 어느 정도 설명이 가능할 것으로 보인다. 다른 책들에 대한 선행연구(정승혜 2005, 후쿠이 2006 등)도 염두에 두고 이 복잡한 명칭 문제를 정리해 보면 다음과 같다.

[표 2] 雨森芳洲가 만든 한국어 교재 명칭의 변천

	1703	1729	雨森芳洲 이후
	?	韻略諺文(字訓을 앎) →	諺文?
主要	交隣須知 →	酬酌雅言(短語를 앎) →	交隣須知
教材	勸懲故事諺解 → 乙酉雜錄?, 常話錄? →	全一道人(마음을 기름) → 鞮屨衣椀(用을 達成시킴) →	全一道人 書狀錄?, 常談?, 講話?
副教材	酉年工夫, 淑香傳 등.		

정승혜(2005)에서는 나카무라 쇼지로 기증본에 들어 있는 『諺文』이 아메노모리가 언급한 『韻略諺文』일 것이라고 추정하였다. 매우 중요한 지적이라고 생각하지만, 『諺文』과 거의 비슷한 내용이 대마도에서 통사로서 유명했던 小田씨 집안의 小田管作 『象胥紀聞拾遺』에도 나오는 점이 마음에 걸린다. 小田씨 집안에도 小田幾五郎처럼 저작을 남길 수 있는 인재들이 있었기 때문이다.

마지막으로 『鞮屨衣椀』에 해당되는 책이 무엇인지 밝히는 것이 제일 어렵지만 '其用を達せしむ(그 用을 達成시킴)'라는 설명을 보면 실용성이 높은 상급 교재였을 것이므로 A에서는 『乙酉雜錄』, 『常話錄』이 후보가 될 수 있고, 아메노모리 이후의 자료 중에서는 『書狀錄』, 『常談』, 『講話』 등이 후보가 될 수 있을 것이다.

참고문헌 

泉澄一外編(1982), 『雨森芳洲全書3 芳洲外交関係資料 · 書翰集』, 関西大学出版部.

小倉進平(1934), 「釜山における日本の語学所」, 『歴史地理』 63-2, 日本歴史地理学会, pp.67-74.

福井玲(2002), 「小倉文庫目録 其一 新登録本」, 『朝鮮文化研究』 9, 東京大学大学院人文社

会系研究科 朝鮮文化研究室, pp.124-182.

福井玲(2006),「나카무라 쇼지로가 남긴 한국어 학습서에 대하여」,『李秉根先生退任紀念國語學論叢』, 서울: 태학사, pp.1595-1610.

福井玲(2007),「小倉文庫目録 其二 新舊登録本」,『韓國朝鮮文化研究』 10, 東京大学大学院人文社会系研究科 韓國朝鮮文化研究室, pp.105-130.

藤本幸夫(1992),「李朝訓讀攷 其一 —『牧牛子修心訣』을 중심으로」,『朝鮮學報』 142, 天理: 朝鮮學會, pp.109-167.

箕輪吉次(2010),「小倉文庫本『北京路程記』について」,『日語日文學硏究』 75-2, 韓國日語日文學會, pp.43-62.

安田章(1966),「苗代川の朝鮮語写本類について」,『朝鮮學報』 39 · 40, 天理: 朝鮮學會, pp.210-237.

安秉禧(1974),「釋譜詳節의 교정에 대하여」,『국어학』 2, 국어학회.

安秉禧(1992),『國語史 資料 研究』, 서울: 文學과知性社. (제3장 '釋譜詳節의 교정')

李基文(1970),『개화기의 국문연구』 한국문화총서 1, 서울: 일조각.

李基文(1973),『「千字文」解說』, 東洋學叢書 3, 檀國大學附設東洋學研究所.

李崇寧(1976),『革新國語學史』, 서울: 博英社.

정승철(2010),「小倉進平의 생애와 학문」,『방언학』 11, 한국방언학회, pp.155-184.

정승혜(2005),「東京大 小倉文庫 소장 〈諺文〉에 대하여」,『국어학회 제32회 겨울학술대회 발표 자료집』, pp.135-153.

7. 부록:『中村庄次郎 寄贈書目録』

(表紙)

昭和七年八月

中村庄次郎翁よりの寄贈書目録

進平

(1a)

再刊交隣須知 四巻 外務省藏版 明治十六年三月印行

訂正隣語大方 九巻三册 外務省藏版 明治十五年六月印行

林慶業傳 完 外務省藏版 明治十四年十月印行

註解千字文 一册

別淑香傳 乾坤二册写本 (諺文)

乾巻末に 紀元二千五百三十五年 明治八歳乙亥五月初旬写之

中村庄次郎 十九歳ト十月

坤巻末に 紀元二千五百卅六年、明治九歳十一月初旬写之

乾坤共於艸梁鎮謄　中村庄次郎

とあり。

(1b)

崔忠傳 一册 写本(諺文)

巻末に次の記事あり。

于時明治六年癸酉第六月 外務省於語學所写主中村庄次郎

外務省ノ韓語學校ヲ嚴原ニ設ケアル明治五辛未十一月校督

長森山茂教授荒川徳茲助教住永友輔三秀才士ニ候(？)言ヲ

聞

表紙裏に次の如き記事あり

明治六癸酉年八月十八日荒川先生方ニヲイテ讀終

啓蒙篇諺解 一册 著者年代不明

倭語類解 一册 写本

隣語大方 一册 写本 四枚半 隣語大方の抄ならん

(2a)

古来交隣事考 一册 写本 漢文

巻末に「紀元二千五百三十四年明治七年甲戌十一月於草梁公館

写 中村庄」とあり

酉年工夫 一册 写本 諺文

巻頭扉に「紀元二千五百卅六年、明治九年九月韓國釜山

於草梁項写」とあり。

数　十篇の物語を蒐集したるもの、方言研究の資とならん

今古奇観 一册 写本 漢字諺文交り

巻末に「紀元二千五百卅六年、明治九歳丙子十一月中旬於草梁

公館謄写 中村庄次郎」とあり。

物語「兩縣令成婚事」、「八銀人」、「洞庭紅」を含む

(2b)

常談 一册 写本

朝鮮語會話書、日本語は古風

講話 乾坤二巻一册 写本 漢字諺文交り

巻頭書名の右方下部に「中村芳之助」の名を記す。又巻末にも「中村芳之助」と署名せしが、其の右方に「庄生之義父而知識越類」と傍記せり。庄次郎翁の義父か。

信使應接の挨拶を記したるものにて捷解新語の内容に似たり。

用語に方言あらん

表紙裏に「明治七年第六月吉日」とあり。

韓語 一册 写本 小型

巻末に「明治十四年六月写中村庄次郎」とあり

韓佛字典より抜粋したる助詞助動詞等の使用語一覧

(3a)

居昌別曲 一册 写本

歌曲

復文録 一册 写本

表紙に「明治乃八年秋は月送」などあり

甲戌年頃の日誌、朝鮮文を作る練習となしたるものらしく

何人かが朱筆を以て添削せり

諺文 一册 写本

表紙に「紀元五百卅六年明治九年五月於雞林写、中村松景」とあり。

本書は小田管作「象胥紀聞拾遺」(天保十二年、西紀一八四一)を謄写したるもの也、内容大同小異。後に「八月念九ロ朝鮮信使一行會飛鳥山渋澤氏別業上筆話」(漢文)を載す。川田瓮江と姜ロ

(3b)

との間に交されたる朝鮮語及び諺文に関する談話なり。

復文録(假名) 一册 写本

表紙の後本文の初に「明治六年嚴原於語學所ノ譯文(?)」とあり。」

十一月十二日よりの日誌態のもの

茲に復文録と称せしものと同種類のものにして、毎日朝鮮文の練習をなし、何人かが朱筆にて添作[sic]をを施せり。「六月十五日試験浦瀬」など記せる箇所あり。

代疑論 一册 写本

體系を成さざるも立派な文法論(書)なり

朝鮮服制法 一册 写本

巻末に「文政九丙戌四月日写 平氏 とあり

以前よりの所傳ならん

(4a)

朝鮮沿革論 筑水撰 一册 写本

表紙に「明治九年丙子五月於草梁項写之」とあり

建國沿革 一册 写本

表紙に「紀元二千五百卅六年、明治九年一月写」とあり

「建國沿革」の外「朝鮮國向背」、「交隣起原」、「日本館沿革」

「來翰不揚年号」、「歳遣船」「信使來朝記」、を含む

附

朝鮮 官品並/李姓ヨリノ歴史 記 一册 写本

表紙に「紀元五百三十六年、明治九年五月於草梁項写」とあり

朝鮮策略 仕倭公使参賛官黄遵憲私擬 一册 写本

巻末に「明治十五年春三月中村庄次郎所持」とあり。

(4b)

明月順字訣 一册 写本 漢文

北京路程記 一册 写本

序文の末に「干時弘化二乙巳年夏二世大象胥官致遠編」とあり。

文中、「小田致廣記」、「文化元年甲子年七月日大象官小田致善識」

などの記事あり

聖教 一冊 写本(小) 諺文交り

巻末に「明十一年一月写」とあり

天主十戒 一冊 写本(小) 諺文入り

表紙に「明治十年第十二月謄写」と記す

(裏表紙)

경남대학교 박물관 소장의 데라우치(寺內) 문고 한국본 자료에 대한 검토

중세어 자료와 대마도 관련 자료를 중심으로

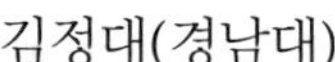
김정대(경남대)

차 례

1. 머리말

이 글은 경남대학교 박물관에서 소장하고 있는 데라우치 문고를 소개하는 것을 목적으로 한다. 데라우치 문고 한국본 자료는 초대 조선총독을 지낸 데라우치 마사다케(寺內正毅)가 조선에 머무는 동안 수집한 조선시대 시 · 서 · 화와 관련된 수준 높은 자료들이다. 본래 이 문고는 데라우치 마사다케의 아들인 데라우치 히사이치(寺內壽一)에 의해 설립된 독자적인 건물 속에 보존된 것이었으나, 1946년 이후 일본 야마구치여자대학(현 야마구치 현립대학)에서 갈무리해 오던 것이었다.

그러던 것이 어떤 경위를 거쳐 1996년 1월 24일자로 경남대로 돌아오게 된 것인지, 문고의 내용은 어떠한지, 그리고 경남대로 환수된 데라우치 문고는 어떻게 갈무리되고 있는지 등을 소개하고자 하는 것이다. 경남대로 환수된 데라우치 문고는 민간 차원에서 해외에 있는 한국 문화재가 본래의 나라로 돌아온 희귀한 경우가 되기 때문에, 그 과정을 언급하는 것은 적지 않은 의미가 있으리라 생각된다.

2. 데라우치 문고 소개[1]

2.1. 문고의 연혁

야마구치 현립대학 소장 '오우호 데라우치 문고(櫻圃寺內文庫)'[2]는 데라우치 마사다케(寺內正毅)에 의해 그 기초가 마련되고, 아들 데라우치 히사이치(寺內壽一)에 의해서 완성된 데라우치(寺內)家 사설문고를 가리키는 말이다.

데라우치 마사다케(1852~1919)는 일본 야마구치 현 출신으로, 이토 히로부미(伊藤博文)를 대신하여 조선 3대 통감으로 취임하였다가 두 달만인 1910년 8월에 조선을 그들의 식민지로 만들고 초대 총독에 부임한 인물이다. 취임하자마자 그는 조선의 언론 · 교육을 통제하고, 고적과 사료, 옛 관습 등을 조사하여 조선의 역사 · 문화에 대한 말살정책을 꾀한, 이른바 '공포 정치'의 주인공으로 유명하다.

이 문고에는 세 종류의 장서가 소장되어 있으니, 첫째 근세 이래의 데라우치家의 장서, 둘째 데라우치 개인의 장서 및 수집 도서 · 자료, 셋째 수증도서가 그것이다. 경남대에 일부 반환된 장서는 두 번째와 관련되는 것이다. 데라우치는 도서뿐만 아니라 서화류에 이르기까지 조예가 있었고, 그 보존에도 깊은 관심을 기울이고 있었던 것으로 생각된다. 그리고 그의 이러한 관심을 '수집'이라는 현실로 이어지게 하는 데는 서도 전문가 구도 소헤이(工藤壯平)의 도움이 컸던 것으로 알려져 있다.

구도는 도쿄제국대학을 졸업한 사람인데, 데라우치가 조선에 부임할 때 그를 함께 데리고 와 통감부에 근무하게 했던 것이다. 당시 구도가 조선에서 담당한 업무는 단순한 일반 행정 업무가 아니라, 조선의 옛날 전적과 규장각에 소장된 고문헌을 조사하고 정리하는 것이었다. 매일 규장각으로 출근한 그는 조선 왕실의 중요한 문서들을 열람하고 조사하였으며, 한편으로는 서울 시내에 흘러넘치는 수준 높은 조선의 전적들을 접하게 되었다.

당시 서울 시내 인사동의 서점 거리에는 조선의 서적, 서한, 묵적류가 산적해 있었지만, 사려는 사람이 적어 값이 매우 저렴하였다. 따라서 식민지 조선에 와 있던 일본 사람들의 경제 형편이라면 이러한 것들을 종이값 정도만 지불하고도 쉽게 구입할 수 있었다. 구도는 이러한 사정을 데라우치 총독에게 전하면서, 조선 총독 재직 기념으로 거리에 범람하고 있는 이런 전적류를 수

1. 이 내용은 國守 進, 『오우호(櫻圃) 데라우치(寺內)文庫의 成立』과 경남대학교 박물관(2008), (「데라우치 문고」), 『墨緣: 묵으로 맺은 인연』 pp.6-9를 바탕으로 한 것이다. 國守 進의 자료는 경남대학교 박물관 김원규(金沅奎) 연구원으로부터 도움을 받은 것이다. 이에 감사의 뜻을 표한다.

2. '오우호(櫻圃)'는 데라우치 마사다케의 호(號)이다. 마사다케가 옛날에 살았던 야마구치시 미야노(宮野) 사쿠라하타(櫻畠, 벚꽃동산)에서 연유한 것이라 한다. 마사다케(寺內正毅)의 호로는 오우호(櫻圃) 외에 '노안(魯庵)'이 더 있었다. '오우호'는 처음에 많이 사용하였지만, 말년에는 '노안'을 쓴 경우가 더 많았다고 한다.

집 해 일본으로 가져가서 기념관을 만들 것을 제안하였다. 이에 데라우치는 주저하지 않고 구도에게 그 일을 맡겼고, 구도는 1912년부터 1918년까지 자신의 역량을 최대한 발휘하여 그 일을 진행하였다. 이렇게 시중에 떠도는 조선의 옛 서책들을 구입하기도 하고, 또 일부는 소문을 듣고 스스로 집안에 소장되어 있던 서첩 등을 가져오는 사람들로부터 선물로 받기도 한 것이 데라우치문고 콜렉션 안의 조선관 자료이다. 따라서 문고의 설립은 데라우치가 총독으로 재임하던 시절부터 이미 구상되어 있었던 것이다.

그런데 데라우치가 문고 설립을 구상하게 되는 데는 또 다른 동기도 있었다. 같은 야마구치 현 출신으로 육군대신, 육군 참모총장 등을 역임한 고다마 겐타로(兒玉源太郎)가 고다마(兒玉)문고를 설립한 것에 영향을 받았던 것이다. 그는 1902년, 황실의 하사금과 자비(自費)를 가지고 고향인 도쿠야마(德山)에 문고를 설립했던 것이다.[3]

조선총독의 임기를 마치고 귀국한 데라우치는 일본에서 내각 총리대신을 지냈지만, 1918년에 병으로 총리직에서 물러나야 했다. 회복이 어렵다는 것을 깨달은 데라우치 마사다케는 아들 데라우치 히사이치를 불러 문고 설립을 유언하였다. 히사이치는 1920년 5월에 문고 건축에 착공하여 1921년 11월에 철근 콘크리트 2층집, 총 평수 85.98평의 건물을 준공하게 되었다(이 건물 북측에 부속 건물로서 세워진 것이 이른바 '朝鮮館'이다).

건물의 완성과 병행하여 문고 유지를 위한 기금의 설치와 개고의 준비가 이루어졌다. 먼저 '오우호 데라우치 문고(櫻圃寺內文庫)'를 재단법인으로 하여 이사 1명, 감사 3명을 두었으며, 문고의 유지 관리를 위한 기금을 설치하고 평의원 약간 명을 두었다. 고다마 히데오는 이사가 되었다. 그리고 재단의 기금 30,000엔을 설치하여 그 이자를 유지비로 삼기로 계획되었다. 기금은 데라우치家가 몇 차례에 걸쳐서 적립하였던 것이다.[4]

2.2. 문고의 운영과 현(縣)으로의 이관

개고 당시의 관람용 도서의 수는 總記 239, 哲學 812, 教育 445, 文學 1,438, 歷史地理 2,705, 法政經濟 691, 理化學 256, 工學兵事 360, 美術工藝 309, 產業 471, 朝鮮關係 541, 中國關係 1,376, 합계 9,644책이었다. 이 밖에 중국 · 조선 관계 고서 10,000여 책이 있었다.[5]

3. 1906년에 고다마 겐타로는 사망한다. 사망 후, 그의 아들 히데오(秀雄)가 직접 경영하게 되면서, 문고 유지를 위한 기금제도(9,000엔)를 설치하고 문고 평의원을 위촉하였는데, 이때 데라우치 마사다케도 기금의 조성을 원조하였다. 이것은 마사다케의 장녀 사와코(澤子)가 코다마 히데오에게 시집가게 된 인척 관계와 큰 연관이 있을 것이다.

4. 이와 아울러 오우호 데라우치문고 규칙, 재단법인 오우호 데라우치문고 기부 행위, 오우호 데라우치문고 관리규정 등이 만들어졌다.

5. 여기에는 기증된 책들도 적지 않았다고 한다.

6. 야마구치여자대학은 1996년 야마구치 현립대학으로 이름을 바꾸어 오늘에 이르고 있다.

문고 직원은 관리인(主管) 1명, 괘원(掛圓) 1~2명 및 사환으로 하고, 평의원 1명이 감독이 되어 직원에게 지시를 하는 제도를 따라 운영하였다. 인건비 · 관리비 · 도서구입비는 재단 기금의 이자 및 데라우치家 사비로 충당하되, 主管은 연 예산에 입각하여 매월 지출 상황을 데라우치家에 보고하도록 정해져 있었다. 열람자는 개고 당시에는 1일 100명 전후에 달하였지만, 점차 감소하여 연 5,000~7,000명 정도였다. 열람자의 내역은 1927년을 예로 들면 70%가 학생, 아동이고 군인 · 실업 · 교원 · 관공리가 그 다음을 잇고 있다.

1941년 2월, 문고에 인접하여 야마구치(山口)여자전문학교가 설립되었다. 지금의 야마구치 현립대학의 전신이다. 동교의 설립에 따라 학생의 이용도 증가하여 문고와 동교의 관계는 학생의 문고 이용 면에서도 상당히 밀접하였다. 1945년 일본의 패망에 의해 문고의 경영은 고주(庫主) 히사이치의 갑작스런 죽음도 있고 하여 매우 어려워졌다. 당시 야마구치여자전문대학은 교사 한 모퉁이에 도서실을 설치한 상태였기 때문에, 데라우치문고를 학교의 도서관 시설로서 이용하는 것이 바람직하였다. 그래서 현 당국은 야마구치여자전문대학의 요망도 있고 하여, 문고의 이용에 관하여 데라우치에 제의하였고, 거듭된 교섭 끝에 1946년 12월 1일부로 지사 아오야기 이치로(靑柳一郎)와 데라우치 슌코(寺內順子)와의 사이에 '오우호 문고 대차계약서(櫻圃文庫貸借契約書)'가 체결되었다.

첫 계약 기간은 1946년 12월 1일부터 1956년 11월 30일까지였다. 그 사이 1950년 3월, 야마구치여자전문대학은 야마구치여자단기대학으로 편제가 바뀌어 문고는 야마구치여자단기대학 부속도서관으로 이용되게 되었다. 데라우치문고의 차용 기간은 1956년 11월 말까지였으나, 대학으로서는 문고를 영원토록 이용할 희망도 있고, 현으로서도 문고를 현 소유의 재산으로 할 뜻을 굳혀, 1957년 1월 22일에 토지와 건물을 대학 측에 넘긴다는 매매계약을 데라우치家와 체결하였다.

이상의 경위를 거쳐 데라우치 문고는 야마구치여자단기대학의 소관이 되었고, 이 대학이 1975년 야마구치여자대학으로 승격함에 따라 야마구치여자대학 부속도서관으로 현재에 이르고 있다.[6]

3. 데라우치 문고 반환과 각서

3.1. 반환 경위

데라우치 문고 소장 조선시대 자료 일부(이를 여기에서는 그냥 '데라우치 문고'로 부르기로 한다.)가 한국의 경남대학교로 돌아오기까지는, 선조의 진적(眞蹟)을 찾으려는 한 가문의 끈질긴 시도,[7] 해외 유출 문화재 환수에 대한 경남대학교의 강한 의지와 노력, 그리고 관련 기관의 협조가 있었다.

1990년 고성(固城) 이씨(李氏) 가문에서는 선조인 행촌(杏村) 이암(李嵒, 1297~1364) 선생의 진적을 기억하고, 그 중 2점이 데라우치 문고에 소장되어 있다는 사실을 알게 되었다. 곧바로 일본으로 건너간 고성 이씨 종친회 관계자는 데라우치 문고에서 행촌 선생의 진적을 찾은 것 외에도, 엄청난 양의 한국 관계 자료가 그곳에 소장되어 있음을 확인하였다. 1994년의 일이었다. 이 사실은 곧바로 국사편찬위원회에 통보되었다. 당시 박영석 위원장은 일본으로 건너가 그 존재를 확인하였는데, 방대한 양과 자료의 우수성에 감탄과 감동을 금할 수 없었다. 그러나 반환 작업은 순탄치 않았다.

1994년 그 무렵, 경남대학교는 1996년에 있을 개교 50주년 기념사업을 뜻있게 치를 생각에 몰두해 있었다. 이에 당시 박재규 총장을 비롯하여 학교 당국자들은 개교 50주년의 기념사업의 일환으로 해외로 유출된 우리 문화재에 관심을 갖고 그 탐방을 하고 있었다. 그러던 중 야마구치여자대학에 데라우치 문고가 있다는 정보를 입수하게 되었다. 당시 박재규 총장은 야마구치여자대학과의 학술 교류를 추진하고 있었는데,[8] 이를 계기로 데라우치 문고 반환 사업도 동시에 추진하는 전략을 세웠던 것이다.

이 사업을 추진하여 뜻을 이루는 데는 국회한일친선협회중앙회 김수한 회장과 한일의원연맹 김영광 간사의 협조가 컸다. 데라우치 문고의 실질적인 권리자인 데라우치 후손들과 그것을 보존하고 있는 야마구치여자대학 관계자를 설득하려면, 한국의 전 · 현직 국회의원과 오랜 친분이 있는 일본 측 의원의 힘이 절대적으로 필요했는데, 그 어려운 역할을 두 분이 훌륭하게 해 내었기 때문이었다.[9]

데라우치 문고가 한국의 경남대학교로 돌아오는 조인식은 1995년 11월 11일 야마구치여자대학에서 있었다. 그러나 이 조인식이 있기까지에는 가슴

7. 이 내용에 대해서는 김원규(2006), 「경남대학교 데라우치 문고 반환 10주년을 통해 본 해외 유출 문화재」, 이승률, 『데라우치 문고와 나의 아버지』(http://blog.naver.com/lemon5819/60024452589)를 참조하기 바란다.

8. 야마구치 현은 경상남도와 자매결연 관계에 있어, 경남에 있는 경남대학교가 야마구치여자대학과 학술 교류를 체결하는 일은 매우 자연스러운 일이었다.

9. 이에 대한 자세한 내용은 김수한(1995), 「寺內(데라우찌)文庫의 韓國 歸還」, 『憲政』(大韓民國憲政會) 12월호를 참조하기 바란다. 두 단체의 역할이 매우 컸고 의미 있음은, 아래에서 제시하는 '각서'에 그 내용이 들어 있다는 것으로도 입증된다 하겠다.

철렁한 순간도 없지 않았다. 그것은, 이에 대한 한국 언론의 보도 문제를 일부 일본의 보수 세력들이 데라우치家와 야마구치여자대학에 알려줌으로써 반환을 방해했기 때문이다. 이에 대해서는 박재규 총장의 이야기를 직접 들어보는 것이 훨씬 생동감이 날 것이다.[10]

"(전략) 그렇다고 이들 유물 기증이 모두 순탄스러웠던 것은 아닙니다. 야마구치여자대학과 데라우치家를 설득하는 일도 힘들었지만, 국내의 대일 감정 역시 이 일을 성사시키는 데 큰 어려움을 초래하기도 하였습니다.

최종 유물 목록과 운반 작업 준비까지 다 해 놓고 유물 기증 문서에 서명하기 위해 일본으로 떠나기 전, 우리는 이 사실을 보도 자료로 각 언론사에 알렸습니다. 사실 해외 유출 문화재가 공공기관끼리의 정식 기증 절차를 거쳐 고국으로 돌아온 예는 그렇게 많지 않습니다. 그것도 135점이라는 대량의 문화재가 반입된 예는, 1965년「한일기본관계조약」이 체결되고 그 후속 조약으로「문화재 협정」이 발휘되면서 이듬해에 일본으로부터 1,326건의 문화재를 반환 받은 이래 처음인 것으로 알고 있습니다. 그러다 보니 언론에서 가만있을 리가 없었을 것입니다. 각 언론사마다 주요 기사로 이 사실을 내보냈습니다. 그 기사는 대개가 '데라우치(寺內) 총독이 강탈한 약탈 문화재 반환'이라는 내용이었습니다. 여기에서 문제가 생긴 것입니다. 이 기사를 본 야마구치여자대학과 데라우치家에서는 '유물을 못 주겠다. 지금까지의 일은 없던 것으로 하자'는 연락이 왔습니다. 실로 눈앞이 캄캄했습니다.

(중략)

지금까지 어렵게 성사시킨 일들이 한꺼번에 무너져 내리는 것 같았습니다. 그렇다고 포기할 수는 없는 일이었으므로 어떻게든 이 상황을 수습하여 원만하게 해결해야 한다는 다짐과 함께 다시 야마구치여자대학 측과 협의를 진행하였습니다. 다행히도 그 쪽에서 "오늘 오후 5시까지 '강탈'이 아니라 '수집'으로 정정 기사를 낼 것"을 요구하였습니다.

그 뒤 하루 종일 언론사와 전화통을 잡고 씨름하였습니다. 하지만 대부분의 신문에서는 편집 방침상 그럴 수 없다는 것이었습니다. 그런데 한 신문사에서 '경남대학교 총장의 말에 의하면 데라우치 총독이 수집, 일부 사 가지고 갔던 유물'이라고 기사 중간에 짤막하게 써 주었습니다. 그리하여 그 지면을 크게 확대하여 야마구치대학과 일본 언론사에 보냄으로써, 그들의 이해를 구하고 일을 마무리 지을 수 있었습니다. 정말로 길게만 느껴졌던 하루였습니다."

10. 이승률(2006),『데라우치 문고와 나의 아버지』(http://blog.naver.com/lemon5819/60024452589)에서 재인용.

3.2. 각서

데라우치 문고가 경남대로 반환되는 데는 두 학교 사이에 각서가 있었다. 각서의 내용은 다음과 같다.

각서

대한민국 경남대학교(이하 「갑」이라 한다)와 일본국 야마구치여자대학(이하 「을」이라 한다)은 아래의 사항에 대하여 성실히 실행할 것을 약속한다. 그리고 이 교섭은 지금까지 한 · 일의원연맹 및 한 · 일친선협의회의 협력에 의하여 추진되어 왔으며 그 노력에 의하여 이 성과를 거둘 수가 있었다.

(교류)

제1조 갑 및 을은 앞으로 상호간의 교류를 증진시키기 위하여 협의를 추진하도록 한다.

(기증)

제2조 을은 갑에 대해 별지의 목록과 같은 서화류(이하 「서화류」라고 한다)를 기증하기로 한다.

(이용)

제3조 ① 갑은 서화류를 학술 연구를 위하여 유효하게 이용하도록 한다.
② 갑은 을이 학술 연구를 위하여 서화류를 열람할 필요가 생겼을 때에는 을의 청구에 응하여 서화류를 열람시키기로 한다.

1995년 11월 11일 야마구치여자대학에서

	대한민국	
	경남대학교총장	박재규
	일본국	
	야마구치여자대학학장	高山治
입회인	대한민국	
	국회의원	김영광
	일본국	
	중의원의원	河村 建夫

데라우치 문고 기증 각서 조인식(1995. 11. 11, 야마구치여자대학): 왼쪽부터 김영광 의원, 경남대 박재규 총장, 다카야마 오사무(高山治) 야마구치여자대학 학장, 가와무라 다케오(河村建夫) 일본 중의원 의원.

'조선조 문헌 기증 기념 축하회'(1995. 11. 10, New Tanaka 호텔): 기능 각서 조인식 하루 앞날 축하회가 있었다. 박재규 총장, 김영광 의원, 가와무라 중의원 의원, 故 임창순 님(앞줄 오른쪽에서 세 번째) 등이 보인다.

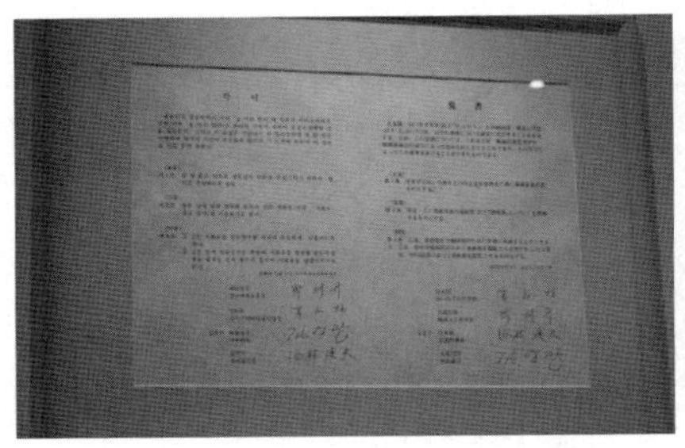

각서 내용: 경남대 박물관 데라우치 문고 벽에 걸려 있다.

발간된 문고: 경남대 박물관에서는 1998년부터 현재까지 모두 11권의 책으로 발간했다.

4. 반환된 데라우치 문고의 내용과 갈무리

4.1. 문고의 내용

반환된 데라우치 문고는 모두 98종 135책, 1959점이다. 이를 정리하면 다음과 같다.[11]

번호	분류	종수	비고
1	의궤 및 궁중 관계 자료	9종(9책)	
2	간첩	29종(41책)	
3	시화첩	11종(14책)	반차도 1책
4	서첩	43종(66책)	개인 서첩, 31종 32책
5	탁첩	5종(5책)	
6	문서	1종	분재기 1축
계		98종(135책, 1축)	

11. 경남대학교 박물관(2008), 『墨緣: 묵으로 맺은 인연』 p.9에서 인용.

이들은 조선시대 유묵들로 구성된 희귀본 컬렉션으로, 1천 명이 넘는 조선시대 선비들의 시(詩) · 서(書) · 화(畵) 작품들이다.

그 동안 경남대학교에서 책자로 발간한 데라우치 문고의 내용은 다음과 같다.

- 1998년 2월: 汗馬古典叢書 1『寺內文庫宮中關係資料』, 32cm × 23cm, 461 p.
- 1999년 2월: 汗馬古典叢書 2『名賢簡牘』Ⅰ－上, 32cm × 23cm, 43 p.
- 2000년 1월: 汗馬古典叢書 3『名賢簡牘』Ⅰ－下, 32cm × 23cm, 343 p.
- 2001년 2월: 汗馬古典叢書 4『戊辰朝天別章帖』, 32cm × 23cm, 398 p.
- 2002년 2월: 汗馬古典叢書 5『丁亥赴燕別章帖, 附三帖』, 32cm × 23cm, 398 p.
- 2003년 2월: 汗馬古典叢書 6『近儒帖』, 32cm × 23cm, 182 p.
- 2004년 2월: 汗馬古典叢書 7『簡牘帖』, 32cm × 23cm, 206 p.
- 2005년 2월: 汗馬古典叢書 8 『古簡帖』Ⅰ, 32cm × 23cm, 232 p.
- 2006년 2월: 汗馬古典叢書 9 『古簡帖』Ⅱ, 32cm × 23cm, 290 p.
- 2008년 12월: 汗馬古典叢書10『先賢簡牘』, 32cm × 23cm, 157 p.
- 2010년 2월: 汗馬古典叢書11『경주김씨급류정계간찰첩』, 32cm × 23cm, 254 p.

현재 소장 유물 중『유근첩(儒近帖)』과『간독소첩(簡牘小帖)』을 묶어 '한마고전총서' 제12집으로 발간하기 위해 준비 중이고, 나머지 자료들도 연차적으로 지속적으로 자료집으로 발간할 예정이다.

4.2. 문고의 갈무리 등

데라우치 문고가 처음 경남대에 도착한 날짜는 1996년 1월 24일이었다. 일본으로부터 환수와 함께 본관 3층에 '데라우치 문고 특별 전시실'과 수장고를 마련하여 보관하다가, 2008년 5월, 경남대학교의 60주년 개교 기념관인 '한마미래관'의 완공과 함께 그곳에 박물관이 이전함으로써 본관 3층에 있던 전시실과 수장고도 함께 이곳으로 옮겨 왔다.

현재 데라우치 문고 소장 유물의 관리를 위해서는 연구원 1명이 책임을 지고 관리에 임하고 있다. 유물의 일부는 박물관 전시실(한마미래관 2층의 데라우치 문고 전시실)을 이용해 상설 전시를 하고 있고, 나머지는 수장고(한마미래관 지하층)에 안정적으로 수장, 보관하고 있다. 수장고는 항온 항습이 유지되고 있으며, 항균 방충을 위해 전문업체와 계약하여 천연향을 이용한 항균 방충제를 주기적으로 교체하고 있다.

그 동안의 특별 전시회를 포함한 전시 횟수는 다음과 같다.

- 1996년 4월 27일: 데라우치 문고 특별 전시실 개관 기념 특별전
  장소: 경남대학교 박물관 데라우치 문고 전시실
  출품작: 『명현간독』 외 40여 점
  ※ 특별전 후 상설전시관 체제로 변경
- 1996년 7월~8월: 경남대학교 소장 데라우치 문고 서울특별전
  장 소: 궁중유물전시관(현 서울고궁박물관)
  출품작: 『정축입학도첩』 외 40여 점
- 2001년 9월~11월: 마산시립박물관 개관 데라우치 문고 특별전
  『무진조천별장첩』 외 50여 점
- 2006년 4월~6월: 경남대학교 개교 60주년 및 데라우치 문고 기증 10주년 기념 서울특별전) 『시 · 서 · 화에 깃든 조선의 마음』
  장소: 서울서예박물관(서울 예술의전당)
- 2010년 11월 17일~12월 말: 데라우치 문고 경상남도 문화재/기원첩 보물 지정 특별전
  장소: 경남대학교 한마미래관 데라우치 문고 전시실

현재 경남대 박물관 전시실을 찾는 관람객은 한해 약 5,000여 명에 이르는데, 이들은 거의 대부분 데라우치 문고를 관람하기 때문에, 1년에 약 5,000명 정도가 이 문고를 찾는다고 할 수 있다.

2010년 올해 10월 25일자로 『기원첩』이 보물 제1682호로 지정되었다. 그 과정은 다음과 같다.

- 문화재청에서는 2005년부터 1종의 문화재를 일괄 공모 선정, 조사하여 국가지정문화재(보물)로 지정하는 사업을 진행하고 있음.
- 2010년에는 우리나라 전통 서예 작품 중 조선 후기 작품에 대해 조사, 지정을 추진함.
- 위 사업과 관련하여 경남대학교 박물관 데라우치 문고에 소장 중에 기원

유한지 선생의 예서첩인 『기원첩』이 대상으로 선정되었음.

- 8월 6일 위와 관련된 서류를 문화재청으로부터 접수받음.
- 8월 9일 문화재청에서 심의, 조사를 위해 『기원첩』을 경남대학교 박물관으로부터 인수하여 가 문화재 전문위원들이 심의, 조사를 진행함.
- 8월 13일 문화재청으로부터 다시 경남대학교 박물관으로 『기원첩』을 돌려줌.
- 2010년 8월 27일, 문화재청 공고 제2010−222호(2010년 08월 27일)를 통해 관보 공고함.
- 2010년 8월 27일~9월 25일(30일간) 문화재 지정 예고됨.
- 2010년 10월 25일, 보물 제 1682호로 지정됨.

이와 아울러 데라우치 문고 전체가 경남도문화재로 지정되기도 했는데, 그 과정은 다음과 같다.

- 2009년 경남대학교 박물관 데라우치 문고 소장 98건 135책 1축에 대해 일괄로 경상남도문화재 지정을 위해 경상남도에 지정 신청서 및 각종 자료를 제출함.
- 2010년 1월 20일, 경상남도문화재위원 서류 조사 후 지정 조사를 위해 제1차 방문 조사를 실시함.
- 2010년 3월 26일, 경상남도 문화재위원 지정 조사를 위해 제2차 방문 조사를 실시함.
- 2010년 9월 15일~10월 14일, 문화재 지정 예고됨.
- 2010년 10월 14일, 경상남도 유형문화재 제509호로 지정됨.

참고

135책 1축에 대해서는 각각의 지정번호가 부여되었으나(509−1부터 509−136까지), 『기원첩』(509−56)은 보물 지정과 함께 경상남도 유형문화재에서 제외됨.

연변대학교 도서관 소장 한국본 고문헌 자료

강보유(연변대)

차 례

1. 소장본의 분류와 소개

연변대학교 도서관은 1949년 4월 연변대학교의 창립과 함께 설립되었다. 연변대학교 도서관은 학교의 운영체제에 따라 분산, 통합 과정을 겪었고 2002년 5월부터 통일 관리를 실시하기 시작하여 지금은 연변대학교 중앙도서관이 본관 기능을 수행하고 원래의 의학원, 농학원, 예술학원 도서관이 분관 기능을 수행하고 있다.

연변대학교 도서관(본관)은 1983년에 건설된 3층 건물과 1999년에 건설된 7층 건물이 합쳐 건축 면적이 1만 4970제곱미터에 달하고 3305개의 열람석과 411개의 전자열람석이 있다. 연변대학교 도서관에는 총 210만여 권의 도서와 140만여 개의 전자문헌이 소장되어 있다. 그중 10만여 권의 한글도서와 1300여 종의 한국학학술간행물, 한국학정보지 데이터베이스 등을 보유하고 있어 중국 내 대학교 도서관으로는 한국학 연구자료를 가장 많이 소장하고 있는 것으로 알려져 있다.

해외 한국학 보급을 위해서는 해외 한국본 고문헌 자료의 탐색과 검토를 진행해야 하고 또 이를 위해서는 한국본 고문헌 자료의 해외 분포에 대한 조사 발굴 작업이 무엇보다 선행되어야 한다. 이를 목적으로 지난 11월 초 한 주간 연변대학교 도서관을 방문하여 한국본 고문헌 자료 소장본을 실사하였다.

실사 결과 현재 연변대학교 도서관(본관)에는 356점의 귀중한 한국본 고문헌 자료가 소장되어 있는 것으로 파악되었다.

소장본 356점 중 보존 상태가 좋은 선본(善本)으로는 周易大全: 二十四卷卷首一卷(一部十四册), 國語: 二十一卷(二部八册), 國婚定例: 二卷(一部一册), (御定)史記英選: 6卷(一函六册), 增刊校正王狀元集註東坡先生詩: 殘存第二十(一部一册), 宋朝史詳節: 10卷(一部五册) 등 6점이고, 진본(珍本)으로는 增刊校正王狀元集註東坡先生詩: 二十五卷(一部十七册) 한 점뿐이다.

소장본 356점 중 작자 미상인 자료가 78점이고, 출판 정보가 미상인 자료가 129점이다.

판본의 유형 분류에서 전일성이 결여되는 여러 가지 문제점이 발견되지만 연변대학교 도서관(본관) 소장 한국본 고문헌 자료 목록을 기준으로 그 분류체계를 그대로 따르기로 하면서 본 글에서는 소장본을 판본의 유형을 중심으로 분류, 소개하는 것으로 만족하고자 한다.

연변대학교 도서관(본관)은 356점의 한국본 고문헌 자료를 판본의 유형에 따라 아래와 같이 분류하고 있는데, 구체 목록은 [부록]을 참조하기 바란다.

[1] 朝鮮刊本

朝鮮刊本 56점 중에는 周易大全, 周易諺解, 周易本義口訣附說, 尚書集傳, 書傳大全, 書傳諺解, 詩經諺解, 詩傳大全, 春秋經傳集解, 中庸諺解, 中庸章句大全, 中庸章句諺解, 大學諺語, 大學章句大全, 論語集注, 論語集注大全, 論語諺集, 孟子集注大全, 孟子諺解, 家禮考證, 喪禮輯解, 喪禮聚選, 禮儀補遺, 附諸家音訓, 全韻玉篇, 三韻聲彙, (禦定)奎章全韻 등 사서오경을 비롯한 경부(經部) 자료들이 절대부분을 차지하고 있다.

[2] 朝鮮刻本

朝鮮刻本이 가장 많은 비중을 차지하면서 116점을 기록하고 있다. 朝鮮刻本에는 경부 자료를 제외한 사부 자료들이 많은 비중을 차지하고 있다. 國語, 史略, 史要聚選, 歷代聚錄, 歷代史論, 麗史提綱, 東國歷代史略, 續資治通鑒綱目, 少微通鑑節要, 國婚定例, 大明律講解 등 사부(史部), 孔子家語, 五倫行實圖, 女四書, 千歲曆, 小學諺解, 栗谷全書, 月印釋譜, 周易參同契 등 자부(子部), 退溪先生文集, 西厓先生文集, 松巖集, 周時經先生遺稿 등 집부(集部) 자료들이 소장되어 있다.

[3] 朝鮮鉛印本

朝鮮鉛印本으로는 65점이 소장되어 있는데, 사부 자료가 많은 비중을 차지하고 있다. 大學章句, 中庸章句大全, 論語集注, 孟子集注, 中庸集注, (懸吐具解)集注孝經 등 경부 사서와 三國志, (諺吐)三國志, 東國通鑑, 東國史略, 神檀實記, 朝鮮史, 韓國痛史 등 사부, (懸吐)玉樓夢: 上 등 자부, 歌曲源流 등 잡부들이다.

[4] 朝鮮印本

朝鮮印本에는 (原本)小學集注, 童蒙先習, 幼蒙先習 2점, 擊蒙要訣, 兒學篇 등 모두 6점이 소장되어 있다.

[5] 朝鮮影印本

訓民正音, 東國正韻, 龍飛御天歌, 風謠續選, 原本韓國古典叢書, 華城城役儀軌, 丙子錄을 비롯한 36점의 자료들은 모두 영인본으로 소장되어 있다.

[6] 朝鮮活子本

公法會通, 三姓淵源譜, 関北清州韓氏大同譜, (續修)聖蹟圖後學錄, 一家三孝錄, 密陽朴氏明仁錄, 勘亂錄, 農政撮要, (禦定)陸奏約選 등 9점의 자료들이 朝鮮活子本으로 등록되어 있다.

[7] 朝鮮手寫本

手寫本 혹은 手抄本으로 분류된 고문헌 자료로는 高麗史, 東國通鑑, 國史私論, 牧民心書, 老乞大 · 朴通事諺解, 銘心寶鑑, 朱子語類要略, 自警編, 栗谷全書, 李退溪書抄, 李子性理書, 福壽全書抄 등 모두 33점이다. 그중 牧民心書는 朝鮮手印本으로 기록되어 있었다.

[8] 朝鮮油印本

油印本으로는 倍達族疆域形勢圖, 倍達族歷史, 神檀民史, (中等)東國史, 東國歷史, 牧民心書, 訓蒙字會, 白聯句, 倧門指南, 花潭先生集, 藍山先生文集 등 11점이다.

[9] 기타 판본 유형

기타 판본 유형으로 24점이 소장되어 있는데, 寫真本, 石印本, 毛筆書, 碑文, 草書 등으로 분류해 놓았다.

寫真本으로 孝經諺解, 訓蒙字會, (禦製)正音通釋等樣本, (增修)無冤錄諺解 등 4점이 소장되어 있고 石印本으로 朝鮮近世史, 古書歷代法帖 2점이 있으며 毛筆書로는 歷朝韓國文苑: 新羅, 歷朝韓國文苑: 後百濟篇, 歷朝韓國文苑: 高麗篇, 歷朝韓國文苑: 朝鮮篇 등 4점이 소장되어 있다. 碑文으로 箕東碑表, 朴公碑銘 2점이 있고 草書로 草千字, 草帖, 牘帖 등 3점이 있다.

그 외 征韓偉略은 日本刊本으로, (新補)東西年表는 日本鉛印本으로 등록되어 있었다.

2. 부록: 연변대학교 도서관(본관) 소장 한국본 고문헌 자료 목록

부록 1. 朝鮮刊本 (56점)

分類號	書名(卷)	作者	版本類型	出版情報	册數	備註
12/7	周易大全: 二十四卷卷首一卷	(明)胡廣等輯	朝鮮刊本	朝鮮純宗時期(清嘉慶1796-1820)刊本	一部十四册	善本
12/7-1	周易大全: 二十四卷卷首一卷	(明)胡廣等輯	朝鮮古刊本	庚辰新刊内閣藏板	一部十三册	殘缺2.3.4卷
12/7-2	周易大全: 殘存卷1.4-7.16.17卷	(明)胡廣等輯	朝鮮刊本	不詳	一部四册	殘缺本
12/8	周易諺解: 九卷	不詳	朝鮮刊本	庚辰新刊内閣藏板	一部五册	
12/8-1	周易諺解: 九卷	不詳	朝鮮刊本	全州府河慶龍藏板	一部五册	
12/10	周易本義口訣附說: 二卷	(朝)崔笠編	朝鮮刊本	宣祖朝	一部二册	
13/1	書傳大全: 十卷(附圖一卷)	(明)胡廣撰	朝鮮刊本	純祖二十年(1820)内閣藏板(有朱印)	一部十册	
13/1-1	書傳大全: 十卷(首一卷)	(明)胡廣撰	朝鮮刊本	庚辰新刊内閣藏板	一部十册	
13/2	書傳諺解: 五卷	不詳	朝鮮刊本	庚辰新刊内閣藏板	一部五册	
13/18	尚書集傳: 六卷 附錄二卷	(宋)蔡沈集傳	朝鮮刊本	不詳	一部七册	
14/18	詩傳大全: 二十卷卷首一卷	(明)胡廣撰	朝鮮刊本	朝鮮嶺營藏板 戊子新刊	二函十册	
14/18-1	詩傳大全: 二十卷卷首一卷	(明)胡廣撰	朝鮮刊本	朝鮮庚辰(1880)新刊内閣藏板	一部十册	
14/22-4	詩傳大全: 二十卷(缺1-4卷)	不詳	朝鮮刊本	不詳	一部四册	缺1本
14/24	詩經諺解: 二十卷	不詳	朝鮮刊本	庚辰新刊内閣藏板	一部七册	
15/4	書儀: 十卷	(宋)司馬光	朝鮮刊本	不詳	一函二册	
15/6-1	家禮考證: 七卷	(朝)芝山	朝鮮刊本	仁祖二十四年(1646)	一部三册	
15/6-2	家禮增解引用禮書目錄	不詳	朝鮮刊本	不詳	一部一册	
15/12	四禮纂說: 八卷	(朝)李文貞	朝鮮刊本	不詳	一部四册	
15/13	四禮便覽: 八卷	(朝)李宰	朝鮮刊本	大正五年(1916)多佳書鋪發行	一部四册	
15/13-1	四禮便覽: 殘存5.6卷	不詳	朝鮮刊本	不詳	一部一册	殘缺本
152/6	簡禮彙纂	不詳	朝鮮刊本	不詳	一部一册	
152/6-1	時行簡禮彙纂	不詳	朝鮮刊本	不詳	一部一册	
152/6-2	簡禮彙選	不詳	朝鮮刊本	日山金鼎奎藏本	一部一册	

152/7	喪禮輯解: 二卷	(朝)鄭文虔	朝鮮刊本	不詳	一部一册	
152/7-1	喪禮聚選	不詳	朝鮮刊本	不詳	一部一册	
152/8-1	儀禮旁通圖	不詳	朝鮮刊本	不詳	一部一册	
152/9	禮儀補遺: 三卷	(朝)鄭逭	朝鮮刊本	不詳	一部三册	
161/2	左轉鈔評: 十二卷	(明)穆文熙	朝鮮刊本	清雍正二年(1724)	一部六册	
161/6-4	春秋經傳集解: 三十卷,附諸家音訓	(晉)杜預	朝鮮刊本	不詳	一部十二册	
181/1	大學章句大全	(宋)朱熹注	朝鮮刊本	不詳	一部一册	
181/1-1	大學章句大全	(宋)朱熹注	朝鮮刊本	1913年朝鮮大邱在田堂書鋪	一部一册	
181/1-2	大學章句大全	(宋)朱熹注	朝鮮刊本	庚午年(1810)朝鮮全州府河慶龍藏版	一部一册	
181/1-3	大學章句大全	(宋)朱熹注	朝鮮刊本	不詳	一部一册	
181/2	大學章句諺語	不詳	朝鮮刊本	不詳	一部一册	
181/2-1	大學諺語	(朝)金瑾鴻	朝鮮刊本	日大正二年(1913)大邱在田堂書鋪發行	一部一册	
181/3	中庸章句大全	(宋)朱熹注	朝鮮刊本	不詳	一部一册	
181/3-1	中庸章句大全	(宋)朱熹注	朝鮮刊本	不詳	一部一册	
181/4	中庸章句諺解	不詳	朝鮮刊本	不詳	一部一册	
181/4-1	中庸諺解	不詳	朝鮮刊本	庚午年(1930)朝鮮全州府河慶龍藏版	一部一册	
182/1	論語集注大全: 二十卷	(宋)朱熹注	朝鮮刊本	庚午年(1930)朝鮮全州府河慶龍藏版	一部七册	
182/1-1	論語集注: 二十卷	(宋)朱熹注	朝鮮刊本	不詳	一部七册	
182/1-2	論語集注大全: 二十卷	(宋)朱熹注	朝鮮刊本	不詳	一部七册	
182/6	論語諺集: 四卷	宣祖命撰	朝鮮刊本	庚辰新刊内閣藏版	一部四册	
183/1	孟子集注大全: 十四卷	(宋)朱熹注	朝鮮刊本	庚辰新刊内閣藏版	一部七册	
183/5	孟子諺解: 十四卷	(宋)朱熹注	朝鮮刊本	庚辰新刊内閣藏版	一部七册	
112.2/1-3	全韻玉篇: 二卷	不詳	朝鮮刊本	正祖十四年(1790)	一部二册	
112.2/1-4	全韻玉篇: 二卷	不詳	朝鮮刊本	正祖十四年(1790)	一部二册	
112.2/20	(新補)彙語: 五十九卷(殘第一册)	(朝)金搢	朝鮮刊本	不詳	一部二十三册	
112.2/22	類合	不詳	朝鮮刊本	不詳	一部一册	
112.2/23	文字類輯	不詳	朝鮮刊本	不詳	二部二册	
112.4/6	排字禮部韻略	不詳	朝鮮刊本	不詳	一部三册	
112.4/15	華東正音通釋韻攷: 二卷	(朝)樸性源	朝鮮刊本	不詳	一部一册	
112.4/18	三韻聲彙: 二卷補一卷	(朝)洪啓禧	朝鮮刊本	不詳	一部三册	
112.4/23	(禦定)奎章全韻: 二卷	(清)李德懋	朝鮮刊本	丁亥六月呂洞新刊	一部一册	
112.4/26	海篇心鏡: 二十卷(殘)	(明)朱之蕃	朝鮮刊本	不詳	一部一册	
27/27	增補文獻備攷: 250卷卷首一卷正誤一卷	(朝)弘文館纂	朝鮮內閣刊本	朝鮮隆熙二年	一部五十册	缺册

부록 2. 朝鮮刻本 (116점)

分類號	書名(卷)	作者	版本類型	出版情報	册數	備註
213/2-5	續資治通鑒綱目: 二十七卷	(明)商輅	朝鮮刻本	李王朝正祖年間刊行的韓構字版	一部十三册	歷史類珍本
213/3	少微通鑑節要: 五十卷	(宋)江贄編	朝鮮刻本	(明)春坊藏版	一部十五册	
213/3-1	少微通鑑節要: 五十卷	(宋)江贄編	朝鮮刻本	(明)春坊藏版	一部十五册	
213/3-2	少微家塾點校附音通鑑節要	不詳	朝鮮刻本	不詳	一部九册	
213/9	明紀編年: 十二卷	(明)鍾惺	朝鮮刻本	清順治庚子年(1660)	一部六册	
215/1	國語: 二十一卷	(吳)韋昭注(宋)宋庠	朝鮮刻本	李王朝肅宗一英祖年間刊行的戊申字版	二部八册	善本
23/6	(御製)表義錄	不詳	朝鮮刻本	崇禎戊辰紀元後三甲申季秋三日題	一部一册	

23/21	東國名賢言行錄: 四編	(朝)京城大聖學院編	朝鮮刻本	日昭和二年(1927)京城大聖學會刊本	一部一册	
232/5	民齋年譜: 六卷附錄一卷	不詳	朝鮮刻本	不詳	一部三册	
232/7	蘭穀先生年譜: 六卷附錄一卷	(朝)金世均跋	朝鮮刻本	不詳	一部三册	
233/3	慕菴孝行錄: 三卷	不詳	朝鮮刻本	不詳	一部三册	
234/10	海東名臣錄: 九卷(殘五.八卷)	(朝)金	朝鮮刻本	不詳	一部七册	缺册
234/11	賢貴錄: 一卷	不詳	朝鮮刻本	不詳	一部一册	
242/1	陸宣公奏議: 十二卷	(唐)陸贄	朝鮮刻本	明宣德三年(1428)年的重刊本	一部四册	
27/11	太宗帝範附音注解: 四卷	(元)李鼐注解	朝鮮刻本	趙文炳重刊	一部一册	
273/3	國婚定例: 二卷	(朝)樸文秀	朝鮮刻本	李王超英祖25年(1749)刊行的戊申字版	一部一册	善本
274/2	大典通編: 六卷 卷首一卷	朝鮮宣政殿	朝鮮刻本	清乾隆五十年(1785)朝鮮嶺營開本	一函五册	
274/3	大明律講解: 二十卷	(明)太祖	朝鮮刻本	清乾隆五十年(1785)朝鮮嶺營開本	一部二册	
274/5	三要輯略	()文昌帝君	朝鮮刻本	不詳	一部一册	
274/7	大典會通: 殘存卷2-6卷	(朝)趙斗淳	朝鮮刻本	不詳	一部四册	缺一册
281/7	兩銓便攷: 殘存卷一	不詳	朝鮮刻本	1870年	一部一册	缺
293/6	吳氏兩世忠孝錄	(朝)吳基範	朝鮮刻本	不詳	一部一册	
293/8	全州李氏十四派文獻錄: 5卷	(朝)李俊英	朝鮮刻本	不詳	一部五册	
211./3	史略: 8卷	(明)曾先之	朝鮮刻本	不詳	一函七册	
211./3-1	史略: 10卷	(明)曾先之	朝鮮刻本	日大正二年(1913年)朝鮮京城新舊書林刊	一部八册	
211./3-3	史略: 殘存卷1	(明)曾先之	朝鮮刻本	不詳	一部一册(欠)	
211.3/4	(詳密註釋)史略諺解: 殘存卷1	(朝)池松旭編	朝鮮刻本	1918年朝鮮京城誠文社印本	一部一册(欠)	
211./4-1	漢雋: 4卷	不詳	朝鮮刻本	不詳	一部四册	
211./7	(御定)史記英選: 6卷	不詳	朝鮮刻本	朝鮮正祖時期丙辰年(1796)朝鮮內閣刊本	一函六册	善本
211./9	史要聚選: 9卷	不詳	朝鮮刻本	丙辰季冬.由洞新刊	一部四册	
211./9-1	史要聚選: 9卷	(朝)權以生	朝鮮刻本	不詳	一部三册	
211./9-2	史要聚選: 9卷	(朝)權以生	朝鮮刻本	不詳	一部四册	
211./9-3	史要聚選: 9卷	(朝)權以生	朝鮮刻本	不詳	一部四册	
211./10	歷代聚錄: 8卷	(楚)周昌年著	朝鮮刻本	雍正五年(1727)重刊	一部二册	
211.3/1	蒙學史要: 1卷	(朝)金用默	朝鮮刻本	不詳	一部一册	
212.2/1-1	(東萊先生音注)唐鑑: 二十四卷	(宋)范祖禹	朝鮮刻本	辛亥孟夏.嶺營新刊	一部四册	
212.2/5	歷代史論: 四十一卷	(朝)宋征殷	朝鮮刻本	崇禎紀元后再丙辰年(1739)	一部二函十册	
212.2/5-1	歷代史論: 四十一卷	(朝)宋征殷	朝鮮刻本	崇禎紀元后再丙辰年(1739)	一部十册	
213.3/9	中國歷代圖	不詳	朝鮮刻本	丙辰仲春廣南新刊	一部一册	
214./6	東國歷代史略: 6卷	不詳	朝鮮刻本	不詳	一部三册	
214./8	麗史提綱: 23卷	(朝)俞棨	朝鮮刻本	1667年朝鮮刊本	一部十四册	
214./9	(木齋家塾彙纂)麗史: 48卷	(朝)洪汝河	朝鮮刻本	不詳	一部二十册	
32/1	孔子家語: 三卷	廣謀句解	朝鮮刻本	不詳	一部二册	
32/4-1	(原本)小學集注: 上	(朝)洪淳泌編	朝鮮刻本	1922年朝鮮圖書株式會社	一部一册	
32/4-3	海東續小學: 六卷	(朝)朴在馨撰	朝鮮刻本	京城朝鮮光文匯重刊本	一部一册	
32/4-4	小學諺解: 殘存: 1.5.6	不詳	朝鮮刻本	不詳	一部三册	
32/16	五倫行實圖: 1卷	(朝)金炳學輯	朝鮮刻本	不詳	一部一册	
32/18-2	近思續錄: 14卷	(朝)宋秉璿	朝鮮刻本	不詳	一部二册	
32/30	洪範衍義: 二十八卷	(朝)存齋撰	朝鮮刻本	不詳	一部十三册	
32/34	大學箴\性理淵源撮要	(朝)柳崇祖撰	朝鮮刻本	正德六年集成	一部一册	

32/35	箕範衍義: 十一卷卷首一卷	(朝)李珥撰	朝鮮刻本	不詳	一部四冊	
32/43	女四書: 四卷(諺解)	(朝)不詳	朝鮮刻本	明代 歲丙辰仲秋	一部三冊	
32/49	三聖帝君忠孝經: 一卷	(朝)宋錫祜撰	朝鮮刻本	不詳	一部一冊	
32/51	啓蒙傳疑: 一卷	(朝)南致利撰	朝鮮刻本	萬曆戊寅秋八月書 丹溪書院上	一部一冊	
32/52	関聖帝君開化大程	(朝)趙麟輯	朝鮮刻本	不詳	一部一冊	
32/58	五賢粹言: 十四卷	(朝)全齋任編	朝鮮刻本	不詳	一部二冊	
32/59	擊蒙要訣: 上､下	(朝)李珥撰	朝鮮刻本	丁丑季冬德水	一部一冊	
35/11	齋民要朮: 4-9卷(殘本)	(后魏)賈思勰	朝鮮刻本	不詳	一部二冊	
36/16	方藥合編	(朝)惠庵先生遺稿	朝鮮刻本	龍集二十一年甲申十二月, 月山山房藏	一部一冊	
37/12	千歲曆	不詳	朝鮮刻本	觀象	一部一冊	
381/8	諸賢遺墨	不詳	朝鮮刻本	不詳	一部一冊	
381/24	唐將書帖､唐將詩書帖解說	朝鮮史編修會	朝鮮刻本	1934年刊于京城	一函四冊	
3101/21-1	月印釋譜: 卷七､八及解題	(朝)朴秀根編	朝鮮刻本	1981年東国大學校出版部發行	一函三冊	
3102/5-2	新注道德經: 上下卷	西溪樵叟	朝鮮刻本	不詳	一部一冊	
3103/18	周易參同契: 一卷	(宋)朱元晦解	朝鮮刻本	崇禎後癸丑日	一部一冊	
311.3/28	松潭講學錄: 第二輯: 乾､坤	(朝)李柏淳	朝鮮刻本	大韓光復四十五年己巳九月	一部二冊	
312./38	剪燈新話句解: 二卷	(明)瞿佑撰	朝鮮刻本	朝鮮	一部二冊	
412/11-1	古文真寶後集	(朝)池松旭編	朝鮮刻本	京城新舊書林	一部一冊	
412/11-2	古文真寶後集: 下	不詳	朝鮮刻本	不詳	一部一冊	殘缺
415/2	寒暄劄錄: 五卷	不詳	朝鮮刻本	不詳	一部三冊	
417/24-5	虞註杜律: 二卷	(唐)杜甫撰	朝鮮刻本	1913年京城新舊書林	一部二冊	
417/48-6	增刊校正王狀元集註東坡先生詩: 二十五卷	(宋)蘇軾撰	朝鮮刻本	李王朝仁祖年間刊行的訓練都監字版本	一部十七冊	殘缺: 珍本
417/48-7	增刊校正王狀元集註東坡先生詩: 殘存第二十	(宋)蘇軾撰	朝鮮刻本	李王朝仁祖一顯宗年間刊行的甲寅字覆刻本	一部一冊	殘缺: 善本
417/144	七言唐音(又題唐詩)	不詳	朝鮮刻本	不詳	一部一冊	
417/159	唐詩正音輯註	楊士弘等	朝鮮刻本	不詳	一部一冊	殘缺
410/14	詩籔: 二十卷	(明)故應麟	朝鮮刻本	不詳	一部六冊	
411.2/3-3	選賦抄評: 九卷	(南朝)蕭通	朝鮮刻本	不詳	一部四冊	
412./1	縣吐註解西廂記: 二卷	(朝)李敬菴註譯	朝鮮刻本	朝鮮圖書株式會社發行	一部一冊	
412./2	宋書百選: 六卷	(朝)白斗鏞編集	朝鮮刻本	1917年朝鮮京城翰林書林	一部三冊	
412./3	周時經先生遺稿: 三卷, 首一卷	(朝)周時經著	朝鮮刻本	1939年朝鮮京城中央印書館	一部一冊	
412./4	華西先生雅言: 十二卷	(朝)李恆老撰	朝鮮刻本	不詳	一部三冊	
412./5	雲養集: 十六卷	(朝)金允植著	朝鮮刻本	不詳	一函八冊	
412./7	粟軒集: 二卷	(朝)張志淵編輯	朝鮮刻本	1918年朝鮮黑客室刻本	一部一冊	
412./8	東郎集: 三卷	(朝)漢致元著	朝鮮刻本	朝鮮光武刊本	一部一冊	
412./11	梅月堂詩集: 十五卷, 附錄二卷	(朝)朴起東等編	朝鮮刻本	不詳	一部五冊	
412./12	二十一都懷古詩	(朝)柳得恭	朝鮮刻本	光緒丁丑(1877)補鐫	一部一冊	
412./13	滄州(先生)河公遺事	(朝)南冥	朝鮮刻本	..歲丁酉臈月梧坊齋活印	一部二冊	
412./14	太學賡載軸	(朝)金炳學	朝鮮刻本	壬申九月丕闡堂刊印	一部一冊	
412./15	大東詩選	(朝)張志淵輯	朝鮮刻本	1918年新文舘印出所	一部四冊	
412./16	晦軒先生實記: 四卷	(朝)閔泳穆	朝鮮刻本	不詳	一部二冊	
412./16-1	晦軒先生實記: 四卷	不詳	朝鮮刻本	不詳	一部一冊	
412./17	瓊琚類聚	(朝)崔尚鎬	朝鮮抄本	歲在辛亥仲夏月城居士崔尚鎬書	一部一冊	
412./19	粟谷全書	(朝)李珥	朝鮮刻本	不詳	一部三冊	殘缺

412/20	退溪先生文集	(朝)李滉 撰	朝鮮刻本	不詳	一部四册	殘缺
412./23	勉菴集: 四十卷	(朝)崔益鉉撰	朝鮮刻本	不詳	一部二十四册	
412./24	西厓先生文集	(朝)柳成龍撰	朝鮮刻本	甲午季秋 玉洲重刊	一部十二册	
412./25	鶴陰集: 22集	(朝)金魯奎撰	朝鮮刻本	1931年咸鏡北道慶源郡 龍南齋	一部九册	
412./26	毅菴集: 五十四卷	(朝)柳麟錫撰	朝鮮刻本	1958年依照浙江圖書館所藏刊本筆寫	一部二十九册	殘缺3
412./30	松巖集: 六卷	(朝)李載亨著	朝鮮刻本	1758?	一部三册	
412./30-1	松巖集: 六卷	(朝)李載亨著	朝鮮刻本	1758?	一部二册	殘缺
412./31	竹圃集: 六卷	(朝)金禹鉉著	朝鮮刻本	不詳	一部二册	
412./32	菊潭集: 三卷	(朝)樸壽春	朝鮮刻本	不詳	一部一册	
412./34	玉吾堂集: 八卷	不詳	朝鮮刻本	不詳	一部二册	
412./35	孝虔堂遺稿: 二卷	不詳	朝鮮刻本	不詳	一部一册	
412./36	八溪鄭氏世稿: 五卷	(朝)鄭準民	朝鮮刻本	不詳	一部二册	
412./36-1	八溪鄭氏世稿: 八卷	不詳	朝鮮刻本	不詳	一部一册	
412./37	絅堂集: 二卷	(朝)徐應淳著	朝鮮刻本	雲養山房藏	一部一册	
412./38	圃隱集: 二卷	(朝)鄭夢周著	朝鮮刻本	1914年京城新文館印本	一部一册	
412./39	朱淵選集	(朝)李太王殿下遺著	朝鮮刻本	1920年京城府黃金町二丁目珠淵選集出版社	一部一册	
412./88	納齋集六卷	(朝)金秉模	朝鮮刻本	不詳	一部三册	
417/156	藏園詩鈔	(朝)卞元圭撰	刻本	清光緖九年(1883)刻本	一部一册	
313/3	御定四部手圈: 二十五卷	(朝)正宗撰	刻本	辛酉朝鮮內閣藏板	一部十二册	
313/18	經史集說: 十五卷	不詳	刻本	乾隆二十九年甲申買得	一部七册	
313/26	儒胥必知: 七卷	不詳	刻本	不詳	二部二册	
410/10	淡水契續誌	(韓國)邊時淵	韓國刻本	1992年學民文化社	一部一册	
234/3	二宜亭扶成錄	(朝)姜瓚熙	朝鮮刊刻本	辛亥孟秋	一部一册	

부록 3. 朝鮮鉛印本 (65점)

分類號	書名(卷)	作者	版本類型	出版情報	册數	備註
13/18-2	正本集注書傳: 六卷	(朝)南宮濬	朝鮮鉛印本	日大正七年(1918年)朝鮮京城誠文社印	一部一册	
13/18-3	原本備旨書傳集注: 五卷	(明)胡廣撰	朝鮮鉛印本	不詳	一部一册	破損
14/22	正本集注詩傳: 八卷	(宋)朱熹集傳	朝鮮鉛印本	朝鮮京城唯一書館發行	二部二册	
15/14	四禮祝辭	(朝)金達准	朝鮮鉛印本	日昭和二年(1927)朝鮮咸南端川平山堂	一部一册	
181/1-4	大學章句	(宋)朱熹注	朝鮮鉛印本	朝鮮京城普及書館發行	一部一册	
181/1-5	大學章句	(日)宇野哲人	朝鮮鉛印本	昭和五年(1930)東京開城館	一部一册	
181/3-2	(原本備旨)中庸集注	(朝)李源生	朝鮮鉛印本	日正大九年(1920)京城書籍業組合發行	一部一册	
181/3-3	中庸章句大全	(日)宇野哲人	朝鮮鉛印本	1930年東京開城館發行	一部一册	
182/1-3	(原本備旨)論語集注: 二十卷	(朝)李源生	朝鮮鉛印本	1918年京城書籍業組合發行	二部四册	
183/6	(正本)孟子集注: 十四卷	不詳	朝鮮鉛印本	大正八年(1919)朝鮮京鄕書鋪發售	一部三册	
183/6-1	(原本具解)孟子集注: 十四卷	(朝)李鐘楨	朝鮮鉛印本	朝鮮京城光東書局	一部二册	
183/6-2	(原本備旨)孟子集注: 十四卷	京城書籍業組合編輯部	朝鮮鉛印本	朝鮮京城書籍業組合發行	二部四册	
183/6-2.1	(原本備旨)孟子集注: 殘存卷: 5.6.9.10	不詳	朝鮮鉛印本	不詳	一部一册	殘存本
183/6-6	(原本備旨)孟子集注: 二卷(殘存卷)	(朝)池松旭	朝鮮鉛印本	朝鮮京城圖書株式會社發行	一部一册	殘存本
110/4	(懸吐具解)集注孝經	(朝)鮮于日	朝鮮鉛印本	1918年京城大寺洞維一書館發行	一部一册	
112.2/30	(現今)朝鮮文典	(朝)李奎榮	朝鮮鉛印本	日正大十年(1921)朝鮮京城新文館	二部二册	

2611./1	(新編)大韓地理: 三編	(朝)金建中	朝鮮鉛印本	光武十一年(1907)普成社發行	一部一册	
2611./4	大韓新地誌: 二卷	(朝)張志淵編輯	朝鮮鉛印本	光武十一年(1907)漢陽書館發賣	一部二册	
2611./5	(增補懸吐)北興要選	(朝)金魯奎撰	朝鮮鉛印本	日正大十四年(1925)咸北晋興館印本	二部二册	
27/28	四千年文獻通考	(朝)李定求	朝鮮鉛印本	大正十五年(1926)京城東明社	三部三册	
27/29	典故大方: 四卷	(朝)李斅錫	朝鮮鉛印本	昭和二年(1927)京城漢陽書院七版	一部一册	
293/37	黃原州邊氏大同譜: 5卷	(朝)邊時淵著	朝鮮鉛印本	1986年譜典出版社	一部二册	
213.3/12	東史年表	(朝)魚允迪	朝鮮鉛印本	日大正四年(1915)朝鮮京城普文舘印本	一部一册	
214./2	朝鮮史	(朝)金暻中	朝鮮鉛印本	日昭和十年(1925)朝鮮京畿道高陽郡芝山	一部十七册	
214./7	東國通鑒: 56卷(欠)	(朝)徐居正	朝鮮鉛印本	日明治四十四年(1911)京城朝鮮光文會舘刊本	二部十一册	
214./10	(普通)朝鮮歷史	不詳	朝鮮鉛印本	朝鮮京城明文堂印	一部一册	
214./10-1	新編朝鮮歷史	(朝)黃義敦	朝鮮鉛印本	日昭和四年(1929)京城以文堂印	一部一册	
214./14	大東紀年: 卷之一	不詳	朝鮮鉛印本	不詳	一部一册	殘缺
214./15	神檀實記	不詳	朝鮮鉛印本	(朝)開天四千三百七十九年三版	一部一册	
214./15-1	神檀實記	(朝)金教獻	朝鮮鉛印本	(朝)開天四千三百七十一年甲寅刊	一部一册	
214./25	東西洋歷史: 1卷	(韓)玄采	朝鮮鉛印本	不詳	一部一册	
214./37	東國戰亂史義例: 6卷	(朝)姜斅錫	朝鮮鉛印本	不詳	一部一册	
214./38	國境(韓國三十年史)	(英)麥根斯	朝鮮鉛印本	不詳	一部一册	
214./76	韓國痛史	(朝)太白狂人	朝鮮鉛印本	檀紀四二七九年朝鮮印刷株式會社	一部一册	
3103/13	鄭鑑錄: 七种	不詳	朝鮮鉛印本	不詳	一部一册	
3103/13-1	批難鄭鑑錄真本	(朝)玄丙周編	朝鮮鉛印本	1923年朝鮮京城槿花社	一部一册	
3103/15	新訂名字吉凶自解法(全)	(朝)金東縉編	朝鮮鉛印本	1922年朝鮮京城德興書林印本	一部一册	
312./39	(古代小說)張伯傳	不詳	朝鮮鉛印本	朝鮮	一部一册	
312./40	(古代小說)女將軍傳	不詳	朝鮮鉛印本	朝鮮	一部一册	
312./41	薔花紅蓮傳	不詳	朝鮮鉛印本	朝鮮	一部一册	
312./42	(懸吐)玉樓夢: 上	(朝)金東縉譯述	朝鮮鉛印本	1938年京城德興書林發行	一部一册	殘缺本
312./43	夢見諸葛亮	劉元杓	朝鮮鉛印本	乾隆熙三年(1909)徽文舘印本	一部一册	
312./44	(謫降七仙)林虎隱傳	不詳	朝鮮鉛印本	朝鮮	一部一册	
312./47	三國志: 殘存卷1-5	(朝)朴健會編	朝鮮鉛印本	朝鮮	一函四册	
213/15	(詳密註釋)通鑑諺解: 殘存卷3	(明)池松旭)	鉛印本	1923年京城隆文舘印本	二部二册	
23/49	雪穀實記	雪穀先生追慕事業委員會	鉛印本	大經出版社	一部一册	
234/2	大東奇聞: 四卷附錄一卷	(朝)姜斅錫	鉛印本	日昭和三年(1928)	一部一册	缺葉
234/6	兩朝縉紳實鑑	(朝)學務部	鉛印本	日昭和二年(1927)京城光東書局	一部一册	
234/16	朝鮮名賢錄	(朝)吳榮根	鉛印本	京城光東書局發行	一部一册	
214./5	東國史略: 四卷	(朝)玄采譯	鉛印本	朝鮮光武十年京城普成舘印本	一部二册	
33/5-3	(懸吐)孫武子直解	(朝)高裕相著	鉛印本	1925年朝鮮京城滙東書館印本	一部一册	
33/14-1	秘書三种	(朝)高敬相編	鉛印本	1925年朝鮮京城滙東書館印本	一部一册	
36/14	與猶堂全書: 七卷	(朝)丁若鏞著	鉛印本	日明治1938年朝鮮京城新朝鮮社印本	一部三册	
36/20	增廣驗方新編: 八册(缺葉)	不詳	鉛印本	會文堂印行	一部二册	
415/6	尺牘大成: 三編	(朝)玄采著	鉛印本	1917年京城誠文社印本	一部一册	
415/7	尺牘大方	(朝)池松旭著	鉛印本	1918年京城誠文社印本	一部一册	
415/7-1	尺牘大方	不詳	鉛印本	不詳	一部一册	
415/8	無雙金玉尺牘	(朝)姜義永	鉛印本	1932年京城永昌書館	一部一册	

415/8-1	最新金玉尺牘	(朝)李鐘楨	鉛印本	1925年光東書局編輯部	一部一册	
415/9	新式草簡牘	(朝)池松旭著	鉛印本	1918年京城新舊書林	一部二册	殘缺
412./42	歷代選: 七卷	(朝)禹玄基著	鉛印本	1939年中央印書館	一部一册	
412./226	慶祝山大學校詩集	(朝)李東種編	鉛印本	1991年大田直轄市大營社	十部十册	
413./3	滿洲文學興廢攷	(日)橋川時雄子雍	鉛印本	昭和七年(1932年)文字同盟社	一部一册	
212/3-7	(諺吐)三國志: 五卷	(朝)李桂浣	鉛印本	1922年匯東書館	一部五册	
412./171	歌曲源流	(朝)東國大學國語國文	鉛字本	檀紀4290年	一部一册	

부록 4. 朝鮮印本 (6점)

分類號	書名(卷)	作者	版本類型	出版情報	册數	備註
32/4-2	(原本)小學集注: 殘存卷3.4	不詳	朝鮮印本	不詳	一部一册	
32/53	童蒙先習	(朝)李鐘模編	朝鮮印本	1914年朝鮮印本	一部一册	
32/53-1	幼蒙先習	(朝)池松旭著	朝鮮印本	1915年京城府新舊書林	一部一册	
32/53-2	幼蒙先習	(朝)李鐘模編	朝鮮印本	1914年京城朝鮮印本	一部一册	
32/59-1	擊蒙要訣: 附錄: 夙惠記略	(朝)李珥撰	朝鮮印本	朝鮮書館發行	一部一册	
112.2/9	兒學篇	(朝)丁若鏞著	朝鮮印本	朝隆熙二年(1908)朝鮮尤山印刷局印	一部一册	

부록 5. 朝鮮影印本 (36점)

分類號	書名(卷)	作者	版本類型	出版情報	册數	備註
112.2/26	訓民正音	(朝)世宗命編	影印本	1954年朝鮮科學院影印	十三部十三册	
112.2/26-2	訓民正音	不詳	影印本	1954年朝鮮影印	一部一册	
112.4/41-2	東國正韻: 六卷.解題索引一卷	(朝)春虛書室	影印本	1982年建國大學發行	一函七册	
412./52-2	風謠續選: 七卷	(朝)千壽慶編	影印本	1980年民族文化社	一部二册	殘缺3
412./54-1	風謠續三選: 七卷	(朝)劉在健*崔景欽編	影印本	1980年民族文化社	一部三册	
412./103-1	龍飛御天歌	(朝)權踶	影印本	1937年京城帝國大學法文學部	一部四册	
412./125	松穆舘集	(朝)李彥鎮(王+真)	影印本	1980年民族文化社	一部一册	
412./127	李書百選(乾.坤): 四卷	(朝)宋贊植	影印本	民族文化社	一部二册	
412./130	秋齋集: 十一卷	(朝)趙秀三著	影印本	1980年民族文化社	一部三册	殘缺3
412./146	棲霞堂遺稿 全	(朝)李度中著	影印本	不詳	一部一册	
412./191	梧軒漫錄: 三卷	(朝)李禧鳳	影印本	1988年譜典出版社	一部一册	
412./192	松溪三世稿 全	(朝)樸均鎮等	影印本	檀紀4321年	二部二册	
412./204	桑榆稿: 十四卷	韓國古文研究會	影印本	1988年譜典出版社	一部七册	
412./204-1	續桑榆稿: 十九卷	韓國古文研究會	影印本	1997年民學文化社	一部九册	
412./205	師峰詩稿: 二卷	(朝)樸厦柱編	影印本	檀紀4319年	一部一册	
412./227	碁翁遺稿 省庵逸稿	(朝)邊宗洛 邊相鴻著	影印本	1988年保景文化社	一部一册	
412./243	正巖遺稿: 四卷	(朝)邊鎮旭著	影印本	1994年民學文化社	一部一册	
412./244	無如齋遺稿: 三卷	(朝)金東洙著	影印本	1993年民學文化社	一部一册	

412./245	明山實記: 二卷	(朝)德胤著	影印本	1993年民學文化社	一部一册	
412./246	鳳南集: 四卷	(朝)邊萬基著	影印本	1994年民學文化社	一部一册	
412./247	耕隱遺稿	(朝)邊鎮化著	影印本	1994年全南長城郡, 民學文化社	一部一册	
412./269	異龍草: 六卷	(朝)邊時淵著	影印本	2000年全南長城郡, 民學文化社	一部一册	
412./270	山水軒實記: 二卷	(朝)邊鎮壽著	影印本	1997年全南長城郡, 民學文化社	一部一册	
412./271	松山遺稿: 二卷	(朝)邊大容著	影印本	1997年全南長城郡, 民學文化社	一部一册	
51/85	原本韓國古典叢書 I (語言類)		影印本	大提閣	一函六册	
51/85	II (詩歌類)		影印本	大提閣	三函二十一册	
51/85	IV (散文類)		影印本	大提閣	三函一十八册	
51/85	VII (續語言類)		影印本	大提閣	一函六册	
513/5	黃原州邊氏文獻錄: 二十二卷	(朝)黃州邊氏	影印本	韓國古文研究所	一部十一册	
234/12	漆原諸氏雙忠錄	(朝)呂俊成	朝鮮影印本	嘉慶十八年(1813)開刊	一部一册	
269/24-2	華城城役儀軌: 十卷	(朝)李鐘學發行	朝鮮影印本	大田 回想社1996年	一函九册	
292/5	璿源系譜	不詳	朝鮮影印本	不詳	一部一册	
214./80	丙子錄	(朝)羅萬甲	朝鮮影印本	1974年藏書閣複寫	一部一册	
36/13-1	扁鵲神應鍼灸玉龍經	(元)王國瑞	朝鮮影印本	1992年漢城	一部一册	
384/6	時用鄉樂譜	東方學研究所	朝鮮影印本	1954年延世大學校出版部	二函二册	国故叢刊第二
3101/50	大佛頂如來密因修證了義諸菩薩万行首楞嚴經	(朝)安秉禧	朝鮮影印本	1997年文化財管理局	一函三册	

부록 6. 朝鮮活字本 (9점)

分類號	書名(卷)	作者	版本類型	出版情報	册數	備註
274/6	公法會通: 殘存卷3-10卷	(瑞)步倫著 (美)丁題良惠三譯	朝鮮活字本	建陽元年(1896)整理(大韓帝國學部復刻)	一部二册	缺一册
292/2	三姓淵源譜	(朝)澤俊	朝鮮活字本	辛末孟秋上澣敬順王四十四世孫	一部一册	缺葉
292/3	関北清州韓氏大同譜	(朝)韓基邦	朝鮮活字本	昭和十二年(1937)发行	一部一册	
293/4	(續修)聖蹟圖後學錄	(朝)鄭殷采	朝鮮活字本	日大正七年(1918)朝鮮誠文社	一部一册	
293/5	一家三孝錄	(朝)朴鳳浩	朝鮮活字本	1929年朝鮮慶南下鳳亭发行	一部一册	
293/7	密陽朴氏明仁錄	(朝)朴寅碩	朝鮮活字本	1926年密陽朴氏糾正公派大同宗約所	一部一册	
214./19	勘亂錄: 殘存卷2-6	(朝)宋寅明	朝鮮活字本	1727年	一部三册	
35/3	農政撮要: 三卷	(朝)鄭秉夏	朝鮮活字本	丙戌夏五月	一部一册	
242/1-1	(禦定)陸奏約選: 二卷	(唐)陸贄	活印本	丁巳年(1797)甲寅手選	一部一册	

부록 7. 朝鮮手寫本 (33점)

分類號	書名(卷)	作者	版本類型	出版情報	册數	備註
161/5-1	坐國抄	不詳	朝鮮手抄本	不詳	一部一册	
234/1	廣彙	不詳	朝鮮手寫本	不詳	一部六册	
234/4	獵英: 三卷	不詳	朝鮮手抄本	不詳	一部三册	
269/1	莊陵誌: 四卷	(朝)南鶴明	朝鮮手抄本	不詳	一部二册	
2611./12	大韓地志: 三編	不詳	朝鮮手寫本	龍淵山房藏	一部二册	
27/13	銀臺便攷: 殘存一卷	不詳	朝鮮手抄本	不詳	一部一册	
27/36	牧民心書: 三十卷	(朝)丁鏞著	朝鮮手印本	不詳	一部十四册	

274/8	(增修)無冤錄: 二卷	(朝)正祖命撰	朝鮮手抄本	不詳	一部一册	
292/1	吏譜	不詳	朝鮮手寫本	不詳	一部二册	
214./3	高麗史	(朝)鄭麟趾	朝鮮手寫本	不詳	一部六十三册	
214./7-1	東國通鑒: 56卷(欠)	(朝)徐居正	朝鮮手寫本	京都松柏堂刊	一部二十九册	
214./18	国史私論	(朝)錦頬山	朝鮮手寫本	不詳	一部一册	
214./45	初等朝鮮史	(朝)李逢春	朝鮮手抄本	不詳	一部一册	
313/27	名喻分類: 不分卷	不詳	朝鮮手抄本	不詳	一部一册	
313/28	補聰	不詳	朝鮮手寫本	不詳	一部一册	
32/20-2	朱子語類要略: 二十一卷	(朝)不詳	朝鮮手抄本	不詳	一部七册	
32/36	自警編: 九种	(朝)朴世采	朝鮮寫本	1924年十二月癸丑	一部八册	
32/42	福壽全書抄	(朝)陳繼儒	朝鮮抄本	不詳	一部一册	
412./17	瓊琚類聚	(朝)崔尚鎬	朝鮮抄本	歲在辛亥仲夏月城居士崔尚鎬書	一部一册	
412./19-3	李子性理書	(朝)李珥	朝鮮手寫本	不詳	一部一册	
412./21	淵齋集	(朝)宋秉睿	朝鮮手寫本	不詳	一部二十册	
412./22	淵冰堂集: 二十二集	(朝)許鐘羽著	朝鮮手寫本	1929年朝鮮吉州普成印刷所	一部十册	
112.3/2	老乞大､朴通事諺解: 七卷	不詳	手寫本	朝鮮奎章閣叢書	一部七册	
112.3/3	(注解)語錄總攬	(朝)白斗鏞編集	手寫本	不詳	一部二册	
32/3-2	李子性理書	(朝)李新齋編	手寫本	丙子夏龍城開刊	一部一册	
32/60	銘心寶鑑	不詳	手寫本	不詳	一部一册	
412./19-1	栗谷全書: 二十六卷	不詳	抄本	1958年依照浙江圖書館所藏刊本筆寫	一部七册	
412./20-1	李退溪書抄: 十卷	(朝)玉水先生纂	抄本	1958年依照浙江圖書館所藏刊本傳抄	一部十册	
412./27	益齋集: 十卷	(高麗)李齊賢撰	抄本	中國南通翰墨林書局印(孔子2474年(1923)	一部四册	
412./28	重編朴燕巖先生文集: 七卷	(朝)朴趾源撰	抄本	中華淮南孫廷階玉樹氏刊	一部三册	
412./29	栢巖先生文集: 七卷	(朝)金玏撰	抄本	1958年依照浙江圖書館所藏刊本傳抄	一部五册	
412./33	國朝詩刪	不詳	抄本	1957年依照浙江圖書館所藏刊本筆寫	一部二册	
51/71	月山先生文庫	(朝)月山先生	手書本	不詳	一部一册	

부록 8. 朝鮮油印本 (11점)

分類號	書名(卷)	作者	版本類型	出版情報	册數	備註
2611./10	倍達族疆域形勢圖	戊袁瀡	朝鮮油印本	不詳	一部一册	
27/36-1	牧民心書	(朝)丁鏞著	朝鮮油印本	不詳	二部二册	
214./11	神檀民史: 2卷	(朝)金獻	朝鮮油印本	不詳	一部一册	
214./12	倍達族歷史	(朝)金獻	朝鮮油印本	開天四千三百八十六年(1908)戊辰年	一部一册	
214./13	(中等)東國史: 上	(朝)安奉旭	朝鮮油印本	不詳	一部一册	
214./17	東國歷史: 殘存卷3､4	(朝)張志淵編輯	朝鮮油印本	朝建國四千二百四十六年	一部一册	
3105/2	倧門指南	朝鮮大倧教總本司	朝鮮油印本	開天四千三百九十二年二月印	一部一册	
412./6	花潭先生集: 三卷	(朝)徐敬德撰	朝鮮油印本	不詳	一部一册	
412./9	藍山先生文集: 一卷	(朝)白晦純撰	朝鮮油印本	不詳	一函一册	
112.2/24-1	訓蒙字會	不詳	油印本	朝鮮金日成綜合大學	一部一册	
418/2	白聯句	(朝)金德洙	謄寫	不詳	一部一册	

부록 9. 기타 판본 (24점)

分類號	書名(卷)	作者	版本類型	出版情報	册數	備註
110/2	孝經諺解: 照片	不詳	照片	不詳	一部一册	
112.2/24	訓蒙字會	(朝)崔世珍	寫真本(照片)	不詳	一部二册	
112.2/25	(禦製)正音通釋等樣本	不詳	寫真本照片	不詳	一部一册	
274/8-1	(增修)無冤錄諺解	不詳	朝鮮寫真本	不詳	一部三册	
214./4	朝鮮近世史: 二卷	(日)林泰輔	石印本	清光緒29年(1903)鴻寶書局石印	一部二册	
381/1	古書歷代法帖	不詳	石印本	1916年三月書于朝鮮何東焻	一部一册	
514/1	歷朝韓國文苑: 新羅: 上下篇	(朝)趙素昂	毛筆書	2005年鶴泉文凡社發行	二部四册	
514/1-1	歷朝韓國文苑: 朝鮮篇	(朝)趙素昂	毛筆書	2005年鶴泉文凡社發行	二部二册	
514/1-2	歷朝韓國文苑: 後百濟篇	(朝)趙素昂	毛筆書	2005年鶴泉文凡社發行	二部二册	
514/1-3	歷朝韓國文苑: 高麗篇	(朝)趙素昂	毛筆書	2005年鶴泉文凡社發行	二部二册	
210/22	箕東碑表: 6种	不詳	朝鮮碑文	不詳	一部一册	
210/23	朴公碑銘	(朝)朴淳	朝鮮碑文	不詳	一部一册	
381/13-1	草千字	不詳	草書	道光丁未年仲春由洞重刊	一部一册	
381/14	草帖	不詳	草書	至正八年秋	一部一册	
381/15	牘帖	不詳	草書	不詳	一部一册	
381/16	海崗竹譜	(朝)金圭鎮畫	畫	朝鮮京城滙東書館發行	一部一册	
381/17	海崗蘭譜	(朝)金圭鎮畫	畫	朝鮮京城滙東書館發行	一部一册	
112.2/9	兒學篇	(朝)丁若鏞著	朝鮮印刷本	朝隆熙二年(1908)朝鮮尤山印刷局印	一部一册	
211./2	宋朝史詳節: 10卷	不詳	朝鮮印書体活	李王朝英祖時後期藝閣印書體字版刊行	一部五册	珍本
3101/16	(縣吐鮮譯)妙法蓮華經: 上､中	(朝)安本震湖編	排印本	1943年朝鮮京城商會	一部二册	
32/60-1	銘心寶鑑	不詳	複印本.朝鮮	朝鮮国立中央圖書館藏本	三部三册	
412./87	勤齋集: 十五卷	(朝)金秉文	複印本	不詳	一部四册	殘缺
22/24	征韓偉略: 五卷	(日)川口長孺	日本刊本	不詳	一部五册	
213.3/10	(新補)東西年表	(日)井上賴国	日本鉛印本	日昭和三年(1928)東京六舍舘印本	一部一册	

James Scarth Gale, Korean Literature in Hanmun, and Korean Books

Ross King(University of British Columbia)

차 례

1. Introduction

The first scholar to call attention to the significant *Nachlass* left by James Scarth Gale was Richard Rutt(1972) in his revised and annotated edition of Gale's *History of the Korean People*. In the detailed footnotes and appendices to this book(which appear to have been overlooked by scholars for nearly 40 years), Rutt describes a wealth of manuscript and typescript materials held at the time in Montreal by Gale's son, George. Rutt's main purpose in examining these voluminous materials was to publish his redux of Gale's *History*, and he must have been overwhelmed by the sheer amount of material housed at George Gale's residence. The papers could not have been as well organized then as they are now in the Fisher Rare Book Library at the University of Toronto, and Rutt apparently worked with the materials for less than two weeks(albeit aided by his wife, whom he credits as unsung coauthor), yet he managed to capture rather well in his back matter the overall scope of the papers, and dropped ample hints as to the riches awaiting researchers therein.

When in 2004 I first encountered Rutt's book and the clues there as to a 'Gale archive', my first instinct was naturally to Google 'Gale', 'archive', 'papers', etc., on the off chance of finding a paper trail; much to my surprise, I found a 'hit' at the Fisher Rare Book Library, University of Toronto. Their website listed a "James Scarth Gale Papers," but whereas other listings showed Finder Lists in pdf format for download, no such document appeared for clicking in this case. Undeterred, I found an email address for the library, fired off a message, and within days was the proud owner of a pdf copy of the finder list to the Gale papers, "MSCol245." The top page describes the collection as consisting of "24boxes. 8.23 meters" and as being the gift of George M. Gale in 1987. It was clearly a substantial set of papers.

The first thing that was obvious from the finder list was that its compiler knew nothing of Korea, Korean language or Korean literature. The Finder List details the following sections:

A. Correspondence(Box 1)
B. Literary Works(Boxes 1-11)
C. Gale Family Papers(Boxes12-13)
D. Korean Manuscripts(Box14)
E. Pictures(Box16)
F. Printed Materials(Boxes19-20)
G. Ephemera(Box21)

Under "B" were listed four boxes(2~5) consisting of "Diaries," numbering 21 in all; the rest of the listing, sketchy though it was, hinted at many interesting items for the student of Korean literary culture, and "D" with its promise of old Korean books or the like caught my attention immediately. It was time to book a flight to Toronto. I convinced my colleague Bruce Fulton to come along, and on the basis of the descriptions in the Finder List, we dove into the materials on a Monday morning, leaving aside the handwritten "diaries," because the handwritten materials in these looked difficult to decipher and in any case were presumed to be "personal" rather than literary. Bruce Fulton had to leave already on Wednesday morning, but by then we were starting to develop a sense of what was in most boxes and folders save the "diaries." Come Friday, I had in hand a set of preliminary notes on everything but these "diaries," and so, thinking I was on the downhill stretch, I requested Boxes 2 through 5.

How misleading the Finder List had been! The "diaries," as it turns out, are the core of the archive. In essence, they are the 'holding tanks' for all of Gale's finished but unpublished translations from more a millennium's worth of Korean literary and historical works; they also contain valuable bits and pieces of Gale's personal correspondence relevant to his book-buying activities for libraries and collectors in both Korea and the United States. Most of Gale's unpublished translations are from *hanmun* sources, but there are also numerous works translated from vernacular Korean. It took another week-long trip a year later, and several thousand pages of photocopies, followed by a trip to the Library of Congress, where others of Gale's papers can be found, before we had a more detailed inventory of the astonishing wealth of translations left behind by James Scarth Gale.

The "diaries" surviving are: I, II, V, VI, VII, VIII, X, XI(this latter volume at the Library of Congress), XII, XIII, XIV, XV, XVI, XVII, XVIII, XIX, XX, XXI, and XXIII—nineteen in all. These are accounting ledgers, comprising 200 pages each in legal-sized pages. Though the bulk of the pages house translations, there are also draft copies of correspondence, details of Gale's book-purchasing activities, and even a few actual diary fragments. Some of the pages are crossed out, indicating that the contents were subsequently typed out and/or published. But even at a conservative estimate of 50% *hanmun*-derived translational content, and considering that one of Gale's manuscript ledger pages typically comes out as two pages of Letter Size, double-spaced, 12-point text, these ledgers amount to close to 4000 pages of material. In addition to the materials in the ledgers, there are translations to be found in loose files, mostly typed, but some in manuscript, in Box 6(300+ pp.), Box 7(36pp.), Box 8(200+ pages plus the typescript book, *Old Corea*) and Box 9(300+ pp.), amounting to another thousand pages or so.

For those interested, I have prepared an appendix to this paper that gives a preliminary accounting, by "diary" and page number, of those materials known to have been translated from *hanmun* sources. The listing is not meant to be exhaustive, nor exhaustively accurate; Gale skipped around in his ledgers, and there is often duplication between what is in the ledgers, and what is typed up and/or published. Note also that my listing does not include any of the stories from the 19th-century yadam collection, *Kimunch'onghwa* 記文叢話, as this will be the first volume of a projected multi-volume *Collected Works of James Scarth Gale* that we are currently planning in conjunction with University of Toronto Press. It is also the subject of a paper by Sinae Park(Park 2009). Suffice it to say that Gale had an intense interest in the *yadam* 'genre', if we can call it that, and translated no less than 118 stories of the total 637 entries recorded in the 4-fascicle, 4-volume edition used by Gale—a work he purchased on behalf of Chōsen Christian College and which later became part of Yonsei University's rare book collection. The recent translation into Korean in five volumes by Kim Tong-uk(1996~1999) is based(unwittingly) on this same edition.

In addition to the materials housed in the Fisher Rare Book Library, there are also a few items of interest held by the Library of Congress. When Gale retired from the mission field in 1927 and moved to Bath, England in order to be closer to his wife's family and to his son George(then attending boarding school in England), he donated most of his personal collection of Korean books to the Library of Congress; with the benefit of the lists and book-buying correspondence in Toronto, and with the help of the Han'guk Sŏjihakhoe(1994) listing of old Korean books in the Library of Congress, it is possible to determine which books in Washington, DC, were originally Gale's. Though there are a couple rare pre-Imjin Buddhist editions, it is not the books themselves that are interesting but items that appear to have acceded to the LC either earlier(as part of his book-purchasing activities on behalf of the LC) or later, either through his widow or through Esson Gale. These are:

Gale, James Scarth. 1917. "Index of Korean Literature." Prepared by James S. Gale for the Asiatic Institute(New York City). 78 p. typescript.

"Index to the writings of Choi Rip of Korea(1539-1612A.D.)"(14 p.; 'Prepared for the Congressional Library, Washington, DC' and dated August 29, 1921)

"Index to the Writings of Yi Che-hyun of Korea(1287-1367 A.D.)" (13 p.; 'Prepared for the Congressional Library, Washington, DC' and dated August 29, 1921)

"Index to the Writings of Yi Kyoo-bo"(87 p.)

"The writings of Ch'oi Ch'i-won"(27 p., dated Feb. 28, 1921)

Gale, James Scarth. Jan. 31, 1927. "A catalogue of Korean Literature: One Thousand of the Most Noted Works(6000 Volumes).." 97 p. typescript.

Volume XI(of his 'diaries', i.e., ledgers)

It is important to note that in the case of those translations by Gale that were actually published, they are nonetheless often difficult to find. For example, the *Korea Magazine*,[1] edited and written almost single-handedly by Gale from 1917~1919, contains a significant number of published translations by Gale from *hanmun* sources, but can only be found in approximately a dozen North American library collections, half of which are theological seminaries. Note also that whereas Gale rarely details his original *hanmun* sources in the published versions, his manuscript copies in the archival materials usually give an explicit citation.

1. Published monthly from January 1917-April 1919, this journal was edited by Gale, and most of the work published on its pages was either written or translated by Gale.

Previous Research on Gale

Neither Rutt nor subsequent researchers have turned their attention to Gale's unpublished *oeuvre* in Korean literature.[2] Research by *Korean* scholars on Gale tends to have been concentrated in the hands of historians of Protestant Christianity in Korea, who focus either on his work as a Bible translator(a well-researched area) or on his activities in converting upper-class highly educated Koreans to Christianity in the first years of the 20th century, and who more or less dismiss him as a 'pro-Japanese' sympathizer. Moreover, their work tends to focus on the years before 1910, whereas Gale remained active in Korea until his retirement in 1927. Indeed, Gale's most significant literary translation work seems to have begun in earnest only *after* 1910, and continued even in his retirement in Bath, England, until his death in 1937.

While Gale is not unknown or unappreciated as a scholar and translator of Korean literature, he seems to be remembered(and praised) primarily for his translation of *Kuunmong* published in 1922: The cloud dream of the nine: a Korean novel—a story of the times of the Tangs of China about 840 A.D. However, our research at UBC has uncovered an astonishing wealth of translations, both from the *hanmun* and from vernacular Korean, and both in prose and in poetry. Some works, like Gale's translation of Yi Haejo's retelling of the Ch'unhyang tale(*Okjunghwa*, published by Gale in installments in *Korea Magazine* as "Choon Yang," 1917-1918), were actually published, but in such obscure venues that few have laid eyes on them since the 19-teens. The *Korea Magazine*, which included a large number of Gale's translations during the short three years of its existence, can be found in only a dozen or so North American collections, and seems to have escaped the attention of most researchers in Korea, too. Even just collecting such *published* translations and re-issuing them would be a large and worthwhile project. The great bulk of Gale's translations, though, were never published; to put it another way, his published *oeuvre* is only the tip of a rather large iceberg.

2. Other, that is, than Richard Rutt's much abridged treatment of Gale's translation of Kim Ch'ang-ŏp's travelogue to China, the Nogajae yŏnhaengnok, for which see Dafna Zur (2006).

2. J. S. Gale, the 'Passing of Korea' and the Death of Korean Literature

Gale arrived in Korea in 1888 after completing a degree in Modern Languages at the University of Toronto. He quickly distinguished himself in his Korean language studies, soon outclassing Underwood who had arrived on the scene slightly earlier, and within a few years chairing the Examinations Committee for newly arrived missionaries. From early on, Gale was active in the production of language study aids, as witnessed by his *Korean-English Dictionary* as well as his *Korean Grammatical Forms*, but it is difficult to know when exactly Gale began to study *hanmun* in earnest; it seems safe to assume that he would have appreciated the importance of not just Chinese characters but also Classical Chinese from a very early stage in his career in Korea. This is because Yi Ch'ang-jik, the slightly younger Korean man he met already in 1889 in Haeju, Hwanghae Province, and who became a lifelong friend, teacher and co-translator, appears to have been a *hanmun* scholar of 'hyangban' background, and because his lexicographical projects already in the 1890s would have demanded more than a passing familiarity with 'the character', as Gale termed it. Certainly we can assume that Gale was deep into *hanmun* studies by 1903, the year that he and Yi Ch'ang-jik published the first volume of the 4-volume Chinese character textbook, *Yumongch'ŏnja* 牖蒙千字(E. title: *The Thousand Character Series*). The fourth and final volume, titled *Yumongsokp'yŏn* 牖蒙續編, is an anthology of *hanmun* prose essays, written exclusively by Korean authors save the first piece about Kija, and some of the essays were later translated by Gale(e.g., Hong Yang-ho's 'Setting free the wild goose' from Hong's *Igyechip*).

Another thing that can bee said with some certainty is that Gale's attitudes toward Korean traditional literary culture and writing in Literary Sinitic underwent a profound change sometime between 1900 and 1910. In one article("Why Read Korean Literature?"), published in August 1917 in the *Korea Review*, Gale laments his ignorance of entire Korean thought-worlds because of his ignorance of *hanmun*: "For example the writer had no idea, though he had lived with the Korean for a score of years, of the part the Taoist genii and the fairies play in his world ... " Given that Gale arrived in Korea in 1888, this suggests that he was not truly initiated into the riches of *hanmun* literature until sometime between 1905 and 1910.

Gale's archival materials also reveal that Gale saw his time in Korea as a 'passing' of the old Korea, and above all, as a time that witnessed the death of a great literature. The turning point, as Gale saw it, came in 1894 with the Kab'o reforms, which, among other things, abolished the old examination system based on the Chinese classics(Gale 1918a: 102). For Gale, the end of the *kwagŏ* exams marked the end of classical literature in Korea.

In another article from June 1918 titled "Korean Literature," Gale wrote:

"With the promulgation of the new laws in January 1895 the Examination ceased to be and with it has gone the universal study of the Classics. Confucianism died in a night and so the ship of state slipped its old anchor chains and was adrift." For Gale this severing of literary connections with Korea's Sinitic cosmopolitan past brought on various wrenching transitions: "In the many transitions the literary one is perhaps the most momentous. One transition takes the Korean from the leisurely world of the patriarchs into the modern age of high-pressure competition, where every man is supposed to outdo his neighbour. Still another transition takes him from his native world, thoroughly ancient Chinese, into that of Japan, so that in adapting himself to new conditions of to-day he must do so as Japan does, though he has lived for long ages out of touch with that Empire. One transition more is his change from the Confucian style of writing to the unadorned modern colloquial."

Here is Gale again, in an unpublished, undated essay also titled "Korean Literature:". "This tragic death of native literature that followed the fateful edict is seen in the fact that a famous father of the old school may have a famous son, yes a graduate of Tokyo University, who still cannot any more read what his father has written than the ordinary graduate at home can read Herodotus or Livy at sight; and the father, learned though he be, can no more understand what his son reads or studies than a hermit from the hills of India can read a modern newspaper. So they sit this father and this son separated by a gulf of a thousand years pitiful to see.

Nevertheless the poems, the literary notes, the graceful letter, the inscriptions, the biographies, the memorials, the sacrificial prayers, the stories, the fairy tales of old Korea will remain, a proof of the graceful and interesting civilization of this ancient people."

With the death of the old examination system came the death of Classical Chinese learning in Korea, and in a single stroke, Korea's old books were rendered useless. "It is not as though Korea had put her book aside to pick it up later and read. The book is sealed and locked behind the bars of the Chinese character as effectually as though it had been reduced to the Egyptian hieroglyph. ... The literary past of Korea, a great and wonderful past is swallowed up as by a cataclasym, not a vestige being life to the present generation. Of course the present generation is blissfully ignorant of this and quite happy in its loss. It has its magazines and writes with all confidence learned articles on philosophy, on Kant and Schopenhauer. It sits at the feet of Bertrand Russell and speaks the praises of Nietzsche. It would be a Western poet with long hair and lank wavy collar. It would write blank verse in English itself, pitiful to see. Its poems in the vernacular would make the ancient gods turn pale."("Korean literature")

All throughout Gale's paper we encounter time and again the sense of rupture with the past and loss of tradition. Thus, Gale ends one of his many reports to the Christian Literature Society(C.L.S.) as follows:

> "Two things I desire by this report:
> 1 Your appreciation of Korea's tremendous loss ["This today is the plight of Korea. She has lost her literature, and with her literature have gone her ideals, her history, her religion, her great men, her music, her ceremonies, her social organization, her soul. She can no longer read the books her fathers wrote."(p. 2)]. (8:20("14") "On Literature;" 22 typed pages)
>
> In another unpublished essay, titled "What Korea has lost," Gale writes:
> "Fifth: Korea has lost the greatest literature of the world. We have traces of profound Korean scholarship dating back to the Han Kingdom of China, or the beginning of the Christian era. No books of that period remain, but on stones, on tiles, in tombs, and among the ancient literary remains of China are found samples of Korea's skill." (9:30; 7 typed pages)

All indications are that, starting with the beginning of the last century, Gale's studies in the Korean language deepened to include rigorous training in *hanmun* and bibliography at the hands of numerous Korean scholars trained under the old system -- scholars whose names we have and who had converted to Protestant Christianity. Gale's knowledge of *hanmun*, his attitudes toward literary language in both Classical Chinese and vernacular Korean, as well as his literary tastes and predilections in general, seem to have owed much to his Korean teachers, and indeed, it would not be going too far to claim that Gale appears to have considered it his 'mission' to salvage and preserve the legacy of the Korean scholar. For example, in a letter dated 20 April 1932 to publisher Paul(Kegan), Trench, Trubner & Co Ltd., Gale writes:

> "Dear Sir
> ... I have just one desire in my offer of these for publication namely to carry faithfully and honourably the memory of the old Corean scholar."

In another letter to a different publisher, dated Aug. 5 1933, Gale writes: "I enclose herewith a MS of a translation of Korean poems from the works of Yi Kyoobo(1168-1241 AD) ... Korea is dead and gone as a country. She was the most interesting of the Chinese group till the very last, for she had never been overrun as China herself had been by Tartars, Mongols and Manchus, and had preserved in her thought, her habits and her writings the spirit of the Tangs and Mings. Now, however, Japanese comes in like one of her own east coast tidal waves and old Korea is no more."

For Gale, then, Korea was the last repository of 'true' Chinese culture and a literary legacy already lost in China and Japan. In a lecture titled "Korea and Japan" written for the Japan Society in 1935(but apparently never submitted), Gale writes: "Here is where Korea's superiority rests, a superiority recognized by the Japanese themselves, her priceless knowledge of the Chinese character."(9:43 Korea and Japan; 31 typescript pages; p. 13)

3. J. S. Gale on how to access Korean literature in hanmun

The first tangible evidence we have of Gale's newfound interest in Korean literature in *hanmun* comes with his textbook series, the *Yumong sokp'yŏn*(牖蒙續編; E. title *The Thousand Character Series*). Published in 1904 by the Korean Religious Tract Society in four little volumes, this was meant to be a sort of modernized *Thousand Character Classic* or primer in Sino-Korean for Korean school children. Volumes I through III are translated and adapted from a series of elementary school textbooks from Ontario, Canada(see Rutt ...), but *Korean Reader Number IV* is a reader in literary Sinitic/*hanmun* consisting entirely of selections penned by famous Korean authors:

> "This volume completes the set and contains specimens of the Best Korean writing, though not all of the best writers are represented. Of some, it was impossible to obtain any selections; of others, no suitable ones were found for insertion in the book. Many of the very

> best writers however are represented, and all the selections, if we except that of Ki-ja, are of an interesting character as well as of high literary type."

On Korean 'pundits'

Where Gale assumed a relatively confident tone when it came to discussing matters related to vernacular Korean language and its study, he was rather more modest when it came to the problem of mastering literary Sinitic. In a lengthy two-part essay titled "Korean Literature" in the July 1917 issue of *Korea Magazine*, Gale gives advice to those who would become initiated in the ways of *hanmun and hanmun* literature from Korea -- seek out 'Chinese pundits'.

> " ... there are but few real Chinese scholars among the foreigners of the East ... It is the understanding of the endless references to Chinese history and mythology that is impossible for a foreigner to become master of ... he can, with the aid of a good pundit get at the thought that underlies Korean literature.
>
> ...the student requires at his elbow a scholar of the old school. ...Remember that the kwago(Official examination) was given up in 1894, that is 23 years ago ... he must have been at least 23 years of age at that time ...
>
> A good scholar, such as the land brought forth in abundance in the old days, can read any page you open, always excepting Buddhist literature, which belongs to another world of thought, and requires its own special study and preparation. ...
>
> With such a scholar, and they are to be found still among the first Christians, the student is prepared to undertake something in the way of investigating Korean literature. ...
>
> However, it takes time and patience, and for any substantial attainment some regular hour must be set apart each day. The writer has found that an hour in the morning before breakfast reads many pages in the course of the year ... "

Gale seems to have become so immersed in *hanmun* learning as to have more or less 'gone native'--or rather, 'gone native old-school scholar'. For example, in an article titled "Grind" in the October 1917 issue of the *Korea Review*, Gale notes that the traditional *hanmun* pedagogy was entirely rote-based, which in turn led to impressive abilities to quote scripture on the part of *hanmun*-educated Korean converts familiar with the Bible in Chinese. But such was now impossible, with the new Bible in vernacular Korean script and with nary a Chinese character on the page:

> " ... One of the difficulties in the situation, when it comes to the missionary, is, that the law of grind has been associated with the Chinese character almost altogether, and so is very difficult to make use of with anything that pertains to the native-script. Few people can quote passages from our Un-moon New Testament, while in old days, when we had only Chinese versions, they seemed to quote with great ease. ...
>
> The church in Korea, since the coming of the Un-moon Bible, cannot quote Scripture any more. Un-moon is not constituted of material that can readily be quoted. No satisfactory grind is possible with Un-moon, and without the grind the Book will never take possession of the soul. If the soul be not filled and held with the Scriptures the church of the future will swing away without chart or compass. We must find a way through. Mixed-script will help us. Let us apply to is as far as we can the simple but very effective law of grind."

Further evidence of the depth of Gale's knowledge of Classical Chinese and of his ambitions as a scholar of *hanmun* eager to preserve and showcase Korean traditional learning can be found in his attempts to translate the Chinese classics. Thus, Gale's archive in Toronto contains his draft translations of the Doctrine of the Mean(Chungyong 中庸; 6:28("48")), the Great Learning(Taehak 大學; 6:43 The great learning, 1923)[3], the Analects of Confucius(Non'ŏ 論語; notebooks II, IV, V), and the Mencius(Maengja 孟子; 8:1 Mencius in three notebooks). Gale remarks in his unpublished papers on the inadequacies of Legge's translations of the Chinese classics, and of the need for new translations that reflected the traditional Korean understanding of these texts. The last line of his draft translation of the Mencius reveals the identity of one of his 'Chinese pundits' -- "Finished translation with 김일희 Kim Irheui April 26th 1924."

3. Gale's translation of the Taehak was published: XXXXXXXXXX

4. J. S. Gale, Korean Bibliophile

Gale's archive at the University of Toronto contains substantial annotations on Korean bibliography and old Korean books, especially as relates to Gale's 'charter membership' in the Kwangmunhoe in the 1910s, his efforts on behalf of Frederick McCormick around 1913, his work in the 1920s to acquire large numbers of old Korean books for the Library of Congress, and his acquisitions for the Kyung-sin School and Chosen Christian College.

Gale's interest in Korean *hanmun* literary culture and in Korea's old books, as well his most active years of book collecting and translation, coincide exactly with the activities of two rival scholarly book-collecting and publishing societies, one Japanese and the other Korean. The Chōsen Kosho Kankōkai 朝鮮古書刊行會(Publication Society for Old Korean Books) was officially launched in 1909, but Gale in his papers attributes the impetus for this society's formation to Itō Hirobumi during a visit to Korea in 1905, and indeed, claims in more than one place that he was a 'charter member' of this group:[4]

> "One of Prince Ito's first acts on becoming Governor General was to organize a society for the selecting and printing of Korea's choicest literature. The society kept up its work for some eight years doing a volume a month making about a hundred volumes. I was one of what the American calls charter members and so these books came to me one by one as they left the press."(9:43, p.29)

The other society was the Kwangmunhoe 光文會(Society for Illuminating Literary Culture), launched by Ch'oe Nam-sŏn at the very end of 1910. Here there is ample circumstantial evidence to suggest that Gale was personally acquainted with the most active members in this Korean society, but it is unfortunate that published Korean sources on the Kwangmunhoe are so scarce and make no explicit mention of Gale. Certainly Gale was acquainted with the patriot grammarian, Chu Si-gyŏng(1876-1914), and two names associated closely with the production of the Kwangmunhoe's impressive *Sinjajŏn* 新字典(New Chinese Character Dictionary)– Nam Kiwŏn and Yi Insŭng–bear a suspicious family resemblance to the names of two of Gale's *hanmun* pundits, Nam Chuwŏn(a known *hanmun* scholar and published author from the 19teens) and Yi Kyosŭng(another published *hanmun* scholar).

In any case, Gale relied heavily on the reprints issued by these societies, and indeed, many of his translations come from the pages of these societies' works. But Gale had access to other sources of his own, thanks to his network of *hanmun* 'pundits'—Korean Christian scholars trained under the old system in Classical Chinese. Thus, in addition to books whose titles are well known because of the reprints issued by either the Chōsen kosho

4.
But note that there is no evidence that Gale actually socialized with the Japanese scholars and collectors in the Chōsen Kosho Kankōkai. Though his second wife Ada Sales spoke some Japanese because of her upbringing in the missionary community in Japan, and while this fact guaranteed regular invitations to tea parties and the like hosted by the Governor-General and other high-ups in the regime, Gale did not read Japanese and appears to have worked entirely outside of and independently of the Japanese scholarly apparatus.

kankōkai or the Kwangmunhoe, we find works like the *yadam* collection *Kimunch'onghwa*, mentioned above, or the *Kyŏnch'ŏp nok* 見睫錄(translated by Gale as 'Seeing my own eyelashes'; a manuscript edition can be found in the Asami Collection at UC-Berkeley), or "A trip to the Diamond Mountains and the East Coast by Miss Keum-wun(1830)(Footprints of the Wild Goose)"(9:22A), Kŭmwŏn being the wife of Kyudang Kim Si-rang and this particular work being another example of an important work of Chosŏn-era literature in *hanmun* translated by Gale already 80+ years ago but only recently having attracted the attention of researchers in Korea.[5]

Gale's love of books in general and of old Korean books in particular can be seen in a little essay-*cum*-translation about Ch'oe Sŭng-no of Silla, dated December 4 1923. Titled "The value of books," the beginning of this one-page essay reads:

> "What wonderful things books are. They are like links in the chain of eternal life. They bring forgotten ages together and let us look into the hearts and lives of those whose bodies have long since mouldered into dust. With books we possess all that our fathers had and more; without them we drop back into the dark ages ringed by the present and the narrow circle of our bedimmed vision.
> I thank Korea for her books. Taking one from the shelf I read that a certain Ch'oe Sŭng-no was born in the year Pyŏng-sul of Chŏn-sŏng and turning up my tables I find it 926 AD. His home was in Kyŏngju the old capital of Silla. Being an only son his father taught him with the greatest care, taught him not only the Classics but religion as well..."

Time and again, Gale's papers lament the increasing rarity of old Korean editions. In his "Report of literary work etc. by J S Gale(Feb. 15th, 1927)," Gale writes:

> "The name and fame of Korea will stand in her literature, in what she has written. She has little else except her few porcelains and pictures that will leave her name marked on the world's tablets. Her books are receding more and more from sight; behind the bars of the Royal Library; deep hidden in the private homes of Tokyo; or stored up in the Congressional Book Palace of Washington."(p. 7)

In his 1905 essay, "Korean Literature," Gale writes:

5. Now that certain foundations in South Korea have money to support literary translation into languages other than Korean, it has become fashionable to draw up and announce 'Top 100 Lists' of 'Classical Korean Literature' and give priority to the works on these lists in grant funding competitions. For example, the Daesan Foundation, the Korea Literary Translation Institute and the Academy of Korean Studies all maintain such lists, and the contents are virtually the same from one list to the next. At least eight of the works that appear on these lists were translated in part or whole by Gale.

> "Some of these scholars were highly honoured at the court in Nanking, but their books were laid aside and forgotten, or lost, or destroyed, until it is almost impossible to get hold of such native literature, and even scholars know nothing of the literary history of their poor peninsula.
>
> Of late books are coming out of unexpected holes and corners and offering themselves for sale. The other day an encyclopaedia, called the Mun-hon Pi-go, written about 1770, was sold to a foreigner for 194 yen. At about the same time I met a man with an armful of books on his way to the Japanese Settlement. I inquired as to what they were and found them marked I-gye, someone's nom de plume, though no one seemed to know the possessor of the name. After search I found it was a Mr. Hong Yang-ho, who was sent as the king's representative to the Court at Peking in 1795. He was also governor of the north of Korea, and is mentioned in the Book of Famous Men as one of the distinguished literary men of the day ... "

Gale in fact devoted much time to Hong Yang-ho; the 1904 Thousand Character Series reader includes an inordinate number of his essays, and Gale's archive contains several translations of his works. By contrast, a South Korean monograph-length treatment of Hong Yang-ho did not appear until the 1990s.

Gale's archive contains rich evidence as to his profound interest in Korean bibliography. For example, his papers include a translation of the table of contents of Maurice Courant's(1894-1896) *Bibliographie Coréenne*(11:1). But nowhere is his bibliographic and bibliophilic work in more evidence than in his avid book-buying activities for a wide array of collections.

As a rather modestly paid missionary with little or no means of his own,[6] Gale was in no position to collect rare Korean editions with his own funds, and he was also in no position to compete with the voracious bibliophilic appetites of the Japanese scholars and collectors that he describes in his "Index of Korean Literature"(1917) as having "literally stripped the market." Instead, Gale collected *vicariously* as part of his book-buying activities for the Asiatic Society(NewYork), the Kyungshin School, Chōsen Christian College, the Library of Congress, and other missionaries(e.g., Bishop Trollope). With others' funds and using his own network of *hanmun* scholars and Christian connections, he was able to seek

6. Rutt describes Gale as being overly generous with his money and rather hopeless at managing his finances, and his son George confirmed this for me in an interview in 2007, shortly before he passed away at the age of 96.

out and purchase books of interest to himself, hold on to them long enough to examine them with his 'pundits', and perhaps index and/or translate portions of them, before passing them along to their new owners.

In any case, it is easy enough to compile a list of those works which Gale used most frequently for his translations, and the list is rather staggering. The appendix lists these according to the following categories: History, Poetry, Biography, *Munjip*, Travelogues, Fiction, Miscellaneous, Epigraphy, Buddhist sources, Mystery sources, *Yadam*, and Chinese 'Sacred Books'.

Frederick McCormick and the Asiatic Institute(New York)

Gale's papers contain enigmatic references to a series of 'indexes' that Gale and some of his 'pundits' were preparing. For example, in a letter dated August 6 1914 detailing some book purchases to one Mr. McCormick Gale writes:

> " ... I hope to send you some photographs of old monuments that I have a little later, also to give you an account of how far the indexes have got."(1:2 Letters sent(1906-1936))

Another letter to Mr. McCormick, dated Dec. 11th, 1915, reads:

> " ... The indexes have come to such a state of perfection that I can follow any subject through the literature that I have on hand in a way that would be quite impossible otherwise. It makes the work of investigation very simple, easy and interesting.

Gale's archive does not appear to contain any such index among its papers, but Sonya Lee, the Korean Librarian at the Library of Congress, kindly shared with me a remarkable document titled "Index of Korean Literature prepared by James S. Gale for the Asiatic Institute(New York)." How were the Index and McCormick and the Asiatic Institute connected?

After considerable sleuthing I was able to establish the following connections. Firstly, a little pamphlet titled "Asiatic Institute Book" and held uniquely by Oberlin College Library[7] reveals that this short-lived society was organized in April 21, 1913, by a group of prominent individuals deeply involved in East Asian affairs(e.g., William Woodville Rockhill and Yuan Shih-k'ai were members). The goal of the Institute was to "promote study of progress and conditions in East Asia and the Pacific," and to this end it sponsored a number of publications and research projects. One particular concern of the Institute, for example, was the looting and

7. The author is grateful to Professor Sheila Miyoshi Jager for providing a copy of this pamphlet.

plunder of antiquities in China.

Gale is mentioned several times in the pamphlet: in the summary of work(1913) we read:

> "Dr. James S. Gale was commissioned to collect and acquire for the Institute a comprehensive Korean library to include all important books, with manuscripts, for preservation of the records of civilization in Korea, and to make Chinese and English indexes of the same."

In the summary of work(1914) we find:

> "Dr. Gale collected and indexed upwards of six hundred volumes, comprehending the best in Korean literature, for preservation by the Institute."

And in the summary of work(1915):

> "The work of acquiring a comprehensive Korean library for preservation of the records of civilization in Korea, carried on by Dr. James S. Gale at Seoul, is approximately complete, and the indexing of the same in Chinese and in English, has been perfected, making it possible now to follow through the entire library any given subject. This library is ready to be made useful to scholars."

So what became of the Institute and these Korean books? The Institute itself seems to have lasted no longer than World War I. As for the books, note that at the very back of the pamphlet just cited, we find one Frederick McCormick listed as secretary of the Institute. In fact, a check of the contents of the "Index of Korean Literature" with the catalogue of the McCormick Korean Collection at Pomona College prepared by Judith Boltz(see Boltz 1986; 1987) reveals that these are one and the same collection. The books must have been shipped to New York, after which eventually they found their way into the possession of Frederick McCormick upon the demise of the Institute.

The Index itself is an astonishing document. In essence, Gale and three of his 'Chinese pundits'(Cho Pyŏng-mo, Nam Chu-un and Kim To-hŭi), over a period of four years, indexed by hand a huge library of some of the most important works of Korean *hanmun* literature. No less than 144 different titles are indexed, including some three dozen *munjip* or literary miscellanies. As a research tool, this Index is still valuable today -- all the more so now that we can match it up with the original editions it was based on. Here is Gale's preface to the Index:

> "Korean literature as represented by these collected works was never intended to be put on to the market for sale. For a writer to expect an income therefrom was undreamed of. In fact it would have been regarded as most vulgar and undignified. Consequently only complimentary copies have ever been published. In recent years they have come out of their hidden places under pressure of financial need coupled with the obscurity into which the clan has fallen.
>
> Some of these editions are very old, for example *Yi Sang-kuk* Chip printed somewhere about 1254 A. D.; also the *Tongguk T'onggam* and others.
>
> The writer is now chairman of a Committee to purchase books for a recently established College in Seoul but as yet no trace can be found of duplicates of these oldest sets. The Japanese, some of them at least, are keen purchases of Korean literature. They have literally stripped the market, and so I feel very happy that the Institute has been able to secure as many representative works as it has.
>
> One book the *Yŏl-yŏ Kisul* that I proposed to let the institute have of my own at the purchased price of 27 yen for 9 volumes I have had to withhold as an expected reprint of it has not come to pass and no more copies are to be had in the market.
>
> The method of work employed in the preparation of this index was as follows: The books were first purchased and then passed on to three expert readers Cho Pyŏng-mo, Nam Chu-un and Kim To-hŭi who went through every line marking subject, author, volume, page.
>
> The fact that these books had never been read before by them or any other Korean scholars made it a new and interesting field of research. They wrote the result of their work on blank pages that were bound together.
>
> These were then taken and native script equivalents put on card which were arranged in alphabetical order according to the native letters.
>
> It was then translated into English by the writer, a list of the works with an outline of their contents was added with the necessary extra indexes, and the whole brought to completion Jan 9th 1917."

The contents of the Index are as follows(and note that one of Gale's typed pages translates into at least 2 or 3 typed pages on the computer):

Contents

The "English Index" is prefaced with the following remarks:

> "The fact that the General Index is translated from the Korean order gives no clew to anyone who seeks a subject from the English side. Such being the case this list has been added to help locate the subject desired. The full titles of the subject have not been translated but merely suggestive words, with the page of the General Index indicated, so that it will not be difficult for anyone to find what he wishes."

Some random examples of items indexed with the English letter "a" are: acrostic, acorns, adultery, alphabet, Amoor River, Anam, archer, archery, arrow, arrows, acupuncture, etc., for a total of some 1300 English entries.

The "Index to Korean Literature" section is preceded by these remarks:

> "This is the main part of the work which has required several years for its completion. Here the various subjects dealt with by Korean authors are tabulated with the Chinese equivalent, the name of the works, volume outer and inner, and page.
>
> This constitutes the key to the books in possession of the Society. In a few cases works are indicated like *Munhŏn Pigo* which the Society has not been able to purchase, but of which the writer has a copy."

The Library of Congress copy of the Index must have been Gale's working copy; it is full of handwritten notes in his hand, and is missing all the Chinese characters in the main index. This copy of the Index likely acceded to the Library with a different, major shipment of books sent to Washington, DC, in 1927, for which see below.

The Kyung-sin School and Chosen Christian College

Gale was deeply involved in the creation and administration of these two missionary schools, and his archive contains records that show he was also instrumental in collecting old Korean editions for the libraries of these schools. Thus, 11:11 "Korean books for sale at the 한남서원 Hannam Sŏwŏn(백두영, Paek Tu-yŏng)" is a series of notes of books inspected for possible purchase, while 11:4 is a five-page "Catalogue of Korean Books for Christian College," which in turn looks like a summary of 11:5, "Catalog of books of the Chosen Christian College(Korean Department)"--a document of 31 pages with an excellent list of books and detailed write-ups about the editions by Gale. 11:8("29") is a four-page "Index of books(Korean) in 경신 Kyung-sin School," three pages of which are an index, arranged alphabetically in Gale's romanization, with number of volumes for each book(total 102 vols.). Page four is a "Report of Committee on Library for the Chosen Christian College," in which Gale writes of " ... the hope that the 경신 Kyung-sin Library may eventually become one with this [Chosen Christian College collection?--RK], your committee has avoided purchasing duplicates,...." I have not yet confirmed the details, but it appears that the combined libraries of these two schools in which Gale was involved formed the nucleus of what is now Yonsei University's rare book holdings. Vol. XII, p. 1, begins a fifty-page "Index of the books of the Chosen Christian College" which, if matched up against the Yonsei University rare book listings, would likely yield almost perfect matches.

Book Dealings with Other Missionaries

Besides his dealings on behalf of Frederick McCormick and the schools he was involved(not to mention his own library), Gale was also involved in book-buying for some of his fellow missionaries. 11:2, dated January 9th, 1924, is a list of "Books purchased by Bishop Trollope:"

1. 퇴계집 Thoykyeycip 36 vols.
2. 미수집 Miswucip 20 vols.(extra 2)
3. 한강집 Hankang-cip 12

4.	농암집 Nong-am cip	17
5.	이계집 Ikyey-cip	17
6.	우복집 Wupok-cip	16
7.	하수집 Haswu-cip	8
8.	툐계(별) Thyokyey(pyel)	1
9.	갱장녹 Kayngcangnok	4
10.	공자가운 Kongca kawun	2
	taken away Jan. 26 1924	YEN 326.50 total

Likewise, 11:16 is another "List of Korean Books for Bishop Trollope," dated Oct 11, 1922. I have not yet been able to ascertain the fate of Bishop Trollope's papers and books; may acceded to Chosen Christian College(and then to Yonsei University), while a number of others were donated to the Bodleian Library, Oxford, in Trollope's own lifetime.

The Library of Congress

But the most spectacular story concerning old Korean books and James Scarth Gale is that of his decade-long quest on behalf of the Library of Congress. Again, hints are readily found in his papers. For example, 6:10("5") is a nine-page essay titled "The Break-up of East Asia," in which he writes: "Of Korean books alone the writer has seen several thousand volumes pass to the Library of Congress, Washington."(p. 7)

Gale's correspondence includes several letters to and from one Dr. Walter Swingle, all on the subject of purchasing books for the Library of Congress. Swingle, who was a citrus expert in the employ of the USDA, was an amateur Sinologist fascinated with Chinese herbaria and gazetteers, and somehow got himself deputized by the recently constituted Oriental Collections of the LC to purchase rare Chinese editions for the library. Swingle, in turn, appears to have deputized Gale to hunt down *hanmun* editions in Korea for purchase for the LC. There is even an element of international competition in it all, as the Korean collections in Paris hover in the background.

Here is an excerpt from a letter from Swingle to Gale, dated June 18, 1924:

> "... you will remember that I mentioned in the Annual Report of the *Librarian of Congress* for 1921-1922(p. 190) that you had secured for us *Yu sa che kang* and *Tong che chip*, the collected literary works of Chung On. I am extremely anxious to complete the record and

announce that these books have been received and added to our Korean collection... I feel very much disappointed last year at being obliged to pass over the whole subject of Korean literature in silence, in spite of the fact that the Library of Congress, through your generous cooperation, now has undoubtedly the second Korean library in the country and possibly even the West. [p. 2 of 2]: As funds are available for additional Korean books up to say $1000 a year... Please help us to make this the best collection outside of the Orient. ..."((1:1 Letters received(1898-1943))

Another letter from Swingle to Gale, dated Nov. 22, 1926:

"I find I carried away the list of books sent by the Bunkodo(?) Shoten -- here it is. My figures show that we have purchased 99 works(less three Chinese printed = 96 net. These comprise 468 volumes. I hope you can purchase the "Family Ceremonies" and enough "chip" to make over 500 volumes -- ..."

A letter from Swingle to Gale on Court Hotel(Tientsin) stationary, dated Nov. 29, 1926:

"I hope you have been able to arrange to finance the rest of the good Korean books we saw. If there is any delay that would interfere with getting these books please go ahead and get them & write me... I am very anxious to take back with me a large collection of Korean books if possible enough to put the Library of Congress ahead of even the collection in Paris. ... Please ask Moses Choi to use his best efforts to get the Hiang po chip of Soh Yoo-koo ... [p. 2 of 2] ... I should like very much to have any other works of Soh Yoo-koo also the Chong Choo Po of which we have a M.S. copy--this is the treatise on the sweet potato. Please see if you can get a good writer who can copy accurately and neatly books that we cannot buy. ... I give great importance to the bringing together of a complete collection of Korean works in the Library of Congress. I feel sure that as a result of the plan we formulated & with the help of Mr. Genso you can secure the best collection of Korean works extant in the course of the next ten years.

I have seen many wonderful collections of Chinese books and can now have MS copies made very cheaply from all the great libraries. ..."

From a letter from Swingle to Gale, dated Dec. 13, 1926, on Imperial Hotel(Tokyo) stationary:

> "I delayed sending my letter of the 11th until I could report on the Korean books. All came all right, four five cases. Many thanks. I am delighted to get them and am especially grateful for the Choi Nam-sun library which you so generously sold at cost. One thing that worries me I have no list of the works sold by the Japanese book store(Moon Kwang Tang) for 104.80 Yen on Nov. 22 ... [p. 2] I want to thank you a thousand times for arranging everything so well. The boxes are now on the steamer & will be... [p. 3 of 3]: I shall try to send a few yen more to cover photographing the pages of Li Kyoo-bo on cast metal type. Please revise and send me your translation so I can show it to Dr. Putnam. I have some very interesting discourses on printing to write you about. I purchased yesterday three sutras at Honaji(?) Temple printed in 659-661 AD!!"

From a letter from Swingle to Gale dated Jan. 13, 1927, from USDA, Bureau of Plant Industry, Indio, CA:

> "I am very much pleased indeed to get your most interesting list of these books; it is a superb addition to our Korean collection. The items you sent me in this shipment amount in all to 109 works in 497 volumes. I purchased two other works in Japan, with a total I think of 80 volumes, making a grand total of this year's Korean accession of 111 works in 577 volumes--an increase of something like 40 per cent in one year, which is certainly a fine showing.
>
> ... I expect to go to Washington in March or April and wish to lay before Dr. Putnam of the Library of Congress the extremely interesting list of Korean type you gave me and the still more interesting record you found in the works of Yi Kyoo-bo... [p. 2 of 2]: P.S. I neglected to thank you for the very interesting work you loaned us. Could you please send me by registered mail the notes you made on the collection you sent to America about ten years ago?"

Finally, 11:17 is a "List of Korean books for Dr. Swingle, Nov. 1926 (Shipped to Yokohama, care of Dr. Kumana, Customs House)." Page 10 mentions "library of Choi Nam-sun," which is none other than the series of reprints commissioned and published by the Kwangmunhoe:

> "Modern reprints done by a Korean company at the head of which was the famous scholar Choi Nam-sung [sic]. The company was broken up and the books scattered. This is a complete set though some of the books begun were never finished. They are included here at cost price, the desire being to make sure that the congressional library has a complete set."

Another list in the Gale Toronto papers that needs further checking is: Vol. XXIII, pp. 168-171: "List of books purchased by(for?) Mr. Swingle in Seoul, Nov. 1926"(32 + 32 + 32 + 11 titles).

It is a great pity that the extent of Gale's involvement in collecting Korean books for the LC remains completely unknown. On the one hand, the *Annual Reports of the Librarian* of Congress for the relevant years dwell at great length on Chinese acquisitions, and rarely mention Korean acquisitions, other than to state how many volumes came in. Gale's name is mentioned occasionally, but it is clear that the reports were being submitted by Swingle and not Gale. On the other hand, the rather voluminous Walter T. Swingle Papers, now housed in the Special Collections Department, Otto G. Richter Library, University of Miami(Coral Gables, Florida), contain not a whisper of any of the apparently substantial correspondence Swingle had with Gale--according to the archivists, there is no record among Swingle's papers of anything related to Korean book purchases or Gale.

Matters are compounded(and made more pitiful) by the fact that the Korean section of the Library of Congress itself appears to have had no knowledge of the provenance of the bulk of its rare Korean editions until I contacted them last year in the course of my investigations. In fact, virtually all of the old Korean editions remain uncatalogued to this day, the only preliminary write-up being Han'guk Sŏjihakhoe(1994). Needless to say, Sonya Lee, the new Korean Librarian at the LC, was pleased to receive a copy of the following document from Gale's papers in Toronto:

> Gale, James Scarth. March 24, 1927. "List of Korean Books. Library of Congress, Washington, D.C." 78 titles in 11 typescript pages.

It is not clear yet whether this particular shipment of books was Gale's own personal library, donated to the LC upon his retirement from the mission field in 1927, or whether it was purchased through the usual Swingle channel, but Sonya Lee at the LC confirms that many of the titles on this list are indeed among the LC Korean holdings. Gale's papers include other lists:

- 11:10 Index of the Kim To-hŭi Library, Congressional Library, Washington
- Vol. XXIII, p. 163: List of Congressional Library Korean books(only in characters)
- Vol. XXIII, pp. 166-167: Kim To-hŭi's Library Sent to Washington, Jan. 7th, 1925(33 + 32 titles)

Kim To-hŭi was one of Gale's beloved Christian friends, *hanmun* teachers, and 'Chinese pundits', and it would appear that when he died in 1925(a loss lamented by Gale in his papers) Gale brokered the sale of his personal library to the LC.

The Catalogue of Korean Literature

Gale's love of old Korean books and *hanmun* literature is also evidenced in what appears to have been his very last project before leaving the mission field in 1927. Sonya Lee of the Library of Congress kindly shared with me yet another remarkable document penned by Gale, "A catalogue of Korean Literature: One Thousand of the Most Noted Works(6000 Volumes)"--a 97-page typescript dated January 31, 1927.

This "Catalogue" must be what Gale is referring to in his "Report of literary work, etc." from Feb. 15th, 1927)(13pp.):

> "Thinking I might never have another opportunity I spent my Christmas holidays as I began to say in preparing a catalogue of the most noted of her literary works, a thousand and more sets, some six thousand volumes in all."(p. 7 of 13)

The inside cover to the "Catalogue" contains the following "Explanatory:"

> "This list contains a thousand and more of Korea's most noted literary works(about six thousand volumes in all), giving first, in alphabetical order the sound of the name, with the corresponding Chinese characters; then the page on which mention is made of the particular work in the Government Catalogue, the number of the volumes; and the inner number of books or sections; a general idea of the work; the author's name, dates, office, etc.; and the time of the publication ...
>
> The time embraced in the writings of the catalogue is above a thousand

years -- from 858 A.D. to 1922 A.D., Ch'oe Ch'i-wŏn to Kim Yun-sik.
The books mentioned here grow more and more rare as the years go by. Only a matter of time and it would seem that the very memory of them would be forgotten; and yet they are Korea's most notable monument of all her past history.
The best collections today: those abroad are to be found in Paris, London, Washington, and Hollywood, Cal.(Mr. McCormick); and those in Korea in the Government Library, the Chosen Christian College and Bishop Trollope's Collection. Tokyo probably has the largest number of all, as many Japanese scholars have private Korean libraries of their own."

Page one of the "Catalogue" proper indicates that it is a "catalogue of books in the Royal Library, Seoul, Korea." Unlike the "Index" also held by the LC, the "Catalogue" appears to be a 'final' copy, with every single Chinese character written in beautiful, minute hand. Like the "Index," it is a remarkable piece of scholarship that no doubt merits publication even today.

5. Summary

James Scarth Gale, after mastering vernacular Korean to a high level by approximately 1900, gradually turned to the study of *hanmun* and Korean literature in Classical Chinese. Convinced that Korea's single greatest contribution to world culture was its classical literature in *hanmun*, he immersed himself in old Korean books, in the translation of Korean *hanmun* literature, and in the hunting down and purchasing of Korean books for Korean libraries in the USA and Korea. By the time of his retirement in 1927, Gale and his Korean 'Chinese pundits' had indexed an entire library of *hanmun* literature(the McCormick Collection at Pomona College), and crafted a detailed catalogue of the Korean Royal Library. Gale also brokered the sale of hundreds of rare Korean editions to the LC, and when he retired in 1927 and moved to Bath, England, he appears to have donated his own personal library of Korean books to the LC, too, but the exact history and disposition of the Korean books in the LC, as well as Gale's role therein, await further clarification.

References 

Asiatic Institute Book. n.d.(but likely 1915), New York. 6 p.

Boltz, Judith Magee. 1985. "McCormick Korean collection of Pomona College." *Journal of East Asian Libraries* no. 77/78: pp.25-38; continued in no. 79(1986): pp.1-19.

Brandt, Kim. 2000. Objects of desire: Japanese collectors and colonial Korea. *Positions* 8(3): pp.711-746.

Ch'oe, Tongju(Shimizu Kenkichi, translator), 1926. *Gohyakunen kitan*. Keijō: Jiyutōkyūsha自由討究社(Chōsen kenkyūsōsho 朝鮮研究叢書 9).

Cohn, Bernard. 1996. *Colonialism and its forms of knowledge*. Princeton, NJ: Princeton University Press.

Gale, James Scarth. 1904. *Yumong sokp'yŏn*(牖蒙續編; E. title The Thousand Character Series), 4 volumes. Seoul: Korean Religious Tract Society.

Gale, James Scarth. 1913. *Korean folktales: Imps, ghosts and fairies.Translated from the Korean of Im Bang and Yi Ryuk*. New York: E. P. Dutton/London: J. M. Dent & Sons. Subsequent editions in 1963 and 1982 by Charles E. Tuttle Co.(Rutland, Vt. and Tokyo, Japan).

Gale, James Scarth. 1917. "Grind." Korea Magazine, October 1917, pp. 460-462.(byline is 'Spectator', one of Gale's noms de plume)

Gale, James Scarth. 1918a. "Korean literature." *The Open Court* 32, no. 2, February 1918: pp.79-103.

Gale, James Scarth. 1918b. "Korean literature." *Korea Review*, July, pp. 293-302.

Gale, James Scarth. n.d. "Korean literature." 58 pp. typescript.

Gale, James Scarth(translator). 1922. *The dream of the cloud nine: a Korean novel: a story of the times of the Tangs of China about 840 A. D.* London: Daniel O'Conner. [Translation of Kuunmong by Kim, Manjung, presumably from a *hanmun* version].

Girardot, Norman J. 2002. *The Victorian translation of China: James Legge's Oriental pilgrimage*. Berkeley: University of California Press.

Han'guk Sŏjihakhoe(eds.). 1994. *Haeoe chŏnjŏk munhwajae chosa mongnok: Miŭihoe tosŏgwan sojang han'gukpon mongnok* [Index & report on overseas print culture assets: List of Korean editions held in the US Library of Congress]. Seoul: Han'guk Sŏjihakhoe.

Kang, Myŏng-gwan. 1999. Kŭndae kyemonggi ch'ulp'an undong kwa ku yŏksa-jŏk ŭiŭi [The publication movement during the modern enlightenment period and its historical significance]. *Minjokmuhaksa yŏn'gu* 14: pp.42-75.

Kang, Yun-ho. 1985. *Kaehwagi ŭi kyogwa-yong tosŏ* [Books for educational purposes from the Enlightenment Period]. Seoul: Kyoyuk Ch'ulp'ansa.

Kim, Man-jung; Gale, James Scarth(translator). 1922. *The dream of the cloud nine: a*

Korean novel: a story of the times of the Tangs of China about 840 A.D. London: Daniel O'Conner.

Kim, Tong-uk. 1996-1999. *Kugyŏk Kimunch'onghwa* [Kimunch'onghwa, translated into Korean](5 vols.). Seoul: Asea Munhwasa.

King, Ross. 2005a. Western Missionaries and the Origins of Korean Language Modernization. *Journal of international and area studies*, vol. 11, no. 3, pp. 7-38. Seoul: Institute of International Affairs, Graduate School of International Studies, Seoul National University.

King, Ross. 2005b. Korean grammar education for Anglophone learners: Missionary beginnings. In: Kukche Han'gugŏ Kyoyuk Hakhoe(IAKLE)(eds.), *Han'gugŏ kyoyungnon,* vol. 2, pp. 237-274. Seoul: Han'guk Munhwasa.

King, Ross. 2006. James Scarth Gale, Korean Literature in *Hanmun*, and Korean Books. Paper read at the ALTA Conference, Seattle, WA(October2006).

King, Ross. 2008. Going native? Canadian missionary to Korea, James Scarth Gale, and the 'death' of Korean literature. Inaugural Katz Memorial Lecture, Fisher Rare Book Library, University of Toronto, March 3, 2009.

Library of Congress. *Report of the Librarian of Congress.* Reports for the years 1915-1935. Washington: Government Printing Office.

Mayer, Fanny Hagin. 1963. Review of *Korean folktales: Imps, ghosts, and fairies*, by James S. Gale. Monumenta Nipponica, vol. 18, no.1/5: pp.402-404.

O, Yŏngsŏp. 2001. Chosŏn Kwangmunhoe yŏn'gu. *Han'guksa hakpo3*: pp.121-136.

Paek, Sun-jae. 1970. Kaehwagi ŭi Han'guk sŏji: 1884-1918nyŏn ŭl chungsim ŭro [Korean bibliography from the Enlightenment period: focusing on the years 1884-1918]. *Tongbanghakchi* 11: pp.179-224.

Rutt, Richard. 1972. *James Scarth Gale and his History of the Korean People: A new edition of the history together with a biography and annotated bibliographies. Seoul:* Royal Asiatic Society, Korea Branch.

Said, Edward. 1978. *Orientalism.* NewYork: Pantheon.

Yi, Chi-wŏn. 2002. 1910nyŏndae sin chisikch'ŭng ŭi kuksu-gwan kwa kuksu pojon undong [The view of 'national essence' of new intellectuals in the 19teens and the movement to 'preserve national essence']. *Yŏksakyoyuk* 84, pp. 223-263.

Yi, Sanghyŏn. 2008. Cheguk tŭl ŭi chosŏnhak, chŏngjŏn ŭi t'onggukka-jŏk sŏnggwa yut'ong: *Ch'ŏn'yerok, Ch'ŏngp'a kŭktam* sojae iyagi ŭi chaebaech'i wa pŏnyŏk, chaehyŏndoen 'Chosŏn' [E. title: The Study of Korea by Empires, Trans-national Composition and Circulation of Canonics-rearrangement and translation of 『Cheonyerok』, 『Cheongpageukdam』, recreated 'Korea']. *Han'guk kŭndae munhak yŏn'gu* 18: pp.67-100.

Archival materials

Gale, James Scarth. 1917. "Index of Korean Literature." Prepared by James S. Gale for the Asiatic Institute(New York City). 78 p. typescript.

Gale, James Scarth. March 24, 1927. "List of Korean Books. Library of Congress, Washington, D.C." 78 titles in 11 p. typescript.

Gale, James Scarth. Jan. 31, 1927. "A catalogue of Korean Literature: One Thousand of the Most Noted Works(6000 Volumes)." 97 p. typescript.

해외 한국본의 반환과 과제

제2부

일본에서 반환된 '宮內廳 儀軌'의 현황과 특징[1]

강문식(서울대 규장각한국학연구원)

차 례

1. 머리말

儀軌는 조선시대에 왕실 및 국가의 중요 행사가 있을 때 그 행사의 준비 과정과 진행 과정, 의식의 절차, 소요 경비, 참가 인원, 論賞 및 사후 처리 내용 등을 빠짐없이 정리한 보고서 형식의 책이다. 의궤에는 국가 · 왕실 행사의 내용을 상세하게 기록하고 이를 바탕으로 국정을 투명하고 공정하게 운영하고자 했던 조선시대 사람들의 기록정신이 잘 나타나 있다. 이 점에서 의궤는 조선시대 기록문화의 정수 중 하나라고 할 수 있다.

의궤는 보통 5~9부 정도 제작되어 국가 의례를 주관하는 관서에서 소장 · 참고하거나 史庫에 보관하였다. 이 의궤들은 19세기 말~20세기 초 제국주의 열강과의 충돌 및 국권 상실의 비극을 겪는 과정에서 일부가 국외로 반출되는 수난을 당하였다. 최근 국내로 반환된 일본 宮內廳 書陵部 소장 의궤(이하 '궁내청 의궤'로 약칭)도 그 중 하나이다.

일본 궁내청 서릉부에 의궤가 소장되어 있다는 사실은 2001년 이전까지는 크게 주목받지 못하였다. 1950~60년대에 이루어진 한-일 정부 간의 문화재 반환 회담에서 '궁내청 의궤'는 단 한 차례도 거론된 바가 없었다. 이는 아마도 당시 국내 학계에서 '궁내청 의궤'의 존재 자체를 인지하지 못했기 때문으로 생각된다.

국립문화재연구소에서는 1984년부터 해외에 있는 한국 典籍에 대한 조사 사업을 추진하여, 1991년에 일본에서의 조사 결과를 정리한 『日本所在韓國典

1. 본 논문은 2011년 5월 20일에 경남대학교 박물관과 인문과학연구소가 공동 주최한 '경남대학교 개교 65주년 기념 학술대회-해외소재 한국 고문헌과 경남대 데라우치 문고'에서 발표한 후 2011년 12월 발간된 「규장각」 39집(서울대학교 규장각한국학연구원)에 게재한 논문을 일부 수정한 것이다.

籍目錄』을 발간하였다. 이 목록 중 『궁내청 서릉부 소장 한국 전적』 항목에 64종의 의궤가 수록되어 있다. 그리고 2001년에 千惠鳳 교수 등은 궁내청 서릉부 소장 한국본 도서를 조사하여 『海外典籍文化財調査目錄-日本 宮內廳 書陵部 韓國本 目錄』을 발간하였다. 이 목록을 통해 77종의 조선왕조 의궤가 궁내청 서릉부에 소장되어 있다는 사실이 확인되었고, 이때부터 '궁내청 의궤'에 대한 국내의 관심이 크게 늘어났다.

2006년 7월 동경대학에 소장되어 있던 五臺山史庫本 『朝鮮王朝實錄』이 국내로 환수된 이후, 같은 해 9월 민간단체를 중심으로 '조선왕조 의궤 환수위원회'가 발족되면서 '궁내청 의궤'에 대한 적극적인 환수 운동이 추진되었다. 그 결과 2010년 한-일 양국 정부 간에 '궁내청 의궤' 167책을 포함하여 궁내청에 소장되어 있는 한국 전적 1,205책의 반환이 합의되었다. 한일 간의 도서 반환 협정은 일본 의회의 비준을 통과하였고, 협정에 따라 의궤를 포함한 궁내청 소장 한국 전적들은 2011년 12월 6일 국내로 반환되었다.[2]

'궁내청 의궤'의 반환이 이루어진 상황에서, 이제는 환수된 의궤들을 향후 어떻게 보존 · 관리하고 연구할 것인가라는 과제를 맞이하게 되었다. 이에 본고는 환수 이후의 보존 · 관리 및 연구를 위한 예비 연구의 차원에서 '궁내청 의궤'의 현황과 특징을 정리하고자 한다. 먼저, 2장에서는 조선총독부에서 작성한 반출 의궤 목록과 『奎章閣圖書出納簿』의 의궤 반출 기록, 그리고 최근 일본 NHK 방송이 일본 내의 도서관과 박물관 등지에서 확인한 자료들을 바탕으로 의궤 반출의 경위와 목적을 살펴보겠다. 이어 3장에서는 현재까지 확인된 '궁내청 의궤'의 조사 목록들을 분석하여 '궁내청 의궤'의 현황을 정리하겠다. 마지막으로 4장에서는 '궁내청 의궤'의 편찬 연대, 분류별 현황, 원소장처 등을 분석하여 이 의궤들이 갖는 특징을 검토하도록 하겠다.

2. 의궤 반출의 경위와 목적

2001년 천혜봉 교수 등이 '궁내청 의궤'를 조사한 결과에 따르면, '궁내청 의궤'에는 책의 마지막 부분에 '大正十一年五月 朝鮮總督府寄贈'이라는 寄贈印이 찍혀 있다고 한다. 이는 조선총독부에서 1922년 5월에 총독부 내의 參事官分室에서 관리하던 의궤 중 일부를 '기증'의 방식을 통해 궁내청 서릉부로 반출했음을 보여준다. 그렇다면 조선총독부에서는 구체적으로 어떤 과정을 거

2. 2011년 10월 18일 일본 총리의 방한 시에 『高宗大禮儀軌』(1책), 『王世子嘉禮都監儀軌』(2책), 『弘齋全書』(2책) 등 5책이 우선 반환되었고, 이후 12월 6일에 나머지 도서들이 모두 반환되었다.

쳐 의궤를 반출했을까?

현재까지 국내에서는 조선총독부의 의궤 반출 경위를 보여주는 자료가 발견되지 않았다. 그런데 최근 일본 NHK 방송에서 '궁내청 의궤'에 관한 다큐멘터리 프로그램을 제작하면서 일본 내의 여러 도서관과 박물관에 소장된 자료들을 조사했는데, 이 과정에서 의궤 반출의 경위와 목적을 확인할 수 있는 중요한 문서들이 발견되었다.

일본 佐賀縣立名護屋城博物館에 소장되어 있는 「有賀啓太郎資料」에는 1920년 9월 18일에 일본 宮內省 圖書寮(지금의 궁내청 서릉부)에서 조선총독부로 공문을 발송하여 조선총독부에서 관리하는 고종대와 순종대의 의궤 중에서 4부 이상 소장하고 있는 것들을 1부씩 무상 양여해 줄 것을 요청한 사실이 기록되어 있다.[3] 이를 통해 1922년 5월 의궤가 반출되기 1년 8개월 전부터 이미 의궤 반출 논의가 시작됐으며, 의궤 반출은 일본 궁내성의 필요에 의해 이루어졌다는 사실을 확인하였다.

궁내성의 의궤 양도 요청을 받은 조선총독부는 양도할 의궤를 선정하는 작업을 진행했는데, 그 일단을 보여주는 자료가 『朝鮮總督府參事官分室關係書類』 제2책에 실려 있는 「圖書寮へ移管ノ儀軌目錄」이다.[4] 이 목록은 두 부분으로 나누어져 있는데, 첫 번째 목록에 69종, 두 번째 목록에 19종 등 총 88종의 의궤가 수록되어 있다. 이는 조선총독부에서 당초 반출 대상으로 선정한 의궤가 88종이었음을 보여준다.

첫번째 목록의 내용을 보면, 반출 대상 의궤의 서명과 도서번호, 책수, 편찬 연도 등이 인쇄되어 있다. 그리고 서명 위쪽 여백에 '殘部', 즉 의궤들이 1부씩 반출될 경우 조선총독부에 남게 되는 부수를 붉은 펜으로 기록했는데, 잔여 부수가 없는 경우에는 '無'라고 쓰고 붉은 색 원으로 표시해 놓았다. 이에 따르면 첫 번째 목록의 69종은 모두 잔여 부수가 있었고, 이에 따라 모두 궁내성으로 반출되었다. 반면, 두 번째 목록에서는 19종 중 8종이 잔여 부수가 없는 것으로 조사되었고, 결국 이들은 반출 대상에서 제외되었다.[5]

그런데, 앞서 보았던 1920년 9월의 궁내성 의뢰 공문에서는 조선총독부에 4부 이상 있는 의궤 중에서 1부씩 양도해 줄 것을 요청했다. 하지만 실제로는 잔여 부수가 1부밖에 없어도 반출된 경우들이 있어서, 공문의 내용이 그대로 지켜지지 않았음을 알 수 있다. 한편, 『影幀摹寫都監儀軌』는 잔여 부수가 하나

3. NHK取才班 編著(2011), 『朝鮮王朝 儀軌』-百年の流轉』, NHK出版, pp.136-137.

4. "에 소장되어 있는 『朝鮮總督府參事官分室關係書類』(청구기호 0500-73-v.1-3)는 총 3책으로 구성되어 있다. 제1책은 참사관분실의 규장각 도서 관리 규정에 관한 서류들을 모아 놓은 것이고, 제2책은 규장각도서의 해제 사업에 관련된 서류와 해제 원고들을 정리한 것이며, 제3책은 참사관분실에서 조선시대 규장각의 연혁에 대해 조사한 내용이다.

5. 잔여 부수가 없다는 이유로 반출 대상에서 제외된 의궤 8종은 현재 모두 서울대학교 규장각한국학연구원에 소장되어 있다. 8종의 의궤는 다음과 같다(괄호 안은 규장각 도서번호). 『進饌儀軌』(규14375), 『璿源譜略修正儀軌』(규14135), 『社稷署儀軌』(규14229), 『景慕宮儀軌』(규13632), 『莊陵修改都監儀軌』(규13505), 『宗廟儀軌』(규14220), 『大報壇增修所儀軌』(규14315), 『武藝歲首饋儀軌』(규13060). 위의 의궤들 중 『進饌儀軌』(규14375)는 일본측에서 반출하는 대신 원본 내용을 필사해 갔는데, 그것이 현재 궁내청 서릉부에 있는 『康寧殿夜進爵儀』, 「궁306-50」이다. 이 책은 원본 의궤가 아닌 사본이어서 반환 대상에서는 제외되었다.

있어서 반출 대상이었지만 실제는 반출되지 않았다.[6] 이는 아마도 이 의궤를 수정 · 보완한『影幀摹寫都監補完儀軌』가 반출 대상에 있었기 때문에 동일본의 중복으로 판단하여 제외한 것으로 생각된다. 이상을 종합하면, 88종 중에서 9종의 의궤가 반출 대상에서 제외되었고, 따라서 최종적으로 반출된 의궤는 모두 79종이다.

조선총독부에서 궁내청으로 반출한 의궤가 총 79종인 것은 규장각한국학연구원에 소장되어 있는『奎章閣圖書出納簿』(규26798)를 통해 확인된다. 이 장부는 1920년대에 조선총독부에서 규장각 도서의 현황과 출납 내역을 정리 · 기록한 것으로, 제1책에는 규장각 소장 朝鮮本 도서, 제2책에는 中國本 도서의 목록이 수록되어 있다. 본문은 도서번호, 도서명, 책수 등의 순으로 정리되어 있으며, '비고'란에 서적의 拂出, 이동, 구입 등의 내역이 기록되어 있다. 이『奎章閣圖書出納簿』가 궁내청 소장 의궤와 관련하여 중요한 의미를 갖는 것은 이 장부의 비고란에 의궤 반출에 관한 내용이 기록되어 있기 때문이다.

『奎章閣圖書出納簿』의 제1책에는 당시 규장각 도서로 관리되던 의궤들의 목록이 실려 있다. 이 중에 선을 그어서 서명을 삭제하고 '비고'란에 "大正十一年五月二十九日 拂出 同六月十五(十六)日 登記"라고 기록한 경우들이 나타난다. 삭제된 의궤들은 제1책의 끝부분에 다시 일괄적으로 정리되어 있는데, 모두 79종이며 위에서 살펴본「圖書寮へ移管ノ儀軌目錄」에 기록된 최종 반출 대상 의궤들과 일치한다. 그리고 '비고'란에는 "宮內省 圖書寮 OOO 大正十一年六月十二日 OOO"[7]이라고 기록되어 있다. 이상의 내용들을 종합해 보면, 조선총독부에서 관리하던 규장각 도서 중 의궤 중 79종이 1922년 5월 29일에 반출되어 6월 12일에 宮內省 圖書寮에 수장되었으며, 6월 15~16일에 의궤를 이관한 사실이『奎章閣圖書出納簿』에 최종적으로 기록[登記]되었다고 할 수 있다.

이상에서 조선총독부가 일본 궁내성의 요청에 따라 1922년 5월 의궤를 일본으로 반출한 경위에 대해 살펴보았다. 그렇다면 궁내성에서는 어떤 목적을 위해서 조선총독부에 의궤의 양도를 요청했을까?

궁내성에서 조선총독부에 의궤 양도를 요청한 이유는 '李王公族實錄'을 편찬할 때 의궤를 참고 자료로 사용하기 위해서였다. 이는 현재 궁내청 서릉부에 소장되어 있는『自大正十年至大正十一年圖書錄』에 수록된「圖普第96號」를 통해 확인된다. 1922년 4월 1일에 궁내성 차관이 조선총독부 정무총감에게

6. 이『影幀摹寫都監儀軌』(규13983) 역시 현재 규장각한국학연구원에 소장되어 있다.

7. '비고'란의 기록을 보면 '宮內省 圖書寮' 다음과 '大正十一年六月十二日' 다음에 글씨가 더 쓰여져 있는데, 잉크가 번져서 글씨 내용을 판독하는 것이 불가능하다. 아마도 의궤의 收藏과 관련된 내용이 기재되어 있을 것으로 생각되지만, 현재로서는 확언하기 어렵다.

보낸 이 공문에는 당시 진행 중인 王公族實錄 편찬에 의궤가 필요한데, 내용을 일일이 필사해 오는 것은 어려우므로 조선총독부에서 관리하는 의궤를 무상 양도해 달라는 내용이 기록되어 있다.[8]

1910년 조선을 강제 병합한 일본 정부는 조선왕실을 '李王公家', 고종을 '李太王', 순종을 '李王'으로 명명하고 李王職을 설치하여 조선왕실의 사무를 담당하게 하였다. 그리고 고종대 이후 왕실의 공적 기록들을 정리하여 '李王公族實錄'을 편찬했는데, 이 임무를 부여받은 곳이 바로 일본 天皇家와 王公族의 기록물을 관리하던 궁내성 도서료였다. 그 결과 궁내성 도서료에서는 1919년부터 1923년 11월까지 『李太王實錄』(30책), 『李熹公實錄』(9책), 『李埈公實錄』(7책) 등을 편찬하였다.[9] 궁내성에서는 이와 같이 '李王公族實錄'을 편찬할 때 의궤를 자료로 이용하기 위해서 조선총독부에 의궤의 무상 양도를 요청했던 것이다.[10]

한편, 일본으로 반출된 의궤는 1926년 순종의 國葬을 거행하는 과정에서 중요한 참고 자료로 사용되기도 했다. 1919년에 고종이 서거하자, 일본 정부는 일본 천황가의 관습에 따라 고종의 국장을 神道式으로 거행하였다. 그런데, 당시 李王職 사무관 權藤四郎介는 조선 고유의 典禮를 폐기하고 신도식 국장을 거행한 것이 일본에 대한 조선인들의 반감을 높이는 결과를 초래했다고 주장하였다. 일본 정부도 이를 인정하면서 3 · 1 운동이 전국적으로 확산 · 격화된 것에도 고종 국장의 방식이 영향을 끼쳤다고 판단하였다.[11] 이에 따라 7년 후인 1926년 순종이 승하했을 때 일본 정부는 조선 고유의 방식에 의거하여 순종의 국장을 거행하기로 결정하고, 궁내성으로 이관된 의궤들 중 국장 관련 의궤들을 면밀히 연구하였다. 그 결과 순종의 국장은 완전한 조선식은 아니었지만 조선의 전례와 일본의 관습이 절충된 형식으로 거행되었다.[12]

3. 궁내청 소장 의궤의 현황

'궁내청 의궤'의 실물을 확인할 수 없는 상황에서 그 현황을 파악하는 방법은 이 의궤들을 조사하여 정리한 목록들을 분석하는 것이 유일하다. 현재까지 필자가 확인한 '궁내청 의궤' 조사 목록은 모두 4종이다.

첫 번째 목록은 1991년에 국립문화재연구소에서 발간한 『日本所在韓國典籍目錄』이다. 이 목록은 국립문화재연구소에서 1984년부터 추진한 해외 소재

8. NHK取才班 編著, 앞의 책, pp.142−143.

9. NHK取才班 編著, 앞의 책, pp.140−141.

10. 『自大正十年至大正十一年圖書錄』의 「圖普第96號」에서 의궤를 필사하는 것이 어렵기 때문에 의궤를 양도해 달라고 한 것을 볼 때, 처음에는 궁내성에서 조선총독부의 의궤를 대여해서 필사하여 자료로 사용했던 것으로 보인다. 이와 관련하여, 앞서 본 1920년 9월의 궁내성 의뢰 공문에는 주목할 만한 내용이 실려 있다. 즉, 이 공문에 따르면 당시에 『嘉禮都監儀軌』〈조13154〉, 『上號都監儀軌』〈조13407〉, 『尊崇都監儀軌』〈조13451〉, 『哲宗大王祔廟都監儀軌』〈조13855〉 등 4종의 의궤가 이미 궁내성에 이관되어 있었다고 한다. 이 내용을 「圖普第96號」의 내용과 종합해 보면, 『嘉禮都監儀軌』〈조13154〉 등 4종은 1920년 9월 이전에 필사를 위해 궁내성으로 대여되었고 당초에는 필사 후에 반납될 예정이었으나, 1920년 9월부터 의궤 양도가 추진되면서 조선총독부로 반납되지 않고 그대로 궁내성에 남게 되었던 것으로 보인다.

11. NHK取才班 編著, 앞의 책, p.102.

12. NHK取才班 編著, 앞의 책, p.105−107.

한국 문화재 실태 조사 작업의 결과를 정리한 목록집으로, 일본의 대학 및 공공도서관 등 20개소에 소장되어 있는 한국 전적류를 수록하였다.[13] 이 목록에는 궁내청 서릉부에 총 653종의 한국 전적이 소장되어 있는 것으로 기록되어 있으며, 이 중 의궤류는 모두 64종이다.[14] 하지만 『日本所在韓國典籍目錄』의 의궤 종수는 '궁내청 의궤'에 관한 다른 목록들과 비교해 볼 때 누락된 것들이 많이 있고, 또 서명이나 편찬 연도 등에서도 일부 오류가 발견된다.

두 번째 목록은 2001년에 천혜봉 교수 등이 궁내청 서릉부에 소장되어 있는 한국본 도서들을 조사하고 그 결과를 정리하여 발간한 『海外典籍文化財調査目錄-日本 宮內廳 書陵部 韓國本 目錄』이다(이하 『日本 宮內廳 書陵部 韓國本 目錄』으로 약칭). 이 목록에는 四部 분류 방식에 따라 궁내청 서릉부에 소장된 한국본 도서들이 정리되어 있는데, 『史部-政書類-典禮』 항목에 총 77종의 의궤가 수록되어 있다. 그리고 77종의 의궤는 다시 행사의 내용을 기준으로 ① 嘉禮, ② 冊禮 · 冊封 · 進封, ③ 進饌, ④ 進宴, ⑤ 行幸, ⑥ 國葬, ⑦ 殯 · 魂禮, ⑧ 祔廟, ⑨ 陵 · 園, ⑩ 宮殿儀, ⑪ 廟 · 諡 · 尊號, ⑫ 安胎, ⑬ 寶印, ⑭ 影幀, ⑮ 撰修, ⑯ 皇壇儀, ⑰ 營建 등 총 17개 항목으로 분류되어 있다. 의궤별 기록 내용은 서명, 편 · 저자, 편찬 연대, 권 · 책수, 형태사항, 서 · 발문 요약, 원소장처, 印記, 내용 요약, 서릉부 도서번호, 조선총독부 도서번호 등의 순으로 정리되어 있다. 이 목록은 '궁내청 의궤'의 서지 사항이 가장 충실하게 정리되어 있는 목록이라고 할 수 있다. 2002년에 서울대학교 규장각에서 발간한 『규장각소장 儀軌 종합목록』에 수록되어 있는 '궁내청 의궤'의 현황은 바로 『日本 宮內廳 書陵部 韓國本 目錄』의 내용을 참고한 것이다.

세 번째는 2010년에 일본의 宮內廳長官 官房秘書課에서 작성하여 日本共產黨 衆議院議員 笠井 亮에게 제출한 「朝鮮王室儀軌 所藏一覽」이다. 서명, 책수, 간사년, 도서번호(서릉부 도서번호), 旧藏(원소장처), 收藏年의 순으로 정리되어 있는 이 목록은 일본에서 작성한 반환 대상 의궤의 목록이라는 점에서 중요한 의미가 있다. 특히 수록 의궤의 종수가 81종으로 한국에서 조사한 기존 목록에 비해 증가된 점이 주목된다. 다만 이 목록도 간사년 부분에서 여러 오류들이 발견되며,[15] 또 서명에 행사의 주인공이 밝혀져 있지 않아서 서명만으로는 정확히 어떤 내용을 수록한 의궤인지 파악하기 어려운 경우도 상당수 있다.

13. 『日本所在韓國典籍目錄』의 수록 대상 도서는 1910년 이전의 전적류로 한정하였으며, 書名, 編 · 著者, 版種, 刊行年度, 冊數 순으로 편집하였다.

14. 『日本所在韓國典籍目錄』에 수록된, 궁내청 서릉부 소장 한국 전적의 서명은 '국립문화재연구소 문화유산 연구지식 포털(http://portal.nricp.go.kr)'에서 확인할 수 있다.

15. 「朝鮮王室儀軌 所藏一覽」의 간사년 오류는 주로 국장, 빈전 · 혼전, 산릉 관련 의궤들에서 발견된다. 즉 이 의궤들의 편찬 연대가 실제보다 1년 내지 2년씩 늦게 기록되어 있다. 이는 아마도 국장 관련 의궤들이 3년상(또는 1년상)의 기간이 끝난 후에 제작되는 것으로 보았기 때문에 발생한 오류로 생각된다. 실제 국장 관련 의궤들은 국장 절차가 끝나면 곧바로 제작되었고, 祔廟都監儀軌만 喪期를 마친 후 신주가 종묘에 부묘된 뒤에 제작되었다.

네 번째는 일본 NHK에서 발간한 『朝鮮王朝「儀軌」-百年の流轉』에 부록으로 수록된 목록이다. 이 목록은 「朝鮮王室儀軌 所藏一覽」을 바탕으로 하면서, 조선총독부 도서번호, 의궤에서 다룬 행사의 주인공, 한국 내의 동일본 의궤 소장 현황, 기타 특이 사항 등을 보충하였다. 이 목록에는 82종의 의궤가 실려 있는데, 그 중 하나(『康寧殿夜進爵儀』)는 조선에서 편찬된 의궤가 아니라 일본 측에서 의궤 원본을 보고 필사한 것으로 한국으로의 반환 대상이 아니다. 따라서 실제 반환 의궤 종수는 「朝鮮王室儀軌 所藏一覽」과 동일하게 81종이다.

이상에서 검토한 4종의 목록을 보면, 각 목록에 기록된 '궁내청 의궤'의 종수가 일치하지 않는 것을 알 수 있다. 즉, 『日本所在韓國典籍目錄』에는 64종, 『日本 宮內廳 書陵部 韓國本 目錄』에는 77종, 「朝鮮王室儀軌 所藏一覽」과 『朝鮮王朝「儀軌」-百年の流轉』의 부록에는 81종의 의궤가 궁내청에 소장되어 있는 것으로 기록되어 있다. 한편, 조선총독부에서 작성한 「圖書寮ヘ移管ノ儀軌目錄」와 『奎章閣圖書出納簿』 등에는 조선총독부에서 일본 궁내청으로 반출한 의궤가 총 79종으로 되어 있다. 따라서 각 목록을 비교 · 검토하여 종수의 차이가 나타나는 이유를 밝혀서 '궁내청 의궤'의 종수를 정확히 파악하는 것이 필요하다. 이에 본고에서는 『日本 宮內廳 書陵部 韓國本 目錄』과 「朝鮮王室儀軌 所藏一覽」을 비교하여 '궁내청 의궤'의 종수를 검토하고자 한다.[16]

『日本 宮內廳 書陵部 韓國本 目錄』과 「朝鮮王室儀軌 所藏一覽」에 수록된 도서명을 비교해 보면, 『日本 宮內廳 書陵部 韓國本 目錄』에는 없고 「朝鮮王室儀軌 所藏一覽」에만 수록된 의궤가 6종이고, 『日本 宮內廳 書陵部 韓國本 目錄』에는 수록되어 있지만 「朝鮮王室儀軌 所藏一覽」에는 빠져 있는 의궤가 2종이다.

먼저, 「朝鮮王室儀軌 所藏一覽」에만 수록되어 있는 의궤 6종은 다음과 같다(괄호 안은 책수, 편찬 연도, 궁내청 도서번호).

① 進封皇貴妃儀軌 (1책, 1903년, 궁305-109)

② 冊封儀軌 (1책, 1901년, 궁305-110)

③ 冊封儀軌 (1책, 1900년, 궁305-113)

④ 日記廳儀軌 (1책, 1890년, 궁305-99)

⑤ 華城城役儀軌 (9책, 1800년, 궁306-40)

⑥ 殯殿魂殿都監都廳儀軌 (1책, 1903년, 궁305-105)[17]

16. 『日本所在韓國典籍目錄』의 '궁내청 의궤' 목록은 누락된 책도 많고 서명 등의 오류도 많기 때문에 참고 자료로만 사용하였다. 또 『朝鮮王朝「儀軌」-百年の流轉』의 부록은 기본적으로 「朝鮮王室儀軌 所藏一覽」과 내용이 동일하기 때문에, 비고의 특기 사항 등 새로 추가된 내용들을 위주로 참고하였다.

17. 「朝鮮王室儀軌 所藏一覽」에는 『殯殿魂殿都監都廳儀軌』〈궁305-105〉의 편찬 연대가 1905년(광무 9)로 기록되어 있다. 하지만, 앞서 보았듯이 「朝鮮王室儀軌 所藏一覽」에 수록된 국장, 빈전 · 혼전, 산릉 관련 의궤들은 편찬 연대가 모두 실제보다 1년 내지 2년씩 늦게 기록되어 있다. 또, 『규장각소장 儀軌 종합목록』에 따르면 1905년에는 빈전혼전도감의궤가 제작된 적이 없고 이 시기를 전후해서 편찬된 빈전혼전도감의궤는 1903년에 편찬된 『(孝定王后)殯殿魂殿都監儀軌』밖에 없다. 본고에서는 이와 같은 사실에 근거하여 『殯殿魂殿都監都廳儀軌』〈궁305-105〉의 편찬 연대를 1903년으로 조정하였다.

이상 6종의 의궤 중 ①~⑤의 5종은 조선총독부에서 작성한「圖書寮へ移管ノ儀軌目錄」와『奎章閣圖書出納簿』에 궁내청으로 반출된 기록이 있는 것을 확인하였다. 따라서 이 5종의 의궤는 2001년 조사 당시에는 누락되어『日本 宮內廳 書陵部 韓國本 目錄』에 수록되지 못했다가「朝鮮王室儀軌 所藏一覽」을 통해서 소장 사실이 추가로 확인된 의궤들이다. 그리고「圖書寮へ移管ノ儀軌目錄」및『奎章閣圖書出納簿』의 기록과 비교 · 검토한 결과 ②『册封儀軌』는『淳妃册封儀軌』, ③『册封儀軌』는『義王英王册封義軌』임을 확인하였다. 한편 ④의『日記廳儀軌』는『奎章閣圖書出納簿』의 기록과 간사년(1890년) 등을 검토해 볼 때, 현재 규장각에 소장되어 있는『日記廳改修謄錄』(규14205)과 동일 서적으로 생각된다.[18]

위 6종의 의궤들 중에서 문제가 되는 것은 ⑥『殯殿魂殿都監都廳儀軌』이다. 2002년에 서울대학교 규장각에서 발간한『규장각소장 儀軌 종합목록』에는 규장각뿐만 아니라 국내외 주요 기관의 의궤 소장 내역이 종합 정리되어 있는데, 이에 따르면 1903년(광무 7)에 편찬된 빈전혼전도감의궤는 헌종의 계비 효정왕후의 국상 때 제작된『(孝定王后)殯殿魂殿都監儀軌』(5책)가 유일하다.『(孝定王后)殯殿魂殿都監儀軌』는 도서번호〈궁306-2〉의 책이『日本 宮內廳 書陵部 韓國本 目錄』과「朝鮮王室儀軌 所藏一覽」에 모두 수록되어 있다. 그런데『日本 宮內廳 書陵部 韓國本 目錄』에는『(孝定王后)殯殿魂殿都監儀軌』〈궁306-2〉의 책수가 5책으로,「朝鮮王室儀軌 所藏一覽」에는 4책으로 기록되어 있어 두 목록 간에 책수의 차이가 보인다.

한편,「圖書寮へ移管ノ儀軌目錄」와『奎章閣圖書出納簿』에 기재된『(孝定王后)殯殿魂殿都監儀軌』의 반출 내역을 보면,〈조13820〉(4책)과〈조13821〉(1책) 등 모두 5책이 반출된 것으로 되어 있다. 이를『日本 宮內廳 書陵部 韓國本 目錄』및「朝鮮王室儀軌 所藏一覽」의 기록과 비교해서 정리하면,「朝鮮王室儀軌 所藏一覽」의『(孝定王后)殯殿魂殿都監儀軌』〈궁306-2〉(4책)는「圖書寮へ移管ノ儀軌目錄」와『奎章閣圖書出納簿』의〈조13820〉(4책)이고, 위 ⑥의『殯殿魂殿都監都廳儀軌』〈궁305-105〉(1책)는〈조13821〉(1책)으로 보는 것이 타당하다.『日本 宮內廳 書陵部 韓國本 目錄』에서『(孝定王后)殯殿魂殿都監儀軌』〈306-2〉를 5책으로 기록한 것은〈궁306-2〉와〈궁305-105〉를 합하여 정리하는 과정에서〈궁305-105〉의 도서번호를 빠뜨린 것으로 추정된다.

18. 『日記廳改修謄錄』(규14205)은 1888년(고종 25) 3월 승정원의 화재로 인하여 소실된 철종 · 고종대『承政院日記』361권의 개수 과정을 기록한 것으로, 1890년에 편찬되었다.『奎章閣圖書出納簿』에는 궁내청 소장『일기청의궤』와 규장각 소장『일기청개수등록』의 도서번호가 각각 '14204'와 '14205'로 연이어 기록되어 있고 서명이 '李太王庚寅承政院日記改修廳儀軌'로 통일되어 있는데, 이는 두 책이 동일한 서적임을 보여준다고 할 수 있다.

따라서 ⑥『殯殿魂殿都監都廳儀軌』〈궁305-105〉는 〈궁306-2〉과 한 질을 이루는 『(孝定王后)殯殿魂殿都監儀軌』이며, 『日本 宮內廳 書陵部 韓國本 目錄』에도 이미 수록된 것으로 보아야 한다.[19] 그렇다면 『日本 宮內廳 書陵部 韓國本 目錄』에서는 누락되었지만 「朝鮮王室儀軌 所藏一覽」에서 새로 추가된 의궤는 모두 5종이 된다. 그리고 『(孝定王后)殯殿魂殿都監儀軌』〈궁306-2〉와 『殯殿魂殿都監都廳儀軌』〈궁305-105〉가 한 질을 이루는 동종의 의궤이므로 「朝鮮王室儀軌 所藏一覽」의 반환 의궤 종수는 81종에서 80종으로 수정되어야 한다.

다음으로 『日本 宮內廳 書陵部 韓國本 目錄』에만 수록되었고 「朝鮮王室儀軌 所藏一覽」에서는 빠진 의궤가 2종인데, 모두 進宴 관련 의궤들이다. 『日本 宮內廳 書陵部 韓國本 目錄』에는 5종의 진연 관련 의궤가 실려 있고, 「朝鮮王室儀軌 所藏一覽」에는 3종이 수록되어 있는데, 그 내역을 정리하면 다음과 같다(괄호 안: 제작연대, 궁내청 도서번호).

*『日本 宮內廳 書陵部 韓國本 目錄』의 진연의궤

① 『康寧殿夜進爵儀』(1922년 필사, 궁306-50)
② 『進宴儀軌』(1901년, 궁306-36)
③ 『進宴儀軌』(1902년 4월, 궁306-37)
④ 『進宴儀軌』(1902년 4월, 궁306-38(複))
⑤ 『進宴儀軌』(1902년 11월, 궁306-38(複))

*「朝鮮王室儀軌 所藏一覽」의 진연의궤

⑥ 『進宴儀軌』(1901년, 궁306-36)
⑦ 『進宴儀軌』(1902년 4월, 궁306-37)
⑧ 『進宴儀軌』(1902년 11월, 궁306-38)

위 내용을 보면, 일단 ②와 ⑥, ③과 ⑦은 간사년과 도서번호가 일치하기 때문에 문제될 것이 없다. 문제가 되는 것은 ①『康寧殿夜進爵儀』〈궁306-50〉과 ④·⑤의 『進宴儀軌』〈궁306-38(複)〉이다.

먼저 ①『康寧殿夜進爵儀』〈궁306-50〉은 『日本 宮內廳 書陵部 韓國本 目錄』에 1922년 3월에 원본 의궤를 필사한 사본이라고 기록되어 있으며, 4針으로 장정한 것이나 美濃紙를 사용한 것 등도 조선시대에 제작된 의궤와는 다른 모습이다. 즉 이 책은 조선에서 만들어진 의궤가 아니라 일본인들이 의궤 원본

19. 국립문화재연구소에서 발간한 『日本所在韓國典籍目錄』 중의 「궁내청 서릉부 소장 한국 전적」에도 『효정왕후빈전혼전도감의궤』(4책)와 『효정왕후빈전혼전도감청의궤』(1책)가 각각 수록되어 있다. 이 또한 『殯殿魂殿都監都廳儀軌』〈궁305-105〉를 전체 5책인 『효정왕후빈전혼전도감』 중의 1책으로 보는 본고의 추정을 뒷받침해 준다고 할 수 있다.

을 베껴 쓴 寫本이며, 그에 따라 반환 대상 의궤를 정리한 「朝鮮王室儀軌 所藏一覽」에서는 빠진 것으로 생각된다.[20]

④ · ⑤ 『進宴儀軌』〈궁306-38(複)〉의 경우는 『日本 宮內廳 書陵部 韓國本 目錄』을 작성할 때 무엇인가 착오가 있었던 것으로 보인다. 목록에 기록된 의궤의 서지사항을 보면, 먼저 ④는 1902년 4월에 거행된 진연을 기록한 의궤로서 ③ 『進宴儀軌』〈궁306-37〉의 서지사항과 내용이 동일하다. 이것만 보면, 1902년 4월의 『進宴儀軌』가 궁내성에 2건 소장되어 있는 것처럼 보인다.

다음으로 ⑤는 1902년 11월에 거행된 진연의 내용을 수록한 의궤로서 ④와 서지사항이 다른데도 목록에는 두 의궤의 도서번호가 똑같이 〈궁306-38(複)〉으로 기록되어 있다. 또 〈궁306-38〉은 없이 〈궁306-38(複)〉만 두 번 있는 것도 의문이다. 따라서 도서번호 〈궁306-38(複)〉의 중복은 목록을 작성하는 과정에서 발생한 오류임이 분명하다. 그리고 「朝鮮王室儀軌 所藏一覽」에 1902년 11월 『進宴儀軌』의 도서번호가 〈궁306-38〉로 되어 있는 것을 볼 때(위의 ⑧), ⑤의 도서번호는 〈궁306-8〉이 되어야 맞는 것으로 생각되며, 그렇다면 ⑤와 ⑧을 동일한 의궤로 볼 수 있다.

남은 문제는 ④ 『進宴儀軌』인데, 목록의 서지사항만 보면 앞서 언급한 것처럼 1902년 4월의 『進宴儀軌』가 궁내청에 2건 소장되었던 것으로 볼 수 있다. 하지만, 「圖書寮へ移管ノ儀軌目錄」과 『奎章閣圖署出納簿』에는 1902년 4월의 진연을 기록한 『進宴儀軌』가 1건만 반출된 것으로 기재되어 있다.[21] 따라서 만약 궁내청에 1902년 4월 『進宴儀軌』가 2건 소장되었던 것이 사실이라면, 둘 중 하나는 조선총독부의 기증이 아닌 다른 경로를 통해 반출된 것이며, 「朝鮮王室儀軌 所藏一覽」에서 누락된 것으로 볼 수 있다.

그런데 『朝鮮王朝「儀軌」-百年の流轉』 부록의 목록에는 이 문제와 관련된 중요한 단서가 기록되어 있다. 즉 1902년 11월 『進宴儀軌』〈궁306-38〉의 비고란에 "複本이 一部 있다(複本一部あり)."라고 기록되어 있다. 이는 1902년 11월 『進宴儀軌』가 2건 있는데 하나는 原本이고 다른 하나는 複本이라는 뜻이 된다. 그렇다면 〈궁306-38(複)〉은 〈궁306-38〉의 복본의 도서번호라고 할 수 있고, 따라서 ④ 『進宴儀軌』는 간사년이 1902년 4월로 기록된 서지사항 자체에 오류가 있는 것으로 볼 수 있다.[22]

이상과 같은 분석이 맞다면 현재 궁내청에는 1902년 4월 『進宴儀軌』 1건

---

20. 앞서 언급한 것처럼 『朝鮮王朝「儀軌」-百年の流轉』에 부록에서는 『康寧殿夜進爵儀』〈궁306-50〉을 포함시킨 후 비고에서 이 의궤가 1922년 3월에 조선총독부 소장 원본 의궤를 베낀 사본이기 때문에 반환 대상에서 제외되었다고 하였다. 이 사본 의궤의 원본은 현재 서울대학교 규장각한국학연구원에 소장되어 있는 『進宴儀軌』(규14375)이다(NHK取才班 編著(2011), 『朝鮮王朝「儀軌」-百年の流轉』 NHK出版, p.226).

21. 앞서 언급한 것처럼 『朝鮮王朝「儀軌」-百年の流轉』에 부록에서는 『康寧殿夜進爵儀』〈궁306-50〉을 포함시킨 후 비고에서 이 의궤가 1922년 3월에 조선총독부 소장 원본 의궤를 베낀 사본이기 때문에 반환 대상에서 제외되었다고 하였다. 이 사본 의궤의 원본은 현재 서울대학교 규장각한국학연구원에 소장되어 있는 『進宴儀軌』(규14375)이다(NHK取才班 編著(2011), 『朝鮮王朝「儀軌」-百年の流轉』 NHK出版, p.226).

22. ④의 서지사항 중에는 조선총독부 관리번호에도 오류가 있다. 『日本 宮內廳 書陵部 韓國本 目錄』에는 ④의 조선총독부 도서번호를 〈朝14408〉로 기재하였다. 그러나 『奎章閣圖書出納簿』와 현재의 『규장각 소장 의궤 종합목록』을 검토해 본 결과 〈朝14408〉에 해당하는 의궤는 1887년(고종 24)에 설행된 진연을 기록한 의궤로서, 현재 규장각에 소장되어 있음을 확인하였다.

(궁306-37), 1902년 11월 『進宴儀軌』 1건(궁306-38), 그리고 1902년 11월 『進宴儀軌』를 베낀 복본 1건(궁306-38(複))이 있으며, 복본은 반환 대상에서 제외되어 「朝鮮王室儀軌 所藏一覽」에 〈궁306-38(複)〉이 빠졌다고 할 수 있다. 그렇다면 반환 대상 의궤 중에서 『日本 宮內廳 書陵部 韓國本 目錄』에 수록되었지만 「朝鮮王室儀軌 所藏一覽」에 누락된 것은 없다고 할 수 있다. 하지만 이는 어디까지나 목록 분석 결과에 의거한 결론이므로, 향후 실물 확인을 통해 정확한 실상을 파악할 필요가 있다.[23]

이상의 목록 분석을 통해 한국으로 반환된 '궁내청 의궤'는 모두 80종임을 확인하였다. 그런데 앞서 말한 바와 같이 「圖書寮へ移管ノ儀軌目錄」과 『奎章閣圖書出納簿』에 1922년 5월 일본으로 반출된 내역이 기재되어 있는 의궤는 총 79종이며, 이 의궤들은 모두 「朝鮮王室儀軌 所藏一覽」에 수록되어 있다. 반면, 「朝鮮王室儀軌 所藏一覽」에 포함되어 있는 1848년(헌종 14)의 『進饌儀軌』〈궁306-48〉는 「圖書寮へ移管ノ儀軌目錄」에도 반출 대상에 올라 있지 않고, 『奎章閣圖書出納簿』에도 반출된 기록이 보이지 않는다. 또, 1922년 당시 조선총독부에는 1848년 『進饌儀軌』가 4건이 소장되어 있었는데, 이들은 현재 모두 규장각한국학연구원에 소장되어 있다. 따라서 '궁내청 의궤' 중 1848년 『進饌儀軌』는 조선총독부에서 반출한 도서가 아니라 다른 경로를 통해 일본으로 유출된 후 궁내청에 소장되었던 것임을 알 수 있다.

4. '궁내청 의궤'의 특징

4.1. 의궤의 편찬 연대

'궁내청 의궤' 80종을 의궤가 편찬된 시기에 따라 분류하면 다음과 같다.

고종대 이전 편찬된 의궤: 10종(12.5%)
1863년(고종 즉위년)~대한제국 이전 편찬된 의궤: 30종(37.5%)
대한제국 이후 편찬된 의궤: 40종(50%)

위 내용을 보면, '궁내청 의궤' 중에서 고종대 이후 편찬된 의궤는 모두 70종으로, 전체 '궁내청 의궤'의 87.5%에 달할 정도로 압도적인 비중을 차지하고 있다. 현재 규장각한국학연구원에 소장된 고 · 순종대 의궤는 모두 99종이다.[24] 따라

23. 「朝鮮王室儀軌 所藏一覽」에 누락 의궤가 없다는 것은 위에서 말한 '複本'이 원본이 아니라는 전제를 가지고 있다. 그런데 궁내청 소장 『進宴儀軌』들은 모두 활자본이기 때문에 '複本'의 의미가 분명하지 않은 점이 있다. 즉, 이 복본이 원본을 필사한 '寫本'이라면 위의 결론에 문제가 없다. 그러나 만약 동일한 활자본을 의미하는 것이라면, 이는 같은 의궤의 원본이 2건 소장되어 있는 것이므로 반환 대상 의궤가 1건 누락된 것으로 볼 수 있다. 따라서, 이 부분은 반환 이후에라도 반드시 확인될 필요가 있다.

24. 규장각한국학연구원에 소장된 고 · 순종대 의궤는 고종 즉위 후 1897년 대한제국 선포 이전까지 의궤가 54종, 대한제국 선포 후 光武 연간 의궤가 37종, 隆熙 연간 의궤가 8종 등 총 99종이다(강문식(2010), 「규장각 소장 儀軌의 현황과 특징」『규장각』 37, p.137). 현재 규장각한국학연구원 소장 도서는 조선총독부 및 경성제국대학에서 관리하던 도서들이 이어진 것이므로, 1922년 의궤 반출 당시 조선총독부에서 관리하던 고 · 순종대 의궤의 총 수는 현재 규장각한국학연구원의 의궤 소장 수량과 거의 일치했을 것으로 생각된다.

서 조선총독부에서는 참사관분실에서 관리하던 고 · 순종대 의궤 중에서 종수를 기준으로 약 70% 정도를 반출했음을 알 수 있다. 이처럼 고종대 이후에 편찬된 의궤들이 집중적으로 반출된 것은 2장에서 검토한 의궤 반출의 목적과 직접적인 관련이 있다.

앞서 언급한 것처럼, 일본 宮內省 圖書寮(현재의 궁내청 서릉부)에서는 1919년부터 '李王公族'으로 편입된 조선왕실의 실록, 즉 '李王公族實錄'을 편찬하고 있었고, 그에 따라 고종 · 순종대 왕실의 동향을 파악할 수 있는 자료로 의궤가 필요했다. 1920년 9월 궁내성에서 조선총독부에 의궤 양도에 관한 공문을 처음 보냈을 때 고종 · 순종대의 의궤를 양도해 달라고 명시한 이유도 바로 이 때문이다. 그 결과 조선총독부에서 궁내성으로 반출한 의궤의 대부분을 고종 · 순종대 편찬된 의궤가 차지하게 되었다.

다음으로 궁내청 소장 의궤 중 고종대 이전에 만들어진 의궤들은 모두 10종인데, 그 내역을 왕대별로 정리해 보면 다음과 같다.

영조대(3종): 『皇壇儀』(1748), 『皇壇增修儀(軌)』(1749), 『皇壇從享儀軌』(1762)
정조대(4종): 『宮園儀』(1780), 『永興本宮儀式』, 『咸興本宮儀式』, 『園幸乙卯整理儀軌』(이상 1795)
순조대(2종): 『華城城役儀軌』(1800), 『昌慶宮營建都監儀軌』(1834)
헌종대(1종): 『進饌儀軌』(1848)

이상 고종대 이전의 의궤들을 보면, 영조대 편찬된 大報壇 관련 의궤와 정조대의 宮園 관련 서적이 중심을 이루고 있다. 이 책들은 모두 국가 祭享에 관한 의궤들로서 영조 · 정조대에만 편찬된 것들이다. 이밖에 영건(『華城城役儀軌』, 『昌慶宮營建都監儀軌』), 연향(『園幸乙卯整理儀軌』, 『進饌儀軌』) 관련 의궤가 각 2건씩 포함되어 있다. 한편, 영조대에 편찬된 『皇壇儀』와 『皇壇增修儀(軌)』[25], 정조대에 편찬된 『宮園儀』(활자본), 『永興本宮儀式』, 『咸興本宮儀式』(이상 목판본) 등 5종은 현재 국내의 목록에서는 의궤로 분류되어 있지 않은 자료들이다.[26]

4.2. 의궤의 분류별 현황

3장에서 언급한 바와 같이 『日本 宮內廳 書陵部 韓國本 目錄』에서는 '궁내

25. 『皇壇增修儀(軌)』는 현재 규장각한국학연구원에 소장된 『皇壇增修儀』(규14310~14312, 14314)와 동일 서적으로, 조선총독부에서 작성한 목록에는 서명이 '황단증수의궤'로, 2000년대 이후 작성된 궁내청 의궤 목록에는 '황단증수의'로 기록되어 있다. 국내에서는 『皇壇增修儀』를 의궤로 분류하고 있지 않다. 한편, 이 책은 규장각한국학연구원에 있는 『大報壇增修所儀軌』(규14315, 1책)와는 별개의 책으로, 『大報壇增修所儀軌』는 1747~1749년 대보단 증수 경위를 기록한 것이고, 『皇壇增修儀』는 대보단 증수 이후 시행된 제사 의절에 관한 내용을 수록한 것이다.

26. 근래에 국내에서도 『宮園儀』를 의궤의 일종으로 보아야 한다는 연구가 발표된 바가 있다. 이에 대해서는 조계영(2006), 「朝鮮後期 『宮園儀』의 刊印과 粧績」, 『書誌學硏究』 35를 참조.

청 의궤'를 총 17개 항목으로 분류 · 정리하였다. 이에 본고에서는 기본적으로 『日本 宮內廳 書陵部 韓國本 目錄』 분류 기준을 따르면서 같은 성격의 항목들은 같이 묶어서 좀 더 간소화하여 정리하였다. '궁내청 의궤' 80종의 분류별 현황을 정리하면 다음과 같다.

① 國葬 관련 의궤(國葬, 殯殿 · 魂殿, 山陵, 祔廟)[27]: 24종
② 尊號 · 廟號 · 諡號 관련 의궤: 14종
③ 册禮 · 册封 관련 의궤: 6종
④ 嘉禮 관련 의궤: 4종
⑤ 宴享 관련 의궤(進宴 · 進饌 및 整理儀軌)[28]: 9종
⑥ 營建 관련 의궤: 8종
⑦ 서적 편찬 의궤: 4종
⑧ 기타: 影幀(3종), 皇壇(3종), 宮殿儀(3종), 寶印(1종), 安胎(1종)

이상 '궁내청 의궤'의 분류별 현황을 살펴보면 우선 국장 관련 의궤가 24종(전체의 30%)으로 가장 큰 비중을 차지하고 있는 것을 볼 수 있다. 궁내청에는 哲宗, 哲仁王后(철종 妃), 神貞王后(翼宗 妃), 孝定王后(憲宗 繼妃), 明成皇后, 純明妃(純宗의 皇太子妃) 등 모두 여섯 사람의 국장 관련 의궤가 소장되어 있는데, 그 현황을 정리하면 [표 1]과 같다. [표 1]을 보면 哲宗, 哲仁王后, 神貞王后, 孝定王后까지는 國葬, 殯殿 · 魂殿, 山陵, 祔廟 등 국장 관련 의궤의 한 세트가 완비되어 있음을 알 수 있다. 반면 明成皇后와 純明妃의 경우는 國葬, 殯殿 · 魂殿, 山陵 의궤만 있고 祔廟都監儀軌는 빠져 있는데, 이는 당시 규장각도서에 두 의궤가 없었기 때문이었다.[29] 그리고 국장 과정을 기록한 것은 아니지만 신정왕후와 명성황후의 陵을 改修 · 重修한 내용을 정리한 의궤 2건이 소장되어 있어, 이들까지 포함하면 국장 관련 의궤는 총 24종이 된다.

[표 1] 궁내청 소장 國章 관련 의궤

	국장도감의궤	빈전 · 혼전도감의궤	산릉도감의궤	부묘도감의궤	기타
哲宗	○	○	○	○	
哲仁王后	○	○	○	○	
神貞王后	○	○	○	○	綏陵陵上莎草改修都監儀軌
孝定王后	○	○	○	○	

27. 조선시대의 국장 의식은 3년 상기를 마친 후 국왕(왕비)의 神主를 宗廟에 안치함으로써 최종 마무리되었다. 따라서 국장의 과정을 기록한 의궤는 '國葬都監儀軌', '殯殿 · 魂殿都監儀軌', '山陵都監儀軌', '祔廟都監儀軌' 등 4종의 의궤가 하나의 세트를 이룬다고 할 수 있다. 이에 본고에서는 이상 4종의 의궤를 하나로 묶어 '國葬 관련 의궤'로 분류하였다.

28. 『日本 宮內廳 書陵部 韓國本 目錄』에서는 '進宴', '進饌', '行幸'을 별개의 항목으로 분류했으며 '行幸'으로 분류된 의궤는 『整理儀軌』 하나뿐이었다. 이에 본고에서는 궁중 연향 관련 기록이라는 점에서 '進宴', '進饌'을 하나로 묶었고, 또 『整理儀軌』 역시 혜경궁 홍씨의 회갑연이 중심이라는 점에서 연향 관련 의궤에 포함시켰다.

29. 明成皇后의 祔廟都監儀軌는 高宗의 부묘가 이루어진 1921년에 李王職에서 주관하여 제작하였고, 藏書閣에서 소장하였다. 또, 純明妃의 祔廟都監儀軌는 1928년에 역시 李王職에서 제작하여 藏書閣에서 소장하였다. 따라서 1922년 의궤 반출 당시 조선총독부의 규장각도서에는 명성황후의 부묘도감의궤가 없었으며, 순명비의 부묘도감의궤는 아직 제작되지 않은 상태였다.

	국장도감의궤	빈전 · 혼전도감의궤	산릉도감의궤	부묘도감의궤	기타
明成皇后	○	○	○	–	洪陵石儀重修都監儀軌
純明妃	○	○	○	–	
계	6종	6종	6종	4종	2종

국장 관련 의궤 다음으로 많이 소장되어 있는 의궤는 尊號 · 廟號 · 諡號 관련 의궤로, 총 14종이 소장되어 있다. 고종 즉위 후 대한제국 시기까지 시행된 존호 · 묘호 · 시호의 加上, 追上 과정을 기록한 의궤들이 대부분인데, 대한제국 이전에는 고종의 정치적 후원자였던 신정왕후에 대한 尊號 加上 의궤들이 많으며, 대한제국 이후에는 황제국 격상에 따른 先王 追尊 관련 의궤들이 주를 이루고 있다.

冊禮 · 冊封 관련 의궤(6종)로는 순종의 왕세자 책봉을 기록한 의궤와 대한제국 선포 이후 왕실 인물들의 지위를 황제국 체제에 맞게 격상한 과정을 기록한 의궤들이 소장되어 있다.

嘉禮 관련 의궤로는 고종–명성왕후, 순종(왕세자)–순명비, 순종(황태자)–순정효황후의 嘉禮 의궤 각 1종과 고종의 황제 즉위식을 기록한 『大禮儀軌』 등 4종이 소장되어 있다.

宴享 관련 의궤로는 고종대(대한제국 포함) 進宴 · 進饌 의궤 7종과 헌종대 진찬의궤 1종, 그리고 정조대의 『園幸乙卯整理儀軌』 1종이 소장되어 있다.

營建 관련 의궤로는 창경궁, 경운궁 등 궁궐 영건 3종, 眞殿 영건 2종, 璿源殿 增建 1종, 壇廟 영건 1종, 『華城城役儀軌』 1종이 소장되어 있는데, 『華城城役儀軌』와 『昌慶宮營建都監儀軌』(이상 순조대)를 제외하면 모두 광무 연간에 편찬된 의궤들이다.

서적 편찬 관련 의궤로는 『璿源譜略修正儀軌』 2종과 『國朝寶鑑監印廳儀軌』, 『日記廳儀軌』가 있다. 『日記廳儀軌』는 1890년(고종27)의 『承政院日記』 편찬 과정을 기록한 것으로 규장각에는 이와 동일본이 '日記廳改修謄錄'이라는 이름으로 소장되어 있다.

기타 의궤로는 影幀 관련 3종, 皇壇 관련 3종, 宮殿儀 3종, 寶印 1종, 安胎 1종이 있다(이상의 의궤들에 대한 자세한 서명과 내용 요약은 본고 말미의 〈부록〉을 참조).

이상에서 '궁내청 의궤'의 분류별 현황을 정리해 보았다. 이를 보면 국가 차원의 사업 · 의례에 관한 의궤보다는 국장 · 책례 · 가례 · 묘호 · 존호 등 왕실 차원의 주요 의례에 관한 의궤들이 큰 비중을 차지하고 있음을 볼 수 있다.[30] 이 역시 '李王公族實錄'의 편찬이라는 반출 목적에 부합하도록 반출 대상 의궤를 선정한 것에서 비롯된 것으로 생각된다. 즉 궁내성에서 1919년~1923년에 편찬한 '李王公族實錄'은 『李太王實錄』, 『李熹公實錄』, 『李埈公實錄』 등으로, 고종의 실록 외에 왕위에 오른 적이 없는 고종의 형 李載冕(李熹公)과 그의 아들 李埈鎔(李埈公)의 실록도 편찬되었다. 이는 '李王公族實錄'이 『朝鮮王朝實錄』과 같은 국가의 역사가 아니라 이름 그대로 王公族, 즉 왕실의 역사를 정리한 실록임을 보여준다. 따라서 실록 편찬에 필요한 자료도 왕실 차원의 의례 · 역사를 정리한 문헌들이 더 중요했을 것이다. '궁내청 의궤'에서 왕실 의례에 관한 것들의 비중이 매우 큰 이유는 바로 여기에서 찾을 수 있다고 생각된다.[31]

4.3. 의궤의 원소장처

'궁내청 의궤' 80종을 조선시대 당시 의궤가 보관되었던 원소장처를 기준으로 분류하면 다음과 같다.

오대산사고: 44종(55%)	정족산사고: 9종(11.2%)
태백산사고: 8종(10%)	규장각: 2종(2.5%)
승정원: 1종(1.3%)	미 상: 16종(20%)

위의 '궁내청 의궤'의 원소장처 분포를 보면, 오대산사고에 소장되었던 의궤가 전체의 55%(44종)로 가장 많은 비중을 차지하고 있다. 그 다음으로는 정족산사고(9종)와 태백산사고(8종), 규장각(2종), 승정원(1종) 등이 그 뒤를 잇고 있다. 그리고 원소장처를 확인할 수 없는 경우도 전체의 20%(16종)에 달한다. 한편 조선시대 지방 4史庫 중에서 무주 적상산사고에 소장되었던 의궤는 단 한 종도 없는데, 이는 아마도 적상산사고본 의궤들이 주로 李王職의 도서관인 창경궁 藏書閣에 소장되어 있어 조선총독부의 관리 대상이 아니었기 때문인 것으로 생각된다.

오대산사고본 의궤 44종의 분류별 분포를 보면 국장 관련 의궤(國葬 · 殯殿魂殿 · 陵園 · 祔廟)가 19종으로 가장 많고, 이어 廟號 · 尊號 관련 의궤가 10종, 冊封 의궤 6종, 營建 의궤 5종, 嘉禮 의궤 3종, 그리고 『寶印所儀軌』 1종 등

30. 왕조국가의 성격을 고려할 때, 조선에서 왕실 차원의 의례와 국가 차원의 의례 · 사업을 명확히 구분하는 것은 쉽지 않다. 하지만 의궤의 분류 방식에 관한 최근 연구에서는 출생 · 책봉 · 결혼 · 즉위 · 국장 · 존호 · 존숭 · 추숭 등에 관한 의궤를 '왕실의 일생에 관한 의궤'로, 연향 · 편찬 · 영건 · 녹훈 · 보인 · 사신영접 등에 관한 의궤를 '왕실의 활동에 관한 의궤'로 분류할 것을 제안하였다. 신병주(2011), 「조선왕실 의궤 분류의 현황과 개선 방안」, 『조선시대사학보』 57. 이러한 분류 기준을 좀 더 확대해 보면, '왕실의 일생에 관한 의궤'는 왕실 차원의 의례로, '왕실의 활동에 관한 의궤'는 국가 차원의 의례 · 사업으로 볼 수 있을 것으로 생각된다.

31. 물론 '궁내청 의궤' 중에는 국가적 차원의 중요 사업에 관한 것들도 다수 있으며, 특히 고종대 이전의 의궤들은 왕실의 범위를 벗어나는 내용을 담은 것이 많다. 하지만, '궁내청 의궤' 전체에서 차지하는 비율을 고려한다면 왕실 내부의 행사 · 의례에 관한 의궤들이 큰 비중을 차지한다고 할 수 있을 것으로 생각된다.

으로 되어 있다. 편찬 시기는 모두 고종대 이후로 대한제국 이전에 편찬된 것이 17종이고 대한제국 선포 이후에 편찬된 의궤가 27종이다.

다음으로 정족산사고와 태백산사고에 소장되어 있었던 의궤들을 각각 편찬연대 순으로 정리하면 아래와 같다(괄호 안은 편찬 연도). 오대산사고본과 비교해 볼 때 상대적으로 편찬 연대가 올라가는 의궤들이 많이 있다. 또 정족산사고본 의궤 중에서 『綏陵陵上莎草改修都監儀軌』(1900), 『影幀模寫都監儀軌』(1901), 『眞殿重建都監儀軌』(1901) 등 3건은 분상처를 확인해 본 결과 오대산사고에 分上되지 않았던 의궤들이었다.

정족산사고본(9종): 『皇壇儀』(1747), 『華城城役儀軌』(1801), 『尊崇都監儀軌』(1866), 『上號都監儀軌』(1873), 『(哲仁王后)國葬都監儀軌』(1878), 『洪陵山陵都監儀軌』(1898), 『綏陵陵上莎草改修都監儀軌』(1900), 『影幀模寫都監儀軌』(1901), 『眞殿重建都監儀軌』(1901)

태백산사고본(8종): 『皇壇重修儀軌』(1749), 『園幸乙卯整理儀軌』(1795), 『昌慶宮營建都監儀軌』(1834), 『哲宗祔廟都監儀軌』(1865), 『上號都監儀軌』(1866), 『哲仁王后祔廟都監儀軌』(1881). 『(純祖 · 純明妃)嘉禮都監儀軌』(1882), 『肇慶壇濬慶墓營建廳儀軌』(1901)

규장각 소장본 의궤 2종은 『璿源譜略修正儀軌』(1907)와 『國朝寶鑑監印廳儀軌』이고, 승정원 소장본은 『承政院日記』 편찬 과정을 기록한 『日記廳儀軌』로 모두 서적편찬에 관한 의궤들이다. 한편 원소장처가 미상으로 기록된 의궤 16종 중에는 활자로 간행된 進宴 · 進饌 관련 의궤들이 다수(8종)를 차지하고 있다.

이상에서 '궁내청 의궤'의 원소장처별 분포를 살펴보았다. 원소장처 미상을 제외하면 모두 5곳의 원소장처가 확인되는 가운데, 오대산사고본이 전체의 55%로 가장 큰 비중을 차지하고 있다. 1922년 의궤가 반출될 당시 오대산사고본 의궤가 많이 포함된 이유를 밝혀줄 수 있는 자료는 현재까지 발견되지 않았다. 1920년대에 조선총독부에서 작성한 반출 의궤 목록이나 『奎章閣圖書出納簿』에도 이와 관련된 내용은 수록되어 있지 않다. 다만 현재 상황에서 오대산사고본 의궤가 많이 반출된 이유를 굳이 추정해 본다면, 조선총독부에서 각 사고의 의궤를 통합 · 관리할 때 오대산사고본 의궤가 별도의 서가에 정리되어 있었을 가능성을 생각해 볼 수 있다. 이러한 추정은 1910~20년대 조선총독부의 규장각도서 정리 · 조사 방식에 근거하고 있다.

1914년 8월 조선총독부에 소장된 의궤들을 조사 · 정리한 『儀軌假扣』(奎26747)에는 「第一新庫」 · 「五臺山」 · 「第二新庫」 · 「太白山」 등 네 부분으로 나뉘어 소장 의궤의 목록이 수록되어 있다.[32] 이는 오대산사고와 태백산사고의 도서를 조선총독부로 이관한 후 서고 내에서 오대산사고본 의궤와 태백산사고본 의궤가 별도의 공간에서 관리되고 있었음을 보여준다. 그런데 같은 해 10월 26일에 조선총독부참사관분실에서 작성한 소장도서 배열 현황에는 의궤류가 第五庫에 일괄 소장되어 있는 것으로 기록되어 있어서,[33] 별도의 공간에서 보관되고 있던 의궤들이 1914년 10월 경에 모두 같은 서고로 이관되었음을 확인할 수 있다. 한편 1921년에 작성된 『特別取扱圖書』(규26774)에는 1,707건의 의궤가 수록되어 있는데, 원소장처 구분 없이 소장 의궤들을 '嘉禮' · '冊禮' · '尊號' 등 총 27개 항목으로 분류하여 정리해 놓았다. 즉 『儀軌假扣』가 작성된 이후 1921년까지 소장 의궤 전체를 항목별로 분류 · 정리했음을 알 수 있다.

문제는 조선총독부가 이상의 과정을 거치는 동안 목록상의 정리뿐만 아니라 의궤 실물 자체도 종류별로 분류하여 서가 배열까지 완전하게 재정리했었을까 하는 점이다. 당시 조선총독부에서는 조선 통치를 원활히 수행하기 위한 참고 자료로 사용하기 위해서 규장각도서를 이용한 여러 가지 조사 · 정리 · 해제 사업을 동시다발적으로 진행하고 있었다. 그러한 상황에서 의궤 실물 전체를 통합 · 분류하여 서가 배치까지 새로 정리할 정도의 여유는 없지 않았을까 생각된다.

실제로 조선총독부에서는 1916년 이후 규장각도서에 도서번호를 새로 부여할 때 규장각도서 전체를 통합해서 종류별로 분류 · 정리하여 번호를 부여한 것이 아니라 각 서가별로 도서를 분류하여 번호를 부여하였다.[34] 이런 상황을 고려한다면, 공간적으로는 같은 서고에서 의궤들을 일괄 보관했고 목록상에서는 종류별로 의궤들을 분류 · 정리했지만, 의궤 실물 전체를 통합하여 종류별로 재정리하는 작업까지는 수행하지 못했을 가능성이 크다. 그렇다면 의궤를 보관한 서고 내의 서가 배열에서는 기존에 규장각에 있던 의궤들과 1913년 이후 새로 편입된 오대산 · 태백산사고 의궤가 분리되어 있었고, 이러한 상황이 의궤가 반출되었던 1920년대 초반까지 지속되었을 가능성이 높다고 생각된다. 그 결과 조선총독부에서 의궤를 반출할 때 별도의 서가에 있던 오대산사고본을 우선 대상으로 삼았을 것으로 추정해 볼 수 있다.[35]

32. 『儀軌假扣』에 기록된 당시 조선총독부의 의궤 소장 현황은 「第一新庫」 739건, 「第二新庫」 366건, 「五臺山」 274건, 「太白山」 195건 등 총 1,574종이다(서울대학교 규장각 편(1999), 『규장각한국본도서해제 속집-사부 6』, p.260).

33. 『朝鮮總督府參事官分室關係書類』 제2책, 「圖書配列別調」(大正三年十月二十六日調)

34. 김태웅(1995), 「일제 강점 초기의 규장각 도서 정리 사업」, 『규장각』 18, pp.185-190.

35. 위와 같은 추정에서의 문제점은 오대산사고본과 태백산사고본이 똑같이 별도 서가에 보관되어 있었다고 할 때, 왜 유독 오대산사고본만 많이 반출해갔는가 하는 점이다. 이 문제에 대해 해답은 현재로서는 찾기 어렵다. 다만 한 가지 추정을 해본다면, 일본이 1909년부터 오대산사고의 소장 도서에 대한 조사를 면밀히 시행하여 『五臺山史庫調査報告書』를 작성한 바가 있고(裵賢淑(2002), 『朝鮮實錄硏究序說』, 태일사, pp.130-131), 또 1913년에 오대산사고본 실록을 일본으로 반출한 적도 있어서 상대적으로 오대산사고 도서에 익숙했기 때문이 아닌가 생각된다.

5. 맺음말

이상에서 1922년 조선총독부가 의궤를 일본 궁내청으로 반출한 경위와 '궁내청 의궤'의 현황 및 특징에 대해 살펴보았다.

조선왕조 의궤의 일본 반출은 宮內省 圖書寮(지금의 궁내청 서릉부)의 요청으로 추진되었다. 궁내성 도서료에서는 1920년 9월 조선총독부로 공문을 보내 고종대와 순종대에 편찬된 의궤들을 무상 양도해 줄 것을 요청하였다. 당시 궁내성 도서료에서는 1919년부터 조선왕실의 '李王公族實錄'을 편찬하고 있었는데, 이 실록 편찬에 의궤를 자료로 사용하기 위해 조선총독부에 의궤 양도를 요청한 것이었다. 궁내성의 요청을 받은 조선총독부는 참사관분실에 소장되어 있던 의궤 중 79종을 선정하여 1922년 5월에 '기증' 형식을 통해 궁내성으로 반출하였다.

'궁내청 의궤'에 대한 목록들을 비교 · 조사한 결과 '궁내청 의궤'는 모두 80종으로 확인되었다. 이는 조선총독부가 반출한 의궤보다 1종이 많은 수치인데, 그 하나는 다른 경로를 통해 일본으로 유출된 것을 궁내청이 일본 내 고서점에서 구매하여 소장한 것이다.

'궁내청 의궤'의 편찬 시기를 보면 고종대 이후에 편찬된 것이 70종, 고종대 이전에 편찬된 것이 10종이다. 또, 내용별로 분류해 보면, 국장 · 책봉 · 가례 · 존호 · 존숭 등 왕실 차원의 의례에 관한 의궤들이 월등히 많다. 한편 의궤의 원소장처를 검토해 보면 오대산사고본이 44종(55%)로 가장 많으며, 원소장처가 미상인 경우도 16종(20%)에 달한다.

'궁내청 의궤'에서 고종대 이후의 의궤, 그리고 왕실 차원의 의례에 관한 의궤의 비중이 큰 것은 의궤 반출의 목적이 '李王公族實錄' 편찬의 자료로 사용하기 위한 것이었던 점과 밀접한 관련이 있다. 즉 '李王公族實錄'은 『朝鮮王朝實錄』과 같은 국가의 역사가 아니라 '李王公族'으로 명명된 고종 이후 조선왕실의 역사를 정리한 실록이므로, 고종대 이후 왕실 의례에 관한 의궤가 자료로 필요했던 것이다. 한편 오대산사고본이 상대적으로 많이 반출된 이유는 분명하지 않지만, 1920년대 당시 조선총독부의 규장각도서 정리 · 조사의 정황을 고려해 볼 때, 오대산사고본 의궤가 별도의 서가에 보관되었기 때문일 가능성을 생각해 볼 수 있다.

참고문헌

『朝鮮總督府參事官分室關係書類』(청구기호 0500-73-v.1-3), 서울대학교 중앙도서관.
『奎章閣圖書出納簿』(규26798), 서울대학교 규장각한국학연구원.
『儀軌假扣』(규26747), 서울대학교 규장각한국학연구원.
『特別取扱圖書』(규26774), 서울대학교 규장각한국학연구원.
裵賢淑(2002), 『朝鮮實錄研究序說』, 태일사.
강문식(2010), 「규장각 소장 儀軌의 현황과 특징」, 『규장각』 37.
국립문화재연구소 편(1991), 『日本所在韓國典籍目錄』.
김태웅(1993), 「1910년대 전반 朝鮮總督府의 取調局 · 參事官室과 '舊慣制度調查事業'」, 『규장각』 16.
김태웅(1995), 「일제 강점 초기의 규장각 도서 정리 사업」, 『규장각』 18.
서울대학교 규장각 편(1999), 『규장각한국본도서해제 속집-사부6』.
서울대학교 규장각 편(2002), 『규장각소장 儀軌 종합목록』.
서울대학교 규장각 편(2003~2005), 『규장각소장 의궤 해제집 1~3』
서울대학교 규장각 편(2005), 『규장각소장 분류별 의궤 해설집』.
신병주(2010), 「조선시대 의궤 편찬의 역사」, 『조선시대사학보』 54.
신병주(2011), 「조선왕실 의궤 분류의 현황과 개선 방안」, 『조선시대사학보』 57.
조계영(2006), 「朝鮮後期 『宮園儀』의 刊印과 粧䌙」, 『書誌學研究』 35.
천혜봉 등 편(2001), 『海外典籍文化財調査目錄-日本 宮內廳 書陵部 韓國本 目錄』.
宮內廳長官 官房秘書課(2010), 『朝鮮王室儀軌 所藏一覽』.
NHK取才班 編著(2011), 『朝鮮王朝「儀軌」-百年の流轉』, NHK出版.

6. 부록: 궁내청 의궤 분류별 목록

연번	서명	책수	간사년	원소장처	서릉부 도서번호	조선총독부 도서번호	분류	의궤 내용 요약
1	嘉禮都監儀軌	2	1866년(고종3)	오대산사고	305-80	朝13154	가례	고종-명성왕후 가례도감 의궤
2	王世子嘉禮都監儀軌	2	1882년(고종19)	태백산사고	305-78	朝13173	가례	순종 왕세자시 순종-순명비 민씨 가례도감 의궤
3	大禮儀軌	1	1897년(광무1)	오대산사고	305-132	朝13485	가례	1897년 고종의 황제 즉위 의식
4	皇太子嘉禮都監儀軌	2	1906년(광무10)	오대산사고	305-81	朝13185	가례	순종 황태자 시 순정효황후 윤씨와의 가례
5	國葬都監儀軌	4	1863년(고종 즉)	오대산사고	305-72	朝13842	국장-국장	철종대왕 국장도감 의궤

6	國葬都監儀軌	4	1878년(고종15)	정족산사고	305-76	朝13862	국장-국장	철종비 철인왕후 김씨 국장도감 의궤
7	國葬都監儀軌	4	1890년(고종27)	오대산사고	305-82	朝13735	국장-국장	익종비 신정왕후 조씨 국장도감 의궤
8	國葬都監儀軌	4	1898년(광무2)	오대산사고	305-87	朝13882	국장-국장	명성황후 국장도감 의궤
9	國葬都監儀軌	4	1903년(광무7)	오대산사고	306-1	朝13813	국장-국장	헌종계비 효정왕후 홍씨 국장도감 의궤
10	國葬都監儀軌	4	1904년(광무8)	오대산사고	305-103	朝13905	국장-국장	순종의 황태자비인 순명비 민씨 국장 의궤
11	睿陵山陵都監儀軌	2	1863년(고종 즉)	오대산사고	305-73	朝13850	국장-능원	철종대왕 산릉도감 의궤
12	睿陵山陵都監儀軌	2	1878년(고종15)	오대산사고	305-74	朝13870	국장-능원	철종비 철인왕후 김씨 예릉산릉도감 의궤
13	綏陵山陵都監儀軌	2	1890년(고종27)	오대산사고	305-83	朝13748	국장-능원	익종비 신정왕후 조씨 수릉산릉도감 의궤
14	洪陵山陵都監儀軌	2	1898년(광무2)	정족산사고	305-88	朝13891	국장-능원	명성황후 홍릉산릉도감 의궤
15	綏陵陵上莎草改修都監儀軌	1	1900년(광무4)	정족산사고	305-84	朝13782	국장-능원	문조-신정왕후 수릉 莎草 개수 의궤
16	景陵山陵都監儀軌	2	1903년(광무7)	오대산사고	305-104	朝13830	국장-능원	헌종계비 효정왕후 홍씨 경릉산릉도감 의궤
17	洪陵石儀重修都監儀軌	1	1903년(광무7)	오대산사고	305-89	朝13896	국장-능원	명성황후의 홍릉에 석물을 중수한 내용
18	裕康園園所都監儀軌	2	1904년(광무8)	오대산사고	305-101	朝13912	국장-능원	순종 황태자비 순명비 민씨의 원소도감 의궤
19	祔廟都監儀軌	1	1865년(고종2)	태백산사고	305-70	朝13855	국장-부묘	철종대왕 부묘도감 의궤
20	祔廟都監儀軌	1	1880년(고종17)	태백산사고	305-75	朝13877	국장-부묘	철종비 철인왕후 김씨 부묘도감 의궤
21	祔廟都監儀軌	1	1892년(고종29)	오대산사고	305-86	朝13756	국장-부묘	익종비 신정왕후 조씨 부묘도감 의궤
22	祔廟都監儀軌	1	1905년(광무9)	오대산사고	305-106	朝13840	국장-부묘	헌종계비 효정왕후 홍씨 부묘도감 의궤
23	殯殿魂殿都監儀軌	3	1863년(고종 즉)	오대산사고	305-71	朝13848	국장-빈,혼전	철종대왕 빈전혼전도감 의궤
24	殯殿魂殿都監儀軌	3	1878년(고종15)	오대산사고	305-77	朝13864	국장-빈,혼전	철종비 철인왕후 김씨 빈전혼전도감 의궤
25	殯殿魂殿都監儀軌	3	1890년(고종27)	오대산사고	305-85	朝13741	국장-빈,혼전	익종비 신정왕후 조씨 빈전혼전도감 의궤
26	殯殿魂殿都監儀軌	3	1898년(광무2)	오대산사고	305-90	朝13886	국장-빈,혼전	명성황후 빈전혼전도감 의궤

27	殯殿魂殿都監儀軌	4	1903년(광무7)	오대산사고	306-2	朝13820	국장-빈,혼전	헌종계비 효정왕후 홍씨 빈전혼전도감 의궤
	殯殿魂殿都監都廳儀軌	1	1903년(광무7)	오대산사고	305-105	朝13821	국장-빈,혼전	《효정왕후빈전혼전도감의궤》 중 1책으로 추정
28	殯殿魂殿都監都廳儀軌	5	1904년(광무8)	오대산사고	305-102	朝13907	국장-빈,혼전	순종의 황태자비인 순명비 민씨 빈전혼전도감 의궤
29	宮園儀	2	1780년(정조4)	미상	306-39	朝14303	궁전의	활자본(임진자)
30	永興本宮儀式	1	1795년(정조19)	미상	306-42	朝14282	궁전의	목판본
31	咸興本宮儀式	1	1795년(정조19)	미상	306-43	朝14272	궁전의	목판본
32	上號都監儀軌	1	1866년(고종3)	태백산사고	305-122	朝13407-1	묘,존호	익종, 신정왕후 조씨, 헌종, 효현왕후 김씨, 효정왕후 홍씨, 철종, 철일왕후 김씨 上尊號
33	尊崇都監儀軌	1	1866년(고종3)	정족산사고	305-127	朝13451	묘,존호	신정왕후 조씨, 효정왕후 홍씨, 철인왕후 김씨 尊奉上號
34	上尊號都監儀軌	1	1873년(고종10)	정족산사고	305-120	朝13457	묘,존호	신정왕후 조씨, 효정왕후 홍씨, 철인왕후 김씨 加上尊號. 고종, 명성왕후 上尊號
35	上號都監儀軌	1	1875년(고종12)	미상	305-119	朝13418	묘,존호	익종, 신정왕후 조씨 追加上尊號
36	加上尊號都監儀軌	1	1888년(고종25)	오대산사고	305-126	朝13465	묘,존호	익종비 신정왕후 조씨, 헌종계비 효정왕후 홍씨 加上尊號
37	廟號都監儀軌	1	1890년(고종27)	오대산사고	305-108	朝13305	묘,존호	영조, 정성왕후 서씨, 정순왕후 김씨 묘호,시호 改上 및 존호 追上
38	加上尊號都監儀軌	1	1890년(고종27)	오대산사고	305-125	朝13477	묘,존호	고종, 신정왕후 조씨, 효정왕후 홍씨, 중궁전(명성왕후) 加上尊號
39	追上尊號都監儀軌	1	1890년(고종27)	오대산사고	305-128	朝13419	묘,존호	익종, 신정왕후 조씨 追上尊號
40	上號都監儀軌	1	1892년(고종29)	오대산사고	305-121	朝13428	묘,존호	익종, 신정왕후 조씨 追上尊號. 고종, 효정왕후 홍씨, 명성왕후 加上尊號
41	追尊儀軌	1	1899년(광무3)	오대산사고	305-130	朝13237-1	묘,존호	태조, 장조, 정조, 순조, 문조황제 및 각 황후에게 옥책, 옥보 추존
42	上號都監儀軌	1	1900년(광무4)	오대산사고	305-124	朝13251	묘,존호	인조, 인렬왕후 한씨, 장렬왕후 조씨, 효종, 인선왕후 장씨, 고종, 효정왕후 홍씨, 명성황후 上尊號
43	上號都監儀軌	1	1902년(광무6)	오대산사고	305-123	朝13436	묘,존호	문조, 신정왕후, 고종, 효정왕후 홍씨, 명성황후 上尊號
44	尊奉都監儀軌	1	1907년(융희1)	오대산사고	305-131	朝13161	묘,존호	고종태황제 上號, 황태자 책례
45	追尊儀軌	1	1908년(융희2)	오대산사고	305-129	13333	묘,존호	진종, 헌종, 철종황제 및 각 황후에게 玉册, 玉寶 추존

46	寶印所都監儀軌	1	1876년(고종13)	오대산사고	305-95	朝14213-1	보인	고종대 보인의 개주 및 개조
47	日記廳儀軌	1	1890년(고종27)	승정원	305-99	朝14204	서적편찬	《일기청등록》(규14205)와 동일본
48	璿源譜略修正儀軌	1	1905년(광무9)	미상	305-97	朝14142	서적편찬	선원보략 수정 의궤, 〈천-목록〉 내용 참조
49	璿源譜略修正儀軌	1	1907년(융희1)	규장각	305-98	朝14147	서적편찬	선원보략 수정 의궤, 〈천-목록〉 내용 참조
50	國朝寶鑑監印廳儀軌	1	1909년(융희3)	규장각	305-94	朝14199	서적편찬	1908~1909년 국조보감 편찬
51	元子阿只氏藏胎儀軌	1	1874년(고종11)	미상	305-100	朝13976	안태	순종의 안태 의궤인 듯
52	整理儀軌	8	1795년(정조19)	태백산사고	306-41	朝14523-8	연향	활자본/ 1795년(정조19) 현륭원 원행과 혜경궁 회갑연
53	進饌儀軌	4	1848년(헌종14)	미상	306-48	조선총독부에서 반출된 의궤가 아님	연향	순조비 김씨, 대왕대비전 6순 진찬 의궤
54	進饌儀軌	4	1877년(고종27)	미상	306-32	朝14377	연향	활자본/ 익종비 신정왕후 조씨의 칠순 진찬
55	進饌儀軌	4	1887년(고종24)	미상	306-33	朝14403	연향	활자본/ 익종비 신정왕후 조씨의 팔순 진찬
56	進饌儀軌	4	1892년(고종29)	미상	306-34	朝14430	연향	활자본/ 고종 망오순, 등극 30년 경하 진찬
57	進宴儀軌	4	1901년(광무5)	미상	306-36	朝14463-4	연향	활자본/ 고종 將躋五旬 진연 의궤
58	進饌儀軌	4	1901년(광무5)	미상	306-35	朝14445	연향	활자본/ 헌종계비 명헌태후 홍씨 진찬 의궤
59	進宴儀軌	4	1902년(광무6)	미상	306-37	朝14481	연향	활자본/ 고종, 효정왕후 홍씨 加上尊號. 문조, 명성황후 追上尊號 시 진연, 1902. 4.
60	進宴儀軌	4	1902년(광무6)	미상	306-38	朝14498	연향	활자본, 1902. 11. 진연
61	華城城役儀軌	9	1800년(순조즉)	정족산사고	306-40	朝14587	영건	활자본, 1794~1796년의 화성 건설 과정
62	昌慶宮營建都監儀軌	1	1834년(순조34)	태백산사고	305-116	朝14323	영건	창경궁 영건
63	永禧殿營建都監儀軌	1	1900년(광무4)	오대산사고	305-117	朝14245-1	영건	영희전 영건
64	增建都監儀軌	1	1900년(광무4)	오대산사고	305-96	朝14236	영건	창덕궁, 경복궁, 선원전 제1실 증건 의궤
65	肇慶壇濬慶墓營建廳儀軌	2	1901년(광무5)	태백산사고	305-107	朝14252-2	영건	조경전, 준경묘 영건
66	眞殿重建都監儀軌	1	1901년(광무5)	정족산사고	305-118	朝14240	영건	진전 중건
67	中和殿營建都監儀軌	1	1904년(광무8)	오대산사고	305-115	朝14344	영건	경운궁 중화전 중건
68	慶運宮重建都監儀軌	2	1906년(광무10)	오대산사고	305-114	朝14331	영건	경운궁 중건

69	影幀模寫都監儀軌	1	1900년(광무4)	오대산사고	305-93	朝13987-1	영정	태조 고황제 어진 제작 1899.11.29~1900.4.28)
70	影幀模寫都監補完儀軌	1	1900년(광무4)	미상	305-91	朝13985	영정	순조 어진 개수 (1899.12~1900.4)
71	影幀模寫都監儀軌	1	1901년(광무5)	정족산사고	305-92	朝13993-1	영정	칠성조 영정 모사(1900. 8~1901. 6)
72	王世子冊禮都監儀軌	1	1875년(고종12)	오대산사고	305-79	朝13167	책봉	순종의 왕세자 책례 의궤
73	冊封儀軌	1	1900년(광무4)	오대산사고	305-113	朝13227	책봉	義王英王冊封義軌
74	冊封儀軌	1	1901년(광무5)	오대산사고	305-110	朝13208	책봉	淳妃冊封儀軌
75	進封皇貴妃儀軌	1	1903년(광무7)	오대산사고	305-109	朝13210	책봉	淳妃進封貴妃儀軌
76	追封冊封儀軌	1	1907년(융희1)	오대산사고	305-112	朝13221	책봉	헌의대원왕, 순목대원비, 완효헌왕, 의왕비에게 印과 金冊을 내려 책봉한 내용
77	追封皇后進封皇后儀軌	1	1907년(융희1)	오대산사고	305-111	朝13191	책봉	순명효황후 민씨와 순정효황후 윤씨에게 황후를 追封, 進封한 내용
78	皇壇儀	2	1748년(영조24)	정족산사고	306-45	朝14307-2	황단	대보단의 제사 의식
79	皇壇增修儀	2	1749년(영조25)	태백산사고	306-46	朝14313	황단	영조대 대보단의 증수 과정
80	皇壇從享儀軌	1	1762년(영조38)	미상	306-44	朝14317-1	황단	영조대 대보단 배향공신을 정하는 과정
		167						

♣ '조선총독부 도서번호'는『규장각도서출납부』및『조선총독부참사관분실관계서류』에 기록된 반출 의궤의 내역을 통해 확인한 번호임.

프랑스 국립도서관 소장 외규장각 도서의 현황

김문식(단국대)

차 례

1. 외규장각 도서가 프랑스에 소장된 경위

1.1. 규장각과 외규장각의 설립

규장각(奎章閣)은 정조가 즉위한 1776년 9월에 창덕궁 후원에 설립되었다.[1] 정조는 세종과 함께 가장 훌륭한 업적을 남긴 국왕으로 평가되는데, 그의 정사는 대부분 규장각을 통해 이루어졌다. 규장각은 조선 국내는 물론이고 중국이나 일본에서 간행된 도서들을 입수하여 소장하고, 높은 학식을 가진 신하들이 이곳에 소속되어 국왕과 함께 국정을 의논했으며, 새로운 정책을 개발하는 학술 기구로서의 기능을 수행했다. 정조 대의 규장각은 8만여 권의 도서를 소장하고, 148종의 저술과 편찬 사업을 주관했으며, 아름다운 활자를 개발하여 출판 사업을 촉진시키는 성과를 거두었다.

외규장각(外奎章閣) 혹은 외각(外閣)은 1782년(정조 6) 2월에 강화도 행궁 자리에 건설되었다.[2] 이곳은 규장각의 도서 가운데 왕실의 주요 물품과 도서를 보관하는 외부 서고(書庫)로서의 기능을 가지고 있었다. 강화도는 서울에서 60km 떨어진 곳에 있는 섬으로, 해안의 갯벌이 넓고 깊게 펼쳐져 있는 국방상의 요해지로 간주되었다. 조선시대에 조운선(漕運船)이 서해를 항해하여 서울에 도착하기 위해서는 반드시 강화도를 통과해야 했으므로 강화도는 교통상의 요지였다. 강화도에 외규장각이 건설되기에 앞서 정족산성에는 실록과 왕실의 족보를 보관하던 사고(史庫)가 설치되어 있었다. 정조는 여기에 외

1. 『正祖實錄』 권2, 正祖 즉위년 9월 癸巳(25일).

2. 『正祖實錄』 권13, 正祖 6년 2월 辛巳(14일).

규장각을 추가함으로써 강화도를 국가의 주요 기록물을 보관하는 거점으로 만들었다.

19세기에 서양 증기선 군함이 쳐들어왔을 때 강화도는 방어 거점으로서의 기능을 제대로 수행하지 못했다. 갯벌의 상태가 많이 달라져 선박의 접안이 용이해졌고, 서양식 화포의 위력을 감당할 방어 시설이 갖춰져 있지 않았기 때문이다.

1.2. 프랑스 해군의 강화도 점령

1866년(고종 3), 프랑스 해군은 대원군 정권이 천주교를 탄압하는 과정에서 프랑스 선교사 9명을 처형한 사건을 구실로 병인양요를 일으켰다.[3] 조선정부에 자국인의 인명이 손실된 것에 항의하고 보복을 하기 위해 군사 작전을 감행한 것이다. 작전을 지휘한 사람은 청나라 체푸(芝罘, 오늘날의 煙臺)항에 본거지를 둔 프랑스 극동 함대의 로즈(Roze) 제독이었다. 로즈 제독은 원래 조선의 수도인 한성(漢城)까지 진격하여 조선 정부를 위협하는 작전을 계획했다. 1866년 9월에 프랑스 함대는 한강을 거슬러 양화진(현재의 서강)까지 올라와 포격을 가했다. 프랑스 군대의 1차 출병이었다. 그러나 이들은 한성을 점령하는 것이 어렵다고 판단하고, 수도의 관문인 강화도를 점령하여 한강 입구를 봉쇄함으로써 조선 정부를 압박하고자 했다.

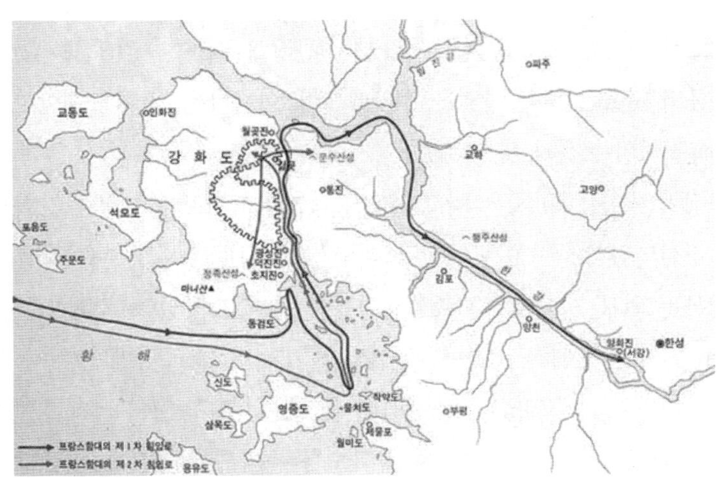

[그림 1] 병인양요 때 프랑스 함대의 침입로

3. 병인양요의 배경에 대해서는 禹澈九(1985), 「丙寅洋擾小考」, 『東方學志』 49를 참조.

1866년 10월 11일, 프랑스 함대는 2차 출병을 했다. 7척의 군함과 1,400여 명의 병력이 동원되었다. 이들은 물치도(작약도)를 거쳐 10월 14일에 갑곶진에 상륙했고, 10월 16일에 별다른 저항 없이 강화도 관아를 점령했다. 프랑스군이 침입한 초기만 해도 조선 정부는 많은 식품을 무상으로 제공하여 먼 길을 온 노고를 위로했다. 조선 해안에 포류한 외국인에게 배가 수리되어 떠날 때까지 음식이나 숙소의 편의를 제공하는 것은 조선 정부의 오랜 관행이었다.

프랑스 군은 진입 초기에 별다른 저항을 받지 않았지만, 점차 조선군에 포위되는 형세가 되었다. 조선 정부는 숙종 대에 갑곶진이 내려다보는 곳에 문수산성을 쌓아 강화도를 비호했다. 프랑스 군이 강화도에 진입했을 때 조선 정부는 병력을 문수산성에 집결시켰다. 10월 26일, 프랑스군은 조선군의 동태를 파악하기 위해 문수산성으로 정찰대를 파견했다가 역습을 받아 3명이 죽고 2명의 부상자를 내고 퇴각했다.

조선군은 프랑스군을 직접 공격하기 위해 병력을 정족산성의 전등사로 집중시켰다. 문수산성에 있던 병력 중 정포군(精砲軍) 500명이 한밤중에 손돌목을 건너 정족산성 안으로 들어갔다. 조선군의 이동 사실을 안 프랑스군은 11월 10일에 150명의 보병 정찰대를 편성하여 전등사로 향했다. 그러나 조선군의 맹렬한 사격을 받아 29명의 부상자를 내고 퇴각했다. 다음날, 로즈 제독은 강화도를 철수할 것을 결정하고 퇴각했다.[4]

1.3. 외규장각 도서의 약탈

1866년 10월 16일, 강화부에 입성한 프랑스군은 19개의 은궤(銀櫃)를 발견하고 군함으로 옮겨 실었다. 은의 양은 총 887.55kg이었고 화폐 가치로는 197,231프랑 36상띰에 이르는 것으로 평가되었다. 로즈 제독은 조선의 역사, 문학, 문화 등을 밝혀줄 자료를 수집하기 위해 위원회를 구성했고, 참모장으로 있던 해군 중령 앙리 주앙(Henri Jouan)을 위원장으로 임명했다. 10월 20일, 위원회는 외규장각에 있던 도서 340책을 비롯한 약탈 물품의 목록을 작성하고, 강화도 주민들을 동원하여 군함으로 옮겨 실었다. 로즈의 표현에 의하면 "아주 중요한 것으로 여겨지는 수많은 서적들로 가득한 도서실"을 발견하고 그 소장품을 실어갔다.

외규장각 도서 가운데 340책은 프랑스 황립도서관(皇立圖書館)으로 보내

4. 이태진(1999), 「강화도 외규장각 도서의 피탈 경위와 파리 국립도서관 소장 현황」, 『외규장각 도서 무엇이 문제인가?』, 서울대학교 규장각.

5.
이태진(1994), 『왕조의 유산-외규장각도서를 찾아서』, 지식산업사, pp.74-79.

질 예정이었다. 로즈 제독은 보고서에서 "본인은 규정에 따라 그 목록을 작성케 했으며, 이 신기한 수집품을 각하에게 보낼 생각입니다. 각하께서는 틀림없이 황립도서관에 전달할 만한 유익한 것으로 판단할 것입니다."라고 적었다. 또한 막대한 양의 은괴는 프랑스 해군성 장관에게 보내졌다. 한문이 기록된 회색 대리석판은 국왕이나 왕비에게 올린 옥책(玉冊)을 말하는데, 로즈 제독은 이것이 조선의 '국왕에게 고유한 사건이나 어떠한 기념할만한 사실을 영원히 후세에 전하는데 소용된' 매우 중요한 물건이라는 것을 알고, 프랑스 국왕과 상관에게 기증했다.

11월 11일, 프랑스 군대는 퇴각하면서 강화부의 관아와 궁전, 외규장각 건물을 방화했다. 이로 인해 외규장각에 남아 있던 수많은 자료들이 모두 소실되었다.

1.4. 프랑스 국립도서관으로의 이관

1867년 1월, 외규장각 도서가 파리에 도착했다. 프랑스 해군성은 로즈가 요청한 대로 이를 황립도서관, 즉 현재의 국립도서관(Bibliothèque nationale de France, BnF)에 기증했고, 외규장각 도서는 중국본으로 분류되어 도서번호가 붙여졌다. 도서 목록은 1894~1896년에 출판된 모리스 쿠랑(Maurice Courant)이 편찬한 『한국서지(韓國書誌, Bibliographie Coréenne)』에도 기록되었다.

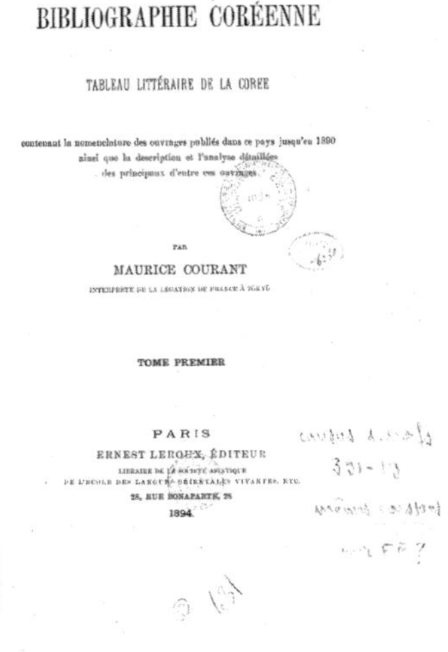

BIBLIOGRAPHIE CORÉENNE

TABLEAU LITTÉRAIRE DE LA CORÉE

contenant la nomenclature des ouvrages publiés dans ce pays jusqu'en 1890
ainsi que la description et l'analyse détaillées
des principaux d'entre ces ouvrages

PAR

MAURICE COURANT

INTERPRÈTE DE LA LÉGATION DE FRANCE À TOKYO

TOME PREMIER

PARIS
ERNEST LEROUX, ÉDITEUR
LIBRAIRE DE LA SOCIÉTÉ ASIATIQUE
DE L'ÉCOLE DES LANGUES ORIENTALES VIVANTES, ETC.
28, RUE BONAPARTE, 28
1894

Source gallica.bnf.fr / Bibliothèque nationale de France

[그림 2] 『한국서지』의 표지

외규장각 도서가 파리에 도착한 이후의 이동 경로에 대해서는 분명하게 알려져 있지 않다. 1975년 박병선 박사가 외규장각 도서들을 발견한 곳이 베르사이유(Versailles)에 있던 국립도서관의 별관이므로, 파리에 도착한 이후로는 줄곧 이곳에 소장되어 있었던 것으로 추정할 뿐이다. 당시 외규장각 도서는 중국책으로 분류되어 있었고, 책 표지가 상한 것이 많아 파손도서 창고에 있었다고 한다.

외규장각 도서의 배달 사고도 있었다. 1993년 2월, 이태진 교수가 영국 런던의 대영박물관에서 『기사진표리진찬의궤(己巳進表裏進饌儀軌)』와 이 책이 팔려진 것임을 확인하는 영수증을 발견했다. 영수증에는 1891년 2월 21일 파리에 있던 치즈상회가 런던 대영박물관 관장에게 의궤 대금으로 10파운드를 청구했고, 10월 24일에 대영박물관에서 결재한 것으로 기록되어 있다.[5]

1978년에 수리가 끝난 외규장각 도서는 국립도서관의 동양필사본부(Departement des Manuscrits Orientaux)로 옮겨져 일반 열람이 시작되었다. 이 때 도서 분류가 중국책(chinois)에서 한국책(coréen)으로 바뀌었지만 도서번호는 그대로 두었다. 2002년 실사단이 의궤를 조사했을 때 중국책 딱지가 그대로 붙어있는 책을 다수 발견했다.

현재 프랑스 국립도서관은 신관(新館, 미테랑관이라고도 함)과 구관(舊館)으로 구성되어 있다. 신관은 파리의 13구 톨비악(Tolbiac) 구역에 있고, 구관은 파리 2구 리슐루 가(rue de Richelieu)에 있다. 외규장각 도서는 주로 구관의 동양필사본부에 소장되었다.

2. 병인양요 이전의 외규장각 도서

1866년 11월 11일, 프랑스군은 퇴각하면서 강화부의 관아와 행궁, 외규장각 건물에 불을 질렀다. 약탈의 흔적을 지우기 위해서였다. 이 때문에 외규장각 도서는 모두 소실되어 원래의 분량을 파악하기가 어려웠다. 그러나 이보다 앞서 1857년(철종 8)에 기록된 『외규장각형지안(外奎章閣形止案)』이 남아 있어 당시의 상황을 짐작할 수는 있다. '형지안'이란 '현재의 상황을 밝힌 장부'라는 뜻으로, 외규장각에 보관되어 있던 일체의 물품을 기록한 장부를 말한다. 『외규장각형지안』은 프랑스에서 반환된 외규장각 의궤 297책 가운데 포함되어 있으며, 서울대학교 규장각에도 소장되어 있다.

『외규장각형지안』에는 1828년 시점에서 소장 물품을 기록하고, 여기에서 추가된 자료와 빠져나간 자료를 연도와 함께 추가로 기록했다. 외규장각에 소장되어 있던 도서가 최종적으로 빠져나간 시기는 1857년이므로, 전체 목록에서 이를 제외하면 1857년 이후 외규장각에 있던 자료의 총량이 나온다. 이를 계산하면 외규장각 도서는 총 1,042종 6,130책이었고, 그 내역은 다음과 같다.

1. 왕실의 물품(25점): 옥책(玉冊) 11, 금보(金寶) 2, 교명(敎命) 5, 옥보(玉寶) 5, 죽책(竹冊) 1, 옥인(玉印) 1
2. 어제(御製) 어필(御筆)(68점): 효종어찰석각판(孝宗御札石刻板) 3궤, 영조어찰첩(英祖御札帖) 7건, 어필족자 및 전액(殿額) 9건, 열성어필첩(列聖御筆帖) 4건, 어제비명첩(御製碑銘帖) 인문(印文) 12건, 갱재축(賡載軸) 3건, 의종황제어필족자(毅宗皇帝御筆簇子) 9건, 선조어필병풍차(宣祖御筆屛風次) 6건, 선조어화난죽대병풍(宣祖御畵蘭竹大屛風) 1건, 조자앙서족자차(趙子昻書簇子次) 6장, 안평대군서대병풍차(安平大君書大屛風次) 8장
3. 기타 족자(6점): 천문도 족자 1건, 지도 족자 1건, 수설수육(水設水陸) 3건
4. 의궤(401종 667책)
5. 기타 도서(666종 4,400책)

병인양요 때 프랑스군이 외규장각에서 가져간 자료는 도서 340책, 지도 족자 1건, 천문도 족자 1건, 어필비문 족자 7점, 대리석판(옥책)과 보관함 6점이다. 외규장각 도서의 총량에서 이를 제외하면, 남아 있던 왕실의 물품 19점, 어제와 어필 61점, 족자 4점, 의궤 213종 373책, 기타 도서 594종 4,338책이 잿더미로 변해버렸다.

이 중에서 왕실 물품, 어제, 어필은 그 자체로 유일본에 해당한다. 그런데 프랑스군이 반출한 양은 6점이므로 이를 제외한 87점의 자료가 모두 사라졌다. 또한 외규장각 의궤 가운데 프랑스로 이동한 의궤를 제외하면 총 136종 235책이 유일본에 해당한다. 이번에 이관된 297책의 의궤 중에서 30책이 유일본임을 고려하면, 여덟 배나 많은 유일본 의궤가 프랑스군의 방화로 사라져 버렸다. 우리는 병인양요 당시 프랑스군의 방화가 얼마나 많은 문화재를 잿더미로 변하게 했는지를 기억할 필요가 있다.[6]

6. 외규장각에 소장되었다가 소실된 자료에 대해서는 다음의 논문을 참조.

裵賢淑(1979), 「江都外奎章閣考」, 『도서관학논집』 6.

이태진(2002), 「외규장각 도서의 유래와 1866년 프랑스 해군에 의한 방화 약탈 직전의 소장 상태」, 『奎章閣』 25.

3. 외규장각 의궤의 반환 협상

1989년 12월, 프랑스 국립도서관에 근무하던 박병선 박사가 외규장각 의궤의 해제집을 완성하고 한국의 노태우 대통령에게 이 책의 출판에 대한 협조를 요청하는 편지를 보냈다. 이 편지는 서울대학교 규장각도서관리실로 전달되었고, 이것이 외규장각 도서의 반환을 요청하는 계기가 되었다. 박병선 박사의 해제집은 불어로 작성되었으며, 1992년 서울대학교 규장각에서 『Regles Protocolaires de la Cour Royale de la Coree des Li』로 간행했다.

1991년 10월, 서울대학교에서 파리 국립도서관 소장 외규장각 도서 191종 297책의 반환을 추진할 것을 정부에 요청했다. 이 공문은 외규장각 도서의 약탈 과정에 대한 이태진 교수(국사학과)의 연구와 약탈문화재의 반환에 관한 국제법적 권리와 의무에 관한 백충현 교수(법과대학)의 자문을 바탕으로 작성되었고, 교육부(당시 문교부)를 경유하여 외무부로 전달되었다.

1992년 2월, 외무부는 프랑스 외무부와 접촉을 시작했고, 7월에 외규장각 도서의 목록을 제시하며 공식적인 반환 요청을 했다.

1993년 9월 14일, 서울에서 열린 양국 정상회담에서 김영삼 대통령과 미테랑 대통령은 프랑스 국립도서관이 소장하고 있는 외규장각 도서를 "교류의 방식으로 영구대여한다."는 원칙에 합의했고, 다음 날 미테랑 대통령은 그 의지의 상징으로 『휘경원원소도감의궤(徽慶園園所都監儀軌)』 상권 1책을 반환했다. 그리고 구체적인 교섭을 위해 양국의 외무장관이 빠른 시일 안에 실무회의를 추진할 것을 약속했다.

[그림 3] 『휘경원원소도감의궤』의 반환(1993)

1993년 12월, 양국 외무부의 실무교섭에서 한국은 “대등한 상호 교환전시 방안”을 제시했다. 한국이 프랑스에 제공하는 대가는 감사의 표시이므로, 한국에서 대여하는 교환전시 도서는 성격상 의궤와 구별이 있어야 한다는 전제가 있었다. 이에 대해 프랑스는 “상호 교환전시 목적의 대여방식”에는 동의했지만, 한국 측이 제공하는 자료는 시한부로 교체되어야 한다는 부분에 반대 입장을 밝혔다. 한국의 외무부와 문화부는 “외규장각 도서의 반환과 부수적으로 거론하는 다른 문화재의 교류”는 동시에 논의하지만 별개의 독립적 문제라는 입장을 정하고, 이를 프랑스 측에 통보했다. 이후 양국 간의 협상은 교착상태에 들어갔다.

1998년, 런던에서 개최된 ASEM 총회 기간 중 양국 정상회담을 가졌다. 이때 김대중 대통령은 외규장각 도서의 반환을 재차 촉구했고, 자끄 시락(Jacques Chirac) 대통령은 외교교섭의 효율적 진전을 위한 전문가간의 논의를 제의했다. 이에 따라 1999년 초, 프랑스 정부는 외규장각 도서 반환 교섭의 책임자로 자끄 살르와(Jacques Sallois)를 위촉했고, 한국 정부는 한상진 교수(당시 한국정신문화연구원장)를 교섭 대표로 위촉했다.

1999년 4월부터 2001년 7월까지 양국 교섭 대표의 협상이 4차에 걸쳐 진행되었다. 특히 2차 협상 때 한국 대표는 프랑스 국립도서관 구관(舊館)을 방문하여 어람용 의궤 12책을 열람하고 서고를 둘러보았으며, 의궤 297책에 대한 정보 제공을 요청했다.

2000년 10월 19일, 자끄 시락 대통령이 한국을 방문하여 외규장각 문제에 관한 기본 원칙에 합의했다. 프랑스 소장 어람용 의궤를 국내에 있는 비어람용 필사본과 교류하고, 프랑스에만 있는 유일본은 프랑스에 없는 유사한 시기의 비어람용 필사본과 교류한다는 내용이었다. 이에 대해 외규장각 도서가 영구임대의 형식으로 반환될 것이라 기대했던 국민들은 크게 분노했다.

2001년 7월 13일, ‘외규장각 도서 297권에 대한 상태보고서’가 한국 측에 전달되었다. 20여 페이지로 구성된 보고서는 의궤 297책의 표지, 장정, 종이 상태, 그림 내용 등을 20여 개의 코드화된 단어로 기록하여, 책의 실상을 파악하는 데 미흡한 점이 많았다. 4차 협상에서 한국 대표는 외규장각 도서의 실태를 파악하기 위해 한국 전문가의 현지 실사를 요청했다.

4. 외규장각 의궤의 실사와 반환

4.1. 외규장각 의궤의 실사 [8]

외규장각 도서를 조사하는 실사단이 구성된 것은 2001년 12월이었다. 1차 실사단은 서울대 규장각의 김문식, 신병주 학예연구사와 정신문화연구원의 이종묵 교수로 구성되었고, 실사 일시는 2002년 1월 28일부터 2월 1일까지 5일간이었다. 2차 실사단은 규장각의 김문식, 신병주 외에 규장각의 정경희 특별연구원과 정신문화연구원 장서각의 김혁 연구원이 추가되었고, 실사 일시는 2002년 7월 8일부터 7월 12일까지 5일간이었다.

출발에 앞서 실사단은 외규장각 도서에 관한 기초 자료를 조사한 끝에 2건의 문건을 만들었다. 1건은 파리 현지에서 의궤를 보면서 조사한 내용을 기록할 문건이었는데, 총 11개 항목으로 구성되었다. 11개 항목은 도서번호, 표제, 내제, 크기(세로×가로), 판본, 표지, 장정, 원 보관처, 반차도, 도설 유무, 기타 특기 사항이었다. 다른 1건은 외규장각 의궤 중 유일본으로 추정되거나 국내에 있는 의궤와 분량의 차이가 많아 상세한 조사가 필요한 책의 목록이었다. 실사단은 사전 조사를 실시한 결과 35종 46책의 의궤를 선별했는데, 실사를 마친 결과 유일본으로 확인된 30책 가운데 27책이 여기에 포함되어 있었다.

1차 실사는 양측이 매우 긴장한 가운데 진행되었다. 프랑스 국립도서관의 사서들은 민감한 협상이 진행되는 과정에서 찾아온 첫 조사단이었으므로 혹시 자신들에게 불리한 일이 생기지나 않을까 우려하는 눈치였다. 실사단이 이동할 때에는 항상 경비원이 따라 붙었고, 우리 측에서 원하지 않는 신변 보호까지 해 주었다. 도서를 열람하는 방식은 열람하기를 원하는 의궤를 한꺼번에 내어주는 것이 아니라, 한 권의 책을 보고 반납하면 그 다음 한 권의 책이 나오는 방식이었다. 또한 의궤는 프랑스에서 부여한 도서 번호로만 확인되어, 여러 권이 합쳐져 하나의 질이 되는 경우 의궤가 서로 다른 순서로 나왔다. 또한 원래 열람하기로 한 64책을 열람한 다음에는 별도의 신청서를 작성하여 심사를 받아야 했으므로, 이전보다 많은 시간이 소요되었다. 1차 실사에서 실사단 3인은 총 200책의 조사를 완료했다.

8. 외규장각 의궤의 실사 과정에 대해서는 김문식 외(2003), 『파리 국립도서관 소장 외규장각 의궤 조사연구』, 외교통상부 참조.

2차 실사는 1차 실사에서 조사하지 못한 97책과 추가로 심층적인 조사가 필요하다고 판단한 67책을 집중적으로 조사했다. 실사할 때의 분위기는 1차에 비해 한결 부드러워졌다. 2002년 6월에 한국에서는 월드컵 축구 경기가 열렸고, 한국 대표는 월드컵에 출전한 이래 처음으로 4강에 오르는 성적을 거두었다. 실사단이 파리에 도착했을 때 현지에는 월드컵 열기가 남아 있었다. 실사단은 파리 곳곳에서 뜻밖의 환영을 받으면서 월드컵의 위력을 실감했다.

두 차례의 실사를 종합한 결과, 의궤의 보존 상태는 대체로 양호하며 보관, 소독, 방제에 상당히 신경을 쓰는 것으로 판단했다. 297책 가운데 어람용 의궤의 원 표지를 가진 책은 11책에 불과하며, 나머지는 모두 표지를 다시 장정한 것도 확인했다. 또한 국내에 없는 유일본은 64책이 아니라 30책이며, 5종 5책의 의궤는 어람용이 아니며, 2종 2책의 형지안이 포함되어 있음도 확인했다.

실사단은 두 차례에 걸쳐 조사한 결과를『파리 국립도서관 소장 외규장각 의궤 조사연구』(외교통상부, 2003)란 책자로 만들어 보고했다. 이 책자는 이후의 협상 과정에서 기초자료로 활용되었다.

4.2. 외규장각 의궤의 반환

2005년, 한국의 외교부는 실사단의 조사 결과 유일본으로 밝혀진 30책의 디지털 사진 촬영을 요청했다. 프랑스 측에서 이를 허락함에 따라 30책의 촬영이 이뤄졌고, 현재 문화재청에서 관련 자료를 제공하고 있다.

2007년 2월에 시민단체인 문화연대에서 파리 행정법원을 상대로 외규장각 도서의 반환을 요청하는 소송을 제기했다. 이 소송은 2009년 12월에 기각하는 것으로 결정이 났다. 그렇지만 오랫동안 교착 상태에 있던 외규장각 도서의 환수에 대한 내외의 관심을 새롭게 환기시켰다. 문화연대는 2010년 2월에 파리 행정법원의 기각 결정에 대해 항소심을 제기했다.

2010년 11월에 한국에서 열린 G20 정상회담에서 외규장각 의궤의 반환은 급물살을 탔다. 11월 11일에 이명박 대통령과 니콜라 사르코지(Nicolas Sarkozy) 대통령은 정상회담을 갖고, 외규장각 의궤 296권을 일괄하여 대여하고 5년 단위로 갱신하기로 합의했다. 또한 양국은 수교 130주년이 되는 2015~2016년에 '상호 문화교류의 해'를 추진하기로 했다.

[그림 4] 외규장각 의궤의 반환 합의(2010)

5. 2011년에 이관된 외규장각 의궤

프랑스에 소장된 외규장각 의궤는 2011년 4월 14일부터 5월 27일까지 네 차례에 걸쳐 한국으로 이관되었다. 4월 14일에 75책, 4월 29일에 73책, 5월 12일에 75책, 5월 27일에 73책이 돌아와 국립중앙박물관 수장고로 이관되었다. 이를 합하면 총 296책이며, 나머지 1책은 1993년에 이관된 『휘경원원소도감의궤』 하권 1책이다. 이 책은 국립중앙도서관에 소장되어 있다가 이번에 국립중앙박물관으로 이관되었다. 국립중앙박물관에서는 2011년 7월 19일부터 9월 18일까지 박물관 상설전시관 특별전시실에서 "145년 만의 귀환, 외규장각 의궤" 특별전을 개최했다.[9]

프랑스에서 이관된 외규장각 의궤는 총 191종 297책이다. 그러나 여기에는 『외규장각형지안』 2종 2책이 포함되어 있으므로 이를 제외하면 의궤는 189종 295책이 된다. 참고로 의궤가 가장 많이 보관된 곳은 서울대학교 규장각으로 546종, 2,940책의 의궤가 소장되어 있다. 또한 한국학중앙연구원 장서각에는 287종, 490책의 의궤가 있고, 1922년 이후 일본의 궁내청(宮內廳) 서릉부(書陵部)에 있다가 2011년에 한국으로 반환된 80종 167책의 의궤가 있다.[10] 이를 모두 합하면 의궤는 총 3,892책이 된다.

외규장각 의궤가 작성된 시기는 1630년 3월에 작성된 『풍정도감의궤(豊呈都監儀軌)』에서 시작하여, 1849년 6월에 작성된 『헌종대왕국장도감의궤(憲宗大王國葬都監儀軌)』에서 끝난다. 『외규장각형지안』은 1856년 11월, 1857년 9월에 작성된 2종이 있다. 병인양요가 1866년에 발생한 것을 감안하면 이는 외

9. 국립중앙박물관 편(2011), 『145년 만의 귀환, 외규장각 의궤』.

10. 국립고궁박물관에서는 2011년 12월 27일부터 2012년 2월 5일까지 일본에서 반환된 의궤와 도서를 중심으로 "다시 찾은 조선왕실 의궤와 도서" 특별전을 개최했다.

규장각 도서 가운데 가장 뒷 시기에 작성된 책에 해당한다.

297책의 의궤를 행사별로 구분하면 다음과 같다. 이를 보면 국장(國葬) 및 능원(陵園)의 조성과 관련된 의궤가 절대 다수를 차지하며, 국내에 전해지는 의궤의 상황과 비슷하다.

책례도감의궤(冊禮都監儀軌) 15종 17책
가례도감의궤(嘉禮都監儀軌) 13종 18책
존숭도감의궤(尊崇都監儀軌) 15종 20책
장례도감의궤(葬禮都監儀軌) 24종 53책
빈전 · 혼전도감의궤(殯殿魂殿都監儀軌) 25종 47책
산릉도감의궤(山陵都監儀軌) 15종 26책
묘소 · 원소도감의궤(墓所園所都監儀軌) 8종 14책
부묘도감의궤(祔廟都監儀軌) 1종 17책
시호도감의궤(諡號都監儀軌) 4종 4책
천릉 · 천원도감의궤(遷陵遷園都監儀軌) 8종 27책
봉릉 · 봉묘도감의궤(封陵封墓都監儀軌) 5종 8책
가상존호도감의궤(加上尊號都監儀軌) 1종 1책
친경의궤(親耕儀軌) 1종 1책
유지비석수립의궤(遺祉碑石竪立儀軌) 1종 1책
풍정도감의궤(豊呈都監儀軌) 1종 1책
영건수개도감의궤(營建修改都監儀軌) 20종 21책
표석 · 석물영건청의궤(表石石物營建廳儀軌) 6종 6책
별삼방의궤(別三房儀軌) 4종 4책
녹훈도감의궤(錄勳都監儀軌) 3종 4책
보인조성개조도감의궤(寶印造成改造都監儀軌) 3종 3책
영정도감의궤(影幀圖鑑儀軌) 2종 2책
외규장각형지안(外奎章閣形止案) 2종 2책

외규장각 의궤 가운데 유일본 의궤와 등록은 다음의 27종 30책이다. 이들은 국내에 동일한 내용의 의궤가 전혀 없다는 점에서 자료적 가치가 매우 높다고 할 수 있다. 특히 인조의 왕비인 장렬왕후(莊烈王后)는 1688년에 작성된 국장(國葬), 빈전(殯殿), 혼전(魂殿) 의궤가 모두 유일본으로 남아 있어 이에 대한 새로운 연구가 가능하다. 다만 국장도감의궤는 상권만 남은 것으로 보아, 하권은 중간에 망실(亡失)된 것으로 보인다.

『풍정도감의궤』, 1630년, coréen2431
『종묘수리도감의궤』, 1637년, coréen2664
『공혜왕후순릉수개도감의궤』, 1648년, coréen2609
『별삼방의궤』, 1661년, coréen2590
『집상전수개의궤』, 1667년, coréen2442
『별삼방의궤』, 1667년, coréen2591
『후릉수개도감의궤』, 1667년, coréen2654
『인선왕후빈전도감의궤(하)』, 1674년, coréen2497
『녹훈도감의궤』, 1680년, coréen2575
『장렬왕후빈전도감의궤』, 1688년, coréen2502
『장렬왕후혼전도감의궤』, 1688년, coréen2607
『인조장렬후국장도감의궤(상)』, 1688년, coréen2561
『경덕궁수리소의궤』, 1693년, coréen2551
『복훈도감의궤』, 1694년, coréen2427
『별삼방의궤』, 1722년, coréen2592
『별삼방의궤』, 1726년, coréen2593
『분무녹훈도감의궤』, 1728년, coréen2440
『영릉표석영건청의궤』, 1744년, coréen2519
『제릉신도비영건청의궤』, 1744년, coréen2652
『목릉휘릉혜릉표석영건도감의궤』, 1746년, coréen2574
『효순현빈예장도감의궤(상, 하)』, 1751년, coréen2443, 2463
『의소세손묘소도감의궤(상, 하)』, 1752년, coréen2512, 2514
『의소세손예장도감의궤(상, 하)』, 1752년, coréen2511, 2513
『휘릉태릉효릉강릉장릉표석영건청의궤』, 1753년, coréen2589
『후릉현릉광릉경릉창릉선릉정릉표석영건청의궤』, 1754년, coréen2441
『순강원상시봉원도감의궤』, 1755년, coréen2424
『문희묘영건청등록』, 1789년, coréen2689

어람용 의궤의 비단표지가 원형대로 남아 있는 것은 다음의 7종 12책이다. 총 297책 가운데 12책만 원래의 표지를 가지고 있는 것은 의궤의 이동과 보관 과정에 상당한 문제가 있었음을 의미한다. 외규장각 의궤를 실사할 때 상당수의 의궤가 책의 앞부분에 손상이 있었음을 확인할 수 있었다. 헌종의 국장(國葬), 산릉(山陵), 빈전(殯殿), 혼전(魂殿)을 기록한 의궤는 모두 원래의 표지를 가지고 있어 보존 상태가 가장 좋은 의궤라 할 수 있다.

『인선왕후국장도감의궤』, 2책, 1674년, coréen2553, 2556
『정종시호도감도청의궤』, 1책, 1681년, coréen2510
『인조장렬후사존호존숭도감의궤』, 1책, 1686년, coréen2667
『선의왕후혼전도감의궤』, 1책, 1730년, coréen2506
『헌종대왕국장도감의궤』, 4책, 1849년, coréen2491, 2493, 2493bis, 2494
『헌종경릉산릉도감의궤』, 1책, 1849년, coréen2492
『헌종대왕빈전혼전도감의궤』, 1책, 1849년, coréen2488, 2489

의궤 가운데 어람용(御覽用)이 아닌 분상용(分上用)은 5종 5책이 있다. 이를 보면 외규장각에는 어람용 의궤만 보관했던 것이 아님을 알 수 있다.

『풍정도감의궤』, 1630년, coréen2431
『공혜왕후순릉수개도감의궤』, 1648년, coréen2609
『장렬왕후빈전혼전도감의궤』, 1688년, coréen2628
『진종세자수책시책례도감의궤』, 1725년, coréen2649
『효순현빈묘소도감의궤』, 1751년, coréen2465

외규장각 의궤 가운데 유일본의 자료적 가치는 가장 크다. 지금까지 파악하지 못했던 새로운 사실들을 풍부하게 기록하고 있기 때문이다. 그렇지만 유일본 의궤가 아니라 해도 그 가치가 떨어지지는 않는다. 이번에 이관된 297책 가운데 289책이 어람용 의궤인데, 이는 국왕이 직접 열람하는 의궤로 비단 표지에 최고급 종이인 초주지(草注紙)를 사용했고 궁중의 사자관(寫字官)이 필사를 했으며, 궁중의 화원(畵員)이 그림을 그렸다. 따라서 어람용 의궤는 책 자체가 문화재적 가치를 지니고 있다. 그동안 국내에는 병인양요 이전에 작성된 어람용 의궤의 숫자가 매우 적었으므로 이번에 돌아온 어람용 의궤의 가치는 매우 크다고 할 수 있다. 앞으로 규장각, 장서각에 소장된 의궤와 프랑스와 일본에 있다가 반환된 의궤들을 함께 연구한다면 시대별 초주지의 지질(紙質) 변화, 어람용 의궤의 변철에 새겨진 문양의 변화, 의궤의 도설(圖說)에 사용된 물감의 변화 등 다양하고 정밀한 연구가 가능할 것으로 판단된다.

6. 프랑스에 남아 있는 외규장각 도서

이제 외규장각 의궤는 고국으로 돌아왔다. 1992년 한국 정부에서 공식적으로 반환을 요청한 이래 20년의 시간이 걸렸고, 병인양요가 발생한 때로부터는 145년이 지났다. 그러나 프랑스에는 외규장각 도서들이 여전히 남아 있다.

1866년에 강화도를 침략한 프랑스군이 작성한 물품 목록에는 다음과 같은 내용이 나온다.

300책의 가철(假綴)된 큰 책
9책의 가철된 작은 책
13책의 작은 책(흰색 나무상자에 있음)
10책의 작은 책(흰색 나무상자에 있음)
8책의 작은 책(흰색 나무상자에 있음)

한중일 지도 1
평면 천체도 1
여러 가지가 기입된 족자 7
한문이 기록된 회색 대리석판 3
백색의 대리석판을 담고 있는 구리 경첩이 박힌 상자 3
투구가 붙어 있는 갑옷 3
가면 3

이 중에서 의궤는 "300책의 가철(假綴)된 큰 책"에 해당하고, 나머지 자료에 대해서는 실태 파악이 필요하다. 프랑스 리옹 3대학에 재직하는 이진명 교수가 작성한 보고서에 의하면, 프랑스 국립도서관에는 다음의 자료들이 소장되어 있었다.[11]

의궤(儀軌) 191종 297권 (coréen 2402~2697, 2434', 2493')

11. 이진명(2003), 「프랑스 국립도서관 및 동양어대학 도서관 소장 한국학 자료의 현황과 연구 동향」, 『국학연구』 2, 한국국학진흥원.

선원계보기략(璿源系譜記略) 1종 3권 (coréen 2124)

열성어제(列聖御製) 3종 10책(26권+4책) (coréen 2125~2134)

열성어제편(列聖御製編) 1종 2권 (coréen 2135)

열성어제목록(列聖御製目錄) 1종 2권 (coréen 2136)

풍고집(楓皐集) 1종 8권 (coréen 2137~2139)

논어집주(論語集註) 1종 2권 (coréen 2140)

왕반 천하여지도(王伴 天下輿地圖) (Res Ge A 1120)

천상열차분야지도(天象列次分野地圖) (coréen 3470)

족자 7점 (coréen 3476~3482)

무안왕묘비명(武安王廟碑銘) 경모궁예제예필(景慕宮睿製睿筆)

무안왕묘비명(武安王廟碑銘) 당저신장홍재(當宁宸章弘齋)

현령소덕무안왕묘(顯靈昭德武安王廟) 영종현효왕어제어필(英宗顯孝王御製御筆)

대한조충절무안왕찬양명(大漢朝忠節武安王贊揚銘) 숙종원효대왕신장(肅宗元孝大王宸章)

왕손은신군시소민공신도비(王孫恩信君諡昭愍公神道碑)

조선국진종대왕영릉효순왕후부좌(朝鮮國眞宗大王永陵孝純王后祔左)

고려고비(高麗古碑)

이를 보면 도서 340책의 내역은 대체적인 윤곽이 드러난다. 2011년에 반환된 의궤 297책을 제외하면 왕실의 족보인 『선원계보기략』, 국왕의 어제인 『열성어제』, 김조순의 문집인 『풍고집』, 경서인 『논어집주』가 포함되어 있다. 또한 왕반(王伴)의 발문이 있는 〈천하여지도〉(필자는 이를 '조선본 〈여지도(輿地圖)〉'라 부른다), 천문도인 〈천상열차분야지도〉, 탁본 족자 7개의 내용도 구체적으로 확인된다. 이 중 국보급 자료에 해당하는 〈천하여지도〉는 동양필사본부에 소장되어 있다가 1970년대 초에 지도-도면부로 이관되었다.

'회색 대리석판'으로 표현된 옥책과 '구리 경첩이 박힌 상자'로 표현된 옥책 상자는 총 6건이 있었다. 로즈 제독은 나폴레옹 3세와 해군성 대신인 샤스루 로바(Chasseloup Laubat)에게 이를 1점씩 증정한다고 했으며, 현재까지 그 행방은 알려지지 않았다. 또한 투구가 붙은 갑옷과 가면의 행방도 알려지지 않았다.

[그림 5] 프랑스에 남아 있는 〈천하여지도〉

2010년 3월에 이진명 교수는 로즈 제독의 후손으로부터 "한국 컬렉션(COLLECTIONS COREENNE)"이란 필사본 자료를 입수하여 소개했다. 이는 1867년에 황립도서관에서 로즈 제독으로부터 기증받은 자료의 목록을 작성하여 제공한 것으로, 대리석판 3개와 옥책 1점의 소재가 기재되어 있다. 이진명 교수는 이 기록을 근거로 대리석판 3개와 옥책 1점이 국립도서관 동전 · 메달 · 판화부(Departement des monnaies, des medailles et des Estampes)에 있을 것으로 추정했다.

[그림 6] "한국 컬렉션"의 복사본

외규장각 의궤 297책은 이제 우리의 곁으로 돌아왔지만 외규장각 도서의 반환은 아직 완전히 마무리되지 않았다. 앞으로 우리에게는 프랑스에 남아 있는 외규장각 도서들을 철저히 조사하여 돌려받아야 하는 의무가 남아 있다.

참고문헌 

국립중앙박물관 편(2011),『145년 만의 귀환, 외규장각 의궤』.
김문식 외(2003),『파리 국립도서관 소장 외규장각 의궤 조사연구』, 외교통상부.
김문식 · 신병주(2005),『조선 왕실 기록문화의 꽃, 의궤』, 돌베개.
김문식 외(2009),『규장각, 그 역사와 문화의 재발견』, 서울대학교출판문화원.
박병선(1985),『조선조의 의궤』, 한국정신문화연구원.
배현숙(1979),「강도외규장각고」,『도서관학논집』6.
우철구(1985),「병인양요소고」『동방학지』49.
이진명(2003),「프랑스 국립도서관 및 동양어대학 도서관 소장 한국학 자료의 현황과 연구 동향」,『국학연구』2, 한국국학진흥원.
이태진(1994),『왕조의 유산 – 외규장각 도서를 찾아서』, 지식산업사.
이태진 · 백충현(1999),『외규장각 도서 무엇이 문제인가?』, 서울대 규장각.
이태진(2002),「외규장각 도서의 유래와 1866년 프랑스 해군에 의한 방화 약탈 직전의 소장 상태」,『규장각』25.
정상천(2011),「프랑스 소재 외규장각 도서반환 협상 및 평가」,『한국정치외교사논총』pp.33–1.
한영우 외(2002),『규장각 소장 의궤 종합목록』, 서울대 규장각.
한영우(2005),『조선왕조 의궤, 국가의례와 그 기록』, 일지사.
한영우(2008),『문화정치의 산실, 규장각』, 지식산업사.

찾아보기

해외 한국본 고문헌 자료의 탐색과 검토

❙ 2012년 8월 20일 초판 1쇄 발행

편자와의
합의로
인지 첨부를
생략함

❙ 편　자　서울대학교 규장각한국학연구원

❙ 발행인　박종성

❙ 발행처　삼경문화사

❙ 우 121_842 / 서울시 마포구 서교동 468_24

❙ 전화　02_732_1244 / 팩스　02_332_6185

❙ 등록　1998. 07. 06. 제 10-1614호

❙ ISBN　978-89-88408-35-3　93710　　값 30,000원

※ **한정판 500부**